도시계획론

변병설·정경연

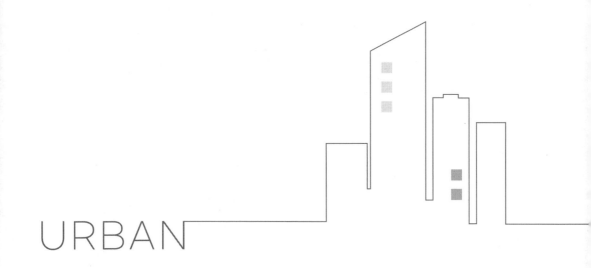

URBAN

PLANNING

THEORY

박영사

서문

　도시계획은 사람들이 살아가는 삶의 터전을 만드는 작업이다. 시민이 행복하게 살아갈 수 있는 공간적 뼈대를 만드는 것으로서 도시의 토지이용과 개발의 방향을 결정하게 된다. 개발의 방향이 어떠하냐에 따라 시민의 행복과 삶의 질은 많은 영향을 받게 될 것이다. 도시계획이 잘못되면 그 폐해는 고스란히 그 도시에 살아가는 시민들에게 전가될 것이다. 도시계획은 도시의 미래 방향을 제시하는 비전이며 청사진이다. 미래를 내다보고 수립하는 장기적인 계획이다.

　대학에서 강의하는 도시계획론의 많은 부분은 법적인 내용을 포함하고 있다. 어떻게 보면 도시계획법이 도시계획가라는 생각도 든다. 법적 토대에서 계획을 하기 위해서는 법조문과 지침을 잘 파악하는 것이 필요하다. 그렇다고 법조문을 옆에 두고 매번 확인하는 것도 불편해서 법의 주요 내용을 담은 강의용 책자를 만들게 되었다. 기본적으로 법의 가이드라인을 이해하고 도시에 어떤 철학과 가치를 담을 것인지는 계획가의 몫일 것이다. 본 책자는 도시계획 관련 법과 지침을 발췌하여 정리한 것이다. 제4장부터 어떤 법률을 참고했는지 일러두기에 밝혔다. 최근의 도시계획 관련 법제도를 이해하는 데 도움이 되었으면 한다.

　이번에 도시계획 관련 법과 지침을 자세히 살펴보면서 몇 가지 알게 되었다. 첫째, 도시계획법제도는 도시계획을 수립하는 데 도움이 되는 내용을 매우 상세하게 설명하고 있다. 자세히 읽어보면 누구나 쉽게 이해할 수 있고, 복잡한 내용은 개념도로 설명하고 있어 도움이 되었다. 두 번째, 도시계획법을 여러 번 개정하면서 비슷한 내용을 통합하였다는 생각이 든다. 용도지구의 개편, 정비사업의 유형 등 비슷하고 모호한 개념을 잘 통합해서 명확하게 정리했다는 느낌이다. 세 번째, 친환경 도시 등 최근 시민의 수요를 담아내려고 노력했다는 점이다.

　도시는 사람을 위해 존재한다. 사람이 원하는 것을 공급해 줄 때 도시의 존재감은 높아질 것이다. 이제 도시계획은 인간중심적으로 나아가는 것이 바람직하다. 인공적으로 만들어지는 공간이지만 자연을 도시공간 속에 담아내는 것이 필요하다. 자연의 생명력을 도심 안으로 끌어들이자. 딱딱한 시설이지만 부드러

서문

운 느낌의 공간으로, 차가운 콘크리트로 덮이지만 인간적인 훈훈함이 있는 공간으로, 차량이 질주하지만 보행자를 배려하는 녹색공간으로, 나무와 새 그리고 사람이 모두 행복한 초록공간으로 만들어 가는 것은 이 시대 도시계획가에게 주어진 사명이다.

개인적으로 도시계획을 강의하기 위해 편집한 내용을 한 권의 책자로 발간해 준 박영사에 깊은 감사를 드린다. 법의 내용을 이해하는 데 조금이라도 도움이 되면 좋겠다.

인하대학교 연구실에서 편저자 드림

목차

목차

목차

CHAPTER

01

도시의 이해

도시계획론

도시의 개요

01 ▶ 도시의 정의

　도시(都市)의 사전적 의미는 일정한 지역의 정치·경제·문화의 중심이 되는 사람이 많이 사는 지역을 말한다. 한자로 도읍 도(都)는 사람 자(者)에 언덕 부(阝)를 합한 것으로 외적으로부터 부족 사람들을 지키기 위해 쌓은 성곽을 의미한다. 시(市)는 성안 사람들의 생필품을 거래하는 시장이다. 성안에서는 식량 등 농수산물과 생필품의 자급자족이 어렵기 때문에 이를 유통할 수 있는 시장이 필요하다. 그러므로 도시는 인구·성곽·시장을 갖춘 장소를 뜻하며 이를 지배할 수 있는 권력이 존재하는 곳이다. 중국에서는 도시를 성시(城市)라고 부르고, 영어로는 시티(city)와 어반(urban)으로 불린다. 시티가 문명(civilization)적인 측면이 강하다면 어반은 촌락(rural, country)과 구별되는 의미로 많이 쓰인다.

　도시는 인간이 스스로 만들어 낸 인공 환경으로 인간의 삶을 담아내는 공간이다. 영국의 낭만파 시인 윌리엄 쿠퍼(William Cowper, 1731~1800)는 "신은 자연을 만들었고 인간은 도시를 만들었다."고 노래했듯이 도시는 인간의 다양한 활동을 통해 끊임없이 발전하며 변화해 왔다. 하루가 다르게 새 건물과 도로가 만들어지는 등 도시는 운동성을 지닌 거대한 유기체라 할 수 있다. 김천권(2004)은 그 변화가 성장을 위한 역동적 변화일 수도 있고, 현상유지를 위한 정태적 변화일 수도 있고, 혹은 침체를 향한 퇴보적 변화일 수도 있다며, 역사적으로 볼 때 도시는 성장과 침체, 정체를 반복하는 현상을 보인다고 하였다.

　도시의 정의에 대해 시카고학파의 루이스 위스(Louis Wirth, 1897~1952)는 도시의 핵심요인을 인구규모(size), 인구밀도(density), 인구이질성(heterogeneity)으로 구분하였다. 이 세 가지 요인의 결합이 강해질수록 그 장소는 더욱 도시화된다는 이론이다. 인구규모는 생태학적으로 수가 많아지면 개체적인 변이와 잠재적 분화가 일어나는데, 도시도 발전하려면 적정규모의 인구가 있어야 한다. 인구밀도는 생태학적으로 밀도가 높은 서식지에서 다양한 종들이 나타나는 것처럼 도시도 밀도가 높아야 분화를 산출하여 도시가 확산된다. 인구이질성은 생태계에 종 다양성이 풍부해야 하는 것처럼 도시도 다양한 계층이 혼재해야 발전한다는 논리로 해석된다.

02 도시의 기준

도시 설정 기준은 관점에 따라 다르지만 일반적으로는 촌락과 대비되는 개념으로 이해한다. 도시와 촌락을 구분할 때 주로 인구규모, 인구밀도, 지역의 산업형태가 거론된다. 인구는 도시의 가장 기본적인 요소로 그 규모에 따라 주택, 건물, 도로, 상하수도 등 기반시설이 집적되며 시가지가 형성되고 도시 형태를 갖추게 된다. 인구밀도는 일정한 땅에 사람이 얼마나 사는지를 말하는 것으로 도시 형태를 갖춘 지역에 거주하는 인구수이며, 통상 km^2당 인구수로 표시한다. 즉 인구밀도=총인구(명) / 총면적(km^2)×100이다. 같은 면적에 사람이 많이 살면 인구밀도가 높고, 적게 살면 인구밀도가 낮다.

단위면적당 얼마의 인구가 정주해야 도시로 보는가에 대한 기준은 시대적, 지역적, 산업적 상황에 따라 다르다. 대체로 영토가 넓고 국민수가 적으며 1차산업 위주인 나라는 기준 인구수가 적다. 반면 영토가 좁고 국민수가 많으며 2차·3차 산업 위주인 나라는 기준 인구수가 많다. 예컨대 노르웨이와 아이슬란드는 200명 이상, 캐나다는 1,000명 이상, 독일·네덜란드·이스라엘은 2,000명 이상, 미국과 멕시코는 2,500명 이상, 인도와 호주는 5,000명 이상, 영국과 스페인은 10,000명 이상, 한국은 군지역 20,000명 이상, 시지역 50,000명 이상, 중국은 100,000명 이상을 도시로 본다.

인구규모와 더불어 인구밀도를 규정한 나라도 있는데 인도는 390명/km^2 이상, 캐나다는 400명/km^2 이상으로 설정하고 있다. 산업형태를 규정한 나라로는 이스라엘이 주민 2,000명 이상이나 농업종사율이 1/3 이상인 지역은 제외하고 있다. 인도는 5,000명 이상이며 비농업종사율이 성인 남성 3/4 이상인 지역이다. 일본은 주민 2만 명 이상이고, 시가화 지역이 60% 이상이며, 비농업종사율 60% 이상인 지역을 도시로 설정하였다.

우리나라는 지방자치법에 도시의 기준을 명시하고 있다. 시는 그 대부분이 도시의 형태를 갖추고 있는 인구 5만 명 이상인 지역, 읍은 2만 명 이상인 지역이다. 이에 대해 지방자치법 시행령은 시와 읍의 성립 요건을 구체적으로 명시하고 있다. 시는 시가지 안에 거주하는 인구의 비율이 전체 인구의 60% 이상이거나, 해당 지역의 상업·공업 그 밖의 도시적 산업에 종사하는 가구의 비율이 전체 가구의 60% 이상이거나, 1인당 지방세 납세액과 인구밀도 및 인구증가 경향이 행정안전부령으로 정하는 기준 이상이어야 한다. 읍은 시가지 안에 거주하는 인구의 비율이 40% 이상이거나, 해당 지역의 상업·공업 그 밖의 도시적 산업에 종사하는 가구의 비율이 전체 가구의 40% 이상이어야 한다.

지방자치법 제7조(시·읍의 설치기준)
① 시는 그 대부분이 도시의 형태를 갖추고 인구 5만 이상이 되어야 한다.
② 다음 각 호의 어느 하나에 해당하는 지역은 도농(都農) 복합형태의 시로 할 수 있다.
  1. 제1항에 따라 설치된 시와 군을 통합한 지역
  2. 인구 5만 이상의 도시 형태를 갖춘 지역이 있는 군
  3. 인구 2만 이상의 도시 형태를 갖춘 2개 이상의 지역의 인구가 5만 이상인 군. 이 경우 군의 인구가 15만 이상으로서 대통령령으로 정하는 요건을 갖추어야 한다.
③ 읍은 그 대부분이 도시의 형태를 갖추고 인구 2만 이상이 되어야 한다. 다만, 다음 각 호의 어느 하나에 해당하면 인구 2만 미만인 경우에도 읍으로 할 수 있다.
  1. 군사무소 소재지의 면
  2. 읍이 없는 도농 복합형태의 시에서 그 면 중 1개 면

03 도시 규모

도시는 인구 규모에 따라 초거대도시, 거대도시, 대도시, 중소도시, 소도시 등으로 구분한다. 물론 나라마다 기준의 차이가 있지만, 보통 메트로폴리스 (metropolis)라 부르는 거대도시는 인구 100만 명 이상의 도시를 말한다. 우리나라의 경우 광역시가 이에 해당되며 자치시 중에서도 메트로폴리스에 해당되는 곳도 있다. 메갈로폴리스(megalopolis)라 부르는 초거대도시는 몇 개의 거대도시가 연접한 지역을 말한다. 우리나라의 경우 서울과 인천, 경기지역이 연결된 수도권이 이에 해당한다. 이 밖에 대도시(大都市, Large City)는 인구 50만 명 이상, 중소도시(中小都市, Middle City)는 인구 10만 명에서 50만 명 사이, 소도시(小都市, Small City)는 인구 2만 명에서 10만 명 이하의 도시를 말한다.

한편 그리스의 유명한 도시학자 독시아디스(C. A. Doxiadis, 1913~1975)는 그의 저서 『에키스틱스(Ekistics)』에서 도시 속에 인간 척도의 개념을 도입하여 인구수에 따라 15개 정주단위(settlement units)로 구분하였다. 1단계 인구 1인은 개인(man), 2단계 인구 2인은 방(room), 3단계 인구 4인은 주거(dwelling), 4단계 인구 40인은 주거군(dwelling group), 5단계 인구 250인은 소근린(small neighborhood), 6단계 인구 1,500인은 근린(neighborhood), 7단계 인구 9,000인은 소도시(small town), 8단계 인구 5만인은 도시(town), 9단계 인구 30만인은 대도시(large city), 10단계 인구 200만인은 메트로폴리스(metropolis), 11단계 인구 1,400만인은 연담도시(conurbation), 12단계 인구 1억 인은 메갈로폴리스 (megalopolis), 13단계 인구 7억인은 도시화지역(urban region), 14단계 인구 50억 인은 도시화대륙(urbanized continent), 15단계 인구 300억 인은 세계도시 에큐메노폴리스(ecumenopolis)로 구분하였다. 즉 인간은 한 사람의 방에서 계속 발전하여 세계가 하나의 도시국가 형태로 발전한다고 진단하였다.

도시에도 규모의 경제(economies of scale)가 작용한다. 규모의 경제란 생산규모가 커질수록 생산물의 한 단위당 평균비용이 줄어드는 현상이다. 즉 생산규모가 확대됨에 따라 비용이 감소하므로 제품의 가격 경쟁력이 생기기 마련이다. 이를 규모의 이익이라고도 하는데 도시도 마찬가지다. 인구 규모가 클수록 다양한 산업과 시설, 활동들이 존재하고 이를 통해 비용절감과 경쟁력 향상을 가져오며 소비시장으로서 가치가 커지는 장점을 가진다.

그러나 규모의 경제가 이익만 존재하는 것은 아니다. 생산규모의 증대와 비례하여 생산비용이 감소하는 것은 어느 한도까지다. 그 한도가 지나면 오히려 비용이 증가하는 규모의 비경제(diseconomies of scale)가 작용한다. 도시도 마찬가지로 인구가 집중함으로써 이에 따른 비용이 편익보다 크게 나타난다. 예컨대 토지에 대한 수요가 증가하여 지가가 상승하고 교통이 혼잡해지면, 주택부족, 녹지파괴, 대기오염과 수질오염, 소음과 악취, 갈등과 분쟁, 범죄, 폐기물 등 다양한 도시문제들이 발생한다.

04 도시 구성요소

도시는 운동성을 가진 하나의 거대한 유기체다. 다양한 요소들이 상호 관련성을 가지고 서로 영향을 주고받는 체계(system)로 운영된다. 일반적으로 도시의 구성요소로 시민(citizen), 활동(activity), 토지(land), 시설(facilities)을 들고 있다. 이들은 상호 밀접한 관계를 가지고 끊임없이 도시를 변화시켜 나간다. 도시의 성장과 쇠퇴는 이들 기능들의 활성화 정도에 달렸다고 할 수 있다.

시민은 도시를 구성하는 가장 기본적인 요소로 도시가 존재하는 이유다. 도시에 살고 있는 시민의 수와 밀도는 도시의 규모와 성격 등에 크게 영향을 준다. 시민수에 따라 광역시, 대도시, 중소도시, 소도시 등으로 구분되고, 밀도에 따라 도시화율을 계산한다. 도시화율은 도시계획 초기에 토지의 용도나 시설의 규모 등을 정하는 착수계수(着手係數, initial factor)로 사용된다.

활동은 도시에서 일어나는 주거, 교통, 생산·소비, 위락 등 다양한 활동을 말한다. 도시계획은 시민들의 각종 활동과 관련하여 공간의 배치와 규칙을 세우는 일이라 할 수 있다. 이는 시민의 활동기능을 능률적이고 효과적으로 공간에 배치하기 위한 것이다. 도시 활동이 왕성할수록 도시가 성장하게 된다.

토지는 도시에서 이루어지는 제반 활동들을 수용하고, 각종 시설을 설치하기 위해서 반드시 필요한 공간이다. 도시의 주거지역, 상업지역, 공업지역, 녹지지역, 도로, 주차장 등은 모두 토지를 이용하는 것이다. 도시계획에서 토지이용계획이 정해진 다음에 여기에 대응하는 교통·주택·공공시설 등의 계획을 결정한다.

시설은 도시에 사는 시민들의 생활과 도시 기능을 유지하기 위해서 필요한 것이다. 도시계획시설로는 도로·철도·항만·공항·주차장 등의 교통시설, 수도·전기·가스·방송·통신시설·공동구·시장·유류저장·송유설비 등의 유통공급시설, 학교·운동장·공공청사·문화시설·체육시설·연구시설·사회복지시설 등의 공공문화체육시설, 하천·유수지·저수지·방화설비 등의 방재시설, 종합의료시설·화장시설·공동묘지·봉안시설 등의 보건위생시설, 하수도·폐기물처리시설·수질오염방지시설·폐차장 등의 환경기초시설 등이 있다.

SECTION 02 도시화 현상

01 도시화의 개요

　도시화(urbanization)란 특정한 지역이 도시가 되어 가는 과정으로 인구의 도시집중과 이에 따른 지역적·사회적 변화 양상을 일컫는 개념이다. 대체로 농촌·어촌·산촌 등의 1차 산업지역이 광업·제조업·건설업 등 2차 산업지역 또는 상업·금융·보험·운송·통신·기타 서비스업 등 3차 산업지역으로 변해 가는 과정을 말한다. 도시화는 2차·3차 산업의 비율이 높아지는 현상이라 하여 산업화(industrialization)와 혼용하여 부르고 있다. 도시화 현상은 촌락인구의 도시이동과 도시성의 확산 및 심화, 행정의 도시화, 신도시 건설 등으로 나타난다.

　촌락인구의 도시이동은 농촌·산촌·어촌 지역에 살던 인구가 도시지역으로 이주하여 도시인구가 상대적으로 많아지는 것을 말한다. 도시로 인구가 집중하는 이유는 경제적인 것으로 촌락에 비해 풍부한 자본과 일자리가 있기 때문이다. 도시는 행정기관, 금융기관, 교육기관, 의료·문화 등 편의시설이 집중되어 있고 편리한 교통으로 인구 흡입력이 강하다. 또 도시와 농촌의 생활수준 차이 등으로 도시를 선호하기도 한다. 결국 농촌은 인구를 도시로 밀어내는 압출요인(pushing factor), 도시는 농촌 인구를 끌어당기는 흡인요인(pulling factor)이 작용한다.

　도시성의 확산은 산업의 발달로 촌락지역이 점차 도시적으로 변화되어 가는 현상이다. 여러 유형 가운데 첫 번째는 도시 인구가 급증하면 외곽으로 도시성이 확산되어 주변의 촌락지역이 점차 도시로 변모해 가는 과정이다. 두 번째는 삶터의 성격이 도시적인 것으로 변화해 가는 과정이다. 예를 들어 1차 산업 위주의 촌락에 공장이 들어서면, 2차 산업에 종사하는 인구 비율이 늘게 되고, 이들을 대상으로 하는 3차 산업인 서비스업이 생기게 된다. 지역의 경제적 구조가 1차 산업에서 2차 · 3차 산업으로 변하면서 도시성이 확산되는 것이다. 이때 주민들의 성향도 전통적인 관습과 문화를 존중했던 농촌사회에서 이해타산을 앞세운 사회로 변질하게 된다.

도시성의 심화는 도시성의 확산이 한계에 이르게 되면 도시의 입체화 현상이 진행되는 것을 말한다. 도시기능이 다양화되면 기반시설의 확충이 요구되고 토지의 평면적 이용만으로는 공간이 부족하게 된다. 이를 극복하기 위해서 지상과 지하공간을 도로 · 철도 · 상업 · 업무 · 주거 · 공원 등으로 활용하면서 수평도시에서 수직도시로 변화한다. 도시의 입체화는 물리적 구조물뿐만 아니라 사회 · 경제적인 것도 도시성을 심화시켜 나간다.

행정의 도시화는 행정구역 개편으로 촌락지역이 도시로 편입되는 경우다. 대부분 대도시가 주변 지역을 자신의 행정구역으로 흡수하며 도시가 된다. 이 경우 삶의 형태는 촌락인데 행정상 도시 사람으로 분류된다. 그러나 일정 시간이 지나면 개발이 이루어져 도시기반시설이 들어서고 인구가 증가하여 도시화가 된다. 우리나라는 1995년 지방자치의 시행으로 시와 주변 군이 통합하면서 도농복합형태의 도농통합시가 설치되었다.

신도시개발은 대도시의 주택난 해소 및 택지 부족, 국가나 기업의 기능 및 시설 문제를 해결하기 위해서 도시 외곽이나 촌락지역에 새로운 도시가 개발되는 것을 말한다. 과거에는 대도시의 위성도시로 베드타운(bed town) 성격이 강했으나 최근에는 행정도시 · 기업도시처럼 자족성을 갖춘 복합도시 형태로 개발되고 있다.

02 도시화율

도시화율은 전국 인구 중에서 도시에 거주하는 인구가 차지하는 비율로 도시화의 정도를 판단하는 지표로 활용된다. 도시화율은 행정구역 인구를 기준으로 하느냐 또는 용도지역을 기준으로 하느냐에 따라 다르다. 행정구역의 기준도 읍 이상이냐 또는 시 이상이냐에 따라 다르다. 통계청 자료에 의하면 2019년 우리나라 전체 인구는 약 51,849,861명이다. 이 중 행정구역 기준으로 읍 이상에 거주하는 도시인구는 47,240,850명으로 도시화율은 91.11%이고, 용도지역 기준으로 도시인구는 47,596,532명으로 도시화율은 91.80%이다. 용도지역은 「국토의 계획 및 이용에 관한 법률」에 따라 우리나라 국토의 용도를 크게 도시지역, 관리지역, 농림지역, 자연환경보전지역으로 구분하고 있다.

한편 유엔에서 발표한 「2018년 세계 도시화 전망 보고서(World Urbanization Prospects, the 2018 Revision)」에 의하면 2020년 세계 도시화율은 56.2%이고, 2050년에는 68.4%에 이를 것으로 전망하고 있다. 단, 각 국가마다 도시개념은

[표 1.1] 세계 주요국가 도시화율 및 전망치(단위: %)

국가별	2000년	2010년	2020년	2030년	2040년	2050년
세계	46.7	51.7	56.2	60.4	64.5	68.4
한국	79.6	81.9	81.4	82.0	84.0	86.4
북한	59.4	60.4	62.4	65.6	69.8	74.2
중국	35.9	49.2	61.4	70.6	76.4	80.0
일본	78.6	90.8	91.8	92.7	93.7	94.7
인도	27.7	30.9	34.9	40.1	46.4	52.8
인도네시아	42.0	49.9	56.6	62.8	68.2	72.8
홍콩	100.0	100.0	100.0	100.0	100.0	100.0
싱가포르	100.0	100.0	100.0	100.0	100.0	100.0
미국	70.1	80.8	82.7	84.9	87.1	89.2
캐나다	79.5	80.9	81.6	82.9	85.0	87.3
브라질	81.2	84.3	87.1	89.3	91.0	92.4
아르헨티나	89.1	90.8	92.1	93.2	94.3	95.2
독일	75.0	77.0	77.5	78.9	81.5	84.3
이탈리아	67.2	68.3	71.0	74.3	77.7	81.1
프랑스	75.9	78.4	81.0	83.6	86.2	88.3
영국	78.7	81.3	83.9	86.3	88.4	90.2

자료: 국가통계포탈(KOSIS), 2019.

상이하며 각 국가의 도시인구는 각국의 인구총조사에 의한 것이다. 우리나라의 경우 앞의 통계청 발표와 차이가 나는 것은 통계청은 읍 이상의 도시를 기준한 것이고, 세계 도시화율은 시 이상의 도시인구를 기준한 것이다.

03 도시화 진행단계

도시화의 단계는 크게 4단계로 구분된다. 첫째는 산업화 단계로 인구와 경제활동이 2차·3차 산업지역에 집중적으로 모이게 되어 도시를 형성한다. 이때 1차 산업지역인 촌락의 인구가 2차·3차 산업지역인 도시로 이동하는 이농향도(離農向都) 현상이 발생한다. 도시중심부는 상업, 주거, 산업 지역이 함께 공존하고 외곽지역은 인구가 중심부로 유입되면서 감소한다.

둘째는 교외화 단계로 산업화가 진전됨에 따라 도시지역의 주거환경이 나빠진다. 이때 고소득자들은 저밀도의 쾌적한 환경을 찾아 교외지역으로 주거지를 옮기며 도시가 확대되어간다. 이로 인해 직주거리가 멀어지고, 교통 혼잡과 통근비용, 에너지소비, 대기오염 등의 도시문제가 발생한다. 도시 중심부는 야간인구가 점차 줄어들기 시작한다.

셋째는 탈도시화 단계로 도시규모가 커지면서 다양한 도시문제로 인해 사람들이 도시를 떠나 주변지역으로 이주하는 현상이다. 특히 도시가 성장하면 토지에 대한 수요가 증가해 땅값이 크게 오르는데, 이를 부담하기 어려운 사람들은 위성도시 등 외곽지역으로 이동하게 된다. 이로 인해 도심에는 높은 땅값을 부담할 능력이 있는 상업시설들이 다수를 차지하는데, 상업시설의 특성상 상주인구는 적은 대신 유동인구가 많아진다. 도심은 도넛처럼 중심이 텅 빈 공동화 현상이 발생하는데, 이 지역을 원도심이라고 한다.

넷째는 도시재생화 단계로 공동화되어 낙후된 도시중심부를 새로운 기능을 도입하여 경제적·사회적·물리적·환경적으로 부흥시키는 것을 말한다. 즉 인구의 감소, 산업구조의 변화, 도시의 무분별한 확장, 주거환경의 노후화 등으로 쇠퇴하는 도심을 재생시켜 활성화 시키는 것이다. 도시재생 과정은 새로운 도시기능 도입, 지역자산 활용, 산업구조의 변화 등을 통해 고용기반을 창출하고 소득을 증대시킨다.

04 도시화의 집적이익

도시지역으로 인구와 산업이 집중하면 규모의 경제가 작용하여 집적이익이 발생한다. 인구의 집적이 이루어지면 노동시장과 소비시장이 이루어지고 도로 등의 시설이 마련되어 투자의 효율성과 생활의 편리성이 향상된다. 도시의 다양한 기능들이 집중됨으로써 산업의 규모가 커지고 이로 인해 생산성이 향상되는 것이다. 만약 인구와 산업이 분산되면 도시시설 설치에 대한 단위당 비용의 증가로 효율이 떨어지기 마련이다.

인구와 산업의 도시집적은 내부경제와 외부경제를 발생시켜 집적의 이익을 가져다준다. 내부경제(internal economies)란 생산규모의 증대로 인해 생기는 생산에 들어가는 평균비용의 절감을 말하며 내부절약이라고도 한다. 내부경제가 생기는 이유는 분업으로 인한 노동력의 절약, 대단위 고정자본재의 이용으로 인한 기술·시설상의 절약, 판매비용의 절약, 경영비용의 절약 등을 들 수 있다.

외부경제(external economies)란 자신의 경제 활동과 관계없이 다른 개인이나 기업의 활동으로 받는 이익을 말한다. 도시의 도로·항만·통신 등의 사회간접자본을 도시의 경제주체들은 무상 또는 저렴한 비용으로 이용할 수 있다. 이러한 장점으로 도시는 유사한 업종의 기업 및 연구소가 특정한 지역에 몰려들어 클러스터(cluster)를 형성한다. 그 지역에 위치한 경제주체들 모두가 더 많은 생산비 절감의 혜택을 받을 수 있기 때문이다.

외부경제는 승수효과, 예비능력비축효과, 접촉효과로 구분할 수 있다. 승수효과(multiplier effect)란 특정한 지역에 하나의 산업이 입지하면 그 하나에 끝나지 않고 그에 연관된 산업이 연달아 입지하여 외부효과를 창출하게 된다. 예비능력비축효과란 산업이 집적하여 클러스터가 형성되면 각 기업마다 상황변동에 대비해 비축해야 할 재고량을 분담함으로써 비용을 줄이는 것을 말한다. 접촉효과

(contact effect)란 본래 만나면 만날수록 호감도가 증가하는 데서 비롯된 말로 인근에 관련부처나 기업, 전문용역업체 등이 있으면 기술과 정보로의 접근가능성을 손쉽게 하는 효과를 말한다.

도시화로 인한 집적이익은 사회·심리적으로도 나타나는데 도시의 방재시설은 자연재해로부터 안전하게 해주고, 방범시설은 신변안전과 사생활을 보호받을 수 있게 해준다. 또한 도시에서는 개인의 발전을 위한 다양한 기회가 주어지고, 더 많은 창조력들이 교차하면서 새로운 사상과 발명을 싹트게 한다.

그러나 도시집적에는 이익만 있는 것은 아니다. 집적불이익도 발생하는데 내부경제에서 산출량이 지나치게 많아지면 오히려 평균비용이 증가하는 내부불경제(internal diseconomies)를 초래하게 된다. 외부경제에서도 도시규모가 커지고 산업이 발전함에 따른 부작용으로 환경파괴와 대기오염과 같은 각종 도시문제를 야기하는데 이를 외부불경제(external diseconomies)라 한다.

[그림 1-1]은 도시의 집적이익과 집적불이익을 곡선으로 나타내고 있다. OA구간은 집적의 이익이 발생하여 도시로의 인구이동이 나타난다. A지점은 집적이익이 최고에 이르는 점이고, AB구간은 직접이익은 변함이 없는데 집적불이익이 점차 증가하는 선이다. B지점은 집적이익과 집적불이익이 일치하여 도시집적으로 인한 순이익은 0이 되는 점이다. B이상은 집적의 불이익이 발생하여 탈도시화 현상으로 인구가 감소하여 도시가 쇠퇴하게 된다.

[그림 1-1] 도시 집적이익과 불이익 곡선

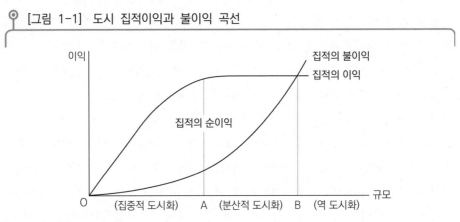

자료: 대한국토·도시계획학회, 도시계획론 p.43.

SECTION 03 도시 문제

도시 문제(urban problem)는 기본적으로 좁은 면적에 많은 인구가 거주하고 다양한 도시기능들이 집중되는 데서 발생한다. 국가에 따라 조금씩 다르지만 대체로 도시연담화, 주택문제, 환경문제, 교통문제, 안전문제, 범죄 등의 각종 문제가 발생하게 된다. 이러한 도시문제는 선진국보다 개발도상국에서 보다 심각하게 나타난다. 선진국은 산업혁명 이후 약 300년에 걸쳐서 점진적으로 도시화가 진행되면서 도시기반시설 확충과 제반문제들을 해결해 왔다. 그러나 개발도상국은 짧은 기간 동안 도시화로 각종 기반시설이 부족하고 도시환경이 열악해진다.

01 도시연담화

도시연담화(conurbation)는 도시가 외곽으로 확산되면서 주변 도시와 서로 달라붙는 현상을 말한다. 연담화로 거대도시가 형성되면 도시들이 기능을 서로 분담하여 하나로서의 도시기능을 발휘하는 장점도 있으나, 대부분 대도시가 우위를 확보하여 주변 중소도시들을 종속시키기도 한다. 연담화는 도시난개발을 야기하여 기반시설 부족에 따른 교통체증, 환경오염, 주거환경 악화 등 다양한 도시문제를 불러온다.

02 주택문제

　주택문제는 많은 인구가 도시에 집중하면 주택수가 부족하여 땅값과 주택가격이 상승하게 된다. 특히 교통이 편리하고 일자리와 교육 등 편의시설이 잘 갖추어진 지역은 선호도가 높아져 주택가격이 더욱 상승하게 된다. 이로 인해 지역 간 빈부격차가 발생하고 일반시민들의 심리적 박탈감으로 정치·경제·사회적인 문제에 영향을 미친다. 그러나 동심공동화 현상으로 원도심이 쇠퇴하면 도시인구가 오히려 감소하여 빈집의 증가와 주택가격 하락으로 이어진다. 이는 하우스푸어 증가, 중산층붕괴, 세수감소와 재정악화, 기반시설 노후화 등의 도시문제를 야기한다.

03 환경문제

　환경문제는 도시인구의 증가와 과밀화로 자연환경 파괴, 대기오염, 수질오염, 토양오염, 폐기물, 소음과 악취 등 다양하게 나타난다. 대부분 도시의 시설과 활동들은 막대한 에너지 소비량을 증대하여 환경을 오염시키는 원인을 제공한다. 도시에서 사용하는 에너지 대부분이 화석연료이기 때문이다. 환경오염 문제를 해결하기 위해서는 화석 연료의 사용을 줄이고, 대체에너지 개발과 함께 에너지 절약형 도시계획과 폐기물의 자원화정책 등이 필요하다.

04 교통문제

　교통문제는 도시인구의 급증과 외곽확장은 직주거리를 증가시켜 교통혼잡을 유발한다. 자동차수는 급격하게 증가하는 반면 도로율은 이를 따르지 못하여 교통체증이 발생한다. 뿐만 아니라 주차 공간 부족과 교통사고, 대기오염과 소음 문제도 심각하게 발생한다. 고밀도로 집중되는 갖가지 도시 활동을 원활하게 처리하기 위해서는 환경친화적이며 효율적인 교통수단과 녹색교통이 요구된다.

05 안전문제

　도시는 한정된 공간에 인구와 시설이 집중되어 있기 때문에 각종 재해로부터 취약하다. 재해는 크게 자연현상으로 인하여 발생하는 자연재난과 사람의 실수나 부주의로 일어나는 인재인 사회재난이 있다. 자연재난으로는 태풍, 홍수, 강풍, 폭염, 한파, 해일, 대설, 지진, 황사 등이 있고, 사회재난으로는 화재, 붕괴, 폭발, 교통사고, 환경오염, 전염병 확산, 범죄 등이 있다. 도시는 각종 재해로부터 시민의 생명과 재산을 보호할 수 있는 기반이 마련되어야 한다.

도시계획

　도시계획(urban planning)이란 인구가 늘어나고 다양한 사회적 필요가 증가함에 따라 발생하는 문제들을 해결하고, 바람직한 사회 공간 및 문화를 만들어가기 위한 활동이라 정의할 수 있다. 18세기 산업혁명 이후 갑작스런 도시인구의 증가와 도시의 공간적 팽창에 따라 발생한 여러 가지 문제를 해결하기 위해 도입된 것이었다. 현대에 들어와서는 각 나라마다 상황은 다를지라도 도시계획은 필수적인 도시행정으로 자리 잡게 되었다.

　도시계획은 일반적으로 장기·중기·단기 시점에서 계획이 수립되고 있다. 이를 위해 인구증가, 교통량, 주택수요, 문화, 교육, 산업구조, 생활양식 등에 관한 통계자료의 수집·분석을 요하며, 다양한 법률적인 절차와 토대 아래 그 계획이 설계된다. 예측되는 도시의 각종 수요변화에 대처하기 위해 바람직한 목표를 설정해 놓고, 목표를 실현하기 위한 계획을 수립한다. 우리나라의 경우 「국토의 계획 및 이용에 관한 법률」에 의해 광역도시계획, 도시·군기본계획, 도시·군관리계획, 지구단위계획 등이 있다.

참고문헌 ─────────────────────────────────────

권용우 외(2000), 도시의 이해, 박영사.

김대영(2015), 도시계획의 이해, 에듀컨텐츠휴피아.

김천권(2004), 도시개발과 정책, 대영문화사.

김철수(2005), 도시계획사, 기문당.

대한국토 · 도시계획학회(2008), 도시계획론, 보성각.

대한국토 · 도시계획학회(2012), 서양도시계획사, 보성각.

정삼석(2011), 도시계획, 기문당.

최재영, 「唐 후기 장안의 진사층과 기관 형성」, 『중국학보』 45, 한국중국학회, 2002.

Carter. H.(1995), The Studyof Urban Geography 4th ed. Arnold. London.
    pp.10 – 12.

Doxiadis. C. A.(1975), Anthropopolis: City for Human Development. W. W.
    Norton & Company.

Louis Wirth(1938), Urbanism as a Way of Life, American Journal of Sociology, Vol.
    44: 1 – 24.

Tim Hall(2012). Urban Geography 2nd edition. London and New York.

🌐 홈페이지 ─────────────────────────────────────

국가통계포탈 KOSIS (kosis.kr/index/index.do)

매일경제 (www.mk.co.kr)

유엔 (population.un.org/wup/Country – Profiles)

유엔 경제사회부 인구과 (www.un.org/development/desa/pd)

UN DESA's Population Divison (www.un.org/unpd/wup, World Urbanization Prospects,
    the 2018 Revision)

도시의 역사

도시계획론

4대 문명의 발상과 도시

인류의 출현은 약 250만 년 전으로 추정하지만 문명이 발달하기 시작한 것은 지금으로부터 약 1만 년 전이다. 지구는 수만 년의 간격을 두고 빙하기와 간빙기를 반복하고 있다. 그 원인은 지구자전축의 기울기(23.5°) 변화와 지구가 태양 주위를 돌면서 생기는 이심률 변화로 알려지고 있다. 빙하기와 빙하기 사이의 온난한 시기를 간빙기라 하는데, 이때는 생물들이 활발하게 활동하며 번식한다. 그러다 빙하기가 되면 개체수가 줄어들게 되는데 인류도 마찬가지다.

1만 년 전 빙하가 끝나고 날씨가 따뜻해지자 동식물이 번성하기 시작했다. 인간도 동굴 속에서 평지로 나와 정착생활을 하게 되었다. 강가나 호수, 해안가 주변에 집단으로 모여 살면서 농사를 짓기 시작하였다. 사냥한 짐승을 길들여 키우면서 가축이 이루어졌고, 흙과 불을 다룰 줄 알면서 토기를 만들어 곡식을 저장했다. 농사와 가축은 많은 일손이 필요하므로 집단으로 거주하는 것이 훨씬 유리했다. 더욱이 약탈자들을 막아내기 위해서는 집단의 힘이 필요했다.

약탈자들로부터 부족원의 생명과 재산을 지키기 위해서 성곽을 쌓고 부족한 물자를 확보하기 위해서 시장을 열면서 도시가 만들어졌다. 도시를 운영하기 위해서는 많은 제도와 문물이 생기면서 인류문명이 발상하게 된 것이다. 처음에는 주로 강 하구의 퇴적층이 발달한 지역에서 시작했는데 농사와 교통이 유리했기 때문이다. 인류의 4대 문명 발상지라 일컫는 메소포타미아, 이집트, 인더스, 황하 문명 모두 큰 강을 끼고 있고, 대부분 기후가 온화하고 기름진 토지와 수로 교통이 좋은 지역들이다.

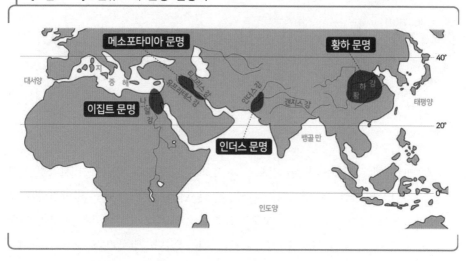

[그림 2-1] 인류 4대 문명 발상지

01   메소포타미아 문명과 도시

BC 3500년경 유프라테스 강과 티그리스 강 사이의 비옥한 초승달 모양의 땅에서 발상하였다. 메소포타미아(Mesopotamia)는 두 강 사이란 뜻으로 상류로부터 운반된 유기질이 많은 토사가 퇴적되어 비옥한 땅이 되었다. 농경을 통한 풍부한 물자와 수로를 통한 편리한 교통으로 사람들이 점점 모여 살게 되었다. 처음 두 강이 만나는 하류 지역에 정착한 사람들은 수메르(Sumer)인들이다. 이들은 수로를 관리하고 농사를 짓는데 많은 노동력이 필요하므로 마을을 이루고 살았다.

메소포타미아 지역의 개방적 지리는 외부와의 교역도 활발하게 할 수 있지만 이민족의 침입도 잦았다. 이민족의 침입을 막기 위해 성곽을 쌓고 물자유통을 활발하게 하기 위한 시장이 형성되면서 도시가 만들어졌다. 수메르 지역의 초기 도시로 에리두(Eridu)·우르(Ur)·라가시(Lagash)·라르사(Larsa)·우르크(Uruk) 등이 생겨났다. 이들 도시들은 작은 운하를 통해 서로 연결되면서 교역이 활발하게 이루어졌다.

수메르 도시국가 중에서 지도적 위치에 있었던 우르는 1854년 영국에 의해 처음 발견된 후 1925년 영국과 미국의 합동조사를 통해 모습이 드러났다. 도시 외곽을 둘러싼 성벽은 높이 3~6m이고, 지름은 긴 쪽이 1700m, 짧은 쪽이 700m 타원형이다. 성벽 밖으로는 유프라테스 강물을 끌어들여 해자를 파놓아 외적방어와 교역로로 사용하였다. 도시내부는 정치·종교의 중심지인 테메노스(Temenos)와 일반 주거지역으로 나눈다. 테메노스의 가장 높은 언덕에는 가로 43m, 세로 63m, 높이 30m의 지구라트(Ziggurat)가 있는데 달의 신인 난나를 모시는 신전과 홍수 시 피난지로 이용한 것으로 보인다.

일반주거지의 집들은 흙벽돌로 지은 것으로 하나의 건물에 십여 개의 방이 있는 2층 구조다, 벽돌에는 아스팔트의 주원료인 역청을 발라 홍수와 습기에 대비하였다. 주택가 사이의 도로는 벽돌로 포장되었고, 도자기를 구워 만든 상하수도관을 매설하는 등 도시기반시설을 갖추었다. 우르에는 약 2만 5천 명 정도의 인구가 거주한 것으로 추정하고 있다. 한편 우르는 성경 창세기에 등장하는 예수의 조상 아브라함의 고향이기도 하다.

우르크는 오늘날 이라크 바그다드와 바스라 중간에 위치하고 있다. 1928년부터 독일 고고학자들이 발굴하여 도시의 모습이 드러나게 되었다. 이중으로 된 성벽은 동서길이 2.5km, 남북길이 3.5km로 우르보다 규모가 크며 인구는 약 7만 7천 명 정도 거주한 것으로 보인다. 도시내부는 우르와 비슷하여 지구라트가 있는 정치·종교의 중심지인 테메노스와 일반주거지역으로 분리되었다. 성벽 밖에는 해자를 건설하여 외적방어와 교역로로 활용하였다.

바빌론(Babylon)은 셈족의 일파인 아모리인(Amorite)이 세운 도시다. 당시 메소포타미아는 남부의 수메르족과 북부의 아카드(Akkad)족이 끊임없이 분쟁하고 있었다. 이틈을 타 BC 1800년경 함무라비(BC 1792~BC 1750)왕은 주변 도시들을 복속시켜 메소포타미아 전역을 통일하고 바빌로니아(Babylonia) 제국을 건설하였다. 함무라비는 282개 조항으로 이루어진 세계 최초의 성문헌법이라 할 수 있는 함무라비 법전을 만들어 중앙집권적 체제를 확립하였다.

1899년 독일의 고고학자에 의해 발굴된 바빌론은 제국의 도읍답게 거대하고 화려했다. 외성의 길이는 18km, 내성은 6km, 성벽의 높이는 14m, 3중 성벽으로 이루어졌다. 성벽 밖은 거대한 해자로 둘러싸여 있었고, 도시 가운데로는 운하가 지나가도록 했다. 도시내부는 토관을 연결한 상수도관과 하수도관이 있었고, 역청(아스팔트)으로 벽을 발랐고 도로를 포장하였다. 도시 안쪽의 개선도로는 폭이 20m로 마차 8대가 동시에 달려도 넉넉할 만큼 넓었다. 약 900m에 이르는 개선도로 양쪽에는 수많은 건물들이 배치되었는데 세계 7대 불가사의 중 하나인 공중정원도 있었다. 도시 중심부에는 지구라트인 가로·세로·높이가 각각 91m의 바벨탑이 솟아 있었다. 당시 인구는 약 15만 명 정도로 추정하고 있다.

[그림 2-2] 메소포타미아 문명과 도시

메소포타미아 지역

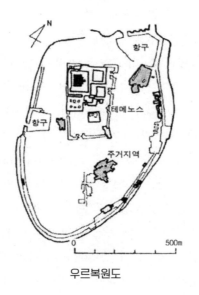

우르복원도

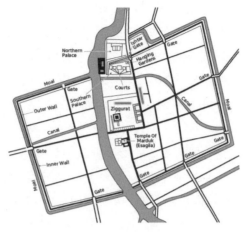

바빌론 개념도

한편 페르시아(Persia)는 티그리스강에서 동쪽으로 250km 정도 떨어진 수사(Susa, 지금의 Shush)에서 발전한 제국이다. 수사는 카크헤강과 데즈강 사이의 자그로스산맥 남서쪽 기슭에 형성된 충적평야로 인해 토지가 비옥하고 밀과 과일이 풍부했다. 지리적으로 메소포타미아와 연속되어 문화적 영향을 크게 받았다. BC 2700~BC 539년까지 메소포타미아 산악지역에서 내려온 엘람(Elam)족이 고대왕국을 세워 엘람문자와 십진법을 발명하는 등 문명이 발전하였다. 이들은 바빌로니아를 공격하여 함무라비 법전이 적힌 석비를 빼앗아 오기도 했다.

BC 539년 아케메네스 왕조 키루스(Cyrus) 1세가 수사를 점령하였고, 키루스 2세는 바빌론을 무혈점령하고 메소포타미아 전역을 통합하였다. 그의 아들 캄비세스(Kambyses)는 이집트를 정복하였고, 그가 죽자 다리우스(Darius) 1세는 인더스의 펀자브 지방을 정벌하고 소아시아 지역의 그리스 식민지를 평정하여 대제국을 형성하였다.

다리우스 1세는 제국을 효율적으로 운영하기 위해서 수사에서 680km 떨어진 파르스(Pars) 지역에 신도시인 페르세폴리스(Persepolis)를 건설하였다. 뒤에는 라흐마트산이 있고 앞에는 마르브다슈 평야가 있는 배산임수 지형에 가로 530m×세로 330m의 직사각형의 석조기단을 쌓고, 그 위에 아파다나궁·백주궁전·기록보존소 등 건물을 배치하였다. 아파다나는 알현용 궁전으로 지름 1.5m, 높이

19.2m의 원기둥 72개가 천정을 받치고 있었다. 아파다나로 오르는 계단 측면에는 조공을 바치러 온 만국 사신들의 모습이 사실적으로 조각되어 있다. 기록보존소에서는 점토판으로 된 문서 약 2만 장이 출토되었다.

페르시아 제국은 도로망 확충에도 관심을 기울여 페르세폴리스에서 소아시아 사르디스까지 오늘날의 고속도로인 총 2400km의 왕도를 건설했다. 왕도에서는 수사·바빌론(현재의 바그다드)·니네바(현재의 모술)·사르디스(현재의 터키 이즈미르) 등 주요 도시를 연결하는 간선도로를 만들었다. 역전제를 도입하여 중앙정부의 명령을 신속히 각 도시에 전달할 수 있도록 하였다. 페르세폴리스에서 사르디스까지 역마로 약 7일 정도 걸렸으며 평상시에는 상업교역로로, 전쟁 시에는 수송로로 활용하였다. 그러나 페르시아는 BC 330년 알렉산더에 의해서 멸망했으며, 페르세폴리스는 페르시아가 아테네의 아크로폴리스를 불태운 일에 대한 보복으로 무참하게 파괴되었다.

[그림 2-3] 페르시아 제국

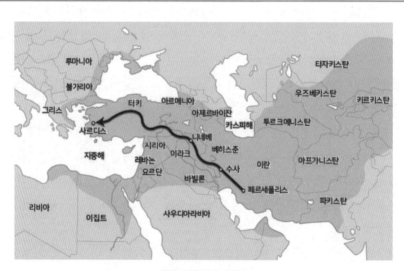

페르세폴리스 왕도

페르세폴리스 유적

02 이집트 문명과 도시

BC 3200년 경 세계에서 두 번째로 긴 나일강(6,650km) 유역에서 발상한 문명이다. 나일강은 아프리카 대륙 동중부에 있는 빅토리아 호수에서 열대초원을 흐르는 백나일(White Nile)과 에티오피아 산악 골짜기에서 흘러내려 온 청나일(Blue Nile)이 수단의 카루툼 지방에서 합류하여 이집트를 거쳐 지중해로 흘러간다. 나일강의 범람은 아프리카의 기후와 관련이 깊다. 발원지인 아프리카 중부 고원지대에 비가 내리면 몇 달 후 하류인 이집트에서는 강이 범람하는 대홍수가 일어난다. 이때 아프리카 열대우림지방의 온갖 부엽토들이 흘러내려와 퇴적되면서 기름진 평야를 만든다. 이를 바탕으로 농경이 시작되며 이집트 문명이 발상한 것이다.

이집트 홍수는 7월~10월에 일어나는데, 5월경에 에티오피아 고원지대에 내린 계절성 폭우와 산정상의 눈이 녹으면서 흘러내려온 물이 도달하기 때문이다. 11월~2월에 물이 빠져나가면 농사철이 시작되고, 3월~7월은 추수기다. 홍수는 매년 규칙적으로 일어나기 때문에 미리 예측이 가능하여 농사시기를 조절할 수 있었다. 이러한 자연현상은 천문학, 태양력, 기하학, 건축학, 관개농업 등의 기술발전을 가져왔다. 또한 이집트는 주변이 지중해 바다와 사막으로 둘러싸여 외부침입이 없어 독자적인 문화로 발전할 수 있었다.

이집트 문명은 크게 고왕국(1왕조~10왕조), 중왕국(11왕조~17왕조), 신왕국(18왕조~31왕조) 시대로 구분한다. 이집트 왕조는 정치와 종교를 일치하는 제정일치(祭政一致) 사회로 왕인 파라오(pharaoh)들은 위엄과 권력을 나타나기 위해서 사후에도 영혼이 머무를 죽은 자의 도시인 네크로폴리스(necropolis)를 건설하였다. 그 위치와 형태는 고왕조 때는 멤피스에 도읍을 정하고 마스타바(mastaba)와 피라미드(pyramid), 중왕조 때는 테베에 도읍을 정하고 암묘(岩墓), 신왕조 때는 테베와 룩소르·아스완·아부삼벨 등에 암묘와 신전(神殿)을 짓고 이를 중심으로 권위를 과시하였다.

고왕국의 도읍인 맴피스(Memphis)는 카이로 남쪽 20km 떨어진 나일강 서안에 위치하며 삼각주가 가까이 있어 농경과 목축, 상업이 발전한 지역이다. BC 3100년경 이집트의 첫 파라오인 메네스(Menes)가 당시 상·하부로 분리된 이집트를 통일하고 수도를 정하였다. 인근의 사카라(Sakkara)와 기자(Giza) 지역을 합쳐 '멤피스 네크로폴리스'로 불리고 있는데 파라오의 무덤인 마스타바와 피라미드가 집중되어 있기 때문이다. 사카라에는 1~2왕조시대의 무덤인 마스타바가 있으며 직사각형으로 벽돌을 쌓아 마치 사람이 사는 주택과 같은 형태다. 또 3왕조 조세르왕(BC 2667~BC 2648)의 무덤인 6층 계단의 피라미드는 시초의 피라미드다. 기자 지역에는 고왕조의 황금기를 이끈 4왕조의 쿠푸왕, 카프레왕, 멘카우라왕의 거대한 피라미드를 비롯하여 왕족들의 피라미드와 사람의 얼굴과 사자의 몸으로 해가 뜨는 동쪽을 바라보고 있는 거대한 스핑크스가 축조되어 있다. 9왕조와 10왕조 때는 혼란기로 수도를 헤라클레오폴리스(Herakleopolis)로 옮겼다.

중왕국의 도읍은 카이로 남쪽 726km 거리에 위치한 오늘날의 룩소르 지방인 테베(Thebes)다. 고왕국은 파라오들의 거대한 피라미드 건설로 국가재정이 파탄나자 힘이 약해졌다. 이 틈을 타 지역 군주들이 권력을 행사하면서 지방분권이 급격하게 진행되었다. 7왕조부터 10왕조까지 약 200년 동안 수많은 파라오들이 교체되는 혼란기를 겪다 11왕조 4대왕인 멘투호테프 2세가 이집트 전체를 장악하고 수도를 테베로 옮겼다. 도시의 특징은 나일강을 사이에 두고 동쪽은 산자의 도시로 왕궁, 행정관청, 주거지를 배치하였다. 반면에 서쪽은 죽은 자의 무덤 지역으로 피라미드 대신 암묘를 건설했다. 도굴을 피하기 위해서 바위를 파서 굴을 만들어 시신을 안치하였다. 암묘의 길이는 100m에 이르고 구조는 경사로, 탑문, 열주 출입구, 바깥마당, 테라스열주랑, 열주홀, 안 출입구, 전실 앞마당, 공원실, 묘실·조상실로 되어 있어 신전과 무덤의 복합 형태다.

200년 동안 평화가 유지되었던 중왕국은 다수의 권력자들이 파라오의 자리를 두고 치열하게 다투었다. 100년 동안 50명 이상의 파라오가 교체되었으니 평균 2년 정도 재위했다. 이런 혼란을 틈타 아시아계 유목민으로 메소포타미아 지역에서 활동하며 철제무기와 전차로 무장한 힉소스인(Hyksos)이 중왕국을 침략하였다. 힉소스인들은 15~16왕조까지 약 150년 간 도읍을 삼각주 북동부 지역인 아바리스(Avaris)에 정하고 이집트를 통치했다. 그러자 상이집트의 테베지역에서 이민족에 대한 저항운동이 일어났다. 17왕조인 세케넨라와 그의 장남 카모세가 권력을 잡고 이집트 영토절반을 회복하였다. 카모세가 병을 얻어 세상을 떠나자 동생 아흐모세가 아리바스를 점령해 힉소스인을 몰아내고 전 이집트를 통일하며 신왕조가 시작하였다.

신왕국의 도읍은 중왕조의 수도였고 18왕조 1대 아흐모세 파라오의 고향인 테베다. 이 시대의 특징은 무덤과 신전의 분리다. 고왕국의 피라미드와 중왕국의 암묘는 신전과 무덤의 기능이 합쳐진 것이다. 그래서 도시 가까이에 위치했으며 파라오들이 사후에 부활하여 사용할 부장품들을 많이 매장하였다. 그런데 도굴 당하기 일쑤였다. 이를 방지하기 위해 무덤은 도시에서 멀리 떨어진 오지의 절벽에 굴을 파서 암묘를 설치하고, 도시에는 신전을 건설하였다. 당시 암묘로 유명한 곳은 테베 서쪽 다이르 알바리의 바위산 깊은 계곡 이른바 '왕가의 계곡(Valley of Kings)'이었다. 신전은 암묘처럼 선형으로 구성되어 있고 정문은 탑 형식으로 건축하여 위엄을 나타내고 있다. 신전의 기능은 전쟁 수행본부서 승리를 기원했으나 파라오들이 권력을 과시하기 위해서 경쟁적으로 건축하였다. 테베와 아스완, 아부심벨 지역에 많은 신전이 건축되었다.

[그림 2-4] 도시 집적이익과 불이익 곡선

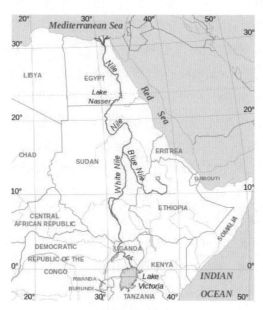

나일강수계

이집트 문명 발상지

인류 최초의 신도시 카훈(kahun)

카훈은 이집트 중왕국 제12왕조의 파라오였던 세누스레트 2세(Senusret II, 일명 세소스트리스)의 알라훈(El-Lahun) 피라미드에서 약 800m 떨어져 있으며 경작지에서 가까운 거리에 위치한 마을이다. 피라미드 하나를 건설하는 데는 보통 20년 정도 걸리며, 2만~10만 명 정도의 노동자와 기술자, 감독관이 동원되었다. 피라미드 건설 중에 이들이 거주하며 생활할 공간으로 오늘날 빌라단지와 같은 공동주택으로 카훈이 건설되었다. 당시에는 마을이나 도시들이 자연발생적으로 생겨난 것에 비해 카훈은 사전에 계획되었기 때문에 인류 최초의 신도시로 평가되고 있다. 또 피라미드 건설사업의 배후도시라는 점에서 원시적 기업도시로 평가하는 측면도 있다. 그러나 피라미드가 완성되고 나면 버려지는 도시이기도 했다.

카훈은 영국의 이집트 고고학자 플린더즈 페트리(Flinders Petrie, 1853~1942)경에 의해서 1888~1990년 처음 발굴되었고, 1914년과 2009년에 재발굴되었다. 처음 발굴 당시 대부분 주택은 진흙을 구워 만든 벽돌로 쌓은 벽과 진흙으로 덮은 지붕이 있었다. 도시규모는 350m × 400m의 직사각형 구조로 삼면이 벽돌로 쌓은 이중벽이 있었다. 한 면의 벽에 대한 증거가 발견되지 않았는데 침수되어 무너졌거나 씻겨 나간 것으로 추정하기도 하고 처음부터 쌓지 않은 것으로 추정하기도 한다.

도시 내부는 직사각형 모양이며 약 3분의 1을 외벽만큼 크고 튼튼한 흙벽으로 공간을 나누었다. 1/3에 해당하는 작은 공간은 노동자 주거지로 44m^2(13평) 정도의 소형주택들이 2층 테라스 구조로 고밀도로 질서정연하게 배치되었다. 2/3에 해당하는 넓은 공간은 기술자와 감독관 등 상류층 주거지로 높은 곳의 경사면에 지어졌는데 중대형 주택들이 저밀도로 질서 있게 배치되었다. 작은 주택은 120m^2(36평)에서 대형 주택은 2520m^2(763평)의 저택도 있었다.

노동자 거주공간의 도로는 폭이 1.5m 정도인 직선으로 격자형이며 골목은 막다른 것으로 벽으로 막혀있었다. 기술자·감독관 거주공간은 노동자 지구의 골목과는 달리 폭이 9m이고, 정원과 광장, 사원이 배치되었다. 거리에는 배수를 취한 돌 통로가 배치되었다. 주택 바닥 아래에는 나무상자가 묻혀있었는데 상자 안에는 사망한 지 몇 개월 밖에 되지 않은 유아의 골격이 있었다고 한다. 피라미드 건설에 참여하는 노동자들을 노예로 보는 견해도 있으나 농한기 때 농민들이 참여했다는 주장도 있다. 농민들은 임금을 받고 참여했으며 임금이 체불될 경우 파업 농성까지 했다고 한다.

이집트 페이윰에서 발굴된 카훈
(자료: Wikipedia)

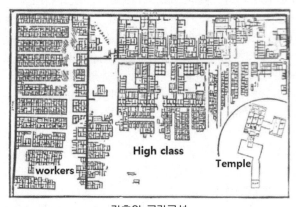
카훈의 공간구성
(자료: Wikipedia)

인더스 문명과 도시

　인더스 문명은 BC 3000년 경 인도 북부 히말라야산맥에서 발원하여 파키스
탄을 거쳐 인도양으로 흘러가는 인더스강(2,900km) 유역에 발상한 문명이다. 파

키스탄 하라파(Harappa)에서 최초로 유적지가 발견되어 하라파 문명이라고도 부른다. 문명 발상 당시에는 인더스강 주변의 산림이 울창하고 땅이 비옥했으나 현재는 매우 건조하고 황량한 지형으로 변했다. 인더스 문명의 멸망 원인은 아리안족이 침입하여 토착민들을 대량 학살하면서 멸망했다는 설과 도시인구가 증가하면서 산림을 벌목하고 주변을 개간하면서 환경이 파괴되어 대홍수로 멸망했다는 설이 있다.

인더스 문명은 메소포타미아와 이집트 문명에 비해 늦게 발견되었다. 1921년 영국의 고고학자 존 마셜(J. Marshall)이 하라파 언덕을 조사하던 중 우연히 2만 명 정도가 살았던 도시 흔적을 발견하였다. 그리고 1년 뒤 인도인 라칼다스 바너지가 불탑을 조사하던 중에 인더스강 하류지역에 위치한 사자의 언덕이란 뜻의 모헨조다로(Mohenjo-Daro) 도시 유적을 발견하였다. 이후로 100여 개 지역에서 도시유적이 발견되었다. 메소포타미아·이집트·황하 문명과 달리 거대한 신전이나 무덤이 없는 것으로 보아 민주적 평등사회였을 것으로 추정된다. 또 돌로 만든 인장에는 큰 선박 그림이 새겨졌는데 이는 수메르지역에서 출토된 것과 같아 두 지역이 해상을 통해 교역했음을 짐작케 한다.

하라파는 훼손이 심해 실체를 알아볼 수 없는 반면에 모헨조다로는 도시형태가 뚜렷하게 남아있었다. 모헨조다로는 완벽하게 계획되었으며 도시 전체가 구운 진흙 벽돌로 건설되었다. 벽돌은 길이 28cm, 폭 14cm, 높이 18cm로 일정하게 규격화되어 있다. 도시 가운데로 폭 10m의 남북대로가 관통하여 지나고 있는데 바닥은 단단한 벽돌로 포장되어 있다. 마차 두 대가 교차하여 지날 정도로 충분하다. 도로를 사이에 두고 동쪽은 일반 시민들의 주거지역인 시가지구역, 서쪽은 공공지역인 성채구역으로 구획되어 있다,

서쪽의 성채는 가로·세로 430m×230m 규모로 최고 높이 12m의 성벽으로 둘러싸여 있다. 성채 내부에서 가장 높은 언덕에는 사원으로 추정되는 스투파(stupa, 불탑)가 있는데 요새로 활용한 듯 토루가 설치되어 있다. 그 아래에는 공중목욕탕, 곡물창고, 회의장, 상류층의 주택 등이 배치되어 있다. 특히 공중목욕탕은 가로 19m, 세로 7.5m, 깊이 2.5m의 대형으로 벽면에 콜타르를 발라 방수처리를 하였다. 목욕탕의 용도는 종교의식을 갖기 전 몸을 깨끗하게 씻었던 것으로 보인다.

동쪽 시가지는 4개의 큰 통로에 의해 9블록으로 구획되었다. 한 개의 블록은 가로·세로가 대개 100m×200m이고, 블록과 블록 사이는 반듯한 도로가 나있다. 블록 내부는 작은 도로가 십자 모양으로 직교하면서 주택이 배치되었다. 각 블럭마다 공동우물이 있고 도로가에는 밤에 불을 밝혔던 흔적이 있다. 주택은 2층으로 된 벽돌집이 좁은 골목길을 사이에 두고 나란히 서 있다. 집집마다 수세식 화장실이 설치되었다. 하수관은 지하로 매설되어 도로의 양쪽으로 난 배수로로 흐르도록 하였다. 하수도는 벽돌 덮개로 덮어 위생과 도시미관을 고려했다.

　　인더스 문명은 계승되지 않고 단절되었다. 그 이유는 앞서 언급했던 것처럼 환경의 변화로 보는 견해도 있다. 그러나 지극히 배타적이고 호전적인 아리안(Aria)족의 침입 때문으로 보는 설이 우세하다. 청동기보다 단단한 철기문화를 가진 아리안족들은 인더스강 유역의 원주민들을 대량 학살하고 일부는 겐지스강 유역으로 끌고 가 노예로 삼았다. 아리아인들은 자신들과 원주민들을 구분하기 위해 신분제도인 카스트(cast)를 만들었다. 브라만(Brahman, 사제), 크샤트리아(Kshatriya, 귀족·무사), 바이샤(Vaisya, 평민), 수드라(Sudra, 천민), 천민 신분에도 속하지 못하는 언터처블(Untouchable, 불가촉천민) 5등급이다. 이 중 브라만·크샤트리아·바이샤는 아리안인들이 차지하고 수드라·언터쳐블은 원주민들의 몫이었다.

[그림 2-5] 인더스 문명과 도시

인더스 문명 발상지

모헨조다로 도시 내부

04 황하 문명과 도시

　BC 3000년 경 중국 황허(황하, 5,464km) 유역에서 발상한 문명으로 신석기와 청동기 시대를 말한다. 같은 시대 양쯔강(양자강, 6,300km)과 라오허강(요하, 1,400km) 등에서 발상한 문명과 서로 영향을 주고받으면서 발전하였다. 1921년 황허 중류지역인 허난성(하남성) 양사오(앙소)에서 전기신석기시대의 대규모의 취락지가 발견되고, 1928년에는 하류지역인 산둥성(산동성) 룽산(용산)에서도 후기신석기시대 유적이 발견되었다. 이 때문에 황하 문명을 양사오문화와 룽산문화라고도 한다. 역사적으로는 삼황·오제·하·상(은)·주·춘추·전국·진나라까지를 말하며 사마천의 《사기》는 오제시대부터 그 역사를 포괄하여 저술하고 있다.

　삼황(三皇)은 신화 속의 인물로 복희씨, 신농씨, 여와씨가 등장한다. 태호 복희씨는 팔괘문자를 만들어 문화를 창달하였고, 염제 신농씨는 농사짓는 법과 의약을 개발하였으며, 여와씨는 인류를 만들었다고 한다. 여와씨 대신 불을 만들었다는 수인씨를 삼황으로 꼽기도 한다. 그러나 사마천은 《사기》에서 삼황시대는 역사로 인정하기 어렵다며 〈오제본기〉부터 중국 역사를 기록하고 있다. 오늘날 중국은 공정(서북·서남·동북)의 일환으로 삼황시대의 역사화를 추진하고 있다.

오제(五帝)는 황제, 전욱, 제곡, 당요, 우순 다섯 왕을 뜻한다. 황제는 중국 한족들의 시조로 염제와 연합하여 탁록전투에서 동이의 치우를 물리치고 지금의 허난성 정저우(鄭州)의 신정시 진수하와 유수하가 합하는 지역에 도읍을 정하였다. 전욱은 황제의 손자로 영토를 넓히고 예절을 제정했고, 제곡은 해와 달의 운행을 헤아려서 역법을 만들었다. 당요와 우순은 황하 문명의 꽃을 피운 시기로 백성들의 생활이 풍요롭고 태평하여 요순시대라고 부른다.

하(夏)나라는 황하의 치수에 성공한 우(禹)가 순임금이 죽은 후 왕위를 물려받아 세운 나라다. 제17대 걸왕의 폭정으로 망할 때까지 472년 동안(BC 2070~BC 1598년) 존속하였으며 도읍은 황허 중류지역인 지금의 허난성 뤠양시(낙양) 안읍(安邑)에 정했다. 그러나 당시는 반유목적·반농경적 사회였기 때문에 거주지나 도읍지를 자주 옮겨 다녔다. 하나라는 전국을 9주로 나누었는데 그 중심도시는 기주(冀州), 연주(兗州), 청주(靑州), 서주(徐州), 양주(揚州), 형주(荊州), 양주(梁州), 옹주(雍州)이다.

상(商)나라는 탕왕이 폭군 걸왕을 멸망시키고 세운 나라다. 제30대 주왕이 무희 달기에 빠져 폭정을 일삼다 주의 무왕에게 망할 때까지 522년 동안(BC 1598~BC 1046년) 존속하였다. 신석기시대에서 청동기시대로 넘어가는 시기의 왕조로 정착을 하며 도시국가 형태로 발전하였다. 옛 문헌에 등장하는 도읍지 박(亳)은 지금의 허난성 정저우시 뤄양 동북쪽 옌스시(언사시)로 추정하고 있다. 이곳 얼리터우문화(二里頭文化)지역에서 발굴된 궁전 터는 남북 100m×동서 108m의 정방형 형태. 상나라는 여러 차례 천도했는데 마지막 도읍지가 은허(殷墟)이다. 이 때문에 상나라를 은나라로 부르기도 했다. 1899년 허난성 안양시 안양현 샤오툰촌에서 갑골문자가 발견된 것을 계기로 도시유적을 발굴하였다. 현재까지 조사된 규모는 가로 6km×세로 4km로 방대하다.

주(周)나라는 문왕의 아들 무왕이 태공 여상을 등용하여 상나라를 멸망시키고 세운 나라로 서주시대와 동주시대로 나눈다. 서주시대(BC 1046~BC 771, 동안)는 광활하고 비옥한 관중분지를 배경으로 지금의 섬서성 시안시 보도촌 지역에 위치한 호경(鎬京)에 도읍을 정하였다. 주 왕조의 기틀을 확립한 인물은 무왕의 이복동생으로 주공이라 불리는 단(旦)이다. 무왕이 일찍 죽자 어린 조카 성왕을 섭정하면서 주례와 예악을 비롯하여 각종 문물제도를 제정하고 질서를 정비하였다. 특히 도시건설의 지침서인 〈고공기〉를 제정하여 후대 역대왕조의 도성건설의 기본이 되었다. 또 낙읍을 정비하여 제2도읍으로 삼았으며 넓어진 영토를 제후들을 통해 다스리는 봉건제도를 도입하였다.

제12대 유왕이 포사라는 미녀에게 빠져 정사를 멀리하다 유목민인 견융의 침입을 받아 여산 기슭에서 피살되었다. 주 왕실은 평왕을 즉위시킨 후 도읍을 낙읍으로 옮겨 겨우 명맥을 유지했다. 이 시대를 동주시대(BC 771~BC 249, 522년 동안)라고 하는데 호경은 서쪽에 있고 낙읍은 동쪽에 있어서 붙여진 이름이다. 주나라 왕권이 약화되자 각 지역의 제후들이 세력을 키워 패권다툼이 치열하게 벌어졌다. 역사는 동주시대를 춘추전국시대라고 한다.

춘추(春秋)는 공자가 엮은 노나라의 역사서인 《춘추》에서, 전국(戰國)은 한나라 유향이 쓴 《전국》에서 유래되었다. 춘추시대는 BC 771년부터 BC 403년 진(晉)나라가 한·위·조나라로 분할할 때까지 367년 동안이다. 전국시대는 강력한 제후들이 약소 제후들을 통합한 후 전국칠웅(진·초·연·제·한·위·조)들이 패권을 다투던 BC 403년부터 진시황제가 전국을 통일한 BC 221년까지 182년 동안이다. 춘추전국시대는 부국강병과 민생안정을 위해 신분보다 능력 위주로 인재를 등용하였고, 제자백가라고 하는 많은 사상가들이 배출되었다. 이 시대는 철제 농기구의 사용으로 농업 생산력이 증대했고 상공업도 발달했다.

진(秦)나라는 본래 서쪽 변두리에 있는 작은 나라였으나 아홉 살의 나이에 왕위에 오른 정이 성장하여 천하를 통일했다. 그를 시황제로 부르는 것은 자신이 전설 속의 삼황과 오제와 같은 인물이라고 처음 호칭하면서부터이다. 이후 중국의 임금을 황제로 칭하였다. 진시황제는 도읍을 지금의 산시성(섬서성) 시안 북서쪽 센양(함양)에 정하였다. 만리장성, 아방궁, 진시황릉 등 대단위 토목공사를 일으키고, 무거운 세금과 엄격한 법률로 다스리다 백성들의 원성을 샀다. BC 210년 진시황제가 사망하자 진나라는 통일 15년 만에 항우와 유방의 연합군에게 멸망하고 말았다.

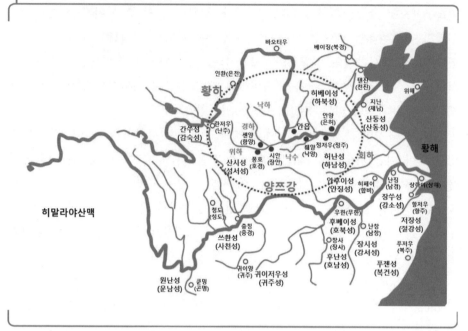

[그림 2-6] 황하 문명 발상지

10개 왕조의 도읍 뤄양(낙양)

황하의 지류인 낙수(洛水)가 남쪽에 흐르고 있어 수로를 이용한 교통이 편리하고, 사방이 평야였기 때문에 농업생산력이 뛰어났다. 이러한 입지조건으로 인해 고대부터 중원의 중심 도시로 발전했다. 옛날에는 중화 9주 중에서도 배에 해당하는 지역이란 뜻으로 구주지복지(九州之腹地)라고 불렸다. 이후 주나라(서주) 때 수도인 호경(鎬京)의 별칭인 '종주(宗周)'에 버금가는 도시가 되어 '성주(成周)'로 불리다가 동주 때 수도가 되면서 낙읍(洛邑)으로 개명되었다. 전국시대에 이르러 접미사인 양(陽)이 붙게 되면서 낙양(洛陽)이 되었다

① 하(夏)나라: 우가 개국하여 뤄양의 안읍에 도읍을 정했으나 후대 왕들은 필요에 따라 도읍지를 이동했다. 당시는 반유목적·반농경적 사회였기 때문이다.

② 상(商)나라: 도시 이름을 따서 은(殷)나라로 부르며 걸왕을 물리친 탕이 건국하였다. 도읍지로는 뤄양시 동북쪽 옌스시(언사시) 얼리터우문화 지역의 박(亳)과 허난성 안양시 안양현 샤오툰촌 지역의 은허(殷墟)가 있다.

③ 주나라(동주): 상의 12대 유왕이 포사라는 미녀에 빠져 정사를 멀리하다 건융의 침입으로 피살당하자 평왕이 도읍을 호경(서주)에서 낙양(동주)으로 천도하였다.

④ 후한(後漢): 16대 황제 광무제 유수가 외척 왕망을 무찌르고 도읍하여 200년 동안 정치·경제적으로 발전하였다. 말기에 십상시의 난을 진압한 동탁이 정권을 잡고 전횡을 일삼자 반동탁 연합군이 궐기하였다. 그러자 동탁은 도시를 불태우고 장안으로 천도하였다.

⑤ 위(魏)나라: 위·오·촉나라의 삼국시대 조조가 위나라를 세우고 허창에 도읍했으나, 아들 조비가 헌제를 몰아내고 황제에 오르자 낙양을 정비한 후 도읍으로 삼았다.

⑥ 서진(西晉): 조조의 군사 전략가였던 사마의(사마중달)의 손자 사마염이 위나라 조환으로부터 나라를 선양받아 서진 왕조를 세우고 도읍은 그대로 낙양에 두었다.

⑦ 북위(北魏): 서진의 황위 계승권을 놓고 8명의 왕이 서로 싸운 '팔왕의 난'이 일어났다. 이들은 주변의 이민족을 용병으로 고용하였는데, 용병들은 서진의 힘이 약한 것을 알고 제각기 독립하여 나라를 세웠다. 흉노족·선비족·저족·갈족·강족 등 이른바 오호(五胡)가 화북지역에 16개국을 세웠다하여 이 시대를 오호십육국이라 부른다. 선비족이 세운 북위가 16국을 통일한 후 도읍을 평성에서 낙양으로 천도하고 남북조 시대를 열었다.

⑧ 수(隋)나라: 한나라가 멸망한 후 위·진·5호16국·남북조시대까지 약 360년 동안은 대혼란기였다. 이를 진압하고 중국을 재통일한 양견(수문제)은 도읍을 장안에 정하였고, 아들 양광(수양제)은 낙양에도 동도(東都)를 건설하였다.

⑨ 당나라 측천무후의 무주(武周, 주나라): 당나라의 수도는 장안이었으나 측천무후가 6대 황제에 올라 국호를 대주(大周)라 하고 수도를 신도라 이름 바꾼 낙양으로 천도했다. 그러나 무후가 사망하자 중종이 국호를 다시 당으로 바꾸고 도읍을 장안으로 옮겼다.

⑩ 오대십국의 후당(後唐): 당나라 말기에 지방의 절도사들이 각각 독립하여 나라를 세웠다. 5대는 화북 중앙지역에 들어선 후양·후당·후진·후한·후주이고 이 중 후당이 도읍을 낙양에 정했다. 10국은 각 지방에서 나라를 세운 오·남당·오월·민·형남·초·남한·전촉·후촉·북한이다.

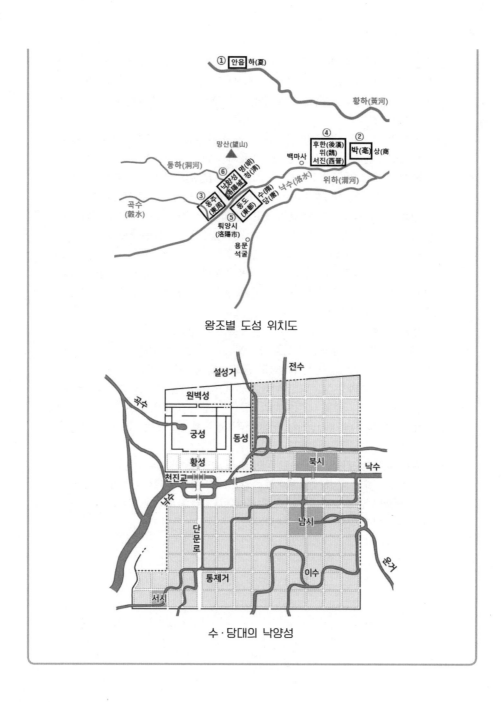

왕조별 도성 위치도

수 · 당대의 낙양성

12개 왕조의 도읍 창안(장안)

장안(長安)은 지금의 중국 산시성(섬서성)의 성도인 시안(서안)이다. 서주·진·전한·
신·후한·전조·전진·후진·서위·북주·수·당의 도읍으로 인구 100만이 넘는 세계
최대의 도시로 발전하였다. 서구에 로마가 있다면 동양에는 장안이 있을 만큼 수도의
대명사다. 당나라 이후 더이상 수도로서 기능을 잃었지만 한국과 일본의 고대도시 계
획의 모델이 되었다. 현재의 성은 명나라 때 건립된 것으로 지방도시의 성으로 규모가
축소되었으며 이름도 서안으로 바뀌었다.

① 서주(西周): 주의 문왕이 세력을 확장하면서 펑허(풍하)와 웨이허(위하) 사이에 풍경
(豊京)을 건설하였다. 왕위를 이어받은 무왕이 풍경 부근에 호경(鎬京)을 건설하고
도읍을 정하였다. 지금의 산시성 시안시 서남쪽 풍하(灃河) 부근에 성터가 남아 있다.

② 춘추전국시대 진(秦): 진나라의 도읍이었던 셴양(함양)은 시안 중심지에서 북서쪽으
로 약 25km 지점에 위치한다. 진시황제가 열국들을 하나로 통일하고 제국을 다스
렸던 곳이다.

③ 전한(前漢): 항우와 연합하여 진을 멸망시킨 유방이 BC 202년 해하에서 항우까지
진압하고 한의 초대황제 고조에 올랐다. 도읍은 파괴된 셴양 교외에 새로운 도성을
건설하고 장안(長安)이라 명명하였다. 제2대 혜제 때 성벽을 쌓았고, 12개 성문을
설치하고, 성내에는 미앙궁·장락궁·명광궁·북궁·계궁 등의 궁전이 있었다. 전체
적인 도시 형태는 방형이 아닌 다소 불규칙적인 모양이었다. 제13대 평제가 외척
왕망에게 독살 당하면서 멸명한다. 후에 유방의 후손인 광무제가 낙양에 다시 한을
복원했기 때문에 장안시대를 전한, 낙양시대를 후한으로 구분한다.

④ 신(新): 한의 외척인 왕망이 평제를 독살하고 AD 8년 스스로 황제에 올라 국호를
신이라 하였다. 주나라 시대의 정전법을 모방하여 토지개혁을 단행하려고 했으나
실패했고, 미앙궁에서 부하에게 암살당해 건국 15년 만에 멸망하였다.

⑤ 후한(後漢): 후한의 마지막 황제 헌제 때 권력을 장악한 동탁은 반동탁 연합군이 궐
기하자 도성인 낙양을 불태우고 장안으로 천도하였다. 동탁이 왕윤과 여포에게 상
해 당하자 이각과 곽사 등이 서로 정쟁을 벌이자 헌제는 이를 기회 삼아 195년 낙
양으로 천도하였다. 그러나 220년 조조의 아들 조비에게 양위함으로써 후한은 멸
망하였다.

⑥ 오호십육국 전조(前趙): 산시성 북북의 흉노족 족장 유연이 장안을 함락하고 국호를
조(전조)라 하고 장안에 도읍하였다. 304~329년까지 25년 동안 존속하다 조(후조)의
석륵에게 멸망하였다. 후조는 도읍을 업(허베이성 한단시 린잔현)으로 천도하였다.

⑦ 오호십육국 전진(前秦): 351년 저족의 추장 부건이 장안을 공격하여 도읍을 정하고
국호를 대진이라 하였다. 전연과 전량을 병합하여 양자강 이북의 땅을 평정했으나
강남의 동진을 공격하다 패하여 384년 멸망하였다.

⑧ 오호십육국 후진(後秦): 강족의 추장이던 요장이 전진의 휘하장군으로 있다가 전진

이 동진과 싸움에서 패하자 전진을 배반하여 부견을 죽이고 장안을 빼앗아 도읍하였다. 417년 동진에게 장안을 빼앗기고 멸망하였다.

⑨ 남북조시대 서위(西魏): 선비족이 세운 북위가 오호16국을 통일하고 양자강 이북의 땅의 차지하여 강남의 동진과 함께 남북조시대가 되었다. 그러나 북위는 함곡관을 사이에 두고 동서로 분열되었다. 우문태가 장안에 도읍했던 535~556년 기간을 서위라고 한다.

⑩ 남북조시대 북주(北周): 서위의 승상을 지낸 선비족 출신 우문씨가 557년 서위의 황제로부터 선양을 받아 제위로 올라 국호를 주(북주)라 하고 도읍을 장안에 두었다. 5대 황제 정제가 581년 대승상 양견에게 선양하나 양견이 수나라를 세움으로서 멸망하게 된다.

⑪ 수(隋)나라: 북주의 대승상 양견(수문제)이 정제로부터 제위를 물려받아 국호를 수로 바꾸고 589년 100년 동안 분열되었던 중국을 통일하고 도읍을 장안에 두었다. 그러나 당시 장안의 인구가 100만이 넘었기 때문에 성이 협소하고 궁전과 관아 및 민가들이 혼재하여 도시문제가 발생하였다. 이를 해결하기 위해 2대 황제 양광(수양제)은 성 밖 용수원 땅(지금의 장안성 자리)에 대흥성(大興城)이라는 새로운 도성 공사를 시작하였다. 또 100만 명의 인구를 유지하기 위한 식량이 부족하자 강남지역으로부터 식량을 공급하기 위해서 대운하 공사를 했다. 낙양을 동도로 삼았던 것은 식량과 각종 물자가 닿는 경제적 요충지였기 때문이다. 당시 건설된 대운하는 황하에서 동북 탁군까지 잇는 영제거, 동남 회하를 있는 통제거, 회하에서 양쯔강까지 있는 강남하를 개통했는데 전체 길이가 1,900km에 이른다. 그러나 수양제의 대단위 도성공사, 대운하건설, 만리장성축조, 3번에 걸친 고구려 원정 등으로 아버지가 축적한 모든 부를 탕진했고 내부에서 반란이 일어나 개국 38년 만에 멸망하고 말았다.

⑫ 당(唐)나라: 수양제의 이종사촌인 이연이 반란군에 가담해 장안을 점령하고 당나라를 세웠다. 그는 수나라가 건설한 신도를 장안(長安)이라 칭하고 공사를 완성하였다. 장안성은 동서 길이 9.721km×남북 길이 5.652km, 성벽 폭 9~12m, 동서남북 사면에 각각 3개의 성문을 만들었다. 중앙 북쪽 끝에 궁성이 있고, 그 앞에 황성(자성)이 있는데 이곳에 좌묘우사(左廟右社)를 배치하였다. 황성 중앙에는 남북방향으로 폭 150m의 주작대로를 내서 성내를 동서로 양분했다. 성내는 격자형으로 구획하여 모두 108개의 방(坊)이 있는데 동편 54방, 서편 54방이며 각각 동시(東市)와 서시(西市)를 배치하였다. 소방은 25,000m²(7,575평) 대방은 소방의 2~4배가 되었다. 각방은 사방으로 높은 담장을 쌓았고 소방에는 1개의 문, 대방에는 동서남북 4개의 문을 만들었다. 각 방은 격자형 도로를 냈으며 중앙에는 1개의 대로를 두었다. 방의 내부에는 주택과 사묘, 전탑 등이 배치되었다. 방과 방사이 도로에는 가로수가 심어져 있어 경관이 아름다웠고, 성내에 호수와 공원을 조성하여 휴식과 유흥을 즐기도록 했다.

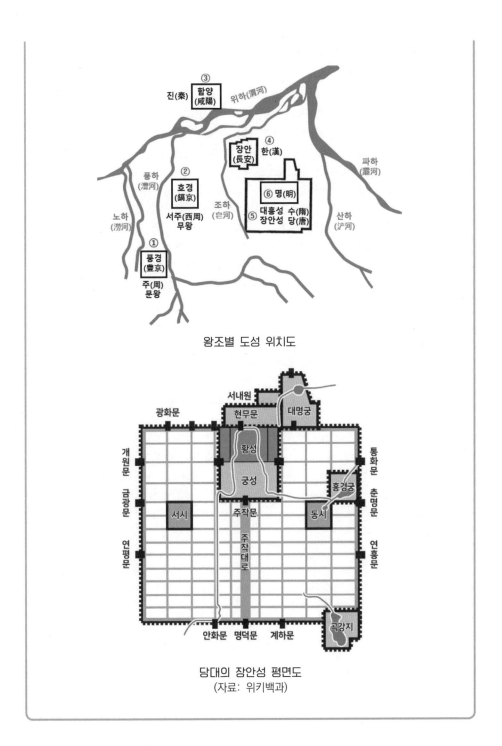

왕조별 도성 위치도

당대의 장안성 평면도
(자료: 위키백과)

주례고공기(周禮考工記)

《주례》는 주공 단이 저술한 것으로 알려지고 있는 책으로 주나라의 관제(官制)를 천관·지관·춘관·하관·추관·동관의 6부로 나누어져 육관(六官)이라고도 한다. 천관은 치(국정), 지관은 교(교육), 춘관은 예(예법·제전), 하관은 병(군대), 추관은 형(소송·형벌), 동관은 사(토목·공작)을 소관한다. 이 중 동관이 소실되어 성제(BC 33~BC 7) 때 다시 보충한 것이 《고공기》다. 주요 내용은 도성·궁전·관개·차량·병기·농기구·악기 등의 건설과 제작에 관한 것이며 기술직의 명칭과 직급을 상세히 설명하고 있다. 도성에 관한 것은 낙서구궁도(洛書九宮圖)를 바탕으로 도성건설의 원칙을 설명하고 있다. 낙서구궁도란 낙수에 나온 1~9까지의 숫자를 정사각형을 정(井)자 모양으로 9등분하여 배치한 그림을 말한다. 5를 중앙에 놓고 1은 북쪽(감), 2는 남서쪽(곤), 3은 동쪽(진), 4는 동남쪽(손), 6은 서북쪽(건), 7은 서쪽(태), 8은 동북(간)쪽, 9는 남쪽(이)에 배치하였다. 가로든 세로든 대각선이든 일직선으로 3칸을 더하면 그 합이 모두 15가 된다, 이는 우주의 운행과 질서를 표시한 것으로 시간과 공간을 나타내며 토지제도인 정전법, 도시공간조영 등에 활용하였다.

《주례고공기》의 내용 중 〈장인영국기(匠人營國記)〉에는 도시계획가들이 도성을 건설 할 때 설계기준을 자세히 설명하고 있다. "도시계획가가 도성을 건설할 때 방형(사각형)으로 하며, 각 면의 길이는 천자성은 12리, 왕성은 9리, 공성은 7리, 후·백성은 5리, 자·남성은 3리로 면마다 3개의 성문을 배치한다. 각 문마다 3개의 도로를 내서 구경(九經, 남북도로)·구위(九緯, 동서도로)가 되도록 하고 사람은 오른쪽 길로 들어가고 왼쪽 길로 나가며, 가운데는 수레가 다니게 한다. 왕성의 경우 가운데 도로는 수레 9대가 다닐 수 있는 넓이여야 한다. 좌묘우사(左祖右社) 면조후시(面朝後市) 즉, 왕궁 정문 밖 왼쪽은 조묘(종묘), 오른쪽은 사직, 전면은 조정, 후면은 시장을 배치한다. 시장과 종묘의 넓이는 각각 1부(夫, 100무=가로 100보×세로 100보)로 한다." 주례고공기는 중국 역대 왕조의 도성건설은 물론 한국과 일본의 도성건설에도 영향을 주었다.

4	9	2
손(巽)	이(離)	곤(坤)
동남/입하	남/하지	남서/입추
3	5	7
진(震)		태(兌)
동/춘분		서/추분
8	1	6
간(艮)	감(坎)	건(乾)
동북/입하	북/동지	서북/입동

낙서구궁도 개념도

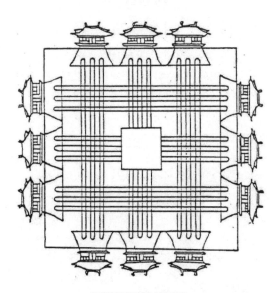

주례고공기의 조방제

SECTION 02 에게 문명과 도시

에게 문명(Aegae Civilization)은 청동기시대에 에게해 주변의 도시를 중심으로 발전한 문명을 말한다. 에게 문명은 크게 크레타 문명, 미케네 문명, 트로이 문명으로 나누며 해양과 상업을 배경으로 발전하였다. 당시 메소포타미아 · 이집트 · 페르시아 등 오리엔트 지역은 농업을 바탕으로 문명이 크게 발전한 반면 지중해 북쪽에 위치한 에게해 연안의 그리스지역은 미개한 상태였다.

이때 지중해 가운데 있는 크레타섬 상인들이 오리엔트 문명을 수입하여 그리스 남부 펠로폰네소스 지역에 수출하는 중개무역으로 큰 부를 형성하며 발전하

[그림 2-7] 에게 문명

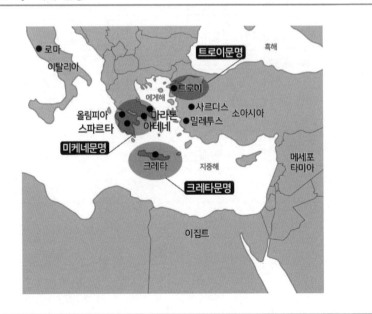

였는데 이를 크레타 문명이라고 한다. 미케네 문명은 펠로폰네소스 지역에 살던 미케네 인들이 크레타를 침입하여 약탈한 재물을 바탕으로 BC 1600년경부터 차츰 발전한 문명을 말한다. 트로이 문명은 그리스 문명을 받아들여 에게해 동북부 소아시아지역에서 발전한 문명이다.

에게 문명은 상업에 바탕을 두고 있기 때문에 오리엔트처럼 초자연적인 것에 대한 관심보다는 인간에 더 관심을 가졌다. 사후 세계보다는 현실 세계에 관심이 많았고, 통치자가 지배하는 전제주의 보다는 개인을 존중하는 개인주의가 발전하게 되었다. 이는 인간중심의 민주주의가 발전하는 배경이라 할 수 있다. 에게 문명의 특징은 전이(transition)라 할 수 있는데 오리엔트 대륙문명을 지중해 해양문명으로 전달해 주었기 때문이다.

01 　크레타 문명

크레타 문명(Creta Civilization)은 미노스(Minos) 왕의 이름을 따서 미노스(Minos) 문명 또는 미노아(Minoan) 문명이라고도 부르며, 그리스 최초의 문명이자 유럽에서 처음으로 나타난 문명이다. BC 3000년경 지중해 가운데 위치한 크레타섬에서 발전하였다. 크레타섬은 지중해에서 시칠리아섬, 사르데냐섬, 키프로스섬, 코르시카섬에 이어 다섯 번째로 큰 섬으로 제주도의 4.5배에 이른다. 동서 260km, 남북 60km로 길게 뻗은 모양을 하고 있으며 해발 2,000m가 넘는 산맥과 계곡, 강과 넓은 평야가 발달되어 이전부터 사람들이 거주해왔다.

크레타인들은 오리엔트지역과 펠로폰네소스지역 사이의 중개무역을 통해 막대한 부를 형성하자 크노소스(Knossos), 말리아(Malia), 파이스토스(Phaistos), 자크로스(Zakros) 등의 도시에 화려한 궁전을 건축하면서 문명을 발전시켰다. 이 중 수도인 크노소스는 인구 8만의 정치·경제·문화의 중심지 역할을 하였다. BC 1700년경 대지진으로 인해 각지의 궁전이 무너졌으나 곧바로 이전보다 더 큰 규모로 복원하였다. 상업과 개인주의를 배경으로 한 문명이다 보니 오리엔트지역처럼 거대한 지구라트나·피라미드·신전은 존재하지 않았다. 크레타 문명

[그림 2-8] 크레타 문명

크레타 문명의 주요 도시

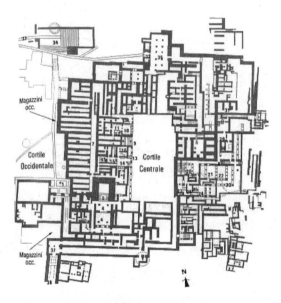

크레타궁전 평면도
(자료: Grecia)

은 BC 1400년경에 그리스 본토의 미케네 인들의 침입으로 멸망하였다.

크노소스궁전은 섬의 북안 구릉 위에 위치하며 BC 1600년경 미노스왕의 명령으로 전설적 건축가인 다이달로스(Daedalus)가 지었다. 29m×60m의 장방형 중앙광장을 가운데에 두고 동쪽은 왕과 가족들의 거주지역 및 공방, 서쪽은 제례와 공무를 위한 방과 창고와 수백 개의 작은 방을 배치하였다. 그 밖에 야외

극장, 선착장, 작은 궁전이 있으며 각방과 시설들은 계단이나 회랑으로 복잡하게 연결되어 있다. 도자기관으로 된 급수시설과 하수도가 설치되었으며 수세식 화장실이 있었다. 건물내부는 자연채광이 될 수 있도록 했다. 내부의 벽이나 천장은 궁정풍속·식물·새·물고기 등을 그린 벽화로 장식되었다. 건물구조가 매우 복잡해서 미로의 궁전이란 뜻으로 라비린토스(Labyrinth)라 불린다.

이 밖에 말리아궁전은 섬 중부 북쪽 해안 평지에 위치하며 미노스왕의 동생인 사르페돈의 궁으로 알려져 있다. 크노소스궁전과 비슷한 양식으로 회의장, 아고라, 저장창고 등이 있다. 파이스토스(패스토스)궁전은 섬의 남안에 위치하며 비옥한 목초지인 메사라 평원이 훤히 내려다보이는 언덕에 위치하고 있다. 급수와 배수시설이 있고, 계단과 통로는 복잡한 구조로 서로 다른 여러 층을 연결해 주고 있다. 자크로스궁은 동부 해안에 작지만 하천도 바다로 흘러드는 지형에 도시국가가 형성된 곳이다.

02 미케네 문명

미케네 문명(Mycenae Civilization)은 BC 2000년경 발칸반도 북쪽의 아카이아인(Achaeans)들이 남하하여 그리스 남부 펠로폰네소스반도 지역을 장악하면서 시작하였다. 호전적인 이들은 성벽을 공고히 쌓아 성읍국가를 형성한 다음, 크레타를 약탈한 재물을 바탕으로 점차 문명이 발전하였다. BC 1600년경부터 활발한 해상활동을 전개해 에게해의 해상권과 교역권을 장악하면서 전성기를 맞이했다. 당시 발전한 도시로는 미케네(Mycenae), 아테네(Athens), 테베(Thebes), 티린스(Tiryns), 필로스(Pilos) 등이다. 이 중 미케네 지역의 세력이 가장 융성하여 미케네 문명이라고 부른다.

미케네는 아테네 남서쪽 약 90km 떨어진 곳에 위치하며, 남쪽으로 아르고스만과 접해 있어 크레타섬과 지중해지역으로 쉽게 접근할 수 있는 교통의 요지다. 삼각형으로 우뚝 솟은 바위산을 등지고 앞으로는 넓은 아르고스평야를 굽어볼 수 있는 높은 산등성 위에 동서 300m, 남북 150m의 견고한 성벽을 쌓고 도시를 건설하였다. 도시는 크게 세 구역으로 나누어 중앙에는 궁전, 그 동쪽으로 '열주의 집'이라 불리는 건물, 서쪽으로는 원형묘와 곡물창고, 주거지구 등을 배치하였다. 성 밖에는 많은 무덤들이 있는데 황금으로 된 수많은 부장품이 발굴되었다.

[그림 2-9] 미케네 문명

미케네 문명의 주요 도시

미케네 도시복원도
(자료: 나무위키)

그러나 미케네 문명은 BC 12,000년경부터 도리아인들이 남하하면서 미케네를 비롯한 도시들이 파괴되어 종말을 고하였다. 이후 폴리스라는 새로운 도시국가가 등장하는 BC 800년경까지는 역사 기록이 거의 없는 그리스의 암흑시기로 불린다.

03 트로이 문명

트로이(Troy)는 그리스어로 일리온(Ilion)이라 부르며 지금의 터키 차낙칼라주 테브피키예에 위치한다. 서쪽으로 에게해를 두고 그리스와 마주하고 있고, 스카만드로스강과 시모이스강이 흐르는 평야지대 언덕에 있는 고대도시다. 에게해에서 흑해로 이어지는 다르다넬스(Dardanelles)해협 입구에 있어 북쪽은 유럽 대륙, 남쪽은 아시아 대륙이다. 이러한 지정학적 특성으로 교역이 활발하여 예로부터 도시와 문명이 발전했다. 반면에 이 지역의 패권을 차지하려는 침략자들로 인해 수많은 전쟁을 치르기도 했다.

1870년 독일의 고고학자 슐리만이 처음 발굴하였는데 전기청동기시대, 후기청동기시대, 알렉산드로스대왕시대, 고대로마시대의 유적이 층층으로 나왔다. 제일 아래층은 BC 4000년경 전기청동기시대부터 방어벽과 성채가 세워졌고, 그 위층은 BC 2000년경 후기청동기시대의 높이 6m, 두께 4.5m의 견고한 성벽으로 보호된 도시유적이 나왔다. 그리스의 작가 호메르스(Homerēs)는 이를 배경으로 대서사시 〈일리아스(Ilias)〉와 〈오디세이아(Odysseia)〉를 남겼다.

이들 작품의 배경인 트로이전쟁은 트로이의 왕자 파리스가 스파르타의 왕비 헬레네를 유혹하여 트로이로 도망쳐온 것이 발단이었다. 그러자 스파르타의 왕 메넬라오스는 미케네지역의 연합군을 모아 트로이를 공격하였는데, 트로이는 동맹국의 도움을 받아 성을 지켜 9년 동안 함락되지 않았다. 마침내 오디세우스의 계략에 따라 목마를 이용하여 성을 함락시키는 내용이다. 이는 흑해로 진출하려는 미테네문명의 도시세력과 이를 지키려는 트로이 문명과의 이해관계 충돌로 일어난 것으로 보여 진다.

[그림 2-10] 트로이 문명

트로이 문명과 주요도시

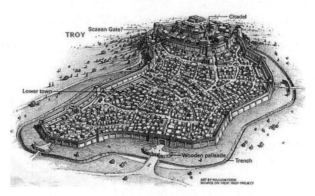

트로이성곽 개념도
(자료: 나무위키)

그리스와 도시국가

그리스(Greece)는 발칸반도 남부 끝자락에 위치하며 지중해와 맞닿아 있으며, 동쪽으로는 소아시아와 서쪽으로는 이탈리아반도와 마주하고 있다. BC 2000년경 청동기문화를 바탕으로 미케네 문명이 발전한 지역이다. 그러나 BC 1200년경 철기문명을 가진 도리아인(Dorians)들이 남하하여 펠레폰네소스반도 전역을 장악하고 미케네 문명을 파괴하였다. 도리아인들은 스파르타를 비롯하여 여러 도시국가들을 건설하였으나 BC 800년경까지 남아있는 기록과 유적이 적어 이 시대를 역사는 암흑시대라고 부른다.

도리아인들이 침입하자 그리스 본토의 원주민이었던 이오니아(Ionia)인들의 일부는 깊은 산속으로 피신하여 촌락을 형성하며 살았고, 일부는 에게해를 건너 소아시아지역으로 이주하였다. 그리스는 산지가 많고 평지가 적은 지형적 특성 때문에 촌락끼리 교류가 쉽지 않았다. 독립된 생활을 해 오던 촌락들은 BC 800년경부터 점차 규모가 커져 도시국가 형태인 폴리스(Polis)로 발전하였다. 각 폴리스들은 외부 침입을 효과적으로 방어하기 위해 높은 언덕에 성벽을 쌓고 성채를 중심으로 공동체 생활을 하였다. 이를 산성도시인 아크로폴리스(Acropolis)라 하는데 아크로(akros)는 높은 언덕, 폴리스(polis)는 도시국가란 뜻이다.

폴리스의 구조는 대부분 중심지의 높은 언덕에 수호신을 모시는 신전을 세웠다. 신전은 정치와 종교의 중심지이지만 이곳에 오르는 길이 가파르고 멀리 사방이 다 보여서 전쟁 때는 군사 요충지로 활용했다. 신전 아래에는 도시의 다양한 활동을 할 수 있는 아고라(agora)를 배치하였다. 아고라는 광장과 시장을 의미하며 이곳에서 시민들이 모여 토론을 하는 등 정치·경제·사회·문화생활을 하였다. 특히 전시민이 모인 집회에서 도시국가 일을 결정했는데 이것이 민주주의의 시초다.

아고라의 건물로는 기둥과 벽으로 이루어진 주랑(柱廊: 기둥만 있고 벽이 없는 복도), 주랑에 들어선 상점, 공공건물, 조각상, 분수, 음악당 등이 들어서 있다. 아고라 아래에는 일반시민들의 주거지역인데 자연지형에 따라 불규칙적으로 배치되어 있다. 당시까지만 해도 계획도시가 아니었다는 것을 암시한다. 폴리스 밖으로는 배후지로 농경지와 항구가 있다.

[그림 2-11] 그리스와 도시국가

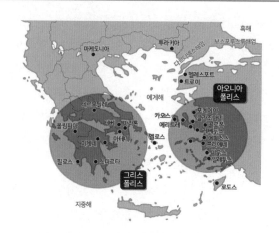

그리스 도시국가

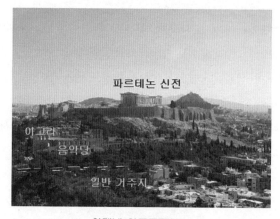

아테네 아크로폴리스

01 아테네 아크로폴리스

아테네(Athens)는 핀토스산맥 끝자락에 위치한 분지 지형으로 아티카 평원의 중심부에 자리 잡고 있다. 북쪽에는 파르니타산(1,453m), 동쪽은 히메투스산, 서쪽은 아이갈레오스산, 동북쪽은 펜텔리쿠스산이 있고 남서쪽은 지중해 사로니코스만이 있다. 시는 키피소스강과 그 지류인 알리소스강 사이에 위치하며, 아크로폴리스를(156m)를 중심으로 리카베토스를 비롯한 필로파포스·프닉스·아레오파고스 등의 야트막한 봉우리가 감싸고 있다.

아크로폴리스 정상은 동서 270m, 남북 150m의 평탄지형으로 올라가는 서쪽 입구를 제외하고는 삼면이 가파른 절벽으로 되어 있는 천혜의 요새다. 여기에 다시 성벽을 쌓고 인공을 가해 방어를 튼튼히 하였다. 파르테논 신전은 BC 490년 마라톤전투에서 그리스가 페르시아에 승리를 거둔 기념으로 여신 아테나를 칭송하기 위해 건립한 것이다. 신전의 기단은 69m×25m으로 3계단으로 이루어졌고, 그 주위를 도리아식 기둥이 전면과 후면 각 8개, 양 측면 15개씩 모두 46개가 배치되어 신전을 떠받치고 있다.

아테네는 산지가 많아 식량의 자급자족이 어렵게 되자 해상무역을 통해 이를 해결하려고 하였다. 적극적인 해양진출로 지중해와 흑해 지역에 여러 식민도시를 건설하였다. 대부분 아테네인들은 외부와의 교류가 활발하여 개방적이고 진취적인 성향을 가졌다. 살로니카 만에 위치한 피레우스 항구는 아테네의 무역을 전담하는 산업항과 군항으로 발전하였다. 당시 아테네는 안전한 해상교역로를 확보하려는 막강한 해군을 보유하였다. 이 항구를 통해 아테네는 식민도시에 포도주와 올리브유를 수출하였고, 곡물·금속·목재와 같은 원료를 수입하였다.

02 스파르타

스파르타(Sparta)는 그리스 필로폰네소스반도 남부의 타유게토스와 파르논산

사이의 유로타스강 하류에 위치하며 도리아인들이 남하하여 원주민들을 정복하고 세운 도시국가다. 영역이 광대하고 땅이 비옥하여 농경을 위주로 식량의 자급자족이 가능했다. 스파르타인들의 성향은 폐쇄적이고 보수적이었으며 원주민인 헬로트인을 지배하기 위해서 강력한 군대를 필요로 했다. 스파르타 남자들은 집단생활을 하면서 강력한 군사력을 길렀고, 이를 통해 여러 폴리스를 지배하였다.

페르시아가 소아시아를 정복하고 그리스 본토를 공격했을 때 스파르타는 아테네와 델로스동맹을 맺어 전쟁에 참여했다. 그러나 1차·2차·3차에 걸친 전쟁은 아테네가 주도했고 전쟁이 끝나자 아테나는 제국으로 성장하여 지역 폴리스들을 지배하였다. 그러자 스파르타는 아테네의 전횡에 반발하는 폴리스들을 규합하여 아테네에 저항하였다. 결국 아테네 중심의 델로스 동맹과 스파르타 중심의 펠로폰네소스 동맹 간에 전쟁이 BC 431~BC 403년 동안 일어났다. 이 전쟁에서 스파르타가 승리하자 아테네는 몰락했고 그리스 전역의 패권은 스파르타에게 돌아갔다.

그러나 펠로폰네소스 전쟁은 아테네뿐만 아니라 스파르타의 국력도 쇠퇴시키는 결과를 초래했다. 더구나 스파르타가 폴리스들에게 독재를 펴자 아테네 밑에서 민주주의를 맛보던 폴리스들이 반기를 들었다. 스파르타군은 정예군이지만 소수였다. 반면에 테베를 중심으로 한 동맹군은 개개인의 전투력은 약했지만 병력수가 많았다. 결국 스파르타는 패권국이 된 뒤 1년 만에 무너지고 말았다. 스파르타의 도시구조는 전해오는 유적이 많지 않아 파악하기 어렵다.

당시 그리스 북방의 야만족이라 여겼던 마케도니아가 점점 세력을 키워 그리스 본토를 공격하였다. 그리스 폴리스들이 동맹군을 결성하여 대항했으나 마케도니아에게 대패하고 말았다.

03 이오니아 도시국가

이오니아(Ionia)는 지금의 터키 서부 해안 일대의 소아시아 지역으로 일찍부터 그리스의 이오니아인들이 이주하여 도시국가를 형성했다. BC 800년경 에게

해와 흑해 연안에는 약 70여개의 폴리스들이 있었다. 각 폴리스들은 대부분 무역에 종사하여 통합할 필요가 없었던 탓인지 한 번도 통일국가를 이루지 못했다. 다만 도시국가 연맹체제로 상호 협력관계를 유지했는데, 특히 12개 폴리스들은 동맹을 맺어 민족적·정치적으로 깊은 유대를 유지했다. 이오니아 12동맹 도시는 밀레투스(Miletus), 프리에네(Priene), 미우스(Myus), 에페소스(Ephesus), 콜로폰(Colophon), 레베두스(Lebedos), 테오스(Teos), 클라조마네(Clazomenae), 포케이아(Phokaia), 카오스(Chios)섬, 에리트래(Erythral), 사모스(Samos)섬이다.

밀레투스와 프리에네는 마이안드로스(Maiandros)강을 사이에 두고 마주보고 있다. 현재는 강이 운반한 토사에 의해 해안이 매립되어 육지 한가운데 있지만 당시는 강이 바다와 만나는 항구였다. 강 하류에는 넓고 비옥한 평야가 있어 물산이 풍부했고 해상무역이 활발하여 큰 부를 축적하였다. 특히 밀레투스는 12동맹 폴리스 중 인구수가 가장 많았고 도시규모도 가장 컸다. 오리엔트의 풍부한 경험적 지식 정보를 받아들임으로써 '이오니아 자연철학'의 탄생을 촉진하였고, 아울러 탈레스(Thales, BC 624~BC 546), 아낙시만드로스(Anaximandros, BC 610~BC 546), 아낙시메네스(Anaximenes, BC 585~BC 525), 피타고라스(Pythagoras, BC 580~BC 500), 헤카타이오스(Hecataeos, BC 550~BC 476) 등 밀레투스파의 철학자를 배출하여 문화의 중심지를 이루었다.

BC 546년경 페르시아 왕 키루스(Cyrus) 2세는 오리엔트를 통일하고 BC 547년 리디아의 수도 사르디스를 점령하였다. 그러자 이오니아 폴리스들은 아무런 저항 없이 페르시아로 넘어갔다. 페르시아는 사르디스와 이오니아 폴리스들을 지배하기 위해서 왕도를 건설하였다. 페르시아의 키루스 2세 뒤를 이었던 킴비세스 2세가 일찍 사망하자 다리우스 1세(Darius, BC 550~BC 486)는 쿠데타를 일으켜 다음 계승자를 죽이고 왕위에 올랐다. 그는 인더스지역, 흑해지역, 그리스 북부지역인 마케도니아까지 점령하고 아테네가 차지하고 있던 소아시아지역과 흑해 교역로를 빼앗았다.

그러자 아테네는 이오니아 폴리스들이 페르시아를 상대로 반란을 일으키도록 군사·경제적으로 지원하였다. BC 499~BC 494년 5년에의 걸친 반란은 진압되었으며, 이 과정에서 이오니아 도시들 대부분은 파괴되었다. 이를 발단으로 페르시아는 3차에 걸쳐 그리스 원정 전쟁을 벌였다. 제1차로 다리우스 1세는 BC

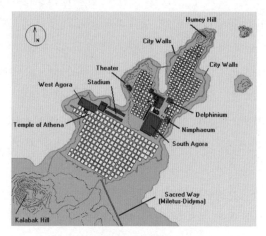

밀레투스 개념도

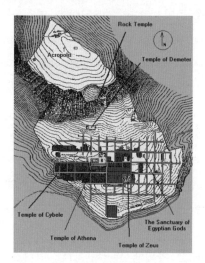

프리에네 개념도

492년 함대를 이끌고 헬레스폰트(오늘날의 다르다넬스)해협을 통과하여 그리스 북부 트라키아를 점령 후 아토스(Athos) 곶(串)에서 폭풍을 만나 난파되어 실패하고 말았다. 제2차는 BC 490년 함대를 이끌고 아테네 동북쪽 마라톤(Marathon) 평야에 상륙했으나 아테네군의 중장병 밀집대전술에 패배하여 철수했다. 제3차는 다리우스 1세가 사망하자 그 뒤를 이은 아들 크세르크세스가 페르시아의 모든 군대와 물자를 동원하여 공격했으나 그리스 폴리스들이 동맹하여 육로에서는 스파르타가, 해군은 아테네가 지휘권을 잡고 공격하는 바람에 대패하고 말았다. 이로서 페르시아는 이오니아의 폴리스들에 대한 지배권을 잃었고 아테나가 이를 대신했다.

페르시아가 물러나자 이오니아 폴리스들은 파괴된 도시를 재건하기 시작했다. BC 475년 밀레투스는 피타고라스의 제자로 철학자이자 건축가이며 도시계획가인 히포다모스(Hippodamos, BC 498~BC 408)에 의해 계획되었다. 해안가의 구릉지에 등고와 지형을 따라 가로를 격자형으로 바둑판처럼 구획하고, 각 구역에는 도시생활에 필요한 신성공간(종교지역), 공적공간(공공시설)과 시적공간(주거지역)으로 명확히 구분하였다. 신성공간에는 신전, 공적공간은 중심가로 아고라로 즉 공공건물·공산품을 만드는 공방·물건을 거래하는 시장·토론하는 광장, 예술을 공연하는 극장 등을 배치하였다. 이러한 도시계획은 프리에네와 BC 470년경 아테네의 항구도시 피레우스, 식민도시 투리오이 등에 적용되었다.

히포다모스가 창안한 격자형 도시계획 기법은 아리스토텔레스(Aristotelles, B.C. 384~322)에 의해 극찬 받았고, 헬레니즘 시대의 알렉산드로스가 동방원정 때 건설했던 신도시 건설에도 영향을 주었다. 또한 로마의 정방형이나 직사각형의 가로 구조에도 영향을 주었다.

04 ▶ 헬레니즘과 도시

마케도니아(Macedonia)는 발칸반도 그리스의 동북부 지역에 위치하는데 그리스인들은 이들을 야만족이라 무시했다. 마케도니아 왕국의 기초를 다진 인물은 알렉산드로스의 아버지 필리포스 2세이다. 본인이 젊었을 때 테베로 볼모로 가 있을 정도로 약소국이었던 마케도니아를 군사개혁과 정복전쟁, 긴 창과 기병을 활용한 전술, 솔선수범하는 리더십, 직업군인제 도입 등으로 군사강국으로 만들었다. 그리스가 델로스동맹과 펠로폰네소스동맹 간의 전쟁으로 힘이 약해진 틈을 타 그리스 전역을 정복하였다.

아버지의 뒤를 이은 알렉산드로스(Alexandros, BC 356~BC 323)는 BC 334년 테베와 아테네의 반란을 제압하고, 소아시아 원정에 나서 페르시아 지배하에 있던 이오니아 폴리스들을 해방했다. BC 333년은 페르시아 영토인 바빌론을 점령하고 마침내 수도인 페르세폴리스에 도달하였고, BC 331년에는 페르시아 지배하에 있던 이집트도 점령했다. 알렉산드로스는 점령지마다 자기 이름을 붙인 약 70여개의 알렉산드리아(Alexandria) 도시를 건설했다. 점령지의 빈 땅에 신도시를 건설한 경우도 있고, 원래 있던 도시를 이름만 바꾼 경우도 있다. 처음에는 용병이나 수비대를 주둔시켜 제국 통치의 전초기지로 삼았다. 이후 그리스 병사와 점령지의 여인과 혼인을 통해서 그리스와 오리엔트문화를 융합하고자 하였다.

BC 327년 인더스 강까지 원정했으나 무더위와 장마, 전염병으로 BC 324년 수사로 돌아와 제국을 지배하였다. BC 323년 메소포타미아의 수도였던 바빌론으로 돌아가 아라비아 원정을 준비하던 중 말라리아로 추측되는 병에 걸려 33세의 나이로 후계자도 정하지 못하고 사망하고 말았다. 그가 정복한 땅은 그의 부하 장군들이 각각 분할하여 통치하였고 서로 패권을 다투며 분열을 거듭하였다.

알렉산드로스 왕은 아리스토텔레스의 제자로 학문에 조예가 깊어 원정길에 학자들을 대동하였다. 그는 신도시에 그리스 문화와 정복지문화(동방문화)를 융합하였는데 이것이 헬레니즘(Hellenism)이다. 헬레니즘은 그리스 문화와 같은 문화라는 뜻으로 동방문화 바탕에는 그리스 문화가 짙게 배어 새로운 문화가 만들어졌다는 의미다. 헬레니즘은 폴리스를 초월한 세계시민주의로 국가와 민족은 크게 의미가 없어졌다. 이전의 도시국가를 이상적인 사회로 여겼던 그리스 사람들은 국가보다는 자신의 행복을 중요하게 생각하게 되면서 철학과 예술작품에도 인간의 본능과 감정을 드러내게 되었다. 헬레니즘시대는 알렉산드로스제국이 로마에 멸망당한 BC 31년까지 약 300년 동안 지속되었다. 이 시대는 수학과 과학의 발달은 물론 알렉산드로스의 원정로가 상인들의 교통로가 되어 상업과 무역이 크게 발달했다.

이집트의 알렉산드리아는 알렉산드로스가 세운 70여 개의 신도시 중에서 가장 규모가 크고 오늘날까지도 번성하고 있는 경제도시다. 나일강 하류 델타 지대의 서북단에 위치하며 지중해에서 활동하는 상선들의 기항지이자 동서양 해

[그림 2-13] 헬레니즘과 도시

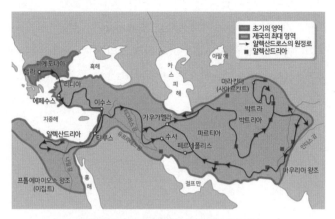

알렉산드로스의 원정로와 알렉산드리아

이집트 알렉산드리아
(자료: Wikimedia Cammons)

상교역의 중계지 역할을 했다. 신도시 도시계획 담당자는 알렉산드로스의 궁정 건축가로 활약한 디노크라테스(Deinocrates)이다. 그는 구릉지에 성곽을 쌓고 격자형 가로체계를 적용하였다. 도로 결절점에는 중심지를 형성하고 곳곳에는 경기장, 극장, 체육관, 도서관 등을 배치하였다. 특히 알렉산드리아도서관은 프톨레마이오스 1세가 지구상의 모든 민족의 책을 수집하여 보관할 것을 지시하여 당시 양피지 70만권을 소장했다고 한다.

그러나 당시에 건설된 알렉산드리아 대부분은 얼마 못 가서 사라졌거나 이름이 바뀌어 전해지고 있다. 당시 건설된 알렉산드리아가 현재까지 도시 기능을 하고 있는 곳은 현 아프가니스탄의 아이하눔(Ai-Khanoum)·칸다하르(Kandahar)·헤라트(Herat), 터키의 이스켄데룬(İskenderun), 이라크의 이스칸다리야(Iskandriya), 타지키스탄의 후잔트(Khujand), 파키스탄의 우치(Uch), 투르크메니스탄의 메르프(Merv) 등이다.

SECTION 04 로마와 도시

01 로마의 성장

로마(Roma)는 유럽 대륙에서 지중해로 장화 모양으로 길게 뻗은 이탈리아반
도 중앙부에 위치한다. 이탈리아반도의 등뼈를 이루며 서북에서 동남 방향으로
뻗은 아펜니노(Apennino)산맥을 등지고 앞에는 이탈리아 중부를 지나 지중해로
흐르는 405km의 테베레(Tevere)강이 있다. 테베레강과 아니에네강이 합류하는
야트막한 구릉지역인 일곱 개의 언덕에 예부터 사람들이 살아왔다. 주변에는 비
옥한 평원이 펼쳐져 있다. 언덕 위에 도시를 조성한 것은 방어에 유리하고, 언덕
아래는 테베르강의 범람으로 주거가 어려웠기 때문으로 추정한다.

BC 753년 로물루스(Romulus)와 레무스(Remus) 쌍둥이 형제가 일곱 개 언덕
중 하나인 팔라티누스(Palatinus) 언덕에 로마를 세웠다. 그리고 전쟁을 통해 조
금씩 주변 마을들을 점령한 뒤 로마에 강제 이주시키는 방식으로 인구를 증가시
켰다. BC 600년경에는 인구가 3만 명 정도로 증가했으며, 이때 7개 언덕 전체를
두르는 세르비우스 성벽을 축성하였다. 로마는 BC 753~BC 509년까지 제1대
로물루스를 비롯하여 7명의 왕이 통치하였다. 제5대 왕은 로마인이 아니고 그리
스인과 혼혈인 에트루리아족이었다. 이에 대해 에트루리아족의 지배를 받았다는
설과 수많은 민족들이 뒤섞여 살면서 민주적인 방식으로 왕을 선출했다는 설이
있다.

BC 509년 로마는 왕정을 폐지하고 공화정을 실시하였다. 공화정은 집정관·
원로원·평민회가 권력을 분립해서 상호 견제와 균형에 중점을 둔 정치체제다.
로마인의 신분은 귀족·평민·노예 세 계급으로 나눈다. 오늘날의 총리·수상에

해당하는 집정관(통령)은 귀족 중에서 2명을 선출했으며 임기는 1년으로 행정과 군대를 관할하였다. 원로원은 오늘날의 국회의원으로 300명의 귀족으로 구성되며 집정관을 견제하고 국사를 논의하였다. 평민회는 오늘날의 야당으로 평민들로 구성되며 2명의 호민관을 뽑아 평민들의 이익을 대변했다. 로마는 시민사회로 노예를 제외한 모든 시민들은 똑같은 권리를 가졌다. 평민들도 유력 정치인이나 가문을 이루었는데 이를 노빌리스(nobilis)라 하며 후에 상류층이란 뜻의 노블리스(noblesse)가 된다. 이들에게는 사회적인 의무인 오블리즈(oblige)가 주어졌다.

로마는 BC 323년 알렉산드로스의 죽음과 함께 헬레니즘제국이 분열되자 주변국들을 점령하면서 발전하였다. 특히 당시 지중해의 최대 강국인 북아프리카의 카르타고(Carthago)와 BC 264년부터 BC 146년까지 3차에 걸친 포애니전쟁(Punic Wars)을 통해서 세계 제국으로 발전하는 전환점이 되었다. 제1차(BC 264~BC 241)는 로마가 지중해 가운데에 위치한 시칠리아 섬에서 카르타고의 해군을 물리치고 승리하였다. 제2차(BC 219~BC 201)는 카르타고의 한니발이 알프스산맥을 넘어 로마를 침공했으나 로마는 이를 막아내고 카르타고의 본토를 역공하여 승리하였다. 제3차(BC 149~BC 146)는 로마의 지배를 받은 카르타고가 반발하자 이를 진압한 전쟁으로 카르타고는 완전히 멸망하고 말았다.

로마는 건국 초부터 정복지 주민들도 로마의 동등한 시민으로 받아들이는 개방정책을 폈다. 점령지의 왕들도 그대로 왕이 되고, 귀족들도 그대로 귀족이 된다. 로마 초대 황제인 아우구스투스(Augustus)도 평민이었고, 그의 후원자인 율리우스 카이사르도 로마에 합병 당한 부족으로 귀족이 된 가문 출신이었다. 정복지에서 끌려온 노예들도 10년이 지나면 해방되어 시민권을 부여 받았다. 로마가 제국으로 성장했던 배경은 다양성을 인정하며 인종·종교·출신지 등에 대해 차별 없이 능력 위주의 정책을 폈기 때문이다.

로마가 페르시아, 아시아, 이집트, 북아프리카, 북유럽으로 영토가 확장되자 정복지를 통솔하는 총독들의 힘이 커졌다. 총독들이 원로원의 결정을 무력화하는 일이 자주 일어나자 공화정의 붕괴를 두려워 한 귀족들의 견제도 심해졌다. 지금의 북부이탈리아·프랑스·벨기에·스위스·독일 지역인 갈리아를 점령하고 율리우스 카이사르가 귀족들과 대립하다 암살당했다. 로마는 내전에 빠지는데 이를 수습한 옥타비아누스(훗날 아우구스투스, BC 63~AD 14)가 정권을 획득한 후 초대 황제가 된다. 이후 로마는 AD 96~180년 5현제 시대를 거치면서 로마제국의 가장 넓은 영토를 확장하였다. 로마는 대제국을 유지하기 위해서 많은 군사 요새를 건설했으며, 이것이 도시발전의 근간이 되었다.

📍 [그림 2-14] 로마의 전성기

로마의 일곱언덕과 세르비우스 성벽

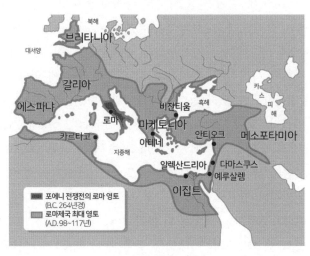

로마 전성시대의 영토

로마시대의 도시는 군사요새화로 시작했기 때문에 점령지 어느 지역이든 표준화된 계획방식이 적용됐다. 시가지는 동서와 남북으로 직교하는 두 개의 대로를 축으로 사등분되고, 격자형의 가로망이 형성되어 있다. 동서로 이어지는 대로를 데쿠마노스(decumanus), 남북으로 이어지는 대로를 카르도(cardo)라고 한다. 이러한 도로 구조는 군사행진이나 반란 세력의 진압에 용이하고, 화재나 전염병이 발생했을 경우 다른 블록으로 번지지 않도록 차단하는 역할을 했다.

도시 중심부에는 그리스의 아고라와 같은 광장인 포럼(Forum)을 배치하였다. 포럼은 두 종류가 있는데 하나는 시민포럼(Forum Civil)이며 그 주변에는 의사당, 재판소, 신전, 관공서, 야외극장·경기장 등 공공건물이 들어서서 도시행정의 중심지 역할을 했다. 다른 하나인 시장포럼(Forum Venalia)은 주로 상업을 위한 시장광장을 뜻한다. 이 밖에 왕의 권위와 영광을 상징하기 위한 기념비적 건물을 짓고 황제 이름을 딴 포럼을 조성하기도 하였다. 그 주변에는 개선문, 열주랑, 바실리카(basilica) 등과 오벨리스크(obelisk)와 같은 전리품을 배치하였다. 지금까지 전하는 가장 규모가 큰 트라야누스 포럼(Trajanus forum)은 310m×180m＝55,800m²(약 17,000평)의 넓이이다. 정문을 들어서면 주랑이 들어서 있는 광장이 있고, 맞은편에는 큰 건물인 바실리카 울피아(Basilica Ulpia)가 서 있다. 그 뒤에는 주랑이 서 있는 뜰 속에 트라야누스를 신격화한 신전 건물이 들어서 있다.

로마 도시계획의 특징 중의 하나는 사회 인프라 구축에 있다. 그리스 도시가 미관·방어·항만·비옥한 토지 등에 관심을 가졌다면 로마는 도로·수도·하수도에 관심을 가졌다. 도시 내부의 주요 도로는 마차의 통행이 가능하도록 포장하였다. 각 점령지 도시로 연결되는 간선도로는 모든 길은 로마로 통한다는 말처럼 사방으로 뻗어 나가도록 하였다. 언덕을 깎고 골짜기를 매워 372개의 도로가 113개 속주 도시로 연결되었다. 포장도로 8만km를 포함하여 40만km의 길을 만들었다. 이 길을 통하여 군대이동과 물자교역, 공문서를 전달할 수가 있었다. 도로 포장은 돌로 했으며 노면 아래에는 층을 두어 배수가 용이하도록 했다. 도시를 통과하는 도로는 중앙에는 마차길, 양쪽으로는 사람이 다니도록 했다.

[그림 2-15] 로마의 도시

로마의 도시공간

로마 복원도

　수도교는 신선한 물을 공급하기 위해서 설치한 것이다. 수십 km 떨어진 호수나 시냇물을 급수원으로 삼아 도시까지 수도관을 통해 송수하였다. 수도관 대부분은 송수 도중 물의 증발과 수온 상승을 막기 위해 지하에 묻었으며, 강·골짜기·평지를 지날 때는 아치형의 수도교를 설치하고 덮개를 덮었다. 물을 아래서 위로 보낼 때는 수압을 이용했고, 위에서 아래로 또는 평지를 통과할 때는 경사도에 차이를 두었다. 수도교에서 흘러온 물은 고지대의 배수지에 저장한 다음 공중목욕탕을 비롯한 공동시설과 주거지역으로 흘러 보냈다. 가로 곳곳에도 오늘날 수돗물과 같은 급수시설을 설치했고 수세식 공중화장실에도 보냈다.

성 밖에는 지하무덤인 카타콤(Catacomb)을 조성하였다. 구조는 지하 10~15m 깊이에 대체로 폭 1m 미만, 높이 2m 정도의 긴 복도인 통랑을 조성하였다. 통랑의 벽면에는 우묵한 공간인 벽감을 만들어 시신을 넣은 관을 두었다. 묘지는 지하 2~3층으로 조성되었으며 계단을 만들어 위·아래층이 통하도록 하였다. 후에 지하 무덤이 너무 많이 있어 안내인의 도움을 받아야 원하는 곳을 찾아갈 수 있었다. 지하무덤 대부분은 단순하게 관만 있지만 섬세하고 화려한 벽화나 조각으로 장식한 무덤도 있었다.

03 로마의 주거공간

로마의 주거지는 귀족들의 주택인 도무스(domus), 중산층인 평민들의 주거지역인 인슐라(insula)로 구분한다. 도무스는 고급스러운 단독주택으로 앞뜰인 아트리움(atrium)과 뒤뜰인 페리스틸리움(peristyilium)을 중심으로 두 공간으로 나눈다. 먼저 현관인 베스트불룸(vestibulum)을 지나면 앞뜰인 아트리움이 나오는데 지붕이 오픈된 컴플루비움(compluvium)이 있어 채광과 환기가 가능하다. 바닥에는 임플리비움(impluvium)이라는 작은 못이 있는데 빗물을 받아서 지하 수조에 물을 저장하는 역할을 한다. 아트리움을 가운데 두고 연회장인 오프스 뮤지쿰(opus musicum), 침실인 쿠비쿨룸(cubiculum), 응접실인 타블리눔(tablinum)이 배치되어 있다. 이곳은 공적공간으로 주로 업무와 접대, 파티 등 활동공간으로 사용되었다.

뒤뜰인 페리스틸리움도 지붕이 오픈되어 채광과 환기를 하였다. 가운데는 정원이며 사면은 지붕을 떠받치는 기둥으로 둘러싸여 있다. 이를 가운데 두고 가족들의 침실과 식당 등이 배치되었다. 만찬을 하는 트리클리니움(triclinium), 부엌인 쿠키나(cucina), 하인들이 드나드는 쪽문 포스티쿰(posticum), 화장실과 목욕실인 배스룸(bathroom), 휴게실인 엑세드라(exedra), 독서방인 리딩룸(reading room) 등이 배치되었다. 이곳은 가족들의 삶의 중심인 사적공간이다.

인슐라는 중산층과 서민주택으로 오늘날의 아파트와 같은 구조다. 진흙벽돌과 나무를 사용하여 4층에서 10층 높이로 지었으며 1층에는 상가, 2층부터는 살림집이어서 오늘날의 주상복합건물과 비슷하였다. 그러나 개별 상하수도 시설과 화장실이 없어서 서민들은 공중수도와 공중목욕탕, 공중화장실을 사용하였다. 또는 창밖으로 오물을 내던지는 경우가 흔해서 거리를 지나는 사람들이 봉변을 당하기도 했다. 중절모는 오물로부터 머리를 보호하기 위한 것이고, 하이힐은 거리의 오물을 피하기 위한 것이며, 향수는 오물냄새를 피하기 위해 개발된 것이라는 설도 있다.

인슐라는 집들이 다닥다닥 붙어 있는 데다가 숯과 나무를 연료로 난방과 취사를 했기 때문에 화재에 취약하였다. AD 64년 7월 19일 발생한 로마대화재는 기름 창고에서 일어난 작은 화재가 주택가로 번지면서 로마의 14구역 중 10개 구역이 불타버린 대참사였다. 당시 황제였던 네로(Nero, 37~68, 제5대)는 시가지를 새로 정비하면서 몇 가지 원칙을 세웠다. 시가지는 격자형으로 만들되 각 블록에는 소방도로를 두며, 화재 확산을 방지하기 위해 인슐라는 30피트(약 9.14m) 이상의 이격거리를 둘 것, 화재 시에는 다른 세대로 대피할 수 있도록 베란다를 설치할 것 등이다. 이는 최초의 도시계획법이자 소방법이라 할 수 있다.

당시 로마는 인구가 100만이 넘는 거대도시로 주택부족 문제가 심각하였다. 이 때문에 인슐라의 공급은 수요에 못 미쳐서 오늘날의 아파트투기처럼 인슐라에 대한 투기도 많았다고 한다. 부유한 귀족들 중에는 인슐라 건설에 투자하여 임대수입을 얻는 사람도 상당수였다. 이들은 무리하게 10층짜리 고층건물을 날림으로 지어서 세를 놓는 경우도 있었다. 이로 인해 건물 붕괴사고가 많아지자 네로 황제는 이를 방지하기 위해 건물 높이를 7층 이하로 규제하였다.

[그림 2-16] 로마의 주거구조

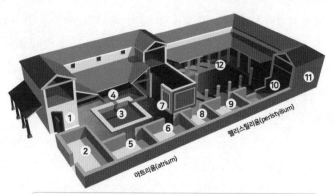

❶ 베스티불룸 (vestibulum, 현관)
❷ 테버너클 (tabernacle, 기도실)
❸ 임플리비움 (impluvium, 작은 못)
❹ 컴플루비움 (compluvium, 천창)
❺ 오푸스 무지쿰 (opus musicum, 연회장)
❻ 쿠비쿨룸 (cubiculum, 침실)
❼ 타블리눔 (tablinum, 응접실)
❽ 라트래인네 (latrinae, 화장실)
❾ 엑세드라 (exedra, 휴게실)
❿ 트리클리니움 (triclinium, 만찬장)
⓫ 쿠키나 (cucina, 주방)
⓬ 리빙룸 (living-room, 가족방)

도무스(domus) 구조

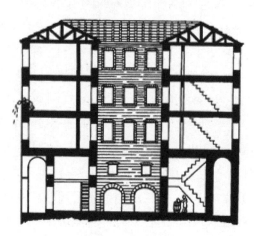

인슐라(insula) 구조

04　로마의 지방도시

　　로마는 제국을 경영하기 위해서 점령지마다 도시를 건설했다. 지방도시는 지역의 특성에 따라 식민도시인 콜로니아(colonia), 병영도시인 카스트라(castra), 상업도시인 시비타스(civitas)를 만들었다. 보통 식민지에서는 그 나라의 영토는 물론 언어·풍습·민족정서까지 빼앗는데 로마는 그렇게 하지 않았다. 오히려 그 지역의 문화를 인정하였고 점령지 주민들도 로마 시민으로 누릴 수 있는 권리를 부여했다. 노예도 10년이 지나면 자유와 시민권이 주어졌다. 마찬가지로 점령지 도시라 할지라도 규모의 차이만 있을 뿐 구조는 로마와 같았다.

　　식민도시인 콜로니아는 본래 오래 거주하던 땅을 떠나 새로운 곳으로 이주한 곳의 토지라는 의미다. 로마는 새로 정복한 땅을 지배하기 위해 로마콜로니아(Colonia Romana)와 라틴콜로니아(Colonia Latin)를 운영했다. 로마콜로니아는 새로 건설된 식민도시에 로마 시민을 이주시켜 정착시키는 것을 말하고, 라틴콜로니아는 로마시민과 라틴민족의 시민을 공동으로 이주시켜 정착시키는 것을 말한다. 식민도시는 사면을 성벽으로 둘러싸고 성안은 격자형 가로체계를 갖추었다. 식민도시는 대개 교통의 요지에 건설했으며 상업도시의 성격도 내포하고 있다.

　　병영도시인 카스트라는 변경지대의 군부대 주둔지에 세운 요새화된 군사도시다. 도시 전체를 높고 튼튼한 성벽으로 감싸고 도시 공간은 사각형이며 격자형 가로로 배치하였다. 주요 간선도로가 교차하는 중앙 지점에 행정관청을 배치하여 군대 통솔에 유리하도록 하였다. 대부분 병영도시는 전형적인 모델을 가지고 있다. 대표적 사례로 로마 접경지역에 위치한 카스트라 프라이토리아(Castra Praetoria)는 로마 황제 근위대의 병영도시다. 면적은 440m×380m이며 주변을 튼튼한 성벽으로 둘러싸고 있다.

　　상업도시인 시비타스는 교역이 용이한 교통상의 요지에 건설된 도시로 식민도시의 성격을 띠는 경우가 많다. 유럽 도시의 대부분이 상업도시에 해당한다 할 만큼 유럽도시의 전형적인 모델이다. 본래 시비타스는 혈연이나 지연의 영역을 뛰어넘는 정치적 결합체를 의미하는 말로 로마가 도시를 통해서 세계시민 공동체를 이루고자 했었다.

05 로마의 분열

로마는 제12대 네르바(Nerva, 재위 96~98), 제13대 트라이아누스(Traianus, 재위 98~117), 제14대 하드리아누스(Hadrianus, 재위 117~138), 제15대 안토니누스 피우스(Antoninus Pius, 재위 138~161), 제16대 마르쿠스 아우렐리우스(Marcus Aurelius, 재위 161~180)로 이어지는 5현제시대 때 최고의 전성기를 구가했다. 이때는 장자 상속 대신 가장 능력 있는 사람을 양자로 삼아 권한을 물려주는 양자 상속제였다. 네르바는 도미티아누스 황제가 암살당하자 원로원의 추대로 황제에 올랐다. 그는 로마의 속주인 히스파니아(현재 스페인) 출신 트라이아누스를 양자로 삼아 황제를 물려주었으며, 이후 양자로 후계자를 삼았다.

5현제의 마지막 황제 아우렐리우스가 죽자 혼란기가 계속되었는데, 그 틈을 타 군인들이 권력을 잡고 황제에 올랐다. 235~284년 약 50년 동안은 26명의 군인이 황제에 오르고 죽음을 당하는 일이 반복되었다. 한때 이집트·시리아·팔레스타인 지역의 팔미라제국과 스페인·포르투갈·프랑스·네덜란드·독일 지역의 갈리아제국이 독립함으로서 세 영역으로 분리된 적도 있었다. 293년 디오클레티아누스(Diocletianus)가 다시 통합한 다음 사두정치체제를 시작하였다. 제국을 동서로 양분하여 두 명의 정황제(Augustus)가 맡고, 정황제는 다시 부황제(Caesar)를 두고 영토를 나누어 통치하는 방식이다. 그러나 이들은 서로 다투다가 6명의 황제시대로 분할된다.

서로마의 정황제였던 콘스탄티누스(Constantinus, 재위 306~337)는 313년 기독교를 로마제국의 정식 종교로 인정하는 밀라노칙령을 공포한 다음, 기독교인의 협력을 얻어 경쟁하던 5명의 황제를 제거하고 324년 단독황제로 등극한다. 그리고 330년 로마제국의 수도를 보스포루스해협을 사이에 두고 아시아대륙과 유럽대륙이 만나는 동로마의 비잔티움(Byzantium, 지금의 터키 이스탄불)으로 정하고, 새로운 도시를 건설하여 본인의 이름을 딴 콘스탄티노플(Constantinople)로 명명하였다. 서로마는 황제가 임명한 교황이 다스렸으나 폐허가 되었고 476년 게르만족에게 멸망하고 말았다.

서로마제국의 빈터에는 오늘날의 독일·네덜란드·덴마크·노르웨이·아이슬

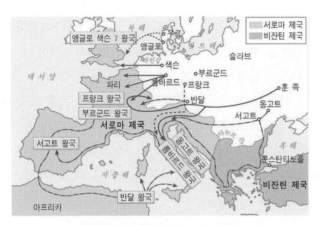

게르만족의 이동과 동로마와 서로마

동로마의 수도 콘스탄티노플

란드 등지에서 거주하던 게르만족(Germanic peoples)이 아시아에서 침입해 온 훈
족을 피해 대이동해왔다. 그리고 이전 로마제국의 각지에 정착하면서 왕국을 세
웠다. 북아프리카의 반달왕국, 에스파냐의 서고트왕국, 이탈리아의 동고트왕국,
남프랑스의 부르군트왕국, 북프랑스의 프랑크왕국, 영국의 앵글로색슨왕국 등이
다. 이들은 명분을 얻으려고 기독교로 개종하고 교황을 보호하였는데 오늘날 로
마 가톨릭이다. 교황은 동로마 황제로부터 독립을 선언하여 로마는 동로마와 서

로마로 분열되었으며, 기독교 역시 동로마의 정교회와 서로마의 가톨릭으로 분리되었다.

프랑크왕국의 카롤루스(Carolus, 샤를마뉴, 742~814)가 서로마제국 대부분을 정복하고 게르만족을 하나의 국가와 하나의 종교로 통합하였다. 800년 교황 레오 3세는 카롤루스에게 황제의 관을 수여하였다. 서로마제국이 멸망한지 300년 만에 다시 하나로 통합된 것이다. 카룰누스는 교회에 특권을 부여했으며 이는 가톨릭이 서유럽 전역으로 확장되는 계기가 되었다. 성직자들은 귀족과 같은 권력을 행사했으며 성당이 도시의 랜드마크로 등장하였다. 또한 역사의 주무대가 이탈리아반도의 지중해에서 프랑크왕국인 독일과 프랑스 등 서유럽으로 이동하는 계기가 되었다.

06 유럽의 탄생

카롤루스 대제가 사망하자 그의 셋째 아들 루트비히 1세(재위 814~840)가 뒤를 이었다. 그는 유약하고 무능력하여 세 아들에게 영토를 분할하여 다스리도록 했다. 그가 사망하자 아들들의 영토 분쟁이 심화되자 843년 베르됭조약(Treaty of Verdun)을 맺어 장남 로타르는 중 프랑크(이탈리아), 둘째인 루트비히 2세는 동 프랑크(독일), 막내 카롤루스 2세는 서 프랑크(프랑스)로 분할하였다. 이때부터 분할 상속이 대를 이어 끊임없이 되풀이되어 제국이 분열되었으며 나폴레옹이 이 지역을 점령했을 때까지 유럽은 하나로 통일되지 않았다.

프랑크제국의 분할(독일, 이탈리아, 프랑스)

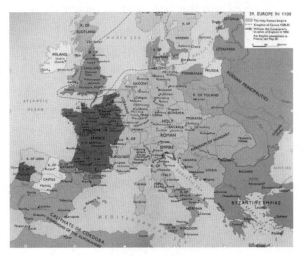

12세기 유럽

참고문헌 ─────────────────────────────────────

김철수, 도시계획사, 기문당.

문명식, 유럽역사의 이해, 신아사.

Andrew Wallace−Hadrill, "Rethinking the Roman Atrium House," in R. Laurence and A. Wallace−Hadrill, eds., Domestic Space in the Roman World: Pompeii and Beyond (Portsmouth: Journal of Roman Archaeology, 1997).

Bailey, L. H., and Wilhelm Miller. Cyclopedia of American Horticulture, Comprising Suggestions for Cultivation of Horticultural Plants, Descriptions of the Species of Fruits, Vegetables, Flowers, and Ornantal Plants Sold in the United States and Canada, Together with Geographical and Biographical Sketches. New York [etc.]: The Macmillan Co, 1900. p. 320.

James Bryce, The Holy Roman Empire (The MacMillan Company, 1913), p.183.

Joachim Whaley, Germany and the Holy Roman Empire: Volume I: Maximilian I to the Peace of Westphalia, 1493-1648 (2012), pp. 17-20.

Penelope M. Allison, "The Relationship between Wall−decoration and Room−type in Pompeian Houses: A Case Study of the Casa della Caccia Antica," Journal of Roman Archaeology 5 (1992), pp. 235−49.

홈페이지 ─────────────────────────────────────

나무위키 (namu.wiki)

두산백과 (www.doopedia.co.kr)

위키백과 (ko.wikipedia.org)

Livius (livius.org/articles/place/persepolis/persepolis−photos)

Grecia (www.grecia.cc)

Wikimedia Commons (commons.wikimedia.org)

CHAPTER

03

도시공간구조

도시계획론

SECTION 01 도시공간의 이해

공간(空間, space)의 개념은 학문의 특성에 따라 다르게 인식될 수 있다. 사전적으로는 어떤 물질이나 물체가 존재할 수 있거나 일어날 수 있는 장소적 의미다. 공간 내에는 차원(次元)이 존재하는데 하나의 점은 0차원이다. 점과 점을 연결한 선은 1차원, 선과 선이 연결된 면은 2차원, 면과 면을 연결한 입체는 3차원, 3차원에 시간을 더하면 4차원 등 n차원의 공간이 존재할 수 있다. 현재 우리가 인식하며 살고 있는 공간은 3차원으로 가로·세로·높이의 세 방향으로 구성된다. 그러므로 도시공간은 가로·세로 면적에 높이까지를 포함한 범위에 인간 활동에 필요한 기능들이 복합적으로 담겨 있는 공간을 말한다. 도시공간은 크게 생태적·경제적·정책적 요인에 의해 형성된다.

01 생태적 요인

자연생태계가 적자생존의 상호경쟁을 통하여 환경에 적응하듯 도시에서도 기능 간, 소득계층 간, 인종 간 상호경쟁하며 공간을 점유하게 된다. 어느 지역에 특정 인구나 직종이 모여들어 집단을 이루면 그 공간을 점유할 수 있다. 그러나 새로운 종류의 인구나 직종이 유입되어 점차 확산되면 종전의 점유자들을 몰아내고 그 공간을 차지하게 된다. 도시공간은 이러한 적자생존의 과정을 거치며 끊임없이 변화하면서 발전하게 된다.

02 경제적 요인

　도시공간은 토지의 단위면적당 수익성 기준으로 기능들이 배치된다는 논리이다. 도시의 지대(land rent)는 도심에 가까울수록 높게 나타나고 멀어질수록 낮아진다. 도시 중심부는 권력·자본·정보 등이 대량 집적되므로 가장 높은 지대를 지불할 용의가 있는 관청·상사·은행·보험·신문·방송·호텔 등이 점유하여 중심업무지대(CBD: Central Business District)를 형성한다. 대도시의 경우 과밀한 토지이용으로 마천루(초고층건물)를 형성하여 다른 시가지와는 뚜렷하게 구별되는 공간이다. 이후부터는 지대에 따라 점이지대, 경공업지대, 주거지역, 공업지역이 입지하게 된다.

03 정책적 요인

　정책적 요인은 도시의 지역적 특성과 그 속에서 살아가는 사람들의 생활양식 등을 감안하여 공간구조를 제도적으로 구상하는 도시계획을 말한다. 이는 도시의 활동기능을 능률적이고 효과적으로 공간에 배치하는 계획으로 인구증감, 교통량, 주택수요, 문화교육수준, 산업구조변화, 생활양식변화, 소득수준변화, 기술발달 등을 반영한다. 우리나라의 경우 20년 단위의 장기계획인 도시·군기본계획, 10년 단위의 중기계획인 도시·군관리계획, 필요한 경우 5년 단기로 정비하는 도시재생전략계획 등이 있다.

SECTION 02 도시공간 이론

01 중심 및 축적성장이론

미국의 부동산 경제학자인 허드(R.M. Hurd, 1865~1941)는 1903년 「도시 토지 가치의 원칙(Principle of City Land Values)」을 발표했다. 그는 도시공간에 대해서 처음에는 주요 도로를 따라 중심에서 방사형으로 성장하다가 그 후에 사이를 채워나감으로써 별모양인 성형의 도시를 형성하는 특징을 지닌다고 했다. 즉 처음에는 도심을 중심으로 면적으로 성장하는 중심적 성장(Central Growth)을 하다가 도로나 철도 등의 교통로를 따라 축적성장(Axial Growth)을 한다는 이론이다. 그는 도심과의 접근성이 편리해야 위치로서 가치가 높아져 지가가 상승한다고 주장했다. 즉 접근성이 지가상승의 가장 중요한 요인이라는 지대론(land values)을 설명하였다.

○ [그림 3-1] 축적성장이론

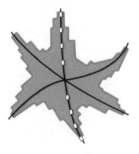

성형도시 개념도

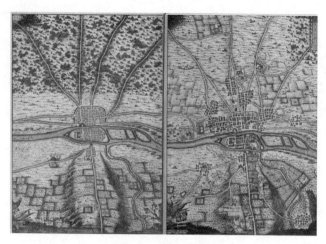

축적성장이론의 사례

02 방사형 팽창이론

　맥켄지(R. D. Mckenzie)는 허드의 지대론에 근거하여 1925년 도시가 중심지역으로부터 지형에 따라 방사형으로 팽창한다는 방사형팽창이론을 주장하였다. 도시 중심부는 토지경쟁이 활발하여 고밀도의 토지이용으로 높은 토지가격이 형성되고, 중심부와 접한 지역은 주거환경이 슬럼화되었지만 일자리 얻기가 용이하여 주로 가난한 이민 집단이 거주한다. 그 다음은 외곽으로 방사형으로 나가면서 주거지대와 공업지구가 형성된다고 하였다.

[그림 3-2] 방사형 팽창이론

방사형 팽창이론 개념도

방사형 도시 파리

03 동심원이론

　미국의 사회학자로 도시연구에 몰두했던 버제스(E. W. Burgess)는 1925년 미국의 시카고를 대상으로 도시는 중심지역으로부터 다섯 개의 동심원을 이루며 성장한다는 동심원지대이론(concentric zone theory)을 주장하였다. 즉 도시공간을 중심업무지대, 점이지대, 저소득노동자 주거지대, 중산층 주거지대, 통근자

주거지대의 다섯 개 지대로 구분하였다. 이 이론은 독일의 농업경제학자인 튀넨 (J.H. Thünen, 1783~1850)의 저서《고립국》에서 전개한 동심원상의 농업지대 형성 이론을 도시공간구조에 응용한 데서 비롯되었다. 튀넨의 고립국이론은 시장까지의 거리에 따른 운송비의 차이 때문에 도시를 중심으로 원예농업, 목재용 임업, 윤재식 농업, 곡초식 농업, 삼포식 농업, 방목식 목축의 6개 농업지대가 동심원적으로 배열된다는 논리를 응용한 것이다.

제1지대인 중심업무지대(CBD: Central Business District)는 도심 중앙에 위치하며 정치·경제·문화·교통의 기능이 집중되어 있어 도시의 중추적 기능을 담당한다. 지가와 지대가 매우 높아서 초고층의 관공서·사옥·은행·보험사·신문사·방송사·호텔·백화점 등의 건물이 조밀하게 들어서게 된다. 높은 지대로 주거기능이 약해 주간과 야간의 인구 격차가 큰 것이 특징이다.

제2지대인 점이지대(Zone in transition)는 중심업무지대를 둘러싼 지역으로 상업·경공업·주택 등 서로 다른 특성이 혼재되어 있는 지역이다. 도심으로부터 뻗어 나온 업무기능과 인쇄소와 같은 도심에 필요한 경공업지대, 의류 및 전자계통의 도매시장 등이 입지하여 주거환경이 열악하고 슬럼화되어 있다. 이 지역은 집값이 싸고 경공업지대·시장 등 저임금의 일자리 때문에 주로 막노동을 하는 노동자나 미국의 경우 가난한 이민자들이 많이 거주한다.

제3지대인 노동자주택지대(Zone of workingmen's homes)는 전형적인 노동자 주거지역으로 슬럼화되었거나 낙후되어 있다. 일자리가 풍부한 도심 및 점이지대가 근접해 있고 대중교통을 이용한 출퇴근이 용이하여 환경보다는 경제적 수입을 우선하는 저소득 근로자들이 주로 입지한다. 도시가 성장하던 당시에는 판자촌이 형성되었고, 성장 후에는 개발업자들이 땅을 사서 집들을 철거하고 중대형 아파트 단지를 지어 도시 중산층들에게 파는 사례가 많다. 원주민들은 철거민으로 전락되어 도시빈민이 되거나 지역을 떠나게 된다.

제4지대인 중산층 주거지대(Zone of middle income housing)는 고급아파트 내지는 중산층용 단독주택으로 특화된 주거지역으로 인구가 많이 밀집하여 있다. 주로 중심업무지대(CBD)에서 일하는 샐러리맨과 전문직 종사자 등이 거주한다. 도심과의 거리가 비교적 멀리 떨어져 있기 때문에 지대 내부의 주요 교통요지에는 상업기능의 부도심으로 발전하기도 한다. 도로와 지하철 등 대중교통을 비롯한 도시계획시설이 잘 구축되어 있다.

제5지대인 통근자지대(Commuter's Zone)는 전원적 경관과 도시적 편리함을 동시에 누릴 수 있는 외곽지역에 입지한다. 고속도로를 따라 고급주택이 산재되어 있으며 도심까지는 승용차로 30~60분 정도 소요된다. 세대주 대부분은 주간에는 중심업무지대(CBD)에서 일하고 야간에는 귀가하는 통행패턴을 보인다. 고소득층일수록 전원적인 곳에서 거주하려는 성향이 있다.

[그림 3-3] 동심원이론 개념도

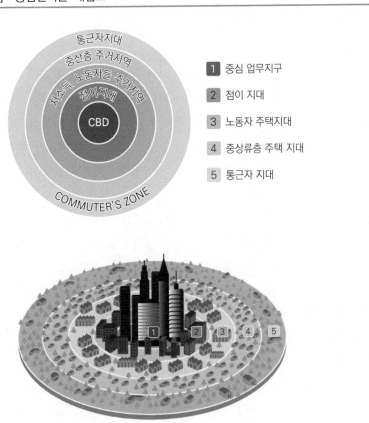

이러한 버제스의 동심원이론은 도시공간구조에 있어서 도시계획분야 뿐만 아니라 지역경제학에도 일반학설로 활용되었다는 점에서 높이 평가되었다. 그러나 시카고만을 대상으로 이론을 제시했다는 점, 교통축 변화 등 토지이용패턴의 변형을 고려하지 않고 단순화하였다는 점, 도시의 역사적 배경을 고려하지 않았다는 점 등에서 비판을 받기도 하였다.

04 부채꼴 선형이론

미국의 호머 호이트(Homer Hoyt, 1896~?)는 1939년 발표한 「미국도시 주택지구의 구조와 성장(The structure and growth of residential neighborhoods in American cities)」 논문을 통해 버제스의 동심원이론에 부분적 수정을 가한 부채꼴의 선형이론(扇形理論, sector theory)을 발표하였다. 주택지 형성과정을 조사한 결과, 도시중심부에서 주요 간선도로를 따라 소득계층별로 유사한 주택지가 마치 부채꼴(선형)로 형성된다는 이론이다.

도시 중심부에 중심업무지대가 있고, 이로부터 수로·철로 등 교통로와 면해서 공업지대가 형성된다. 교통·노동력·원자재확보·시장 등의 입지 조건이 유리하기 때문이다. 공업지대 양쪽으로 저임대의 노동자계층의 주거지대가 형성된다. 공업지대와 인접하여 대기오염·하천오염·소음공해·교통혼잡 등이 심하여 임대료가 저렴하기 때문이다. 그 옆 지역은 비교적 환경이 좋은 곳으로 중산층 주거지역이 형성되고, 쾌적한 환경과 편리한 교통으로 임대료가 가장 비싼 지역은 상류층 주거지대가 형성된다.

호이트의 연구는 142개 미국 도시의 임대료를 지표로 하여 버제스가 시카고만을 대상으로 한 동심원이론과 차별된다. 그러나 두 이론 모두 여러 학자들로부터 찬반양론의 깊은 관심을 받았다. 도시공간구조에 대한 다른 검증 연구결과 버제스와 호이트가 제시한 모델과 일치하지 않는다는 비판을 받았다. 반면에 두 이론은 복잡한 도시공간을 단순화시켜 설명한 것이므로 특정 도시가 그 모델에 맞지 않는다고 하여 틀린 것이 아니라는 평가도 있다.

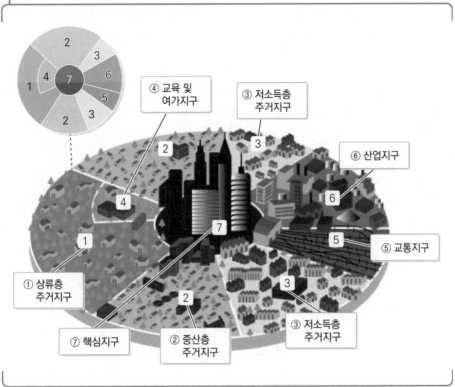

○ [그림 3-4] 선형이론 개념도

④ 교육 및 여가지구

③ 저소득층 주거지구

⑥ 산업지구

⑤ 교통지구

① 상류층 주거지구

⑦ 핵심지구

② 중산층 주거지구

③ 저소득층 주거지구

05 다핵심 이론

다핵심 이론(multiple nuclei theory)은 1945년에 에드워드 울만(Edward L. Ullman)과 클런시 해리스(Clauncy D. Harris)가 발표한 이론이다. 울만과 해리스는 미국의 대도시를 조사하며 도시 내의 토지이용은 하나의 중심부에 의해 형성되는 것이 아니라 여러 개의 핵심 공간을 중심으로 발전한다는 주장이다. 즉 도시가 성장하면서 도심부 이외에도 새로운 핵이 형성되어 부도심을 이룬다는 사실을 규명하였다. 이 이론은 현대의 복잡한 도시구조를 설명하는 데 가장 적합한 모형을 제시하고 있다는 평가를 받고 있다.

도시 중심부에 중심업무지구가 있고, 철도역과 고속버스터미널 등 교통이 편리한 지점에 도매상가·쇼핑센터 등이 위치한다. 그 옆에 동심원이론의 점이지대와 비슷하게 저소득층의 저급주택지구가 형성되고, 이곳에 조금 멀리 떨어진 곳은 삶의 여유가 있는 중산층 주택지구가 형성된다. 도심과 공업지대에서 멀리 떨어져 환경이 쾌적한 곳은 더 교외로 나가고 싶어 하는 고급주택지구가 형성된다. 중산층 주택지구와 고소득층 주택지구 사이 지역은 부도심으로 성장하며, 저급주택지구 밖으로 수륙교통 관계가 좋은 곳에 중공업과 신공업지구가 형성된다.

핵심이 형성되는 요인은 첫째, 특정한 요건을 필요로 하는 기능들은 요건이 충족되는 지역에 집중하기 때문이다. 예를 들면 도매업지구는 교통이 편리한 고속터미널을 주변에, 공업지구는 지역 간 교통과 수자원 확보가 용이한 곳에 집중된다. 둘째, 소매업지구·금융지구·의류센터처럼 같은 종류의 활동은 집적함으로써 집적의 이익을 얻을 수 있기 때문에 한곳에 집중한다. 셋째, 고급주택가와 공업단지처럼 집적함으로써 불이익을 초래하는 기능들은 서로 분리하여 멀

[그림 3-5] 다핵심 이론 개념도

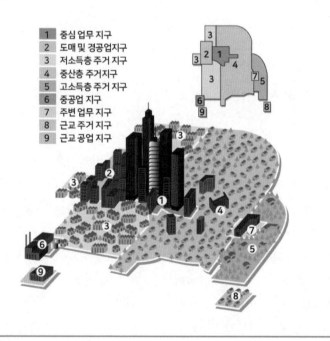

1 중심 업무 지구
2 도매 및 경공업지구
3 저소득층 주거 지구
4 중산층 주거지구
5 고소득층 주거 지구
6 중공업 지구
7 주변 업무 지구
8 근교 주거 지구
9 근교 공업 지구

리 떨어진 곳에 입지한다. 넷째, 공장지대처럼 높은 지대를 지불할 능력이 없는 기능들은 도시 외곽지역에 집중한다.

다핵이론에 대한 평가는 도시지역의 지역적 성장을 고려한 것으로 유동성이 큰 현대도시에 적합하고, 동심원이론과 선형이론에 비해 교통 변화에 잘 적용되는 이론이라는 장점이 있다. 그러나 토지이용, 특히 주거지변화에 있어 개인적 동기나 문화적 요인, 정치적 요인 등이 배제되었다는 비판을 받고 있다.

06 사회지역구조 이론

사회지역구조 이론은 로버트 머디(Robert. A, Murdie)가 1969년 발표한 것으로 도시공간에서는 인구집단의 인종적 지위, 가족적 지위, 경제적 지위에 따라 주거지역이 동질적인 패턴이 있다고 주장하였다. 머디는 미국의 여러 도시들을 대상으로 사회공간구조를 분석한 결과 세 가지 유형의 규칙성이 있음을 밝혔다. 경제적 지위는 호이트의 부채꼴 이론과 유사한 공간이용형태를 보이고, 가족적

[그림 3-6] 사회지역구조 이론 개념도

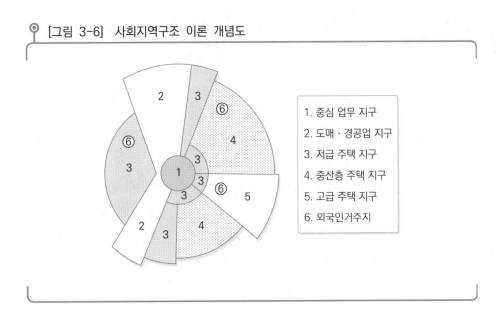

1. 중심 업무 지구
2. 도매 · 경공업 지구
3. 저급 주택 지구
4. 중산층 주택 지구
5. 고급 주택 지구
6. 외국인거주지

지위는 버제스의 동심원 이론 형태를 나타내고 있으며, 인종적 지위는 서로 다른 인종끼리 분리되어 독자적인 지역사회를 형성하여 다핵 패턴을 이루고 있다고 하였다.

인종적 지위에서 도시공간은 인종 또는 민족에 따라 서로 다른 거주지를 형성한다. 즉 같은 인종끼리 특히 소수민족끼리 각기 독립적인 거주지를 형성함으로써 여러 개의 거주지가 다핵 형태로 공간상에 분포하게 된다.

가족적 지위는 가족수, 자녀수, 연령, 혼인상태 등의 가족구조에 따라서 거주지가 다르게 형성된다. 즉 젊은 소가족세대는 도심부에 거주하려는 경향이 강하고, 대가족세대는 도시외곽이나 교외에 거주한다. 은퇴 후 노년이 되면 다시 도시중심부에 거주하는 것을 선호한다. 이러한 경향에 의해 도시중심부를 기준으로 버제스(E.W. Burgess)의 동심원이론과 유사한 형태로 주거지가 형성하게 된다.

경제적 지위는 소득수준, 교육정도, 직업 등에 따라 주거지가 부채꼴 형태로 형성된다. 사회경제적 계층에 따라 고급주택지구와 저급주택지구가 방사형으로 분포함으로써 호머 호이트(Homer Hoyt)의 부채꼴이론과 유사한 공간이용 형태가 형성된다.

07 중심지 이론

발터 크리스탈러(Walter Christaller, 1893~1969)는 독일의 지리학자로 1933년 도시 중심지의 기능인 3차 산업(행정·금융·교육·교통·통신업·도소매업 등)이 어떻게 입지하는가를 설명하는 중심지이론(central place theory)을 발표하였다. 중심지 기능들은 소비자 가까이에 있으려 하며 소비자의 수요가 입지 결정에 가장 큰 영향을 미친다는 것이다. 그의 이론은 독일에서는 인정받지 못하다가 1940년대 미국과 스웨덴에 소개되었고, 1950년대 여러 학자들에 의해 체계화되었다.

크리스탈러는 중심지 이론을 전개하기 위해서 "모든 자연 조건은 동일, 교통수단과 접근성이 동일, 운송비는 거리에 비례, 소비인구는 균등하게 분포, 소비성향과 구매력은 동일, 소비자는 경제인으로 행동한다."라는 조건을 제시하였다.

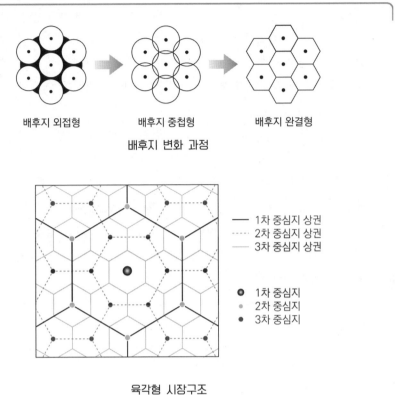

[그림 3-7] 중심지 이론

배후지 외접형 → 배후지 중첩형 → 배후지 완결형

배후지 변화 과정

— 1차 중심지 상권
---- 2차 중심지 상권
— 3차 중심지 상권

● 1차 중심지
● 2차 중심지
● 3차 중심지

육각형 시장구조

중심지란 재화와 서비스를 배후지역에 제공하는 공간이다. 배후지는 중심지로부터 재화와 서비스를 제공받는 지역이다.

중심지가 그 기능을 계속 유지하기 위해서는 이윤이 발생될 수 있는 최소한의 수요가 요구되는데 이를 최소 요구치라 한다. 또 중심지가 그 기능을 유지하기 위해서는 재화의 도달범위 내에 있어야 한다. 거리가 멀어지면 운송비와 교통비가 증가하여 수요가 감소한다. 결국 어느 지점에 가서는 수요가 0이 되는데 그 지점을 재화의 도달 범위라고 한다. 최소 요구치와 재화 도달범위는 서로 관련된 개념이다. 중심지가 그 기능을 유지하기 위해서는 최소 요구치가 항상 재화도달 범위 내에 있어야 한다.

크리스탈러 이론을 정리하면, 원 안에 사는 사람들은 한 가운데에 있는 중심지를 이용하게 된다. 다른 형태가 아닌 원이 되는 것은 중심지까지 이르는 거리가 동일하기 때문이다. 중심지로부터 서비스를 제공받지 못하는 공간에는 새로운 중심지가 생기며 원을 형성한다. 이를 반복하다보면 배후지들이 중첩되어 중심지들이 서로 경쟁하게 된다. 크리스탈러는 경쟁을 최소화하는 가장 합리적인 방법으로 육각형 구조를 고안해 냈다. 원형에 가까우면서도 여백과 중복이 없기 때문이다.

인구가 증가하거나 경제 활성화로 주민들의 구매력이 향상되어 수요가 증가하면 중심지가 수적으로 증가하며, 중심지 간의 간격이 좁아진다. 또 교통이 발달하면 재화의 도달 범위가 공간적으로 확대되고 접근성이 향상되어 고위중심지에 대한 구매 빈도가 증가하게 된다. 따라서 고위 중심지는 더욱 발달하고 저위 중심지는 쇠퇴하게 된다. 그러나 인구가 감소하게 되면 중심지 수가 줄어들고, 최소 요구치를 확보하기 위한 공간도 확대된다. 이때는 저위 중심지보다 고위 중심지가 먼저 쇠퇴하게 된다.

도시공간의 패러다임 변화

01 협동마을

　로버트 오엔(Robert Owen, 1771~1858)은 협동조합 운동의 창시자다. 산업혁명 초기 공업단지였던 영국의 맨체스터 방적공장 노동자였던 그는 지배인을 거쳐 스코틀랜드에서 1,500명 정도의 노동자를 거느린 면사 방적공장을 경영하기도 했다. 당시는 공장에서 내뿜는 매연과 오염된 하천, 열악한 상하수도 시설, 14시간 이상의 노동 등 노동자들의 노동조건과 주거환경이 암울한 시대였다. 오엔은 이러한 사회현상을 변혁하고자 10시간 노동제, 휴업 시 임금 지불, 생필품을 공동구매하여 가격을 낮춘 판매, 쾌적한 노동자마을 등을 설치하여 운영하였다. 그의 일터는 즐겁고 마을은 살기 좋은 곳이라는 평가를 받았다.

　오엔은 경제적으로 자급자족의 협동마을(villages of unity and cooperation) 건설계획을 제안하였다. 교외지역에 공업과 농업기반을 동시에 갖추고 주민들 누구나 평등하고 완벽한 공동생활을 보장하는 시설과 주거들이 배치된 마을이다. 약 800~1,200명의 주민들이 생활할 수 있는 공간이다. 마을 중앙에는 대광장이 있고, 대광장의 가운데에는 교회·학교·공동식당 등 공동체 생활에 필요한 공공건물을 배치하였다. 대광장 주변으로는 주거용 건물들을 배치하고, 그 외곽으로는 생산을 위한 공장과 작업장을 배치한 후 도로가 전체 마을을 둘러싸도록 하였다. 도로 밖으로는 농업생산을 위한 넓은 농경지가 있다.

　그러나 오엔의 시도는 노동자들의 삶보다는 이윤이 먼저인 영국 자본가들의 견제를 받았다. 영국에서는 자신의 이상을 펼칠 수 없자 오엔은 주식을 모두 판후 가족을 데리고 미국으로 건너갔다. 그는 인디애나주 뉴하모니에 전 재산을 털어 부동산을 구입한 후 자신이 꿈꾼 협동마을인 '뉴 하모니 타운(New Harmony Town)'을 건설했다. 처음에는 주민들이 오엔의 취지에 잘 따랐으나 일부 주민들은 공동체 생활에 적응하지 못하고 불화를 일으켜 결국 3년 만에 실패하고 말았다. 빈털터리로 영국으로 돌아온 오엔은 노동조합운동과 협동조합운동 등 사회개혁 운동을 활발하게 전개하였다. 오엔의 협동마을은 성공을 거두지는 못했지만, 그의 공동사회에 대한 견해는 후에 나타난 여러 도시계획 이론에 지대한 영향을 주었다. 특히 근린지구이론 형성에 상당한 영향을 미쳤다.

한편 프랑스의 공상적 사회주의자인 샤를 푸리에(Charles Fourier, 1772~1837)는 시민혁명(1789~1794)으로 드러난 당시 프랑스사회의 모순을 통렬하게 비판하

[그림 3-8] 오엔의 협동마을

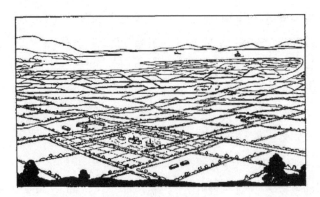

오엔이 제안한 협동마을

오엔의 뉴하모니(New Harmony)

였다. 봉건제는 타도되었지만 상업적 봉건제는 여전하여 자본주의 체제로는 노동자들의 억압과 암울한 생활을 해결할 수가 없었다고 보았다. 그는 사회주의 유물론과 공산주의 이념을 받아들여 오염과 노동착취로 가득한 도시를 거부하고, 농업을 기반으로 하는 자급자족적인 커뮤니티를 형성하고자 하였다. 오엔의 협동마을과 차이점은 협동생활을 중시하면서도 개인생활을 인정하였다는 점이다.

그는 베르사유 궁전(Chateau de Versailles)을 모방한 파랑스테르(phalanstery)라는 건물 속에 약 500명~2,000명이 이상적인 공동생활을 할 수 있도록 하였다. 3층에서 5층 건물로 이루어진 건물은 주거공간, 작업공간, 여가공간을 기능별로 명확히 구분되어 있다. 중앙부에는 식당과 도서관, 극장 등 공동생활을 할 수 있

[그림 3-9] 파랑스테르

파랑스테르 개념도

파랑스테르 배치도

는 공공기능을 배치하고 그 양쪽으로는 거주공간을 배치하였다. 건물 앞에는 작업동을 배치하고, 뒤의 양쪽에는 예배당과 공연장을 배치하였다.

파랑스테르에 거주하는 모든 사람이 평균 이상의 주거 수준을 누릴 수 있게 하되, 생산성 향상을 위해 생산성이 제일 낮은 노동자는 1층에 제일 높은 노동자는 고층에 거주할 수 있도록 하였다. 일자리는 각 개인의 희망에 따라 분배했으며 의무적으로 하루 6시간은 일하고, 일주일 중 하루는 쉬도록 하였다. 재화는 모두에게 기본금을 분배하되, 생산성에 따라 약간의 차등을 두었다. 그러나 파랑스테르는 하나의 건물로만 계획하고, 주변지역과의 체계적인 연관성을 제시하지는 못했다.

02 선형도시

스페인의 관리이자 실업가였던 아르뜨로 소리아 이 마타(Arturo Soria Y Mata, 1844~1920)는 선형도시(Linear City)를 제안하였다. 그 배경은 자동차의 등장과 산업혁명으로 대량생산이 이루어지자 원자재와 생산물의 효율적인 수송이 도시문제로 다가왔다. 선형도시는 철도나 도로를 따라 길게 이어지는 형태다. 도로 양변에 상업이나 업무 등 서비스 기능을 배치하고 그 뒤편으로 주거지역을 배치하여 서비스 지구로의 접근성을 용이하게 하였다. 이 안은 1894년 마드리드에 적용되었고, 1919년 벨기에의 브뤼셀 재건계획, 1930년 스탈린그라드의 개발방식에 적용되었다.

선형도시의 장점은 횡단교차가 감소하고 보행거리를 최소화하며 도시기능 확장이 용이하다. 또 핵이 없기 때문에 동심원형 도시형태에서 발생하는 도심과 주변지역의 불평등 관계가 없다는 점이다. 즉 노동자들에게도 쾌적한 주거환경을 보장할 수 있다. 그러나 도시의 간선도로를 하나의 컨베이어벨트(conveyer belt)처럼 배치하는 것은 한계가 있다. 도시는 구조상 공공건물, 철도역, 버스터미널과 같은 몇 개의 점이 있다. 이곳으로의 접근성이 일률적으로 동등한 선형은 불가능하다는 한계를 가진다.

[그림 3-10] 소리아 이 마타의 마드리드 선형도시 설계도

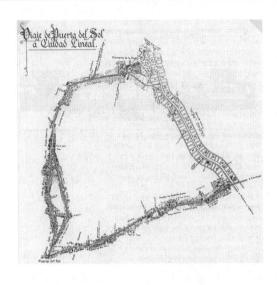

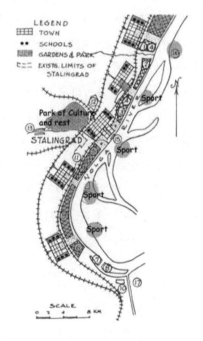

03 전원도시

 영국의 에벤에저 하워드(Ebenezer Howard, 1850~1928)는 전원도시(garden city)를 제안하였다. 그 배경은 산업혁명으로 도시는 극심한 환경문제를 야기했고, 농촌은 도시로의 인구이동 때문에 경제가 침체되어 큰 위기를 맞게 되었다. 이에 도시의 장점과 농촌의 장점을 조화시킨 이상향의 전원도시 개념을 제시하였다. 그는 세 개의 자석 그림으로 도시(town)와 농촌(country)의 장점과 단점, 그리고 도시-농촌(town-country)의 장점에 대해서 설명하였다.

 도시자석(town magnet)에는 높은 임금수준, 고용기회, 출세전망 등의 장점과 과도한 노동시간, 원거리 통근, 군중 속의 고독, 환경오염, 높은 임대료 등의 단점을 표시하였다. 농촌자석(country magnet)에는 아름다운 경치, 넓은 공원, 향기나는 숲, 신선한 공기 등의 장점과 저임금으로 인한 경기침체, 사회서비스 부족 등의 단점을 표시하였다. 도시-농촌(town-country)에서는 도시와 농촌의 장점만을 결합한 전원도시의 이상향을 제시하였다. 전원도시는 생활비용이 저렴하고, 여가공간의 마련, 맑은 공기와 물, 깨끗한 집과 정원, 안전한 지역 등 자연의 아름다움과 사회적 기회를 동시에 충족한다고 하였다.

 하워드는 도시의 성장은 인구 58,000명의 중심도시(central city)를 핵으로 하여 주변에 인구 32,000명의 전원도시(garden city)를 배치하고, 이들을 운하와 철도로 유기적으로 연결하도록 하였다. 중심도시와 전원도시는 그린벨트로 둘러싸여 있고 계획인구를 초과하면 그린벨트를 해치지 않고 인근에 다른 전원도시를 배치하게끔 하였다. 하워드가 최초로 구상한 도안은 중심도시를 핵으로 전원도시 6개가 방사형으로 배치되어 있다. 도시들 사이는 영구 녹지대로 보존토록 하였다.

 하나의 전원도시는 6,000에이커(약 24km²)의 면적에 오픈스페이스와 공원, 여섯 개의 방사형대로가 배치된 동심원 모양이다. 도시 중심부에는 각종 공공시설과 공원을 두고 그 주변에는 교통수단의 효율적인 이용을 위한 상업시설과 작업장을 둔다. 중간지대에는 주택·교회·학교 등을 배치하고, 외곽지대에는 공장·창고와 중심도시 및 인근 전원도시로 연결하는 철도를 배치하였다. 그 외측은

[그림 3-11] 전원도시

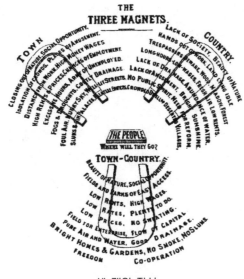

세 개의 자석

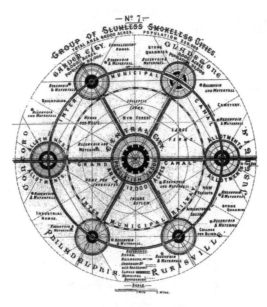

하워드의 전원도시 구상도

농업지대와 충분한 녹지와 외부공간을 배치하여 쾌적성을 확보하도록 하였다.

하워드의 전원도시는 도시가 무한적으로 확장하는 것을 막고 토지의 공동소유와 자급자족의 경제구조를 바탕으로 하는 이상향의 도시계획이란 점에서 오엔의 협동마을이나 푸리에의 파랑스테르와 이념적으로 맥을 같이 한다. 그러나 두 사람의 공상적인 이상향과는 달리 실제로 도시가 건설되었다는 점에서 차이가 난다. 1905년 최초의 전원도시인 레치워스(Letchworth)와 두 번째 전원도시인 웰윈(Welwyn)이 건설되었다.

전원도시 개념은 미국과 독일 등 각국의 도시계획에 영향을 주었다. 특히 1950년대 도시의 무질서한 확산을 방지하고, 환경을 보전하기 위한 그린벨트(개발제한구역)를 지정하는 데 큰 영향을 끼쳤다. 다만 자족도시로 대도시화를 방지한다는 원래의 목적과는 달리 대도시에 깊이 의존하는 위성도시(satellite city)화되는 결과를 낳았다.

04 공업도시

프랑스의 건축가이자 도시계획가인 토니 가르니에(Tony Garnier, 1869~1948)는 근대 공업도시를 연구하여 1905년~1919년까지 리옹시의 전속건축가로 임명되었으며 1917년 《공업도시(Une cite industrielle)》를 출간하였다. 그의 공업도시는 토지를 효율적으로 이용하기 위해 지역지구제 개념을 도입하여 공업지역과 주거지역을 분리하였다. 즉 도시의 기능을 주거지역, 공업지역, 위락지역, 교통체계로 나누었다. 또한 쾌적한 도시환경을 구축하고자 공업지역과 주거지역 사이에는 녹지구역을 두어 분리되도록 계획하였다.

그가 제안한 공업도시는 인구가 35,000명이며 종래의 중앙집중식 도시형태를 탈피하여 확장할 수 있는 도시개념으로 표현하였다. 공업지역은 강변을 따라 낮은 지형에 배치하도록 하여 철도·도로·수운 등을 확보토록 하였다. 도시공간은 선형으로 구획하며, 중심지구에는 행정·집회·위락 등 공공건축물을 배치하고, 주택과 학교는 그 바깥쪽에 두고, 병원 등의 시설은 높은 지역에 배치하였

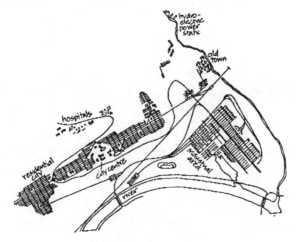

토니 가르니에의 공업도시

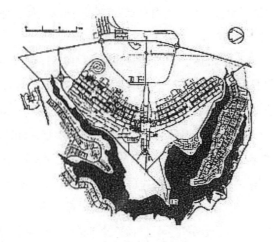

르 코르뷔지에의 브라질리아

다. 가로는 자동차와 보행자의 동선을 구분하고, 주거지는 30m×150m 블록을 제시하였다.

토니 가르니에는 철근콘크리트를 건축물에 사용한 첫 번째 인물로 건축물에 철근콘크리트 사용을 법적으로 규정하는 데 기여하였다. 그는 건축물이 단순해야 건축이 쉽고 비용도 절감된다고 하였으며 기하학적이고 규칙적인 형태 구성을 제안하였다. 그의 이론은 스위스 출신 프랑스 건축가이자 도시계획가인 르 코르뷔지에(Le Corbusier, 1887~1965)의 도시이론 형성에 영향을 주었다.

05 근린주구

근린주구(Neighbourhood Unit)는 1924년 미국의 페리(C. A. Perry)가 제안한 주거단지에 대한 도시계획 개념이다. 어린이들이 위험한 도로를 건너지 않고 걸어서 통학이 가능한 초등학교를 중심으로 공공시설을 적절하게 배치한 생활권단위 계획이다. 노선버스 등 통과교통이 주거구역 안에 들어오지 않으므로 안전하고, 주구 내 근린공원이 있어 쾌적하며, 공공시설과 근린상가가 가까이 있어 편리하다. 또 주구 내 가로가 서로 겹치므로 주민들 상호 간에 사회적 교류를 촉진시킬 수 있는 구조다.

페리는 근린주구 조성의 6가지 계획원칙을 제시하였다. 첫째는 규모(size)로서 주거단위는 하나의 초등학교 운영에 필요한 인구규모를 가져야 한다. 초등학생 숫자가 1,000~1,200명이면 주구 내 인구는 대략 5,000~6,000명 정도이며, 면적은 인구 밀도에 따라 달라진다. 둘째는 주구의 경계(boundary)로서 주구 내 통과교통을 방지하고 차량을 우회시킬 수 있는 충분한 폭의 간선도로로 계획한다. 세 번째는 오픈스페이스(open space)로 주민의 욕구를 충족시킬 수 있도록 계획된 소공원과 레크레이션 체계를 갖춘다. 네 번째는 공공시설(institute site)로 학교와 공공시설은 주구 중심부에 적절히 통합 배치한다. 다섯 번째는 상업시설(local shop)로 주구 내 인구를 서비스할 수 있는 적당한 상업시설을 1개소 이상 설치하되, 인접 근린주구와 면해 있는 주구외곽의 교통결절부에 배치한다. 여섯 번째는 내부도로체계(internal street system)로 순환교통을 촉진하고 통과교통을 배제하도록 일체적인 가로망으로 계획한다.

근린주구는 사회적으로 주민생활 공동체를 제시하여 주민들 상호 간의 공동연대를 강화하는 구조다. 또 물리적·공간적으로 안전하고 쾌적한 생활환경을 조성하기 위한 공공시설의 효율적인 배치를 제시한다는 점에서 의의를 가진다.

[그림 3-13] 근린주구

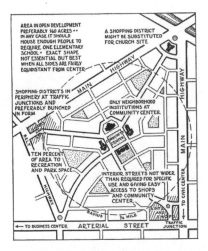

페리의 근린주구 개념

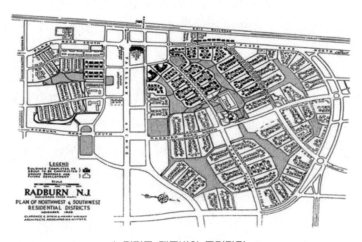

뉴저지주 래드번의 주거단지

페리의 근린주구 개념은 오늘날의 도시계획에서 초등학교, 중학교 학군을 중심
으로 하는 인구 2~3만 명 규모의 소생활권(근린생활권)의 개념으로 이어지고 있
다. 그러나 현대사회의 생활은 과거보다 훨씬 복잡하고 다양화되었으며, 교통수
단의 발달과 커뮤니케이션의 발달로 생활권의 지속적으로 확대 현상과 최근 대

두되고 있는 직주근접 개념 측면에서 볼 때 경직성을 탈피해야 할 필요성도 지적되고 있다.

06 용도지역제

용도지역제(zoning)는 '지역제'라고도 하며 도시를 수개의 지역(zone)으로 나누고 각 지역마다 이용용도 및 용적규제를 달리 적용하는 제도다. 1850년대 독일에서부터 시행되다가 1908년 미국의 바세트(O.T. Bassett)가 독일에서 개최된 도시계획 전시회를 보고 큰 감명을 받아 1916년 뉴욕의 용도지역 지구계획에 적용하면서 전국으로 확산되었다. 당시 미국은 급격한 경제성장과 대규모 인구유입으로 도시가 무질서해지고 환경이 불량해졌다. 특히 건축기술의 발달로 초고층 건물들이 아무런 규제 없이 올라가면서 일조권 침해와 화재·재난 등에 대한 문제가 심각했다.

이에 상류층을 중심으로 도시 미화와 품위 있는 삶을 위한 도시환경개선 요구가 확산되었다. 뉴욕 맨해튼 5번가의 소매상인·경영자·부동산업자·투자가·금융업자들은 5번가협회(5th Avenue Association)를 조직하여 이민자들에 의한 부동산 가치하락과 상권의 잠식을 막고, 가로를 상류층을 위한 고급명품 쇼핑지구로 조성하기 위해 용도지역제를 지원하며 나섰다. 그 결과 1916년 뉴욕시는 미국 최초로 지역지구제 조례를 채택하였다. 이는 도시종합계획의 밑거름이 되었다.

뉴욕의 용도지역제 내용을 살펴보면, 주거지구, 업무지구, 제약이 없는 지구 등 3개의 지구로 나누었다. 그리고 각 지구별로 건물의 용도, 건물의 높이(용적률), 건물의 점유율(건폐율) 등을 규제하였다. 이를 통해서 초고층 건물의 무분별한 건축을 제한하여 채광과 위생을 보장하고, 화재 위험 감소, 피난장소와 도로체증을 감소시키기 위한 최소한의 도로폭 등을 정하였다. 이 용도지역제는 기존 건물과 토지에는 적용되지 않았으며 신규로 개발되는 건축물에만 적용하도록 하였다.

뉴욕시의 용도지역제는 오하이오 주의 유클리드시(Euclide City) 조례 제정에 영향을 주었다. 당시 유클리드지역의 엠블러부동산회사가 용도지역 조례가 사유재산권을 침해한다며 소송을 제기했다. 1926년 연방대법원은 용도지역제가 공공의 복지에 기여하는 경찰권의 행사로 헌법에 부합하다는 판결을 내렸다. 이를 계기로 용도지역제는 미국 전역으로 확산되었고 1928년 '표준도시계획수권법'을 제정하여 도시기본계획을 제도화하였다.

[그림 3-14] 1910년대 뉴욕시 모습

07 복합용도개발

복합용도개발(Mixed-use Development)은 주거, 상업, 업무 등 세 가지 이상 기능이 합쳐진 건축물 또는 건축물단지의 개발을 말한다. 18세기 산업혁명 이후 도시환경이 열악해지고 슬럼화되자 문제해결 방안으로 주거기능과 업무기능을 구분하였다. 그러나 도시가 확장되며 직주거리가 멀어지고 자동차의 발달로 교통 혼잡과 매연공해, 도심공동화 등 많은 도시문제가 발생하였다. 이로 인한 물류비용과 사회간접자본 비용 증가를 초래하였다.

1961년 미국의 도시계획가인 제인 제이콥스(Jane Jacobs, 1916~2006)는 저서 《미국 대도시의 죽음과 삶(The Death and Life of Great American Cities)》을 통해 보행 공간 위주의 가로와 시설의 복합용도개발을 통해 도심공동화 등 도시문제를 해결하려고 하였다. 한 공간에 주거, 업무, 상업, 문화, 위락, 교육 등이 복합되어 그 자체가 하나의 작은 도시와 같은 역할을 하도록 하였다. 이 개념에 의해 미국 뉴욕의 록펠러센터, 영국 런던의 도크랜드, 일본 도쿄의 롯폰기힐스, 프랑스 파리의 라데팡스 등이 건설되었다. 우리나라는 1968년 세운상가가 주상복합으로 건설되었으며, 1980년대 쇼핑·문화·위락 복합인 롯데월드와 업무·무역·상업 복합인 코엑스 등이 개발되었다.

복합용도개발에 대해서 미국의 도시토지연구소(ULI: Urban Land Institute)는 주요개념을 다음과 같이 정리하였다. 첫째, 독립적인 수익성을 지니는 3가지 이상의 용도를 수용해야 한다. 둘째, 혼란스럽지 않은 보행동선 체계로 모든 기능을 서로 연결하여 물리적·기능적으로 통합되어야 한다. 셋째, 하나의 개발계획에 의하여 일관성 있게 개발되어야 한다. 우리나라는 주거기능, 공업기능, 유통·물류기능 및 관광·휴양기능 중 2개 이상의 기능을 중심으로 개발·정비할 필요가 있는 지구는 복합개발진흥지구로 용도지구를 지정할 수 있도록 하였다.

SECTION 04 현대도시공간의 패러다임 변화

01 지속가능한 도시

1972년 로마클럽(The Club of Rome)은 「성장의 한계(The Limits to Growth)」라는 보고서를 통해 경제성장이 환경에 부정적인 영향을 끼치며, 현재의 성장추세가 변하지 않는 한 앞으로 지구는 심각한 한계에 도달할 것이라고 경고하였다. 이후 1987년 노르웨이 수상인 그로 할렘 브룬트란트(Gro Harlem Brundtland)에 의해서 환경적으로 건전하고 지속가능한 개발의 개념이 공식화되자, 도시계획에서도 지속가능한 개발이 핵심과제로 등장하였다.

지속가능한 도시(sustainable city)는 도시의 다양한 활동이나 구조가 자연생태계가 지니고 있는 속성에 가까운 것을 말한다. 도시의 물리적 구조와 경제적 기능 및 주민의 생활형태 등이 환경에 대한 부하가 적은 도시다. 도시가 환경적으로 건전하며 지속가능하기 위해서는 자연과 공생하는 도시, 에너지 절약형 토지이용구조를 가진 도시, 물을 적절하게 활용할 수 있는 도시, 환경 친화적 교통수단을 가진 도시, 쾌적한 경관이 있는 도시다.

환경과 개발은 동전의 양면과 같다. 개발이 지속가능하기 위해서는 환경에 대한 적절한 배려가 수반되어야 한다. 그러나 도시는 집적의 활동공간이므로 자연환경이 이미 희생된 인공적인 공간이다. 자연환경만 강조한 나머지 도시에서 집적인 활동이 제공하는 긍정적인 효과를 경시하면 안 된다. 도시에는 물리적 환경(자연환경), 경제적 환경, 사회적 환경 등 서로 상이한 환경이 공존하며, 이 세 가지 부분의 조합을 통하여 실현된다.

[그림 3-15] 지속가능한 도시

브룬트란트와 「성장의 한계」

지속가능한 개발의 실현과정
(자료: 변병설, 2005)

1997년 브라질 리우데자네이루에서 개최된 지구환경회의에서 각국 정부대표들은 환경보전의 원칙을 행동강령으로 담은 의제21(Agenda 21)을 발표하였다. 이에 따라 지속가능한 도시개발의 구체적인 실현수단으로 대두된 개념이 생태도시(eco city)다. 생태도시를 정의한다면, 도시를 하나의 유기적 복합체로 보아 다양한 도시활동과 공간구조가 자연생태계의 속성인 다양성·자립성·순환성·안정성 등을 포함하는 인간과 자연이 공존할 수 있는 도시라고 할 수 있다. 즉 생태계의 안정과 경제성장 사이의 조화를 충족시키는 도시구조를 건설하는 데 생태도시의 목적이 있다.

생태도시와 유사된 개념들로는 전원도시(garden city), 녹색도시(green city), 에코폴리스(ecopolis), 에코시티(ecocity), 자족도시(self−sufficient city) 등이 있다. 기존도시가 개발을 우선하기 때문에 자연과 인위적으로 멀어지게 계획된 공간이라면, 이들 도시는 개발과 환경을 공존시키기 위해서 자연과 인위적으로 가까

📍 [그림 3-16] 1992년 리우데자네이루의 유엔환경개발회의(UNCED)

워지게 계획된 공간이라고 말할 수 있다. 기존도시가 인간의 생활만 고려되는 도시라면 생태도시는 인간과 자연이 조화되는 도시다. 한마디로 생태도시는 인간이 도시 밖으로 내몰았던 자연을 다시 도시 안으로 끌어들여와 살기 좋은 삶터를 만드는 것이다.

생태도시 유형으로는 생물다양성, 자연순환형, 지속가능성이 있다. 생물다양성은 도시의 녹지와 수계를 쾌적하게 하여 다양한 생물이 서식하는 환경을 만들어내는 도시다. 자원순환형은 자원을 최대한 절약하고 재활용하는 체계를 갖춘 도시를 말한다. 또한 수질·대기·폐기물 처리가 친환경적이며, 무공해 에너지를 사용하는 도시라고 할 수 있다. 지속가능성은 시민의 편의를 최대한 고려하며, 건축 및 교통계획, 인구계획 등이 확립되어 지속가능한 발전을 추구하는 도시이다.

03 압축도시

도시의 지속가능한 개발이 주요 이슈로 등장하면서 그 대안으로 논의 되고 있는 도시개발 모형이 압축도시(compact city)이다. 1973년 미국의 수학자인 조지 댄치그(George B. Dantzig)와 토마스 사티(Thomas L. Saaty)가 도시의 에너지 소비 최적화를 달성하는 압축비율을 도출하면서 압축도시란 용어를 처음 사용하였다.

압축도시란 기존 도심 지역이나 역세권과 같은 특정지역을 주거, 상업, 업무기능 등의 복합적이며 고밀도로 개발하여 사람들의 사회·경제적 활동을 집중시키는 도시개발방식이다. 결과적으로 중심부의 밀도를 높이고 이동거리를 줄여 녹지공간의 훼손, 환경오염, 교통 혼잡, 직주의 원거리화 등의 문제를 해결할 수 있다. 즉 도시가 압축적으로 개발될수록 도시 활동의 동선이 짧아져 자동차 연료소비와 배출가스가 감소하며, 개발에 의해 파괴되는 토지가 줄어들고, 도시공간과 시설이 효율적으로 이용될 수 있다는 점이다.

압축도시의 장점은 첫째, 도시팽창으로부터 교외지역을 보호함으로서 도시외곽의 자연환경과 생태계를 보호할 수 있다. 둘째, 통행거리의 감소는 자동차 의

존을 줄이고 보행이나 자전거 사용을 증가시킴으로써 지속가능한 교통수단을 유도할 수 있다. 셋째, 에너지 사용의 감소는 물론 대기오염 및 온실가스 배출을 감소시킬 수 있다. 넷째, 압축된 공간구조와 토지이용 혼합은 사회적 시설에 대한 접근성 및 다양한 사회계층 간 상호작용을 증가시킬 수 있다. 다섯째, 도시기반시설의 비용을 감소시킬 뿐만 아니라, 도시기반시설의 일인당 비용을 감소시키며, 높은 인구밀도는 대중교통의 경제적 효율성을 증가시킴으로써 서비스의 질적 향상이 가능하다. 여섯째, 도시를 압축적으로 개발하는 과정에서 기존 도심의 재생은 물론 도시의 활력은 물론 생동감이 증가된다.

그러나 단점으로는 도시공간에 인구가 과도하게 집중하면 의도와는 달리 교통정체가 오히려 심해질 수도 있다는 점이다. 공공교통은 복잡한 거리에서 지체와 정체를 반복하고, 출퇴근 시간 때에 버스와 지하철은 발 디딜 틈이 없을 정

[그림 3-17] 압축도시 개념도

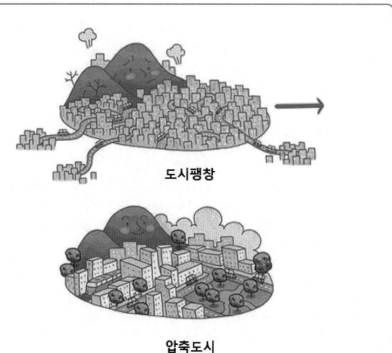

도시팽창

압축도시

(자료: 국토교통부)

도로 만원을 이룰 수도 있다. 또 사회적으로는 압축도시가 요구되더라도 개인은 쾌적한 교외에서 살고 싶어하므로 소비자들의 다양한 선호에 반할 수도 있다. 이러한 현상은 미래세대의 필요를 훼손하지 않고 현세대의 필요충족이라는 지속가능한 개발의 기본이념과는 맞지 않는 것이다. 그럼에도 불구하고 미국과 유럽을 비롯한 세계 여러 나라들은 압축도시모형을 도시계획에 반영하고 있다.

04 저탄소 녹색도시

저탄소 녹색도시(Low Carbon Green City)는 녹색성장을 달성하기 위한 도시계획적 방법으로 탄소제로도시(Carbon−Zero City), 탄소중립도시(Carbon−neutral City)와 유사한 개념이다. 기후변화의 주범인 이산화탄소 대부분은 도시에서 배출하므로, 도시에서 배출되는 이산화탄소 양을 최대한 줄이고, 나머지 배출된 이산화탄소는 녹색식목으로 흡수시켜 도시에서의 이산화탄소 순배출량이 제로가 되게 하는 도시를 말한다. 저탄소 녹색도시는 생태도시와 압축도시 등이 온실가스 감축과 경제성장 두 가지 목표를 달성하는 데 한계가 있음이 드러나자 새로운 도시계획 패러다임으로 등장하였다.

국토해양부는 2009년 7월 15일 개정한 「국토의 계획 및 이용에 관한 법률」에 따라 '저탄소 녹색도시 조성을 위한 도시계획 수립지침'을 제정하였다. 이 지침은 도시계획 수립 때 정부의 저탄소 녹색성장을 위한 정책목표에 부합하도록 하며, 기후변화에 대응하기 위하여 도시공간구조, 교통체계, 환경보전과 관리, 에너지 및 공원녹지 등 각 부분에 대한 지침을 명시하였다. 저탄소 녹색도시 조성을 위한 도시계획 수립지침 내용은 하워드의 전원도시 이래 변화해 온 도시계획의 패러다임을 대부분 포함하고 있다.
또한 국토교통부는 2012년 '도시기본계획수립지침'을 개정하면서 도시공간에 환경적, 경제적, 사회적 측면을 균형 있게 고려할 것을 제시하였다. 환경적 측면은 도시의 성장과 확산에 따른 자연환경의 훼손과 대기 · 수질 · 토양 등의 오염발생을 사전적으로 방지하는 것을 말한다. 또 에너지와 자원을 절약하고 신재생에너지 사용을 촉진하여 탄소배출량을 저감하는 것을 말한다.

경제적 측면은 지역의 고용 창출을 위한 기반을 조성함으로써 기업에게 다양한 비즈니스 기회를 제공하고, 지역민의 거주성을 제고하여 지역상권을 활성화하는 것이다. 이때 비용 효과적인 도시개발을 지향함으로써 개발과 보존의 조화를 이루어야 한다. 사회적 측면은 지역사회의 다양한 이해관계를 충분하게 수렴하고 반영함으로써 사회적 형평성을 제고하는 것을 말한다. 이때 지역사회의 문화적 다양성을 제고함으로써 지역사회의 정체성을 확립해야 한다.

[그림 3-18] 저탄소 녹색도시

저탄소 녹색도시 개념도
(자료: 국토교통부)

탄소제로도시 마스다르
(자료: Masdar City)

스마트에코시티(smart eco city)는 첨단정보통신기술과 친환경기술이 접목된 쾌적하고 편리한 첨단도시를 말한다. 정보통신기술(ICT: Information & Communication Technology)을 이용해서 도시에서 유발되는 교통문제, 환경문제, 주거문제, 건강문제, 안전문제 등을 해결하여 시민들이 편리하고 쾌적한 삶을 누릴 수 있도록 한 똑똑한 도시를 뜻한다. 언제 어디서나 네트워크에 접속하여 도시기반시설과 연계하는 서비스가 가능해 실시간으로 교통정보를 얻을 수 있고, 이동거리를 줄일 수 있고, 원격근무가 가능해지는 등 도시생활이 편리해진다. 또한 이산화탄소 배출량도 줄일 수 있어 기후변화에 대응할 수 있다.

스마트에코시티는 사물인터넷(internet of things)을 통해 세상에 존재하는 유형·무형의 사물들을 다양한 방식으로 서로 연결하여 얻어진 빅테이터로 도시문제를 해결해준다. 이전의 유비쿼터스(ubiquitous)가 인터넷으로 연결된 기기들이 정보를 주고받으려면 무선이지만 사람의 조작이 개입돼야 했다. 그러나 스마트시티는 사람의 도움이 없어도 사물끼리 서로 정보를 주고받으며 문제를 해결해준다. U시티는 신도시에 방범·방재·교통 위주로 적용 가능했다면 스마트시티는 기존도시에도 가능하며 각 분야에서 매우 광범위하게 적용할 수 있다.

한국은 2008년 세계 최초로 '유비쿼터스도시법(U-City법)'을 제정하였다. 해외에서도 U시티의 모델로 인천 송도를 꼽을 정도였다. 그러나 시범사업이 본 사업으로 발전하지 못하고, 성공사례도 없고, 주민들의 만족도도 낮았다. 이런 문제를 해결하기 위해서 2020년 U시티법을 업그레드 하여 '스마트도시 조성 및 산업진흥 등에 관한 법률(약칭: 스마트도시법)'로 개정하였다. 전 세계적으로 스마트시티 시장규모가 급성장하자 스마트시티를 4차 산업혁명시대의 신사업으로, 또 21세기의 전략사업으로 육성하기 위해서다.

[그림 3-19] 스마트에코도시

스마트시티와 첨단기술

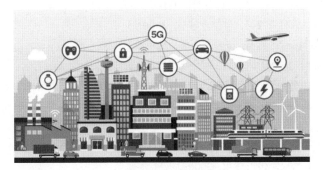

스마트시티 개념도

참고문헌

경실련 도시개혁센터, 도시계획의 새로운 패러다임, 보성각, 2001.

경실련 도시개혁센터, 알기 쉬운 도시 이야기, 2006.

권용우 외, 도시의 이해, 박영사, 1998.

김영훈, 조화와 협동마을에 나타나는 로버트 오엔의 사회사상 및 공간배치의 특징에
　　관한 연구, 대한건축학회, 2002, 18(1), pp.71－82.

김천권, 도시개발과 정책, 대영문화사, 2004.

노춘희·김일태, 도시학개론, 형설출판사, 2000.

대한국토도시계획학회 편저, 도시계획론, 보성각, 2000.

마강래, 지방도시 살생부: 압축도시만이 살길이다, 개마고원, 2017.

변병설, 지속가능한 생태도시계획. 국토지리학연구, 2005, 제39권 4호, pp.491－500.

양우현, 19세기와 20세기 초 이상도시 계획안의 특성과 계획적 의미, 환경과학연구 제
　　4집.

에벤에저 하워드 지음/조재성·권원용 옮김, 내일의 전원도시(Garden Cities of
　　Tomorrow), 한올 아카데미, 2006.

정경연, 풍수지리 이론을 활용한 저탄소 녹색도시 계획기법 연구, 인하대학교 박사학
　　위 논문, 2013.

정회성·변병설, 환경정책의 이해, 박영사, 2003.

주종원 외, 도시구조론, 동명사, 1998.

조윤애, 압축도시와 교통에너지소비의 관계에 대한 실증연구: 7대 광역도시를 중심으
　　로, 한국사회와 행정연구, 제19권 제4호, pp.113－132. 2009.

황희연 외, 도시생태학과 도시공간구조, 보성각, 2002.

Peter Hall, 내일의 도시, 한울, 1996.

De Souza, A.R., 1990, A Geography of World Economy, Macmillan, p.226.

Hurd, R.M., 1903, Principle of City Land Values, Published by The Record and
　　Guide New York.

Jane Jacobs, The Death and Lifeof Great American Cities, New York, Vintage
　　Books, 1961.

Murdie, R. A., 2002, The housing careers of Polish and Somali newcomers in
　　Toronto rental market, Housing Studies 17 (3), pp.423-443.

Sereny, P., 1967. Perspective & Site plan of Phalanstère Source. p.278.

Robert A. Murdie, 2003, Housing, Theory and Society, pp.183－196.

🌐 홈페이지

서울역사편찬원 (historylib.seoul.go.kr)
위키피디아 (en.wikipedia.org)
naver 포스트 (post.naver.com)

국토 및
도시계획체계

도시계획론

본 내용은 「국토의 계획 및 이용에 관한 법률」·「국토의 계획 및 이용에 관한 법률 시행령」·「국토의 계획 및 이용에 관한 법률 시행규칙」, 국토교통부의 '도시·군기본계획 수립지침'·'도시·군관리계획 수립지침'을 발췌하여 정리하였다.

도시계획 개요

01 도시계획의 정의와 역사

도시계획(urban planning)이란 산업화와 도시화로 인구가 늘어나고 다양한 사회적 필요가 증가함에 따라 발생하는 문제들을 해결하고, 장래의 바람직한 사회공간 및 문화를 만들어가기 위한 활동으로 정의할 수 있다. 도시의 장래 발전수준을 예측하여 사전에 바람직한 형태를 미리 계획하고 이에 필요한 규제나 유도정책, 혹은 정비수단 등을 통하여 도시를 건전하고 적정하게 관리해 나가는 도구이기도 하다. 결국 도시계획은 도시생활에 필요한 모든 환경을 능률적이고 효과적으로 공간에 배치하는 계획이라 할 수 있다.

도시계획의 역사는 메소포타미아 문명의 우르와 우르크부터 유구하지만 근대적인 도시계획이 처음 실시된 곳은 영국이다. 1765년 제임스 와트(James Watt)가 발명한 증기기관을 이용해 면직물이 대량생산되면서 산업혁명이 시작되었다. 노동집약적인 산업화는 도시인구의 급격한 증가를 가져와 여러 가지 도시문제가 발생하였다. 무질서한 건물형성, 과밀주거와 슬럼가 형성, 도시환경의 악화를 초래했다. 더욱이 공장노동자들은 햇볕조차 들지 않는 불량주택에서 생활하며 하루 14시간 이상의 중노동을 해야만 했다. 당시 런던의 대기는 공장 굴뚝에서 뿜어 나오는 아황산가스로 인한 스모그가 자욱했고, 하천은 공장폐수와 생활오수로 오염되었다. 이로 인해 만성폐질환과 호흡기장애로 사망자가 속출했고, 콜레라와 장티푸스 같은 수인성 전염병이 창궐했다.

이러한 대도시의 비참한 위생환경을 개선하기 위하여 영국은 1848년 공중위생법(Public Health Act)을 제정하여 오염원과 주거지의 분리, 상하수도의 설치,

일조와 채광, 도로 폭 등의 기준을 마련하였다. 도시위생 차원에서 건축조례 강화 및 시가지 정비사업을 시작하면서 근대 도시계획이 시작된 것이다. 1909년 「주택·도시계획법」이 제정되었고 제1차 세계대전(1914~1918) 후 전후복구와 주택건설 장려의 법적 근거가 되었다. 1925년 「주택·도시계획법」은 「주택법」과 「도시계획법」으로 분리되었고, 1929년 「지방자치법」에 의하여 지방도시까지 도시계획 권한이 부여되었다. 영국의 도시계획법은 초기 산업화를 겪은 유럽과 북미 지역에 영향을 주었으며 현대 세계 각국은 도시행정의 필수적인 요소로 도시계획을 실시하고 있다.

02 한국의 도시계획 역사

우리나라의 도시계획제도가 처음 시작한 것은 일제강점기 때부터다. 1912년 조선총독부가 각도에 내린 「시구개정(市區改正)」에 관한 훈령 제9호다. 그 내용은 중요한 시가지를 개정 또는 확장하려고 할 때는 그 계획 설명서 및 도면을 첨부하여 미리 허가를 받도록 하였다. 이는 당시 일본의 계획수법을 그대로 적용한 것이다. 일본은 1884년 런던과 파리의 도시계획을 모델로 시구개정계획을 건물·도로·교량·철도·하천 등에 적용하여 실시하였다. 이어 1913년 총독부령 제11호로 발표한 「시가지건축취체규칙」이다. 모두 9개조로 되어 있으며 건폐율·건축선·건축물의 재료·부대설비·방화지구·미관지구·준공업지역 등을 규정하고 있다. 이 규칙은 경찰법령에 의해 단속을 주목적으로 하는 단순한 건축규제였다.

최초로 도시계획이 시행된 것은 1934년 제정된 「조선시가지계획령」이다. 일본에서 1919년 도시계획법이 제정되자 조선에도 적용한 것이다. 도시계획법이라 하지 않고 조선시가지계획령이라고 한 것은 일본과 차별을 두기 위한 것으로 해석된다. 도시계획은 도시민을 위한 것이기 때문에 당시 인구의 90% 이상이 농민인 조선사회는 반대했다. 반면에 조선 거류 일본인들의 90%가 도시에 살았고, 일본인들이 조선상권 장악에 유리하도록 도시계획이 이루어졌다. 또 1931년 만주사변을 통해 대륙으로 진출하려는 일본군대의 병참기지화를 위해 시가지계획령을 적용하였다.

1945년 해방이 되었지만 1950년 6.25전쟁이 일어나 남북한 대부분의 도시들은 파괴되었다. 1953년 7.27휴전협정 이후 시가지복구와 월남 피난민을 위한 전재적지정리(戰災跡地整理)사업을 실시했으나 제대로 된 도시계획을 하지 못했다. 영국이 1666년 런던대화재를 계기로 도시를 정비했고, 일본은 1923년 관동대지진을 계기로 도시발전의 계기로 삼은 것과는 대조적이었다. 더구나 해방이 되었음에도 일제 때의 시가지계획령을 그대로 사용하였다.

1962년 경제개발5개년계획이 실시되면서 「도시계획법」과 「건축법」이 제정 · 공포되었다. 시가지계획령은 도시지역을 주거지역, 상업지역, 공업지역에다 풍치 · 미관 · 방화 · 풍기(위락시설)지구로 구분하였다. 그러나 새로 개정된 「도시계획법」에서는 주거지역, 상업지역, 공업지역에다 녹지지역이 추가되었다. 지구에서는 풍기지구 대신에 교육지구와 위생지구가 추가 되었다. 이때 목표연도를 30년 후로 잡고 여러 곳의 시가화지역을 지정하였다. 그 결과 도시의 무질서한 시가지 확산을 초래하였다.

경제개발5개년계획이 성공하자 공업화와 도시화가 급속도로 진행됨에 따라 공업용지와 주거용지 수요가 급증하였다. 이를 지원하기 위해서 1966년 「토지구획정리사업법」이 「도시계획법」에서 분리되었다. 중화학공업 정책으로 대규모 공업단지가 조성되었고 배후도시로 신도시가 건설되었다. 특히 작은 어촌이었던 울산은 우리나라에서 처음으로 현상공모를 통해 도시계획안이 작성되었다. 공업지역과 주거지역의 분리, 근린주구개념, 통과교통의 우회처리 등 현대적인 도시계획 기법들이 적용되었다.

산업화와 공업화는 인구의 도시집중을 유발하였다. 서울의 인구수는 1960년 센서스 당시 244만 명, 1966년 380만 명, 1970년에는 543만 명으로 증가하였다. 도시인구의 과잉집중은 심각한 주택부족 현상으로 판잣집과 무허가 불량건물이 난립하고 환경오염이 심각해지자 「도시계획법」의 전면 개정이 불가피하게 되었다. 1971년 개정된 「도시계획법」은 시가지의 환경개선과 지역기능의 순화를 위해 고도지구, 업무지구, 임항지구, 보존지구, 주차장정비지구를 추가하였다. 또한 특정시설의 제한구역, 개발제한구역(greenbelt), 도시개발예정구역 등과 같은 토지구역제를 실시하였다.

1981년에는 도시의 바람직한 미래상을 구현하기 위해서 20년을 단위로 하는 도시기본계획을 제도화하였다. 단순히 토지이용규제의 차원을 넘어 거시적으로 도시의 장래를 조명하는 계획이다. 또 단순한 청사진에 그치지 않고 사회·경제적 측면을 종합적으로 포괄하며 계획과 집행의 연계성을 강조하였다. 1991년에는 점점 광역화·지방화되고 있는 도시의 특성을 반영한 광역계획제도와 도시계획 권한의 지방 위임이 도입되었다.

2002년 「국토기본법」 및 「국토의 계획 및 이용에 관한 법률」을 통해 도시계획에 대한 법률적 체계화가 이루어졌다. 「국토의 계획 및 이용에 관한 법률」은 이후 여러 차례 개정을 거쳐 현재 우리나라 대부분 도시계획의 근간이 되는 법률이 되었다. 주요 내용으로는 광역도시계획, 도시기본계획, 도시관리계획, 지구단위계획, 기반시설계획, 개발행위허가 등 도시계획의 주요 기본 사항들을 다루고 있다.

1913년 2월 25일 총독부령 제11호
시가지건축취체규칙(市街地建築取締規則)

제1조 시가지내에 있어서 주거·공장·창고·기타 각종 건축물, 우물·공공도로에 접한 문호와 담벽 등의 공작물을 건설하려는 자는 구비서류를 준비하여 경찰서장의 허가를 받을 것.
제2조 공사 준공 후 검사를 받을 것.
제3조 건물 및 공작물의 구조설비는 다음의 제한에 따라야 할 것.
  ① 건물의 면적은 부지면적의 10분의 8을 초과할 수 없다.
  ② 건물의 기초는 공공도로와의 경계선에서 1자5촌(약 45cm) 거리를 유지할 것.
  ③ 건물 및 담 벽의 처마 끝은 공공도로상에 돌출되지 않을 것.
  ④ 공공도로에 접한 부지에 건설한 가옥은 도로에 통하기 위하여 폭이 4자(尺) 이상의 도로를 설치할 것.
  ⑤ 주거의 바닥 높이는 지반에서 1자5촌 이상으로 할 것.
  ⑥ 공공도로에 접한 건물의 부지는 도로면 이상의 높이로 할 것.
  ⑦ 부지 내에 적당한 배수설비를 할 것.
  ⑧ 우물·변소·하수구로부터 3간 이상의 거리를 유지하고, 악수가 유입되지 않도록

하고, 우물 측벽의 높이는 2자 5촌 이상으로 할 것.

⑨ 변소는 각 주거마다 설치할 것.

⑩ 분뇨통은 석재·기와·도자기·콘크리트 등을 사용하여 오염된 분뇨가 새나가지 않도록 할 것.

⑪ 시가지 내에 석탄을 다량으로 사용하는 건물은 인근의 주거지에 해가 미치지 않도록 굴뚝을 설치할 것.

⑫ 굴뚝은 불연성 재료로 사용할 것.

⑬ 50자 이상의 건물과 공작물에는 적당한 피뢰장치를 할 것.

⑭ 악취와 유독가스 또는 분진을 발산하는 물품을 취급하는 건물의 출입구는 공공도로나 다중의 집합하는 건물에 접근하여 설치할 수 있다.

⑮ 대중이 모이는 건물에는 이에 상당한 비상구나 계단 등 피난설비를 해야 한다.

제4조 시가지 중 경찰서장이 지정한 지역의 건물 및 공작물의 구조 및 설비에 관해서는 추가로 규제할 수 있는 조항을 두었다.

제5조 경찰서장은 건물 또는 공작물이 특수한 구조나 설비일 때는 제2조의 규정에 의하지 않은 것을 허가할 수 있다.

제6조 악취·유독가스 또는 다량의 분진을 발생하는 공장이나 기타 공공위생상 위해를 미칠 염려가 있는 건물은 특별하게 지정한 장소가 아니면 건설할 수 없다.

제7조 경찰서장은 건물 또는 공작물의 구조설치가 법령의 규정에 적합하지 않을 때는 공사를 정지케 하거나 허가를 취소하거나 사용의 정지를 명할 수 있다.

제8조 이 법령은 가설의 건물과 공작물에 대해서는 적용하지 않는다. 다만 1년 이상 존치하는 것에 대해서는 본 법령을 적용할 수도 있다.

제9조 본 법령을 위반하는 자 또는 신고를 부실하게 한 자는 백원 이하의 벌금 및 과태료에 처한다.

SECTION 02 국토계획체계

01 국토 및 도시계획체계

우리나라의 국토계획체계는 국토·지역계획, 도시·구역계획, 건축물계획 등 크게 3단계로 구성되어 있다. 국토·지역계획은 국토를 이용·개발 및 보전할 때 미래의 경제적·사회적 변동에 대응하여 국토가 지향하여야 할 발전 방향을 설정하고 이를 달성하기 위한 계획이다. 「국토기본법」에 의한 국토종합계획, 도종합계획, 시·군종합계획, 지역계획, 부문별계획으로 구분한다. 도시·구역계획은 국토의 이용·개발과 보전을 위한 계획수립 및 집행 등에 관해 필요한 사항을 정함으로써 공공복리를 증진하고 국민의 삶의 질을 향상시키기 위해 제정한 법이다. 「국토의 계획 및 이용에 관한 법률」에 의한 광역도시계획, 도시·군계획(도시·군기본계획, 도시·군관리계획으로 구분), 지구단위계획으로 구분한다. 건축물계획은 건축물의 대지·구조·설비기준 및 용도를 정하여 건축물의 안전·기능·환경·미관을 향상시킴을 목적으로 하는 「건축법」에 의한 개별 건축계획이다.

국토종합계획은 국토 전역을 대상으로 하여 국토의 장기적인 발전 방향을 제시하는 종합계획이다. 도종합계획은 도 또는 특별자치도의 관할구역을 대상으로 하여 해당 지역의 장기적인 발전 방향을 제시하는 종합계획이다. 시·군종합계획은 특별시·광역시·시 또는 군(광역시의 군은 제외)의 관할구역을 대상으로 하여 해당 지역의 기본적인 공간구조와 장기 발전 방향을 제시하는 계획이다. 「국토의 계획 및 이용에 관한 법률」에 따라 토지이용, 교통, 환경, 안전, 산업, 정보통신, 보건, 후생, 문화 등에 관한 계획을 수립한다. 지역계획은 수도권정비계획법과 같이 특정 지역을 대상으로 특별한 정책목적을 달성하기 위하여 수립하는

[그림 4-1] 도시공간계획체계

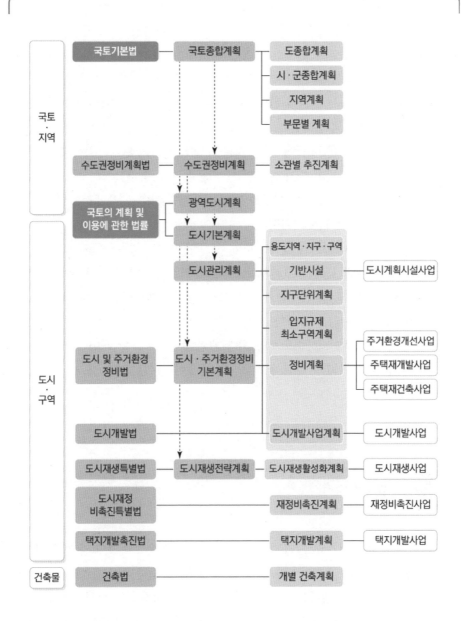

자료: 서울도시계획포털(https://urban.seoul.go.kr).

계획이다. 부문별 계획은 국토전역을 대상으로 하여 주거·도로·공원·상하수도와 같은 특정 부문에 대한 장기적인 발전 방향을 제시하는 계획이다.

광역도시계획은 둘 이상의 특별시·광역시·특별자치시·도 또는 특별자치도 또는 시·군의 관할구역이 걸쳐있는 경우 수립하는 계획이다. 도시·군기본계획은 시나 군의 관할구역에 대하여 기본적인 공간구조와 장기발전방향을 제시하는 종합계획이다. 도시·군관리계획은 도시·군기본계획에 부합되도록 개발·정비 및 보전을 위하여 수립하는 토지 이용, 교통, 환경, 경관, 안전, 산업, 정보통신, 보건, 복지, 안보, 문화 등에 관한 계획을 말한다. 지구단위계획은 도·시·군관리계획 대상지역의 일부에 대해서 토지 이용을 합리화하고 그 기능을 증진시키며 미관을 개선하고 양호한 환경을 확보하며, 그 지역을 체계적·계획적으로 관리하기 위하여 수립하는 계획이다.

도시계획은 국가계획에 부합되어야 하며 내용이 다를 때는 국가계획이 우선한다. 도시계획에서도 광역도시계획과 도시·군기본계획이 상이할 때는 광역도시계획이 우선한다. 도시·군기본계획과 도시·군관리계획이 상이할 때는 도시·군기본계획이 우선한다. 또 관할 도시구역에 대하여 다른 법률에 따른 환경계획, 교통계획, 수도계획, 하수도계획, 주택계획 등을 수립할 때에는 도시·군기본계획의 내용에 부합되게 하여야 한다. 그 내용이 상이할 때는 도시·군기본계획이 우선한다.

02 ▶ 국토종합계획

우리나라는 1962년부터 시작된 경제개발5개년계획을 지원하고자 1963년 「국토건설종합계획법」을 제정하였다. 국토의 자연조건을 종합적으로 이용·개발 및 보전하며, 산업입지와 생활환경의 적정화를 기하기 위하여 국토건설종합계획과 그 기초가 될 국토조사에 관한 사항을 규정하였다. 1972년부터는 「국토종합개발계획법」에 따라 국가의 최상위 국토계획인 10년 목표의 국토종합개발계획을 추진하였다. 제1차(1972~1981), 제2차(1982~1991), 제3차(1992~2001)이다.

1962~1996년까지 7차에 걸친 경제개발5개년계획으로 유례없는 고도성장을 이루었다. 그러나 단기간에 이룩된 압축성장으로 수도권의 과밀화, 지역 간 불균형, 환경오염, 기반시설 부족 등의 문제가 심각하였다. 제4차가 시작되는 2002년에는 국토의 자연조건을 종합적으로 이용 · 보존하기 위해서 「국토종합개발계획법」을 폐지하고 「국토기본법」을 제정하였다.

이에 따라 국토종합개발계획의 명칭을 국토종합계획으로 바꾸었다. 목표연도를 20년으로 하였으며 5년마다 사회적 · 경제적 여건변화를 고려하여 계획을 수정토록 하였다. 제4차 국토종합계획(2000~2020)의 경우 2005년에 국가균형발전 이념을 반영하면서 대폭 수정하였고, 2011년에는 기후변화에 대응하고 저탄소 녹색성장을 지향하기 위해 다시 수정되었다. 제5차 국토종합계획(2020~2040년)이 수립되었다. 이를 바탕으로 하위계획인 2040도종합계획, 2040광역도시계획, 2040도시기본계획 등이 수립된다.

국토종합계획의 내용으로는 다음 사항에 대한 기본적이고 장기적인 정책방향이 포함되어야 한다. ① 국토의 현황 및 여건 변화 전망에 관한 사항 ② 국토발전의 기본 이념 및 바람직한 국토 미래상의 정립에 관한 사항 ③ 교통, 물류, 공간정보 등에 관한 신기술의 개발과 활용을 통한 국토의 효율적인 발전 방향과 혁신 기반 조성에 관한 사항 ④ 국토의 공간구조의 정비 및 지역별 기능 분담 방향에 관한 사항 ⑤ 국토의 균형발전을 위한 시책 및 지역산업 육성에 관한 사항 ⑥ 국가경쟁력 향상 및 국민생활의 기반이 되는 국토 기간 시설의 확충에 관한 사항 ⑦ 토지, 수자원, 산림자원, 해양수산자원 등 국토자원의 효율적 이용 및 관리에 관한 사항 ⑧ 주택, 상하수도 등 생활 여건의 조성 및 삶의 질 개선에 관한 사항 ⑨ 수해, 풍해(風害), 그 밖의 재해의 방제(防除)에 관한 사항 ⑩ 지하공간의 합리적 이용 및 관리에 관한 사항 ⑪ 지속가능한 국토 발전을 위한 국토환경의 보전 및 개선에 관한 사항 ⑫ 그 밖에 ①~⑪까지 관련된 사항이다.

국토종합계획 수립절차는 다음과 같다. 국토교통부장관은 국토종합계획 수립에 앞서 연구 및 계획제안에 착수하는데, 부문 · 지역계획 지침을 배포한다. 부문 · 지역 계획안이 작성되면 이를 종합정리한 후 공청회 · 토론회 · 세미나 등을 거쳐 일반국민 · 전문가 등의 타당한 의견을 반영한 후 최종시안을 마련한다. 그 다음 국무총리 소속의 국토정책위원회의 심의와 국무회의의 심의를 거친 후 대통령의 승인을 받아야 한다. 국토종합계획이 승인이 나면 국토교통부장관은 지체 없이 그 주용 내용을 관보에 공고하고, 관계 중앙행정기관의 장 및 시·도지사, 시장·군수에게 국토종합계획을 보내야 한다.

03 도종합계획

도종합계획은 「국토기준법」 제13조(도종합계획의 수립)에 의하여 도지사는 도종합계획을 수립하여야 한다. 도종합계획은 도가 보유하고 있는 유형·무형의 인적·물적 자원을 효과적으로 이용·개발·보전하기 위하여 장·단기 정책방향과 지침을 설정하고 추진함으로써 지역주민의 복리향상과 지역발전에 기여함을 목적으로 하고 있다.

도종합계획은 크게 세 가지 성격을 갖고 있다. 첫째는 국토종합계획 등 상위계획의 기본방향과 정책의 골격을 수렴하여 지역차원에서 이를 구체화하는 계획이다. 둘째는 국토종합계획에서 다루지 못한 도차원의 정책과 사업을 포함하여 지역의 경제·사회·문화 등 각 부문을 담는 계획이다. 셋째는 시·군종합계획(도시·군기본계획, 도시·군관리계획) 등 하위계획에 대한 개발방향과 지침을 제공하고, 민간 부문에 대해 개발방향과 투자방향을 제시하고 유도하는 계획이다.

도종합계획의 내용으로는 ① 지역 현황·특성의 분석 및 대내외적 여건 변화의 전망에 관한 사항 ② 지역발전의 목표와 전략에 관한 사항 ③ 지역 공간구조의 정비 및 지역 내 기능 분담 방향에 관한 사항 ④ 교통, 물류, 정보통신망 등 기반시설의 구축에 관한 사항 ⑤ 지역의 자원 및 환경 개발과 보전·관리에 관한 사항 ⑥ 토지의 용도별 이용 및 계획적 관리에 관한 사항 ⑦ 그 밖에 도의 지속가능한 발전에 필요한 사항으로서 대통령령으로 정하는 사항이다.

도종합계획 수립절차는 국토교통부장관이 도종합계획 수립지침을 배포하면 도지사는 계획안을 마련한 후 공청회·토론회·세미나 등을 통해 일반도민·전문가 등의 의견을 반영한 시안을 마련한다. 이를 도 도시계획위원회의 심의를 거친 후 최종안을 작성하여 국토교통부장관에게 승인을 요청한다. 국토교통부장관은 관계 중앙행정기관의 장과 협의한 후 국토정책위원회의 심의를 거쳐 도종합계획을 승인한다. 도지사는 지체 없이 도종합계획을 도내 시장·군수에게 보낸다.

[그림 4-2] 도종합계획 수립절차

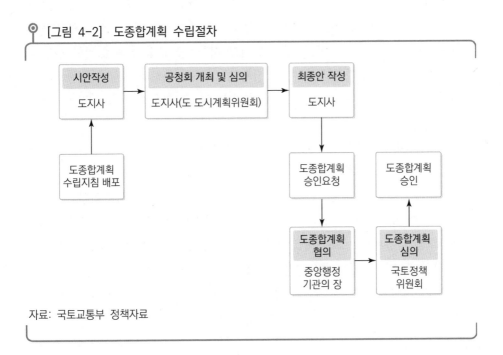

자료: 국토교통부 정책자료

04 수도권정비계획

수도권정비계획은 「수도권정비계획법」에 따라 수도권에 과도하게 집중된 인구와 산업을 적절하게 배치하도록 유도하여 수도권을 질서 있게 정비하고 균형 있게 발전시키기 위한 계획이다. 수도권이란 서울특별시와 대통령령으로 정하는 그 주변 지역인 인천광역시와 경기도를 말한다. 「수도권정비계획법」의 상위법으로 「국토기본법」이 있고 하위법으로 「국토의 계획 및 이용에 관한 법률」이 있다. 그러므로 서울특별시장과 인천광역시장, 경기도의 시장·군수 등은 「국토의 계획 및 이용에 관한 법률」에 따라 도시계획을 수립할 때 수도권정비계획에 맞지 않으면 아니 된다.

수도권정비계획의 내용은 ① 수도권 정비의 목표와 기본 방향에 관한 사항 ② 인구와 산업 등의 배치에 관한 사항 ③ 권역(圈域)의 구분과 권역별 정비에 관한 사항 ④ 인구집중유발시설 및 개발사업의 관리에 관한 사항 ⑤ 광역적 교통 시설과 상하수도 시설 등의 정비에 관한 사항 ⑥ 환경 보전에 관한 사항 ⑦ 수도권 정비를 위한 지원 등에 관한 사항 ⑧ ①~⑦까지의 사항에 대한 계획의 집행 및 관리에 관한 사항 ⑨ 그 밖에 대통령령으로 정하는 수도권 정비에 관한 사항이다.

수도권정비계획 수립절차는 국토교통부장관이 중앙행정기관의 장과 서울특별시장·인천광역시장·경기도지사의 의견을 들어 수도권정비계획안을 입안한다. 국토교통부장관 소속의 수도권정비위원회의 심의를 거친 후 국무회의의 심의와 대통령의 승인을 받아 결정한다. 결정된 수도권정비계획을 변경할 때에도 또한 같다. 다만 대통령령으로 정하는 경미한 사항은 수도권정비위원회의 심의를 거쳐 변경할 수 있다. 결정이나 변경된 수도권정비계획은 고시와 함께 중앙행정기관의 장과 시·도지사에게 통보하여야 한다. 국토교통부장관은 고시한 해부터 5년마다 이를 재검토하고 필요한 경우 변경한다.

[그림 4-3] 수도권정비계획

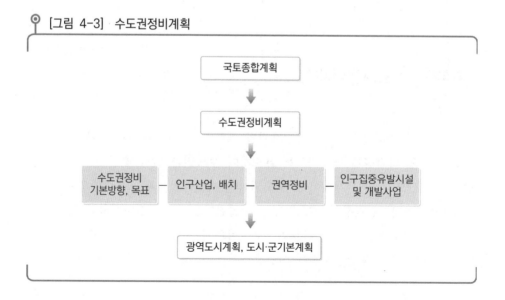

수도권지역은 대통령령으로 과밀억제권역, 성장관리권역, 자연보전권역으로 구분하여 인구와 산업을 적절하게 배치한다. 과밀억제권역은 인구와 산업이 지나치게 집중되었거나 집중될 우려가 있어 이전하거나 정비할 필요가 있는 지역이다. 이 지역에서는 대통령령으로 정하는 꼭 필요한 시설이 아니고서는 학교, 공공청사, 연수시설, 공업지역, 그 밖의 인구집중유발시설의 신설 또는 증설을 제한하고 있다. 성장관리권역은 과밀억제권역으로부터 이전하는 인구와 산업을 계획적으로 유치하고 산업의 입지와 도시의 개발을 적정하게 관리할 필요가 있는 지역이다. 성장관리권역이 적정하게 성장하도록 하되, 지나친 인구집중을 초래하지 않도록 한다. 자연보전권역은 한강 수계의 수질과 녹지 등 자연환경을 보전할 필요가 있는 지역이다.

광역도시계획

01 광역도시계획의 목적과 의의

광역도시계획이란 「국토의 계획 및 이용에 관한 법률」 제2장(광역도시계획)에 따라 광역계획권의 장기적인 발전방향을 제시하는 계획을 말한다. 광역계획권이란 둘 이상의 특별시, 광역시, 특별자치시, 특별자치도, 시, 군의 공간구조 및 기능을 상호 연계시키고, 환경을 보전하며 광역시설을 체계적으로 정비하기 위해 장기적인 발전 방향을 제시하는 계획이다. 상위계획으로 국토종합계획·도종합계획·광역권개발계획·수도권정비계획이 있고, 하위계획으로 도시·군기본계획과 도시·군관리계획이 있다. 목표연도는 계획수립시점으로부터 20년 내외를 기준으로 한다. 다만 사회적·경제적 여건변화를 고려하여 5년마다 타당성을 재검토하여 계획을 정비할 수 있다.

광역도시계획의 목적은 인접한 도시 간에 정주공간 및 통근권 등의 외연적 확산이 개별적으로 진행되어 연담화 됨으로써 토지이용, 환경보전 등의 측면에서 비효율이 발생하고 있다. 그러므로 이들 지역을 하나의 계획권으로 묶어 무질서한 도시 확산을 방지하고 광역계획권 전체의 지속가능한 발전을 유도하는 데 있다. 또한 연접한 도시 간의 기능을 상호 연계하고 시설들을 합리적으로 배치함으로써 투자의 효율성을 높이고, 중복투자를 방지하며, 쾌적한 환경을 조성하여 주민들의 삶의 질을 높여주기 위한 목적이 있다.

광역도시계획의 의의는 특별시·광역시와 대도시권의 경우 도시 간 기능분담, 광역토지이용, 광역시설배치 등을 통해 광역도시권의 경쟁력 강화를 위한 전략을 수립할 수 있다는 점이다. 또 인구감소·고령화심화·지역경제쇠퇴 등이 심각한 소도시는 주민들에게 최소한의 도시서비스를 제공하기가 곤란하다. 그러므로 이들 지역들을 하나로 묶어서 기초적인 도시서비스 제공이 가능한 공간단위를 설정하는 데 의의가 있다.

02 광역도시계획의 지위와 성격

광역도시계획의 상위계획은 국토종합계획과 도종합계획, 지역계획으로 수도권정비계획과 지역개발계획이 있다. 광역도시계획을 수립할 시에는 이러한 상위계획과 조화를 이루어야 한다. 하위계획으로는 광역권내의 도시·군기본계획, 도시·군관리계획이 있으며, 광역도시계획은 이들 계획에 대한 지침이 된다. 다만 하위계획이라 할지라도 전략적으로 중요한 사항이 있을 경우에는 환류·조정하여 수용할 수 있다.

광역도시계획은 시·군별 기능분담, 환경보전, 광역시설과 함께 광역계획권내에서 현안사항이 되고 있는 특정부문 중심으로 계획을 수립한다. 광역도시계획은 종합적인 계획으로서 도시·군기본계획에 포함되어야 할 내용들을 모두 수용하여 수립하는 경우가 있다. 이 경우 관할구역의 시·군은 도시·군기본계획과 도시·군관리계획을 수립하지 아니할 수 있다.

03 광역계획권 지정 및 광역도시계획 수립권자

국토교통부장관 또는 도지사는 인접한 둘 이상의 특별시·광역시·특별자치시·특별자치도·군의 공간구조 및 기능을 상호 연계시키고 환경을 보전하며 광역시설을 체계적으로 정비하기 위하여 필요하다고 인정하는 경우 광역계획권으로 지정할 수 있다. 광역계획권이 둘 이상의 특별시·광역시·특별자치시·도·특별자치도의 관할구역에 걸쳐 있는 경우 국토교통부장관이 지정한다. 광역계획권이 도의 관할구역에 속하여 있는 시·군일 경우 도지사가 지정한다.

광역도시계획의 수립권자는 다음과 같다. 광역계획권이 둘 이상의 특별시·광역시·도에 걸쳐있는 경우 관할 특별시장·광역시장·도지사가 공동으로 수립한다. 광역계획권이 도의 관할 구역에 속할 시장과 군수가 공동으로 수립한다. 광역계획권을 지정한 날로부터 3년이 지날 때까지 승인 신청이 없는 경우 국가계획과 관련된 광역도시계획은 국토교통부장관, 도계획과 관련된 광역도시계획은 도지사가 수립한다.

광역계획권의 지정 또는 변경을 요구할 경우, 특별시·광역시·도·특별자치도·특별자치시는 국토교통부장관에게 요청하며, 도 관할 시·군의 경우 도지사에게 요청한다. 국토교통부장관이 광역계획권을 지정하거나 변경하려면 관계 시·도지사·특별자치시장의 의견을 들은 후 중앙도시계획위원회의 심의를 거쳐야 한다. 도지사가 광역계획권을 지정하거나 변경하려면 관계 중앙행정기관의 장, 관계 시·도지사, 시장·군수의 의견을 들은 후 지방도시계획위원회의 심의를 거쳐야 한다.

04 수립절차

광역도시계획의 수립절차는 다음과 같다. 특별시장·광역시장·도지사, 같은 도내는 시장·군수가 공동으로 전문기관에 의뢰하여 기초조사를 한 후 광역도시계획을 입안한다. 각 지방자치단체는 공청회를 열어 주민과 전문가로부터 의견을 들어야 하며, 타당한 의견은 광역도시계획에 반영한다. 지방의회의 의견을 청취한 후 지방도시계획위원회의 자문을 받은 다음 최종안을 작성한다.

특별시장·광역시장·도지사는 국토교통장관에게, 도내 시장·군수는 도지사에게 승인을 요청한다. 국토교통부장관이나 도지사는 관계행정기관장과 협의한 후 각각 중앙도시계획위원회와 도도시계획위원회에 심의를 의뢰한다. 심의를 마치면 국토교통부장관과 도지사는 광역도시계획을 승인한다. 특별시장·광역시장·도지사·시장·군수는 결정된 내용을 공고하고 일반이 열람 할 수 있도록 한다.

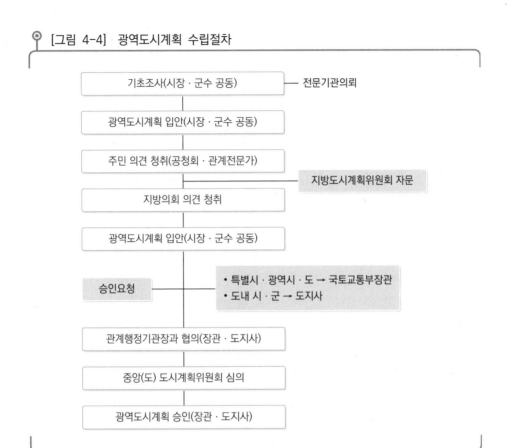

[그림 4-4] 광역도시계획 수립절차

기초조사(시장·군수 공동) ── 전문기관의뢰

광역도시계획 입안(시장·군수 공동)

주민 의견 청취(공청회·관계전문가)

지방도시계획위원회 자문

지방의회 의견 청취

광역도시계획 입안(시장·군수 공동)

승인요청
• 특별시·광역시·도 → 국토교통부장관
• 도내 시·군 → 도지사

관계행정기관장과 협의(장관·도지사)

중앙(도) 도시계획위원회 심의

광역도시계획 승인(장관·도지사)

05 광역도시계획 수립의 기본원칙

　광역도시계획의 기본원칙은 포괄성, 연계성, 합리성, 친환경성이다. 포괄성은 여건의 변화에 탄력적으로 대응하기 위하여 포괄적이고 개략적으로 수립하는 것을 원칙으로 한다. 그러나 필요한 경우 특정부문에 대하여는 도시·군기본계획이나 도시·군관리계획에 명확한 지침을 제시할 수 있도록 구체적으로 수립할 수 있다. 또한 차후 도시·군기본계획 및 도시·군관리계획 수립에 차질이 없도록 명확한 용어를 사용하고, 일반인도 알기 쉽도록 계획의 내용이 분명하게 나타나도록 해야 한다.

연계성은 국토종합계획·광역권개발계획·수도권정비계획 등 상위계획의 내용을 수용하고 도시·군기본계획 및 다른 법령에 따라 시·군 내 주요 계획 등 관련계획을 충분히 고려하여 수립하여야 한다. 광역도시계획은 단순히 미래상을 제시하기 보다는 이를 실현할 수 있는 체계화된 전략을 제시하여야 하며, 계획 내용이 하위계획과 환류(feedback)되어 상호 연계될 수 있도록 계획하여야 한다.

합리성은 목표·전략 및 지표를 예측하고 부문별 계획이 상호 연계되도록 하면서 산출근거 자료를 제시하여야 한다. 계획내용은 실현성을 고려하여 합리적이며 일관성 있게 수립하고, 각 계획의 배경·근거 및 내용을 설명하는 현황도 및 구상도를 작성한다. 이 경우 현황자료는 자료출처를 명시하여 신뢰도를 높이도록 하며, 계획내용과 별도로 작성되는 자료집에 이를 수록하여야 한다.

친환경성은 환경적으로 건전하고 지속가능한 발전을 위하여 자연환경·경관·생태계·녹지공간 등의 보전 및 확충에 주력하여 쾌적하고 살기 좋은 환경이 조성될 수 있도록 계획하여야 한다. 녹지축·생태계·산림·경관 등 양호한 자연환경, 상수원과 우량농지, 보전목적의 용도지역 등을 충분히 고려하여 수립한다. 개발제한구역의 조정에 관한 사항은 목표연도가 2020년인 광역도시계획에 한하여 수립하며, 개발제한구역에서 해제된 지역은 원칙적으로 저밀도를 유지하도록 하고, 환경친화적으로 계획을 수립하여야 한다. 기후변화에 따른 재해취약성 분석을 통해 광역계획권의 다양한 재해위험을 파악하고, 부문별 계획 수립 시 반영하여 재해피해를 최소화하여야 한다.

06 광역도시계획의 내용

광역도시계획에는 광역계획권의 지정목적을 이루는 데 필요한 사항에 대한 정책방향이 포함되어야 한다. ① 광역계획권의 공간 구조와 기능 분담에 관한 사항 ② 광역계획권의 녹지관리체계와 환경 보전에 관한 사항 ③ 광역시설의 배치·규모·설치에 관한 사항 ④ 경관계획에 관한 사항 ⑤ 그 밖에 광역계획권에 속하는 특별시·광역시·특별자치시·특별자치도·시 또는 군 상호 간의 기능 연계에 관한 사항으로서 대통령령으로 정하는 사항이다.

국토교통부의 광역도시계획수립지침은 광역도시계획에 포함될 내용을 구체적으로 제시하고 있다. (1) 계획의 목표와 전략, (2) 광역계획권의 현황 및 특성, (3) 공간구조 구상 및 기능분담계획 ① 여건변화 및 전망분석 ② 주요지표제시 ③ 공간구조의 골격구상(중심지 체계 및 개발축, 교통축, 녹지축 설정) ④ 도시 간 기능분담계획 ⑤생활권의 설정, (4) 부문별계획 ① 토지이용계획 ② 문화·여가공간계획 ③ 녹지관리계획 ④ 환경보전계획 ⑤ 교통 및 물류유통체계 ⑥ 광역시설계획 ⑦ 경관계획 ⑧ 방재계획, (5) 개발제한구역의 조정, (6) 집행 및 관리계획 등이다.

광역도시권내의 시·군이 광역도시계획을 수립한 후 도시·군기본계획을 수립하지 아니하고자 하는 경우에는 앞의 내용에 도시·군기본계획에 포함되는 내용을 추가하여 수립할 수 있다. 이 경우 그 내용 및 수립기준 등은 도시·군기본계획 수립지침에 따른다.

07 목표연도

광역도시계획의 목표연도는 계획수립시점으로부터 20년 내외를 기준으로 한다. 다만 특정부문 중심으로 하는 경우에는 달리 정할 수 있다. 개발제한구역의 조정과 관련하여 최초로 수립되는 광역도시계획의 목표연도는 2020년으로 "2020년 광역도시계획"이라 한다. 다음 목표연도는 2040년으로 "2040년 광역도시계획"이라고 한다.

광역도시계획의 수립권자는 사회적·경제적 여건 변화를 고려하여 5년마다 타당성을 재검토하고 광역도시계획을 정비할 수 있다. 다만 개발제한구역의 조정과 관련된 사항은 원칙적으로 재검토하지 아니한다. 광역도시계획이 도시·군기본계획을 대신할 경우는 5년마다 타당성을 재검토하여 정비할 수 있다.

SECTION 04 도시·군기본계획

01 계획의 목적과 의의

도시·군기본계획이란 「국토의 계획 및 이용에 관한 법률」 제3장(도시·군기본계획)에 따라 특별시, 광역시, 특별자치시, 특별자치도, 시 또는 군(광역시의 관할 구역에 있는 군은 제외)의 관할 구역에 대하여 공간구조와 장기발전방향에 대한 계획이다. 상위계획인 광역도시계획을 수용하고, 하위계획인 도시·군관리계획의 수립지침이 된다. 도시·군기본계획을 수립하는 목적은 궁극적으로 국토의 이용과 개발, 보전을 위한 국토관리의 지속가능성을 담보하는 데 있다.

도시·군기본계획은 국토의 한정된 자원을 효율적이고 합리적으로 활용하여 주민의 삶의 질을 향상시키는 데 의의가 있다. 또 특별시, 광역시, 시·군을 환경적으로 건전하고 지속가능하게 발전시킬 수 있는 정책방향을 제시한다. 장기적으로는 시·군이 공간적으로 발전하여야 할 구조적 틀을 제시한다. 도시·군기본계획은 지속가능성과 환경적·경제적·사회적인 측면에서 통합적 접근이 필요하다.

환경적 측면은 도시의 급속한 성장과 외연적 확산에 따른 자연환경의 훼손과 대기·수질·토양 등의 오염발생을 사전적으로 방지하는 역할을 담당하여야 한다. 또 기후변화와 지구온난화에도 적극 대응하여 에너지와 자원을 절약하는 공간구조를 형성하여야 한다. 아울러 신재생에너지의 사용을 촉진하여 탄소배출량을 저감하는데 주력하여야 한다.

경제적 측면은 지속가능한 국토관리를 위해서는 경제발전이 함께 이루어져야 한다. 이를 위해 도시·군기본계획은 지역의 고용 창출을 위한 물리적 기반을 조성해야한다. 기업에게는 다양한 비즈니스 기회를 제공하고, 지역민의 거주성을 제고하여 지역상권을 활성화하는 등 도시재생과 지역경제 활성화를 도모하여야 한다. 또한 도시경쟁력을 제고하기 위한 각종 기반시설을 확충하고, 산업구조 변화에 유연하게 대응할 수 있는 토지이용체계를 구축하여야 한다. 나아가 비효과적인 도시개발을 지양함으로써 개발과 보존의 조화를 이루며 저탄소 녹색성장을 달성하여야 한다.

사회적 측면은 도시·군기본계획은 지역사회의 다양한 이해관계를 충분하게 수렴, 반영함으로써 사회적 형평성을 제고하여야 한다. 사회적 갈등을 줄이고 통합을 이루는 사회적 자본의 증진에 기여하여야 한다. 이를 위해 저소득층, 노약자, 장애인 등 사회적 약자가 주민으로서의 기본적인 활동에 제약을 받지 않도록 해야 한다. 이와 함께 지역사회의 문화적 다양성을 제고함으로써 도시환경의 획일성을 탈피하고 지역사회의 정체성을 확립하는 데 힘써야 한다.

02 계획의 지위와 성격

도시·군기본계획은 시와 군의 도시기본계획(광역시에 속한 군은 제외)을 말한다. 도시·군기본계획의 위상은 상위계획으로 국토종합계획과 도종합계획, 광역도시계획이 있고, 하위계획으로는 도시·군관리계획이 있다. 도시·군기본계획 수립 시 상위계획의 내용을 수용하여 특별시·광역시·시·군이 지향하여야 할 바람직한 미래상을 제시하고, 하위계획인 도시·군관리계획의 지침을 제시한다. 또한 다른 법률에 의해 수립하는 각 부문별 계획이나 지침 등은 시와 군의 가장 상위계획인 도시·군기본계획을 따라야 한다.

도시·군기본계획의 성격으로 첫째는 종합계획이란 점이다. 지속가능한 국토관리를 위해서는 경제, 산업, 주택, 교통, 기반시설, 환경, 에너지, 사회, 문화, 복지 등 각 분야에 걸쳐 서로 조화를 이루어야 한다. 도시·군기본계획은 환경적·경제적·사회적 영향을 통합적이고 균형 있게 조정·보완하여야 한다. 또 이를 공간적 차원에서 지속가능하도록 정책과 전략으로 구체화하여야 한다.

둘째는 도시 공간구성에 관한 정책계획 또는 전략계획의 성격을 동시에 가져야 한다는 점이다. 공간구성에 관한 정책계획은 자치단체의 국토이용·개발과 보전에 관한 바람직한 방향을 계획하는 것을 의미한다. 전략계획은 자치단체가 이의 실현을 위해 행정역량을 선택적으로 집중해야 할 전략을 수립하는 것을 의미한다. 도시·군기본계획은 해당 시·군의 발전을 위한 공간적 정책목표와 이를 달성하기 위한 국토이용·개발과 보전에 관한 전략 또는 정책적 우선순위를 기술하여야 한다.

셋째는 특정주제 중심과 다양한 내용의 계획이란 점이다. 도시·군기본계획은 공간구성의 정책적 우선순위에 따라 계획과제 또는 특정주제를 발굴 제시하고, 이를 중심으로 계획을 수립한다. 또 해당 지역의 고유한 특성과 현황을 반영하여 방향을 설정하며, 특정주제를 중심으로 내용을 다양하게 구성한다.

넷째는 도시·군기본계획은 정책계획 또는 전략계획으로서 공간계획의 유연성을 충분히 확보하여야 한다. 그러므로 입지와 토지이용의 원칙과 기준만을 기술하고 개념도 수준의 도면으로 표현한다. 도시공간구조와 관련된 내용은 도시·군관리계획에서 제시한다.

03 수립권자 · 대상지역 · 목표연도

특별시장·광역시장·특별자치시장·특별자치도지사·시장·군수는 관할 구역에 대하여 도시·군기본계획을 수립하여야 한다. 다만 수도권에 속하지 아니하고 광역시와 경계를 같이하지 아니하는 시·군으로 계획수립 기준연도 현재 인구 10만 명 이하의 시·군은 수립하지 아니할 수 있다. 또 광역도시계획에 도시·군기본계획이 모두 포함되어 있는 시·군도 수립하지 않을 수 있다. 인접한 도시의 관할 구역을 포함하여 도시·군기본계획을 수립할 경우는 미리 그 지자체장과 협의해야 한다.

도시·군기본계획의 목표연도는 계획수립 시점으로부터 20년을 기준으로 하되, 연도의 끝자리는 0년 또는 5년으로 한다. 예를 들면 2020도시기본계획,

2025도시기본계획, 2030도시기본계획, 2035도시기본계획, 2040도시기본계획 등이다. 시장과 군수는 5년마다 도시·군기본계획의 타당성을 전반적으로 재검토하여 이를 정비한다. 또 도시여건의 급격한 변화 등 불가피한 사유로 인하여 내용의 일부 조정이 필요한 경우에는 도시·군기본계획을 변경할 수 있다.

04 수립절차

도시·군기본계획 수립절차는 특별시장·광역시장·특별자치시장·시장·군수는 전문기관에 의뢰하여 기초조사를 한 후 도시기본계획 또는 군기본계획을 입안한다. 그리고 공청회를 열어 주민과 전문가로부터 의견을 듣고 타당한 내용은 계획에 반영한다. 지방의회의 의견을 청취한 후 지방도시계획위원회의 심의를 거쳐 최종시안을 마련한다.

도내의 시장·군수는 도지사에게 승인을 요청하면, 도지사는 관계행정기관장과 협의한 후 도도시계획위원회에 심의를 의뢰한다. 심의를 마치면 도지사는 도시기본계획 또는 군기본계획을 승인하고 시장·군수에게 송부한다. 시장·군수는 결정된 내용을 공보에 게재하는 방법으로 공고하고, 일반이 관계 서류를 30일 이상 공람하도록 한다.

특별시장·광역시장·특별자치시의 경우는 최종시안을 국토교통부장관에게 승인 신청을 한다. 국토교통부장관은 관계중앙행정기관 장과 협의를 한 후 지방도시계획위원회와 심의를 의뢰한다. 심의를 마치면 국토교통부장관은 도시기본계획을 승인하고, 시장과 관계중앙행정기관장에게 송부한다. 시장은 결정된 내용을 공고하고 일반은 30일 이상 공람한다.

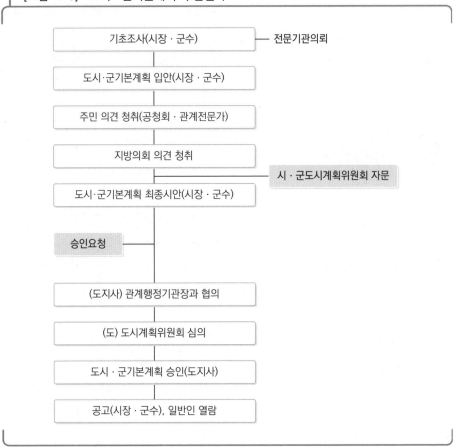

[그림 4-5] 도시 · 군기본계획 수립절차

기초조사(시장 · 군수) ── 전문기관의뢰

도시 · 군기본계획 입안(시장 · 군수)

주민 의견 청취(공청회 · 관계전문가)

지방의회 의견 청취

시 · 군도시계획위원회 자문

도시 · 군기본계획 최종시안(시장 · 군수)

승인요청

(도지사) 관계행정기관장과 협의

(도) 도시계획위원회 심의

도시 · 군기본계획 승인(도지사)

공고(시장 · 군수), 일반인 열람

05 계획의 내용

도시 · 군기본계획은 효율적이고 합리적으로 수립하기 위하여 다음의 부문별
내용이 포함되어야 한다. ① 지역의 특성과 현황 ② 계획의 목표와 지표의 설정
(계획의 방향 · 목표 · 지표 설정) ③ 공간구조의 설정(개발축 및 녹지축의 설정, 생활권
설정 및 인구배분) ④ 토지이용계획(토지의 수요예측 및 용도배분, 용도지역 관리방안

및 비도시지역 성장관리방안) ⑤ 기반시설(교통, 물류체계, 정보통신, 기타 기반시설계획 등) ⑥ 도심 및 주거환경(시가지정비, 주거환경계획 및 정비) ⑦ 환경의 보전과 관리 ⑧ 경관 및 미관 ⑨ 공원·녹지에 관한 사항 ⑩ 방재·방범 등 안전에 관한 사항 ⑪ 경제·산업·사회·문화의 개발 및 진흥(고용, 산업, 복지 등) ⑫ 계획의 실행(재정확충 및 재원조달, 단계별 추진전략) ⑬ 기후변화 대응 및 에너지절약에 관한 사항 ⑭ 그 밖에 대통령령으로 정하는 사항 등이다.

　지역의 특성과 현황은 구체적인 도시·군기본계획을 수립하기 이전에 시·군이 가지고 있는 문제점과 잠재력 등 시·군의 특성과 현황을 먼저 파악하여야 한다. 기초조사 자료를 토대로 당해 도시가 국토공간에서 차지하는 위치 및 지리적·역사적·문화적 특성, 당해 도시의 개발연혁과 인구·경제·자연환경·생활환경 및 사회개발의 현황, 당해 도시가 지니고 있는 분야별 문제점과 이용·개발·보전 가능한 자원의 발전 잠재력, 당해 도시의 경제·사회·환경의 세력권, 당해 도시의 재해발생 구조와 재해위험 요소, 당해 도시의 범죄 취약성에 대한 물리적 환경 및 사회적 특성, 당해 도시의 인구구성 및 사회계층구조 변화에 따른 저출산·고령화 추이 등이 포함된다. 지역의 특성 분석은 기초자료 조사결과와 설문조사의 결과를 토대로 한다. 또 국토종합계획·광역도시계획 등 상위계획 및 관련계획에서 당해 도시의 특성 및 기능을 현재의 상황을 토대로 분석한다.

　계획의 목표와 지표설정은 대내외적인 여건변화를 분석하고 정책이슈를 도출한다. 국토의 미래상과 지역 내에서의 위치 및 역할 등을 고려하여 시·군의 미래상을 전망한다. 지표의 설정은 목표연도를 기준으로 하고 5개년 단위로 계획단계를 구분한다. 인구는 상주인구와 주간활동인구로 나누어 설정하며, 최근 10년간의 인구증가 추세와 관련 상위계획상의 지표 등을 참고하여 최종연도의 인구지표를 적정규모로 정한다. 경제규모는 과거 지역총생산의 변화경향과 성장률, 국민총생산(GNP)에 점하는 비율, 상위계획에서 부여 받은 계획의 수립기준과 기본원칙에 대한 과거의 상황을 분석하고, 장래 성장전망과 전국에서의 비중을 고려하여 산업별로 목표연도의 지표를 설정한다. 고용은 도시성장에 기여하는 기반활동의 고용자 현황을 분석하고 목표연도의 생산액과 고용자수를 예측한다. 소득은 주민소득에 대한 과거의 연속적 통계가 있는 경우에는 이를 기초로 하고, 통계가 없는 경우에는 지역총생산(GRP)에 의하여 인구 1인당 총생산과 실질소득, 소득계층 간의 분포를 구한다. 소비구조는 과거 추세와 주민소득의 증가경향 및 소비형태의 변화 등을 고려하여 설정한다. 재정은 총재정규모·회계별·세입원별·세출구조별 과거의 상황을 분석하고, 목표연도 및 단계별 최종연도의 재정규모를 예측한다. 환경지표는 주민의 생활수준을 나타내는 것으로 생활환경은 1차적 기본요소로 주택·상하수도·에너지·교통·정보통신·대기질·수질·폐기물처리 등이다. 복지환경은 2차적 필요요소로 의료시설·교육문화시설·사회복지시설 등에 관한 지표이다. 여가환경은 3차적 선택요소로 체육시설·공원·녹지·유원지 등에 대한 지표로 최종연도의 지표를 발전단계에 따라 예측한다.

시나 군에서 도시·군기본계획을 수립할 경우는 토지이용, 기반시설, 도심 및 주거환경, 경제·산업 분야 등에 대해서 해당 지자체의 인구 추세, 산업 및 고용 증가율, 주간활동인구 등을 고려하여 유형에 따라 차별화하여 수립한다. 성장형은 기준연도로부터 직전 3년간 주민등록인구, 산업 및 고용증가율, 주간활동인구 등이 지속적으로 증가하였거나 향후 3년간 증가가 예상되는 시·군이다. 성숙·안정형은 기준연도로부터 직전 3년간 증가하지 않았거나 향후 3년간 증가하지 않을 것으로 예상되는 시·군을 말한다.

06 계획의 수립기준과 기본원칙

도시·군기본계획의 수립기준을 정할 때는 다음 사항을 종합적으로 고려하여야 한다. ① 특별시·광역시·특별자치시·특별자치도·시 또는 군의 기본적인 공간구조와 장기발전방향을 제시하는 토지이용·교통·환경 등에 관한 종합계획이 되도록 할 것 ② 여건변화에 탄력적으로 대응할 수 있도록 포괄적이고 개략적으로 수립하도록 할 것 ③ 도시·군기본계획을 정비할 때에는 종전의 내용 중 수정이 필요한 부분만을 발췌하여 보완함으로써 계획의 연속성이 유지되도록 할 것 ④ 도시와 농어촌 및 산촌지역의 인구밀도, 토지이용의 특성 및 주변 환경 등을 종합적으로 고려하여 지역별로 계획의 상세정도를 다르게 하되, 기반시설의 배치계획, 토지용도 등은 도시와 농어촌 및 산촌지역이 서로 연계되도록 할 것 ⑤ 부문별 계획은 도시·군기본계획의 방향에 부합하고 도시·군기본계획의 목표를 달성할 수 있는 방안을 제시함으로써 통일성과 일관성을 유지하도록 할 것 ⑥ 도시지역 등에 위치한 개발가능 토지는 단계별로 시차를 두어 개발되도록 할 것 ⑦ 녹지축·생태계산림·경관 등 양호한 자연환경과 우량농지, 보전목적의 용도지역, 문화재 및 역사문화환경 등을 충분히 고려하여 수립하도록 할 것 ⑧ 경관에 관한 사항에 대하여는 필요한 경우에는 도시·군기본계획도서의 별책으로 작성할 수 있도록 할 것 ⑨ 「재난 및 안전관리 기본법」과 「자연재해대책법」에 따른 시·군 자연재해저감 종합계획을 충분히 고려하여 수립하도록 할 것 등이다.

도시 · 군관리계획

도시 · 군관리계획은 특별시 · 광역시 · 특별자치시 · 특별자치도시 · 군의 광역도
시계획 및 도시기본계획에서 제시된 내용을 구체화하고 실현하는 데 의의가 있
다. 도시 · 군기본계획이 20년을 기준으로 한 장기계획이라면 도시 · 군관리계획
은 10년을 기준으로 하는 중기계획이다. 도시 · 군기본계획은 지방자치단체의 행
정에만 구속력을 가지는 계획이라면, 도시 · 군관리계획은 일반시민의 건축 활동
을 규제하는 법적 구속력을 가진 계획이다.

도시 · 군관리계획은 시 · 군의 개발 · 정비 및 보전을 위하여 수립하는 토지 이
용, 교통, 환경, 경관, 안전, 산업, 정보통신, 보건, 복지, 안보, 문화 등에 관한
계획으로 다음의 내용을 담고 있다. 용도지역 · 용도지구의 지정 또는 변경에 관
한 계획, 개발제한구역 · 도시자연공원구역 · 시가화조정구역 · 수산자원보호구역
의 지정 또는 변경에 관한 계획, 기반시설의 설치 · 정비 또는 개량에 관한 계획,
도시개발사업이나 정비사업에 관한 계획, 지구단위계획구역의 지정 또는 변경에
관한 계획과 지구단위계획, 입지규제최소구역의 지정 또는 변경에 관한 계획과
입지규제최소구역계획 등이다.

도시 · 군관리계획은 계획도서(계획도와 계획조서)와 이를 보조하는 계획설명서
를 작성해야 한다. 계획도는 축척 1:1000 또는 1:5000, 만약 이 지형도가 없을
때는 1:25000의 지형도(수치지형도를 포함)에 도시 · 군관리계획 사항을 명시하여
작성한 도면을 말한다. 지형도가 간행되지 않은 지역에서는 해도나 해저지형도
등의 도면으로 지형도를 갈음할 수 있다. 계획설명서에는 기초조사결과, 재원조

달방안, 경관계획 등을 포함해야 하며, 1:50000의 지형도에 도시·군관리계획 총괄도를 포함시킬 수 있다.

02 계획의 지위와 성격

　도시·군관리계획은 특별시·광역시·특별자치시·특별자치도시·군의 제반기능이 조화를 이루고 주민이 편안하고 안전하게 생활할 수 있도록 하면서 당해 시·군의 지속가능한 발전을 도모하기 위하여 수립한다. 상위계획으로는 광역도시계획 및 도시·군기본계획이 있으며, 이들 계획에서 제시된 시·군의 장기적인 발전방향을 공간에 구체화하고 실현시키는 계획이다. 그러므로 도시·군관리계획은 광역도시계획과 도시·군기본계획에 부합되어야 한다.

　도시·군관리계획의 성격은 용도지역·용도지구·용도구역에 관한 계획, 기반시설에 관한 계획, 지구단위계획, 도시개발사업계획, 도시정비계획 등을 일관된 체계로 종합화하여 단계적으로 집행할 수 있도록 물적으로 표현하는 계획이다. 참고로 도시정비계획으로는 주거환경개선사업, 주택재개발사업, 주택재건축사업, 도시환경정비사업, 주거환경관리사업, 가로주택정비사업 등이 있다. 또 지구단위계획은 광역도시계획, 도시·군기본계획, 도시·군관리계획에서 제시한 내용을 지구단위로 구체화·합리화하는 계획으로, 도시·군관리계획에서 대상지역과 계획방향을 제시하고 필요한 경우 구역지정을 한다.

03 입안권자와 대상지역

　단일지역은 특별시장·광역시장·특별자치시장·특별자치도지사·시장·군수는 관할 구역에 대하여 도시·군관리계획을 입안하여야 한다. 인접 관할 구역 전부 또는 일부가 포함될 경우 미리 인접 시장·군수와 협의한 후 공동으로 입안하거나 입안할 자를 정한다. 협의가 이루어지지 않을 경우는 시·도 관할 구역은 국토교통부장관, 같은 도의 관할구역은 도지사가 입안할 자를 지정하고 이를 고시한다. 국토교통부장관은 국가계획과 관련된 경우, 2개 이상의 시·도에 걸쳐 이루어지는 사업계획 중 도시·군관리계획으로 결정해야 할 사항이 있는 경우는 입안할 수 있다. 또 시장·군수에게 도시·군관리계획이 도시·군기본계획에 부합되지 않는다고 판단해 조정을 요구했으나 정한 기간까지 정비하지 않을 경우 입안할 수 있다.

주민은 입안권자는 아니지만 입안권자에게 입안을 제안할 수 있다. 주민이 기반시설의 설치·정비 또는 개량에 관한 사항, 지구단위계획구역의 지정 및 변경, 지구단위계획 수립 및 변경에 관한 사항에 대하여 입안을 제안할 때는 제안서에 계획도와 계획설명서를 첨부해야 한다. 이 경우 시설결정 대상토지의(국공유지 제외) 면적의 80% 이상을 시행자가 확보하여야 한다. 또한 주민은 도시·군관리계획 결정 등에 필요한 비용의 전부를 부담해야 한다.

수립과 입안의 차이는 일반에게 구속력 없는 계획에서는 수립이란 용어를 사용하고, 구속력이 있는 계획에서는 입안이란 용어를 사용한다. 도시·군기본계획은 수립이기 때문에 일반시민들에게는 법적효력이 없다. 반면에 도시·군관리계획은 입안이기 때문에 일반인에게 강제성과 법적 구속력이 있으며 국민의 재산권에 직접적인 영향을 끼친다.

04 목표연도

도시·군관리계획의 목표연도는 기준연도로부터 장래의 10년을 기준으로 하고, 연도의 끝자리는 0년 또는 5년으로 한다. 예를 들어 2020년, 2025년, 2030년, 2035년, 2040년 등이다. 도시·군기본계획을 5년마다 재검토하거나 급격한 여건변화로 인하여 다시 수립하는 경우 시장·군수는 도시·군기본계획의 정책방향에 부합되게 도시·군관리계획을 재검토한다. 이때 목표연도는 도시·군기본계획의 재검토 시점으로부터 10년으로 한다. 단 계획기간 중 도시·군관리계획을 일부 변경하는 경우에는 목표연도를 변경하지 않을 수 있다.

　도시·군관리계획은 원칙적으로 결정된 날부터 5년 이내에는 이를 변경할 수 없다. 다만 상위계획의 변경이 있는 경우, 국가보안상 또는 중앙정부가 주요정책사업을 추진하는 경우, 천재지변으로 인하여 불가항력적인 경우, 상위 법령의 제정 및 개정이 있는 경우, 5년 주기로 시행되는 도시·군기본계획의 재검토로 인한 조정의 경우, 지구단위계획의 변경으로 인한 경우, 문화재와 자연환경 보전 등을 위한 경우, 관계 법령의 시행을 위하여 계획의 변경이 불가피한 경우, 수도권의 과밀억제권역에서 감소되는 공업지역에 대체되는 공업지역을 지정하는 경우, 관리지역 세분으로 결정·고시된 용도지역이 지역여건 또는 이미 추진 중인 개발계획과 현저히 부합하지 않는 경우 등은 5년 이내라도 변경할 수 있다.

05　입안절차

　도시·군기본계획 수립대상 시·군의 시장·군수는 도시·군기본계획에 적합하도록 도시·군관리계획을 입안한다. 인접한 시·군 관할구역 또는 일부를 포함할 경우는 관계 시장·군수가 협의하여 공동으로 입안하거나 입안할 자를 정한다. 협의가 성립되지 않을 때는 관할 도지사가, 둘 이상의 시·도 관할구역이 걸치는 때에는 국토교통부장관이 입안자를 지정하고 이를 고시한다.

　시장·군수는 도시·군기본계획 계획안을 작성하기에 앞서 당해 시·군의 자연적·사회적·경제적 현황조사와 계획상 필요한 기초조사를 실시하고 기후변화 재해취약성 분석을 수행한다. 그 내용은 도시·군관리계획서에 첨부한다. 다만 도시·군기본계획 수립 시 조사된 자료는 활용하고 변경된 사항만 첨부한다. 택지개발촉진법에 따라 이미 택지개발예정지구로 지정된 지역에 대하여는 당해 지구에 대한 개발계획을 고려하여 도시·군관리계획을 입안한다.

　도시·군기본계획 계획안은 주민의 의견을 청취하기 위해 공청회를 개최하고, 일간신문과 인터넷홈페이지에 등에 공고하여 14일 이상 일반이 열람할 수 있도록 한다. 내용에 의견이 있는 자는 열람기간 내에 시장·군수·구청장에게 의견서를 제출할 수 있다. 의견서가 제출된 경우 반영 여부를 검토한 후 열람기간 종료된 날로부터 45일 이내에 의견을 제출한 자에게 통보하여야 한다. 부득이한 사정이 있는 경우에는 1회에 한하여 30일을 연장할 수 있다. 의견을 반영하고자 할 때는 그 내용을 다시 공고하고 열람하게 하여 주민의 의견을 들어야 한다. 단 국방상 또는 국가안전보장상 기밀을 지켜야 할 사항이거나 대통령으로 정하는 경미한 사항은 주민의 의견청취를 생략할 수 있다.

이렇게 입안된 계획안은 지방의회 의견청취를 한 다음, 시·군 도시계획위원회의 자문을 받아 도시·군관리계획으로 최종 확정한다. 시장·군수는 확정된 안을 도지사에게 승인을 요청하며, 도지사는 관계행정기관장과 협의한 후 도 도시계획위원회의 심의를 거쳐 도시·군관리계획을 승인한다. 다만, 인구 50만 이상의 대도시는 관할 시장이 직접 결정한다. 시·도지사는 결정된 도시·군관리계획

[그림 4-6] 도시·군관리계획 입안절차

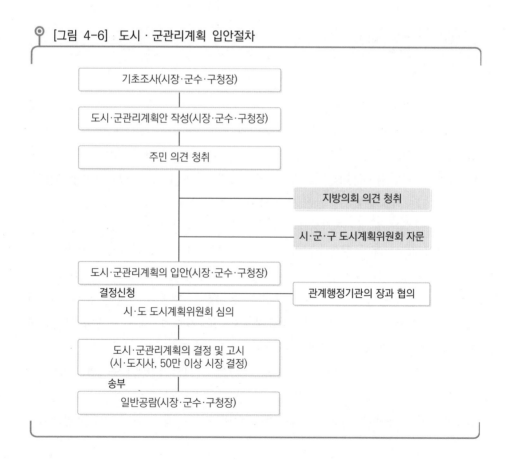

을 즉시 고시하고 결정된 도면을 시장·군수에게 송부하여 일반인에게 열람시킨다. 도시·군관리계획은 지형도면을 고시한 날로부터 효력이 발생한다.

06 도시·군관리계획의 수립기준

도시·군관리계획의 수립기준을 정할 때에는 다음의 사항을 종합적으로 고려하여야 한다.

① 광역도시계획 및 도시·군기본계획 등에서 제시한 내용을 수용하고 개별사업계획과의 관계 및 도시의 성장추세를 고려하여 수립하도록 할 것

② 도시·군기본계획을 수립하지 아니하는 시·군의 경우 당해 시·군의 장기발전구상 및 도시·군기본계획에 포함될 사항 중 도시·군관리계획의 원활한 수립을 위하여 필요한 사항이 포함되도록 할 것

③ 도시·군관리계획의 효율적인 운영 등을 위하여 필요한 경우에는 특정지역 또는 특정부문에 한정하여 정비할 수 있도록 할 것

④ 공간구조는 생활권단위로 적정하게 구분하고 생활권별로 생활·편익시설이 고루 갖추어지도록 할 것

⑤ 도시와 농어촌 및 산촌지역의 인구밀도, 토지이용의 특성 및 주변환경 등을 고려하여 지역별로 계획의 상세정도를 다르게 하고, 기반시설의 배치계획, 토지용도 등은 도시와 농어촌 및 산촌지역이 서로 연계되도록 할 것

⑥ 토지이용계획을 수립할 때에는 주간 및 야간활동인구 등의 인구규모, 도시의 성장추이를 고려하여 그에 적합한 개발밀도가 되도록 할 것

⑦ 녹지축·생태계·산림·경관 등 양호한 자연환경과 우량농지 등을 고려하여 토지이용계획을 수립하도록 할 것

⑧ 수도권안의 인구집중유발시설이 수도권외의 지역으로 이전하는 경우 종전의 대지에 대하여는 그 시설의 지방이전이 촉진될 수 있도록 토지이용계획을 수립하도록 할 것

⑨ 도시·군계획시설은 집행능력을 고려하여 적정한 수준으로 결정하고, 기

존 도시 · 군계획시설은 시설의 설치현황과 관리 · 운영상태를 점검하여 규모 등이 불합리하게 결정되었거나 실현가능성이 없는 시설에 대하여는 재검토함으로써 미집행되는 시설을 최소화하도록 할 것

⑩ 도시의 개발 또는 기반시설의 설치 등이 환경에 미치는 영향을 미리 검토하는 등 계획과 환경의 유기적 연관성을 높여 건전하고 지속가능한 도시발전을 도모하도록 할 것 등이다.

07 도시 · 군관리계획 수립의 일반원칙

① 도시 · 군관리계획은 광역도시계획 및 도시 · 군기본계획 등에서 제시한 내용을 수용하고 개별 사업계획과의 관계 및 시 · 군의 성장추세에 따라 수립한다.

② 도시 · 군기본계획을 수립하지 아니하는 시 · 군의 도시 · 군관리계획에는 당해 시 · 군의 장기발전구상 및 법 제19조 제1항에 의한 도시 · 군기본계획에 포함될 사항 중 도시 · 군관리계획의 원활한 수립을 위하여 필요한 사항이 포함되도록 계획한다.

③ 도시 · 군관리계획의 효율적인 운영 등을 위하여 필요한 경우에는 특정지역 또는 특정부문에 한정하여 정비할 수 있다.

④ 공간구조는 생활권단위로 적정하게 구분하며 생활권별로 생활 · 편익시설이 고루 갖추어지도록 계획한다.

⑤ 도시와 농 · 산 · 어촌지역의 인구밀도, 토지이용의 특성 및 주변환경 등을 고려하여 지역별로 계획의 상세정도를 다르게 하고, 기반시설의 배치계획, 토지용도 등은 도시와 농 · 산 · 어촌지역이 서로 연계되도록 한다.

⑥ 토지이용계획을 수립할 때에는 주간 및 야간활동인구, 상주인구 등 인구규모, 시 · 군의 성장추이를 고려하여 그에 적합한 개발밀도가 되도록 계획한다.

⑦ 녹지축 · 생태계 · 산림 · 경관 등 양호한 자연환경, 상수원과 우량농지, 문

화재 및 역사유적 등을 고려하여 토지이용계획을 수립한다.

⑧ 수도권 안의 인구집중유발시설이 수도권 외의 지역으로 이전하는 경우 종전의 대지에 대하여는 그 시설의 지방이전이 촉진될 수 있도록 토지이용계획을 수립한다. 이 경우 종전대지의 용도지역 변경 등으로 인하여 지가상승이 발생하거나 발생할 것으로 예상되는 경우 당해 특별시장·광역시장·특별자치시장·특별자치도지사·시장 또는 군수(이하 "시장·군수"라 한다)는 당해 대지의 소유자로 하여금 도로·문화시설 등 기반시설을 설치하여 기부채납하도록 할 수 있고 국가균형발전법 등에 따라 재정적 지원을 받은 경우에는 추가적으로 기반시설을 설치하도록 할 수 있다.

⑨ 수도권 과밀억제권역의 일반공업지역내 대규모 공장의 이전을 촉진하기 위한 경우에는 이전후 주변을 포함한 일대의 지역을 준공업지역 등 타 용도지역으로 변경할 수 있다.

⑩ 도시·군계획시설은 집행능력을 고려하여 적정한 수준으로 결정하고, 기존 도시·군계획시설은 시설의 설치현황과 관리·운영상태를 점검하여 규모 등이 불합리하게 결정되었거나 실현가능성이 없는 시설에 대하여는 재검토하여 미집행되는 시설을 최소화한다.

⑪ 도시의 개발 또는 기반시설의 설치 등이 환경에 미치는 영향을 미리 검토하는 등 계획과 환경의 유기적 연관성을 높여 건전하고 지속가능한 발전을 도모한다.

⑫ 토지이용계획을 수립할 때에는 해당 지역의 개발밀도, 주변여건과 주위 환경 등에 따라 예상되는 재난발생 및 방재상황, 미기후 환경(바람유동 및 열섬현상) 등을 고려하여 계획을 수립한다.

⑬ 도시·군관리계획에 국유지가 포함되는 경우 해당 국유지에 대한 이용현황, 장래 활용계획 등을 고려하여 계획을 수립한다.

⑭ 도시·군관리계획은 기후변화 재해 취약성 분석을 수행한 후 수립하고, 취약성 분석 결과를 토지이용, 기반시설 배치계획 등 부문별 계획에 반영한다.

지구단위계획

01 지구단위계획의 개념

지구단위계획이란 도시·군계획수립 대상지역 일부에 대하여 수립하는 계획이다. 토지이용을 보다 합리화하고, 그 기능을 증진시키며, 미관의 개선과 양호한 환경 확보 등 해당 지역을 체계적·계획적으로 관리하기 위하여 수립하는 계획이다. 도시 내 일정구역을 대상으로 인간과 자연이 공존하는 환경친화적 도시환경을 조성하고, 지속가능한 도시개발 또는 도시관리가 가능하도록 하기 위한 세부적인 계획이다. 광역도시계획, 도시·군기본계획 등 상위계획의 취지를 살려 토지이용을 구체화·합리화하기 위해 수립하는 도시·군관리계획의 일부분이다.

지구단위계획은 지구단위계획구역이나 정비사업구역 등을 대상으로 계획수립 시점으로부터 10년 내외의 기간 동안에 나타날 여건변화를 고려하여 해당 구역과 주변의 미래상을 설정하고 이를 구체적으로 표현한다. 또한 기존 시가지의 정비·관리·보존 또는 신시가지의 개발 등 그 목표를 분명하게 정하고, 목표에 따라 도시기반시설의 설치, 건축기준의 제시 등 부문별 계획이나 상세정도를 달리하여 정하게 된다.

지구단위계획의 지위는 도시·군관리계획과 건축계획과는 비교된다. 도시·군관리계획은 도시 전반의 행정구역에 대한 용도지역·용도지구 등 보다 거시적인 토지이용계획과 기반시설의 정비 등에 중점을 둔다. 건축계획은 특정 필지에서의 건축물 등 입체적 시설계획에 중점을 둔다. 반면에 지구단위계획은 도시의 일부지역을 대상으로 토지이용계획과 건축물계획을 같이 고려하여 평면적인 토지이용계획과 입체적인 건축계획이 서로 조화를 이루도록 하는 데 중점을 두고 있다.

02 지구단위계획구역 지정 및 대상지역

지구단위계획구역은 국토교통부장관, 시·도지사, 시장 또는 군수가 해당하는 지역의 전부 또는 일부에 대하여 도시·군관리계획으로 지정할 수 있다. 「국토의 계획 및 이용에 관한 법률」에 따라 지정된 용도지구, 「도시개발법」에 따라 지정된 도시개발구역, 「도시 및 주거환경정비법」에 따라 지정된 정비구역, 「택지개발촉진법」에 따라 지정된 택지개발지구, 「주택법」에 따른 대지조성사업지구, 「산업입지 및 개발에 관한 법률」에 따른 준산업단지, 「관광진흥법」에 따라 지정된 관광특구, 개발제한구역·도시자연공원구역·시가화조정구역 또는 공원에서 해제되는 구역, 녹지지역에서 주거·상업·공업지역으로 변경되는 구역과 새로 도시지역으로 편입되는 구역 중 계획적인 개발 또는 관리가 필요한 지역 등이다.

또 도시지역 내 주거·상업·업무 등의 기능을 결합하는 등 복합적인 토지 이용을 증진시킬 필요가 있는 지역이다. 즉 준주거지역, 준공업지역, 상업지역에서 낙후된 도심 기능을 회복하거나 도시균형발전을 위한 중심지 육성이 필요한 지역이다. 이들 지역은 다음의 어느 하나에 해당해야 한다. 도시·군기본계획에 반영된 경우로서 주요 역세권, 고속버스 및 시외버스 터미널, 간선도로의 교차지 등 양호한 기반시설을 갖추고 있어 대중교통 이용이 용이한 지역, 역세권의 체계적·계획적 개발이 필요한 지역, 세 개 이상의 노선이 교차하는 대중교통 결절지로부터 1km 이내에 위치한 지역, 「역세권의 개발 및 이용에 관한 법률」에 따른 역세권개발구역 및 「도시재정비 촉진을 위한 특별법」에 따른 고밀복합형 재정비촉진지구로 지정된 지역이다.

또한 도시지역 내 유휴토지를 효율적으로 개발하거나 교정시설, 군사시설, 5,000m² 이상 면적의 유효토지, 그 밖에 철도·항만·공항·공장·병원·학교·공공청사·공공기관·시장·운동장 및 터미널 등의 시설을 이전하거나 재배치하여 토지 이용을 합리화하고 그 기능을 증진시키기 위하여 지정한다. 특히 토지의 활용 잠재력이 높고 지역거점 육성이 필요한 지역, 지역경제 활성화와 고용창출의 효과가 클 것으로 예상되는 지역 등을 지정한다.

03 지구단위계획의 내용

지구단위계획구역의 지정목적을 이루기 위하여 지구단위계획에는 다음 내용이 포함되어야 한다.

① 용도지역 또는 용도지구를 「국토의 계획 및 이용에 관한 법률 시행령」에서 정하는 범위 안에서 세분하거나 변경하는 사항, 기존의 용도지구를 폐지하고 그 용도지구에서의 건축물이나 그 밖의 시설의 용도·종류 및 규모 등의 제한을 대체하는 사항

② 「국토의 계획 및 이용에 관한 법률 시행령」에서 정하는 기반시설의 배치와 규모

③ 도로로 둘러싸인 일단의 지역 또는 계획적인 개발·정비를 위하여 구획된 일단의 토지의 규모와 조성계획

④ 건축물의 용도제한·건축물의 건폐율 또는 용적률·건축물의 높이의 최고한도 또는 최저한도

⑤ 건축물의 배치·형태·색채 또는 건축선에 관한 계획

⑥ 환경관리계획 또는 경관계획

⑦ 교통처리계획

⑧ 그 밖에 토지이용의 합리화, 도시 또는 농·산·어촌의 기능증진 등에 필요한 사항으로서 「국토의 계획 및 이용에 관한 법률 시행령」에서 정하는 사항

지구단위계획은 도로, 상하수도 등 도시·군계획시설의 처리·공급 및 수용능력이 지구단위계획구역에 있는 건축물의 연면적, 수용인구 등 개발밀도와 적절한 조화를 이룰 수 있도록 하여야 한다. 또 지구단위계획구역에서는 「건축법」, 「주차장법」 등은 「국토의 계획 및 이용에 관한 법률 시행령」이 정하는 범위에서 지구단위계획으로 정하는 바에 따라 완화하여 적용할 수 있다.

04 지구단위계획의 실효

지구단위계획구역의 지정에 관한 도시·군관리계획결정은 고시일부터 3년 이내에 그 지구단위계획구역에 관한 지구단위계획이 결정·고시되지 아니하면 그 3년이 되는 날의 다음날에 그 지구단위계획구역의 지정에 관한 도시·군관리계획결정은 효력을 잃는다. 그러나 주민이 입안을 제안한 경우에는 5년이 된 날의 다음 날에 효력을 잃는다. 다만, 다른 법률에서 지구단위계획의 결정에 관하여 따로 정한 경우에는 그 법률에 따라 지구단위계획을 결정할 때까지 지구단위계획구역의 지정은 그 효력을 유지한다. 지구단위계획 결정이 효력을 잃으면 대통령령으로 정하는 바에 따라 지체 없이 그 사실을 고시하여야 한다. 지구단위계획구역에서 건축물을 건축 또는 용도변경하거나 공작물을 설치하려면 그 지구단위계획에 맞게 하여야 한다.

참고문헌

「국토의 계획 및 이용에 관한 법률」.
「국토의 계획 및 이용에 관한 법률 시행령」.
「국토의 계획 및 이용에 관한 법률 시행규칙」.
국토교통부, 도시·군기본계획 수립지침.
국토교통부, 도시·군관리계획 수립지침.
대한국토·도시계획학회, 도시계획론(5정판), 보성각, 2008.
서울특별시, 서울도시계획연혁, 2016.
손정목, 개항기 도시 시설의 도입과정, 도시문제 제14집 제8호, 1979.
손정목, 일제강점기 도시계획연구, 일지사, 1990.

홈페이지

국토환경정보센터 (www.neins.go.kr)
국토교통부 정책자료 (www.moit.go.kr)
서울도시계획포털 (urban.seoul.go.kr)
서울특별시 서울역사편찬원 (www.historylib.seoul.go.kr)
서울연구원 (www.si.re.kr)

용도지역제

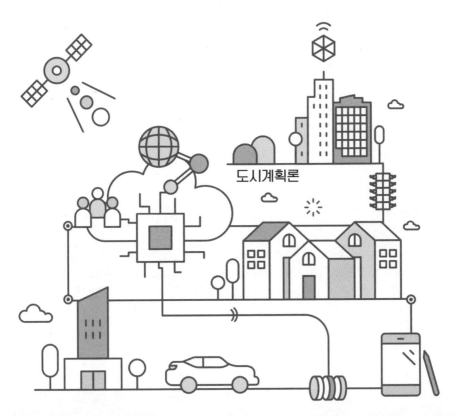

도시계획론

본 내용은 「국토의 계획 및 이용에 관한 법률」·「국토의 계획 및 이용에 관한 법률 시행령」·「국토의 계획 및 이용에 관한 법률 시행규칙」, 국토교통부의 '도시·군기본계획 수립지침'·'도시·군관리계획 수립지침'·'입지규제최소구역 지정 등에 관한 지침'을 발췌하여 정리하였다.

SECTION 01 용도지역

01 용도지역의 개요

용도지역이란 토지의 이용 및 건축물의 용도, 건폐율, 용적률, 높이 등을 제한함으로써 토지를 경제적·효율적으로 이용하고 공공복리의 증진을 도모하기 위하여 서로 중복되지 아니하게 도시·군관리계획으로 결정하는 지역을 말한다. 우리나라 국토는 「국토의 계획 및 이용에 관한 법률(약칭: 국토계획법)」에 따라 용도지역을 크게 도시지역, 관리지역, 농림지역, 자연환경보전지역 등 4가지로 구분하였다. 그러므로 국토교통부장관, 시·도지사, 또는 대도시 시장은 관할지역의 토지에 대해서 4가지 중 하나에 해당하는 용도지역을 지정 또는 변경을 도시·군관리계획으로 결정해야 한다. 지역과 지역은 중복으로 지정할 수 없다.

도시지역은 주거지역·상업지역·공업지역·녹지지역으로 구분한다. 주거지역은 거주의 안녕과 건전한 생활환경의 보호를 위하여 필요한 지역이다. 상업지역은 상업이나 그 밖의 업무의 편익을 증진하기 위하여 필요한 지역이다. 공업지역은 공업의 편익을 증진하기 위하여 필요한 지역이다. 녹지지역은 자연환경·농지 및 산림의 보호, 보건위생, 보안과 도시의 무질서한 확산을 방지하기 위하여 녹지의 보전이 필요한 지역이다.

관리지역은 보전관리지역, 생산관리지역, 계획관리지역으로 구분한다. 보전관리지역은 자연환경 보호, 산림 보호, 수질오염 방지, 녹지공간 확보 및 생태계 보전 등을 위하여 보전이 필요하나, 주변 용도지역과의 관계 등을 고려할 때 자연환경보전지역으로 지정하여 관리하기가 곤란한 지역이다. 생산관리지역은 농업·임업·어업 생산 등을 위하여 관리가 필요하나, 주변 용도지역과의 관계 등을 고려할 때 농림지역으로 지정하여 관리하기가 곤란한 지역이다. 계획관리지역은 도시지역으로의 편입이 예상되는 지역이나 자연환경을 고려하여 제한적인 이용·개발을 하려는 지역으로서 계획적·체계적인 관리가 필요한 지역이다.

농림지역은 도시지역에 속하지 않는 「농지법」의 농업진흥지역 또는 「산지관리법」의 보전산지 등으로서 농림업을 진흥시키고 산림을 보전하기 위하여 필요한 지역이다. 「국토의 계획 및 이용에 관한 법률」에 따라 도시·군관리계획으로 결정하고 고시한 지역을 말한다.

자연환경보전지역은 자연환경, 수자원, 해안, 생태계, 상수원 및 문화재의 보전과 수산자원의 보호·육성 등을 위하여 필요한 지역이다. 「국토의 계획 및 이용에 관한 법률」에 따라 도시·군관리계획으로 결정하고 고시한 지역을 말한다. 다만 자연환경보전지역 중 「자연공원법」에 따른 공원구역, 「수도법」에 따른 상수원보호구역, 「문화재보호법」에 따라 지정된 지정문화재 또는 천연기념물과 그 보호구역, 「해양생태계의 보전 및 관리에 관한 법률」에 따른 해양보호구역인 경우에는 각각 해당 법령에서 정하는 바에 따르고, 수산자원보호구역인 경우에는 「수산자원관리법」에서 정하는 바에 따른다.

도시지역·관리지역·농림지역·자연환경보전지역으로 용도가 지정되지 않은 지역은 자연환경보전지역에 관한 규정을 적용한다. 도시지역에서 용도가 지정되지 않는 지역은 녹지지역에 관한 규정을 적용한다. 관리지역에서 용도가 지정되지 않은 지역은 보전관리지역에 관한 규정을 적용한다.

02 용도지역의 세분

국토교통부장관, 시·도지사 또는 대도시 시장은 도시지역의 주거지역·상업지역·공업지역·녹지지역을 도시·군관리계획 결정으로 다시 세분하여 지정할 수 있다.

주거지역은 전용주거지역, 일반주거지역, 준주거지역으로 구분한다. 전용주거지역은 양호한 주거환경을 보호하기 위하여 필요한 지역이다. 단독주택 중심의 양호한 주거환경을 보호하기 위하여 필요한 제1종전용주거지역, 공동주택 중심의 양호한 주거환경을 보호하기 위하여 필요한 제2종전용주거지역으로 세분한다. 일반주거지역은 편리한 주거환경을 조성하기 위하여 필요한 지역이다. 저층주택을 중심으로 편리한 주거환경을 조성하기 위하여 필요한 제1종일반주거지역, 중층주택을 중심으로 편리한 주거환경을 조성하기 위하여 필요한 제2종일반주거지역, 중고층주택을 중심으로 편리한 주거환경을 조성하기 위하여 필요한 제3종일반주거지역으로 세분한다. 준주거지역은 주거기능을 위주로 이를 지원하는 일부 상업기능 및 업무기능을 보완하기 위하여 필요한 지역이다.

상업지역은 중심상업지역, 일반상업지역, 근린상업지역, 유통상업지역으로 구분한다. 중심상업지역은 도심·부도심의 상업기능 및 업무기능의 확충을 위하여 필요한 지역이다. 일반상업지역은 일반적인 상업기능 및 업무기능을 담당하게 하기 위하여 필요한 지역이다. 근린상업지역은 근린지역에서의 일용품 및 서비스의 공급을 위하여 필요한 지역이다. 유통상업지역은 도시 내 및 지역 간 유통기능의 증진을 위하여 필요한 지역이다.

공업지역은 전용공업지역, 일반공업지역, 준공업지역으로 구분한다. 전용공업지역은 주로 중화학공업, 공해성 공업 등을 수용하기 위하여 필요한 지역이다. 일반공업지역은 환경을 저해하지 아니하는 공업의 배치를 위하여 필요한 지역이다. 준공업지역은 경공업 그 밖의 공업을 수용하되, 주거기능·상업기능·업무기능의 보완이 필요한 지역이다.

녹지지역은 보전녹지지역, 생산녹지지역, 자연녹지지역으로 구분한다. 보전녹지지역은 도시의 자연환경, 경관산림, 녹지공간을 보전할 필요가 있는 지역이다. 생산녹지지역은 주로 농업적 생산을 위하여 개발을 유보할 필요가 있는 지역이다. 자연녹지지역은 도시의 녹지공간의 확보, 도시확산의 방지, 장래 도시용지의 공급 등을 위하여 보전할 필요가 있는 지역으로서 불가피한 경우에 한하여 제한적인 개발이 허용되는 지역이다.

　건폐율은 대지면적에 대한 건축면적 비율로 도시의 평면적 밀도를 관리하기 위한 규제 수단이다. 통상 건축물 1층의 바닥면적을 가리키며 2층 이상의 면적은 포함시키지 않는다. 대지에 둘 이상의 건축물이 있는 경우에는 이들 건축면적의 합계로 한다. 건축면적은 건축물의 외벽 또는 이에 대신하는 기둥의 중심선으로 둘러싸인 부분의 수평투영면적을 말한다. 건폐율의 의의는 건물용지에 최소한의 공터를 확보해 충분한 햇볕이 비치고 통풍이 되도록 하며, 화재 발생 시 옆 건물로 옮겨 붙는 것을 방지하며, 재해 시 피난하기 쉽도록 하기 위한 것이다.

　용적률은 대지면적에 대한 건축물 각 층의 바닥면적을 모두 합한 연면적 비율이다. 건폐율이 대지면적에 대한 넓이 개념이라면 용적률은 높이 개념으로 이해된다. 도시의 입체적 밀도를 관리하기 위한 규제 수단이다. 여기서 밀도란 건축물의 물리적 밀도와 사람들의 거주성 밀도를 동시에 함의한다. 따라서 지하층처럼 지상 건축물의 물리적 밀도에 영향을 주지 않는 부분은 용적률을 산정할 때 연면적에서 제외한다. 또한 주차장·피난안전구역·대피공간은 사람들의 거주성이 없는 공간이므로 용적률 산정할 때 연면적에서 제외된다.

　「국토의 계획 및 이용에 관한 법률」에서는 토지를 효율적으로 이용하기 위해서 용도지역별로 건폐율과 용적률의 최대한도의 범위를 규정하고 있다. 이에 따라 특별시·광역시·특별자치시·특별자치도시·군은 관할지역의 면적과 인구규모, 용도지역의 특성 등을 고려하여 조례로 그 범위를 정한다.

[표 5.1] 건축물의 건폐율과 용적률

용도지역			건폐율	용적률
도시지역	주거지역	제1종 전용주거지역	50% 이하	50~100%
		제2종 전용주거지역	50% 이하	50~150%
		제1종 일반주거지역	60% 이하	100~200%
		제2종 일반주거지역	60% 이하	100~250%
		제3종 일반주거지역	50% 이하	100~300%
		준주거지역	70% 이하	200~500%
	상업지역	중심상업지역	90% 이하	200~1500%
		일반상업지역	80% 이하	200~1300%
		근린상업지역	70% 이하	200~900%
		유통상업지역	80% 이하	200~1100%
	공업지역	전용공업지역	70% 이하	150~300%
		일반공업지역	70% 이하	150~350%
		준공업지역	70% 이하	150~400%
	녹지지역	보전녹지지역	20% 이하	50~80%
		생산녹지지역 (성장관리방안 수립지역)	20% 이하 (30% 이하)	50~100%
		자연녹지지역 (성장관리방안 수립지역)	20% 이하 (30% 이하)	50~100%
관리지역	보전관리지역		20% 이하	50~80%
	생산관리지역		20% 이하	50~80%
	계획관리지역 (성장관리방안 수립지역)		40% 이하 (50% 이하)	50~100%
농림지역	–		20% 이하	50~80%
자연환경보전지역	–		20% 이하	50~80%

자료: 「국토의 이용에 관한 법률 시행령」 제84조(용도지역의 건폐율), 제85조(용도지역의 용적률), (개정 2021. 1. 5.)

04 용도지역 간 완충공간 설정

도시·군관리계획수립 시 상업지역·주거지역·공업지역 간의 경계에는 가능한 한 완충공간을 설정하여 용도지역의 지정목적이 보호되도록 한다. 전용주거지역 및 제1종일반주거지역이 상업지역과 접하는 부분은 폭 15m 이상의 도로에 의하여 용도지역을 구분하고, 연접부분에 폭 10m 이상의 녹지 또는 공공공지를 설치하여 수림대를 조성한다. 단, 기성시가지 등 부득이한 경우는 제외한다.

제2종일반주거지역이 중심상업지역·일반상업지역·유통상업지역 등과 접하는 부분은 연접부분에 폭 10m 이상의 녹지 또는 공공공지를 설치하여 수림대를 조성한다. 그리고 완충방안 중 폭 15m 이상의 도로에 의하여 용도지역을 구분하거나 주거지역과 상업지역 사이에 준주거지역을 추가로 채택한다. 단, 기성시가지 등 부득이한 경우는 제외한다.

주거지역과 일반공업지역 및 준공업지역의 연접부분은 공업지역안에 폭 15m 이상의 완충녹지를 설치한다. 그리고 폭 20m 이상의 도로에 의하여 지역을 구분하거나 주거지역과 공업지역 사이에 준공업지역의 설정을 추가로 채택한다. 단, 기성시가지 등 부득이한 경우는 제외한다.

주거지역과 전용공업지역의 연접부분은 폭 30m 이상의 도로에 의하여 용도지역을 구분하고 도로 양편에 각각 폭 15m 이상의 완충녹지 또는 공원을 설치한다.

SECTION 02 용도지구

01 용도지구의 개요

용도지구란 토지의 이용 및 건축물의 용도·건폐율·용적률·높이 등에 대한
용도지역의 제한을 강화하거나 완화하여 적용함으로써 용도지역의 기능을 증진
시키고 경관·안전 등을 도모하기 위하여 도시·군관리계획으로 결정하는 지역
을 말한다. 용도지역과 관계없이 국지적·부가적·추가적으로 지정할 수 있어 용
도지역·용도지구·용도구역과 중복지정이 가능하다. 또한 용도지역과 달리 토
지마다 반드시 지정하여야 하는 것은 아니다.

용도지구의 지정과 변경은 국토교통부장관, 시·도지사 또는 대도시 시장 도
시·군관리계획으로 결정한다. 필요하다고 인정되면 지역실정에 맞게 지구를 다

[그림 5-1] 용도지역 · 용도지구 · 용도구역의 관계

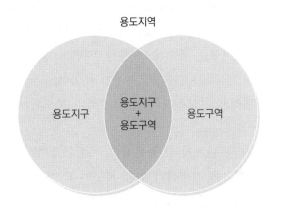

시 세분하여 지정하여 구분할 수 있다. 시·도 또는 대도시의 조례로 행위제한을 강화하는 용도지구 신설은 가능하나, 당해 용도지역·용도구역의 행위제한을 완화하는 용도지구는 신설할 수 없다.

용도지구계획의 기본원칙은 공공의 안녕질서와 시·군 기능의 증진을 위하여 필요하다고 인정할 때에는 용도지구의 지정을 계획할 수 있다. 용도지구는 점적(點的) 지정을 지양하고 일정면적으로 지정하도록 한다. 용도지구에서는 지구단위계획을 수립하여 지구지정의 목적에 적합하게 개발·관리할 수 있다. 둘 이상의 용도지구가 중첩하여 지정되어 있는 경우에는 해당 용도지구를 지구단위계획으로 대체할 수 있다.

02 용도지구의 지정

국토교통부장관, 시·도지사 또는 대도시 시장은 도시·군관리계획 결정으로 경관지구, 고도지구, 방화지구, 방재지구, 보호지구, 취락지구, 개발진흥지구, 특정용도제한지구, 복합용도지구, 그 밖에 대통령령으로 정하는 지구를 지정 또는 변경할 수 있다. 「국토의 계획 및 이용에 관한 법률」에 의해 지정 또는 변경할 용도지구는 다음과 같다.

경관지구는 경관의 보전·관리 및 형성을 위하여 필요한 지구이고, 고도지구는 쾌적한 환경 조성 및 토지의 효율적 이용을 위하여 건축물 높이의 최고한도를 규제할 필요가 있는 지구이다. 방화지구는 화재의 위험을 예방하기 위하여 필요한 지구이고, 방재지구는 풍수해·산사태·지반의 붕괴 및 그 밖의 재해를 예방하기 위하여 필요한 지구이다. 보호지구는 문화재와 공항·항만 등 중요 시설물 및 문화적·생태적으로 보존가치가 큰 지역의 보호와 보존을 위하여 필요한 지구이다.

취락지구는 녹지지역, 관리지역, 농림지역, 자연환경보전지역, 개발제한구역, 도시자연공원구역의 취락을 정비하기 위한 지구이다. 개발진흥지구는 주거기능, 상업기능, 공업기능, 유통물류기능, 관광기능, 휴양기능 등을 집중적으로 개발·

정비할 필요가 있는 지구이다. 특정용도제한지구는 주거 및 교육 환경 보호나 청소년 보호 등의 목적으로 오염물질 배출시설, 청소년 유해시설 등 특정시설의 입지를 제한할 필요가 있는 지구이다. 복합용도지구는 지역의 토지이용 상황, 개발 수요 및 주변 여건 등을 고려하여 효율적이고 복합적인 토지이용을 도모하기 위하여 특정시설의 입지를 완화할 필요가 있는 지구이다. 그 밖에 대통령령으로 정하는 지구이다.

국토교통부장관, 시·도지사 또는 대도시 시장은 지역여건상 필요하면 법률로 정한 용도지구를 대통령령(「국토의 계획 및 이용에 관한 법률 시행령」)에 의해 도시·군관리계획 결정으로 다시 세분하여 지정하거나 변경할 수 있다. 또 시·도 또는 대도시의 조례로 용도지구의 명칭 및 지정목적, 건축이나 그 밖의 행위의 금지 및 제한에 관한 사항 등을 정하여 도시·군관리계획으로 결정할 수 있다.

국토교통부장관, 시·도지사 또는 대도시 시장은 연안침식이 진행 중이거나 우려되는 지역 등 대통령령으로 정하는 지역에 대해서는 방재지구의 지정 또는 변경을 도시·군관리계획으로 결정할 수 있다. 이 경우 해당 지구의 재해저감대책을 포함하여야 한다. 또 주거지역, 공업지역, 관리지역에 복합용도지구를 대통령령으로 정한 기준 및 방법에 따라 지정할 수 있다.

03 용도지구의 세분

국토교통부장관, 시·도지사 또는 대도시 시장은 도시·군관리계획 결정으로 경관지구, 방재지구, 보호지구, 취락지구, 개발진흥지구를 다음과 같이 세분하여 지정할 수 있다.

경관지구는 시가지경관지구, 특화경관지구로 세분할 수 있다. 자연경관지구는 산지·구릉지 등 자연경관을 보호하거나 유지하기 위하여 필요한 지구이다. 시가지경관지구는 지역 내 주거지와 중심지 등 시가지의 경관을 보호 또는 유지하거나 형성하기 위하여 필요한 지구이다. 특화경관지구는 지역 내 주요 수계의 수변 또는 문화적 보존가치가 큰 건축물 주변의 경관 등 특별한 경관을 보호 또는 유지하거나 형성하기 위하여 필요한 지구이다.

방재지구는 시가지방재지구와 자연방재지구로 세분할 수 있다. 시가지방재지구는 건축물과 인구가 밀집되어 있는 지역으로서 시설 개선 등을 통하여 재해 예방이 필요한 지구이다. 자연방재지구는 토지의 이용도가 낮은 해안변, 하천변, 급경사지 주변 등의 지역으로서 건축 제한 등을 통하여 재해 예방이 필요한 지구이다.

보호지구는 역사문화환경보호지구, 중요시설물보호지구, 생태계보호지구로 세분할 수 있다. 역사문화환경보호지구는 문화재와 전통사찰 등 역사·문화적으로 보존가치가 큰 시설 및 지역의 보호와 보존을 위하여 필요한 지구이다. 중요시설물보호지구는 항만, 공항, 공용시설, 교정시설, 군사시설 등 중요시설물의 보호와 기능의 유지 및 증진 등을 위하여 필요한 지구이다. 참고로 공용시설에는 공공업무시설, 공공필요성이 인정되는 문화시설·집회시설·운동시설 및 그 밖에 유사한 시설로 도시·군계획조례로 정하는 시설을 말한다. 생태계보호지구는 야생동식물서식처 등 생태적으로 보존가치가 큰 지역의 보호와 보존을 위하여 필요한 지구이다.

취락지구는 자연취락지구와 집단취락지구로 세분할 수 있다. 자연취락지구는 녹지지역, 관리지역, 농림지역 또는 자연환경보전지역 안의 취락을 정비하기 위하여 필요한 지구이다. 집단취락지구는 개발제한구역안의 취락을 정비하기 위하여 필요한 지구이다.

개발진흥지구는 주거개발진흥지구, 산업·유통개발진흥지구, 관광·휴양개발진흥지구, 복합개발진흥지구, 특정개발진흥지구로 세분할 수 있다. 주거개발진흥지구는 주거기능을 중심으로 개발·정비할 필요가 있는 지구이다. 산업·유통개발진흥지구는 공업기능 및 유통·물류기능을 중심으로 개발·정비할 필요가 있는 지구이다. 관광·휴양개발진흥지구는 관광과 휴양기능을 중심으로 개발·정비할 필요가 있는 지구이다. 복합개발진흥지구는 주거기능, 공업기능, 유통·물류기능, 관광·휴양기능 중 둘 이상의 기능을 중심으로 개발·정비할 필요가 있는 지구이다. 특정개발진흥지구는 주거기능, 공업기능, 유통·물류기능, 관광·휴양기능 외의 기능을 중심으로 특정한 목적을 위하여 개발·정비할 필요가 있는 지구이다.

[표 5.2] 용도지구

용도지구(도시계획법)	세분(도시계획법 시행령)
경관지구	자연경관지구
	시가지경관지구
	특화경관지구
고도지구	–
방화지구	–
방재지구	시가지방재지구
	자연방재지구
보호지구	역사문화 · 환경보호지구
	중요시설물보호지구
	생태계보호지구
취락지구	자연취락지구
	집단취락지구
개발진흥지구	주거개발진흥지구
	산업 · 유통개발진흥지구
	관광 · 휴양개발진흥지구
	복합개발진흥지구
	특정개발진흥지구
특정용도제한지구	–
복합용도지구	–

04 용도지구 계획

1) 경관지구

경관지구는 자연경관지구, 시가화경관지구, 특화경관지구로 구분한다. 자연경관지구는 산악 · 구릉지 · 숲 등의 자연경관이 우수하여 보호할 필요가 있는 지역에 대하여 지정한다. 대상지의 범위는 이러한 경관이 새로운 건축이나 개발행위로 인하여 손상을 입을 수 있는 지구 중에서 선정한다. 대상지의 형태는 가로변을 따라 선형으로 지정될 수도 있고, 경관대상지와 접하는 지역 또는 조망지점과 대상지를 연결하는 시각축상에 지정할 수 있다. 국립공원·도시자연공원·보전녹지지역 등의 지역과 그 주변은 자연경관지구로 함께 계획할 수 있다.

시가지경관지구는 기존 시가지에서 도시이미지 제고를 위하여 양호한 경관을 유지하거나 조성할 필요가 있는 지역에 지정한다. 대상지로는 건축물을 정비하여 도시적인 이미지의 경관을 조성하거나 자연환경과 건축물의 조화를 필요로 하는 중심지 등이다. 또 도시내부 지역 및 도시 진입부, 건축물의 경관을 특별히 유지·관리할 필요가 있는 주거지역 등이 될 수 있다. 중심지 등 도시내부 지역의 경우에는 토지의 이용도가 높은 상업지역을 중심으로 도시의 미관을 유지하기 위하여 지정할 수 있다. 또한 상징적인 가로변을 형성하는 등 토지의 이용이나 건축물의 건축을 특별히 관리하기 위하여 필요한 지역에 지정할 수 있다.

특화경관지구는 자연경관지구나 시가지경관지구의 지정을 통하여 지정목적을 달성할 수 없는 경우다. 지역 내 특별한 경관을 보호 또는 유지하거나 형성하기 위하여 필요한 지역에 지정한다. 자연적·생태적·역사적 경관을 유지하거나 조망하기 위하여 지정한다. 또는 특화된 경관을 형성하기 위하여 하천변·호소변·해안 등 수변지역이나, 사적지·전통건축양식 등 문화적 보존가치가 큰 지역 등 특정한 지역에 지정할 수 있다. 또한 해당 지역의 특성 등을 고려하여 보다 특별한 목적의 특화경관지구의 지정이 필요한 경우에는 특화경관지구의 세분을 검토할 수 있다.

2) 고도지구

고도지구는 도시환경의 조성과 경관유지 및 제고를 위하여 건축물의 높이의 최고한도를 규제할 필요가 있는 지역, 공원 및 녹지대 등의 경관 차단을 방지하기 위하여 필요한 지역에 지정한다. 문화재 및 문화재적 가치가 있다고 인정되는 시설물 또는 기타 주요 시설물의 시설 및 경관보호를 위하여 필요한 지역에 지정한다. 시가지내 관광도로 등으로부터 조망되는 시가지 경관차단을 방지하기 위하여 필요한 지역에 지정한다.

준공업지역의 공장이전적지 등 공동주택을 건축할 수 있도록 허용되었으나 주변지역의 토지이용 등에 비추어 고층화가 바람직하지 않은 지역에 지정한다. 이미 설치되었거나 계획된 도로, 상하수도, 학교 등 기반시설의 적정 이용량 유지를 위하여 단위지역 내 전체건물의 용적·인구밀도 등을 일정 수준으로 제한할 필요가 있는 지역에 지정한다. 또 시가지 내 공기 흐름의 차단방지 또는 바람의 통로확보를 위하여 필요한 지역에 지정한다. 그 밖에 시가지 경관 및 미관조성 등을 위하여 건축물의 높이를 제한할 필요가 있는 지역에 지정할 수 있다.

최고고도는 가급적 미터법에 의한 높이로 한다. 다만 아파트 건축을 위한 경우에는 층수로도 할 수 있다. 이 때 건축물의 건축높이 계산은 「건축법」에서 정하는 바에 따른다.

3) 방화지구

방화지구는 화재의 위험을 예방하기 위하여 필요한 지구이다. 도시의 정비가 이루어지지 않고 건축물이 밀집된 지역, 화재발생시 소방에 지장이 있는 지역, 화재발생시 폭발·유독가스 등으로 주변지역에 막대한 피해가 예상되는 공장이나 시설의 주변지역에 지정할 수 있다.

4) 방재지구

방재지구는 풍수해·산사태·지반붕괴 그 밖에 재해를 예방하기 위하여 필요한 지구이다. 풍수해 때 침수 등으로 인하여 재해의 위험이 예상되는 지역, 지반이 약하여 산사태·지반붕괴의 위험이 예상되는 지역, 지진발생이 우려되어 특별히 예방대책을 마련하여야 할 필요가 있는 지역, 해일의 피해가 우려되어 예방대책을 마련하여야 할 필요가 있는 지역에 지정할 수 있다.

연안침식으로 인하여 심각한 피해가 발생하거나 발생할 우려가 있어 이를 특별히 관리할 필요가 있는 지역은 방재지구로 지정하여야 한다. 또 풍수해와 산사태 등의 동일한 재해가 최근 10년 이내 2회 이상 발생하여 인명피해를 입은 지역으로서 향후 동일한 재해 발생 시 상당한 피해가 우려되는 지역은 방재지구로 지정하여야 한다.

방재지구 의무지정 대상의 구역경계는 피해지번이 중복된 지역을 대상으로 한다. 그러나 재해예방형 도시계획 수립을 위해서는 일정면적 확보가 필요하므로 중복되지 않은 피해지역도 방재지구로 지정할 수 있다. 방재지구의 재해피해 저감을 위해 재해저감대책을 수립하는 지역은 공원·녹지, 광장, 학교, 공공청사 등을 활용한다.

5) 보호지구

역사문화환경보호지구는 문화재와 문화적으로 보존가치가 큰 지역의 보호와 보존을 위하여 필요한 지역에 지정한다. 중요시설물보호지구는 항만, 공항, 공용시설, 교정 및 군사시설 등과 같이 국방상 또는 안보상 중요하거나 국민의 안전에 중요한 영향을 미치는 시설물의 보호와 보존을 위하여 필요한 지역에 지정한다. 생태계보호지구는 야생동식물서식지·도래지로서 생태적으로 보존가치가 큰 지역의 보호와 보존을 위하여 필요한 지역에 지정한다.

역사문화환경보호지구, 중요시설물보호지구, 생태계보호지구를 지정하려는 경우에는 각각 「문화재보호법」에 따른 문화재보호구역, 「군사기지 및 군사시설 보호법」에 따른 군사기지 및 군사시설 보호구역, 「습지보전법」에 따른 습지보호구역 등과 불필요하게 중첩되지 않도록 검토하여야 한다.

6) 취락지구

자연취락지구는 녹지지역·관리지역·농림지역 또는 자연환경보전지역안의 취락을 정비하기 위하여 지정한다. 지정대상은 ① 주민의 집단적 생활근거지로 이용되고 있거나 이용될 지역으로서 주택의 정비와 주민복지시설 또는 소득증대를 위한 생산시설 등의 설치를 위하여 계획적인 관리가 필요한 지역 ② 입지조건, 인구동향, 농지전용, 건축행위의 동향, 교통의 편리성, 공공시설의 정비상황 등으로 보아 양호한 주거환경을 갖는 지역으로서 체계적이고 질서 있는 정비가 필요하다고 인정되는 지역 ③ 자연적·경제적·사회적 조건 등을 고려해 볼 때 조화 있는 농업생산여건의 향상을 위하여 취락을 정비하고자 할 지역이나 도시적 환경을 갖춘 취락으로 정비하고자 하는 지역 ④ 주변에 상당 규모의 농경지가 있고 주택지가 불규칙하게 분포되어 있어 계획적으로 정비함으로써 양호한 영농조건을 확보할 수 있다고 기대되는 지역 ⑤ 토지이용상황으로 보아 주택이 노후화되어 일조·통풍 상 이웃 환경을 악화시킬 우려가 있는 등 적절한 주거환경의 확보에 지장을 주거나 줄 우려가 있어 정비가 필요한 지역 ⑥ 댐 건설, 전원개발사업 등으로 인해 불가피하게 기존에 지정되어 있는 자연취락지구를 이전하여 조성하는 지역이다.

집단취락지구는 개발제한구역안의 취락을 정비하기 위하여 필요한 경우에 지정한다. 집단취락지구의 지정·해제 및 관리·정비는 「개발제한구역의 지정 및 관리에 관한특별조치 법령」에서 규정하는 바에 따른다.

7) 개발진흥지구

개발진흥지구는 주거·공업·유통물류·관광휴양기능을 집중적으로 개발·정비할 필요가 있는 지역에 대하여 지정한다. 중심기능에 따라 주거개발진흥지구, 산업·유통개발진흥지구, 관광·휴양개발진흥지구, 복합개발진흥지구, 특정개발진흥지구로 세분한다. 그러나 자연환경보전지역(관광·휴양개발진흥지구는 제외), 「문화재보호법」에 의한 문화재 및 문화재보호구역, 「자연환경보전법」에 의한 자연생태계보전지역, 「도로법」에 의한 접도구역, 「수도법」에 의한 상수원보호구역, 「산림보호법」에 따른 산림보호구역, 「군사기지 및 군사시설 보호법」에 의한 군사기지 및 군사시설 보호구역, 「농지법」에 의한 농업진흥지역안의 농지와 경지정리·수리시설 등은 지정할 수 없다.

주거개발진흥지구는 주거기능을 중심으로 개발·정비할 필요가 있는 지역에 지정한다. 종전의 「국토이용관리법」상 취락지구 중에서 향후 주거지역으로 발전할 가능성이 있어 이를 계획적으로 개발할 필요가 있는 곳에 지정한다.

산업·유통개발진흥지구는 지역의 부존자원 특화산업, 외국인자본유치, 정보화생명공학 등 공해없는 첨단산업의 유치를 위하여 필요한 지역에 지정한다. 산업개발로 지역경제를 활성화할 수 있는 지역을 특별히 개발하기 위하여 지정한다. 토지이용을 고도화하거나 지역경제를 활성화할 수 있는 지역을 유통기능으로 특별히 개발하기 위하여 지정한다. 지역산업 발전을 견인하면서 지역경제 경쟁력을 강화하기 위하여 「국가균형발전 특별법」에 따른 특별히 개발한 필요가 있는 지역에 지정한다. 개별공장의 입지를 집단화하면서 계획적인 개발을 유도하기 위하여 특별히 필요한 지역에 지정한다.

관광·휴양개발진흥지구는 관광과 휴양기능을 중심으로 개발·정비할 필요가 있는 지역에 지정한다. 그러나 자연환경이 뛰어난 지역에 지정되어 자연환경 및 생태계가 훼손될 우려가 있는 지역은 지정대상에서 제외할 수 있다.

복합개발진흥지구는 주거·산업·유통·관광휴양 등 둘 이상의 기능을 복합 개발함으로써 개발의 상승효과가 기대되는 지역에 지정한다. 복합개발진흥지구에 대해서는 유치되는 기능에 따라 각 지구에서 요구하는 입지기준을 적용한다.

특정개발진흥지구는 주거, 산업·유통, 관광·휴양 등의 기능 이외에 지역전략산업 육성을 위한 특정한 기능을 유치하기 위하여 지정할 수 있다. 특정개발진흥지구 내에서는 건축물의 건폐율을 완화할 수 있다.

8) 특정용도제한지구

특정용도제한지구는 주거기능 보호 또는 청소년 보호 등의 목적으로 청소년 유해시설 등 특정시설의 입지를 제한할 필요가 있는 지구를 지정한다. 주거지역(준주거지역 제외)에 인접한 상업지역의 경우 주거환경의 보호를 위하여 일정한 용도를 제한하기 위하여 특정용도제한지구를 지정할 수 있다. 학교환경위생정화구역내에서는 숙박시설, 유흥주점, 단란주점 등의 시설을 제한하기 위하여 특정용도제한지구를 지정할 수 있다. 이 경우 해당 지역에 「교육환경 보호에 관한 법률」에 따른 교육환경보호구역의 지정 여부 등을 확인하여야 한다. 공업지역이 아닌 용도지역의 경우 해당 용도지역 내의 주거지, 농경지 등을 보호하기 위하여 공장 등 오염물질을 배출하는 시설의 입지를 제한하기 위한 목적의 특정용도제한지구를 지정할 수 있다.

9) 복합용도지구

복합용도지구는 주변지역 개발, 토지이용 수요 및 교통 여건 변화 등에 따라 해당 토지를 효율적으로 활용할 필요가 있거나 인접한 용도지역의 기능을 보완하고 연계하는 것이 필요한 곳에 지정한다. 용도지역 변경 시 기반시설이 부족해지는 등의 문제가 우려되어 해당 용도지역의 건축제한만을 완화하는 적합한 경우에 지정을 검토한다.

복합용도지구를 지정하는 경우에는 해당 용도지역의 기능이 크게 저해되는 문제가 없도록 해야 한다. 해당 용도지역 전체 면적의 3분의 1 이내의 범위에서 지정 목적에 부합하는 적정한 면적을 계획하여 과도하게 지정되지 아니하도록 한다. 복합용도지구는 소규모 점적으로 지정되지 아니하도록 하며, 주변의 토지 이용 상황 및 발전방향과 조화될 수 있도록 한다. 인접 지역과 유기적으로 연계될 수 있는 지역인 가로변, 용도지역 간의 경계 지역, 특정 건축물 입지 필요 지역 등에 지정하도록 한다.

01 용도구역 의의

용도구역은 토지의 이용 및 건축물의 용도·건폐율·용적률·높이 등에 대한 용도지역 및 용도지구의 제한을 강화하거나 완화하여 따로 정하는 지역을 말한다. 이는 시가지의 무질서한 확산방지, 계획적이고 단계적인 토지이용의 도모, 토지이용의 종합적 조정·관리 등을 위한 것이다. 용도구역은 도시·군관리계획으로 결정하며 개발제한구역, 시가화조정구역, 도시자연공원구역, 수자원보호구역, 입지규제최소구역이 있다. 용도구역은 각각 개별법에 의해서도 관리된다. 개발제한구역은 「개발제한구역법」, 시가화조정구역은 「국토의 계획 및 이용에 관한 법률」, 도시자연공원구역은 「도시공원 및 녹지 등에 관한 법률」 및 '도시자연공원구역의 지정·변경 등에 관한 지침', 수자원보호구역은 「수산자원관리법」, 입지규제최소구역은 「국토의 계획 및 이용에 관한 법률」에 따라 '입지규제최소구역 지정 등에 관한 지침'으로 용도구역 내 행위제한 등을 따로 규정하고 있다.

02 용도구역의 지정

개발제한구역은 국토교통부장관이 지정한다. 도시의 무질서한 확산을 방지하고 도시주변의 자연환경을 보전하며, 시민의 건전한 생활환경을 확보하기 위하여 도시의 개발을 제한할 필요가 있는 구역을 지정한다. 또 국방부장관이 보안 상 도시의 개발을 제한할 필요가 있다고 요청하는 지역에 대해 도시 · 군관리계 획으로 결정한다. 개발제한구역의 지정은 「개발제한구역의 지정 및 관리에 관한 특별조치법」이 정하는 바에 따르고, 조정은 「개발제한구역의 지정 및 관리에 관 한 특별조치법」, 「광역도시계획 수립지침」, 「도시 · 군기본계획 수립지침」 및 「개 발제한구역안의 대규모 취락 등에 대한 도시 · 군관리계획 개발제한구역 수립지 침」이 정하는 바에 따른다.

시가화조정구역은 시 · 도지사가 지정한다. 도시지역과 그 주변지역의 무질서 한 시가화를 방지하고 계획적 · 단계적인 개발을 도모하기 위한 구역이다. 대통 령령으로 정하는 일정기간(5년 이상 20년 미만)동안 시가화를 유보할 필요가 있다 고 인정되면 도시 · 군관리계획으로 시가화조정구역의 지정 및 변경을 결정할 수 있다. 국가계획과 연계하여 지정 및 변경할 경우에는 국토교통부장관이 직접 도 시 · 군관리계획으로 결정할 수 있다. 유보기간이 끝나면 그 다음날부터 효력을 잃는다. 설정기준은 일정 기간 동안 개발을 제한하거나 유보할 필요가 있는 지 역, 국가의 주요정책을 수행하기 위하여 도시적 토지이용을 일시적으로 중단하 여야 할 필요가 있는 지역이다.

도시자연공원구역은 시 · 도지사 또는 대도시(인구 50만명 이상) 시장이 지정한 다. 도시의 자연환경 및 경관을 보호하고 도시민에게 건전한 여가와 휴식공간을 제공하기 위한 구역이다. 도시지역 안에서 식생이 양호한 산지(山地)의 개발을 제한할 필요가 있을 경우에 도시 · 군관리계획으로 결정한다.

수산자원보호구역은 해양수산부장관이 지정하며, 수산자원의 보호 · 육성을 위한 것이다. 필요한 공유수면이나 그에 인접된 토지에 대한 수산자원보호구역 의 지정 또는 변경을 도시 · 군관리계획으로 결정할 수 있다.

입지규제최소구역은 용도지역 및 용도지구에서의 토지의 이용 및 건축물의 용도 · 건폐율 · 용적률 · 높이 등에 대한 제한을 강화하거나 완화하기 위한 것이 다. 도시 · 군관리계획의 결정권자인 시 · 도지사와 50만 이상의 대도시장이 지정 한다. 도시지역에서 복합적인 토지이용을 증진시켜 도시 정비를 촉진하고 지역 거점을 육성할 필요가 있는 지역과 그 주변지역의 전부 또는 일부를 지정할 수 있다. 입지규제최소구역으로 지정할 수 있는 곳은 다음과 같다. ① 도시 · 군기본계획에 따른 도심·부도심 또는 생활권의 중심지역 ② 철도역사·터미널·항만·공공청사·문화시설 등의 기반시설 중 지역의 거점 역할을 수행하는 시설을 중심으로 주변지역을 집중적으로 정비할 필요가 있는 지역 ③ 세 개 이상의 노선이 교차하는 대중교통 결절지로부터 1킬로미터 이내에 위치한 지역 ④ 노후·불량건축물이 밀집한 주거지역 또는 공업지역으로 정비가 시급한 지역 ⑤ 도시재생활성화지역 중 도시경제기반형 활성화계획을 수립하는 지역 등이다.

[그림 5-2] 인천역 일원 입지규제최소구역 조감도

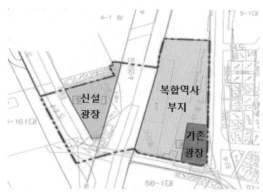

토지이용계획도

토지이용계획도

(자료: 인천광역시)

참고문헌

「국토의 계획 및 이용에 관한 법률」
「국토의 계획 및 이용에 관한 법률 시행령」
「국토의 계획 및 이용에 관한 법률 시행규칙」
국토교통부, 도시·군기본계획 수립지침.
국토교통부, 도시·군관리계획 수립지침.
국토교통부, 입지규제최소구역 지정 등에 관한 지침.
대한국토·도시계획학회, 도시계획론(5정판), 보성각, 2008.

홈페이지

국토교통부 (www.molit.go.kr)
국토환경정보센터 (www.neins.go.kr)
서울도시계획포털 (urban.seoul.go.kr)

도시조사 및 도시정보시스템

도시계획론

본 내용은 「공간정보의 구축 및 관리 등에 관한 법률」·「공간정보의 구축 및 관리 등에 관한 법률 시행령」·「국토의 계획 및 이용에 관한 법률」·「국토의 계획 및 이용에 관한 법률 시행령」·「국토의 계획 및 이용에 관한 법률 시행규칙」, 국토교통부의 '도시·군기본계획 수립지침'·'도시·군관리계획 수립지침'을 발췌하여 정리하였다.

도시조사의 의의와 목적

    도시조사(civic survey)란 도시계획 또는 토지이용계획을 수립하기에 앞서 도시에 대한 각종 자료를 수집하여 최대한 객관적이고 정확하게 분석·파악하는 것을 말한다. 도시계획이 도시의 미래 변화를 예측하고 대비하는 것이라면 도시기초조사는 도시의 현황자료를 수집하고 분석하여 올바른 도시계획이 되도록 준비하는 과정이다. 현실에 대한 정확한 인식과 분석이 있어야 미래 도시에 대한 올바른 대안이 나올 수 있으므로 도시계획은 기초조사를 바탕으로 한 정확한 진단과 이해를 전제로 한다.

    도시기본계획의 수립과 도시관리계획 입안을 위한 기초조사는 「국토의 계획 및 이용에 관한 법률」로 정한 의무 사항이다. 그러므로 특별한 규정이 없는 한 광역도시계획, 도시·군기본계획, 도시·군관리계획. 지구단위계획을 수립하거나 입안할 때 해당 지역 및 주변의 특성을 파악하기 위한 기초조사를 해야 한다. 「국토의 계획 및 이용에 관한 법률」 제13조(광역도시계획의 수립을 위한 기초조사), 제20조(도시·군기본계획수립을 위한 기초조사 및 공청회), 제27조(도시·군관리계획의 입안을 위한 기초조사 등)에는 다음과 같이 규정하고 있다.

    국토교통부장관, 시·도지사, 시장 또는 군수는 광역도시계획과 도시·군기본계획을 수립하거나 도시·군관리계획을 입안하는 경우에는 미리 인구, 경제, 사회, 문화, 토지이용, 환경, 교통, 주택 등을 조사한다. 그 밖에 기후·지형·자원·생태 등 자연적 여건과 기반시설 및 주거수준의 현황과 전망, 풍수해·지진 등의 재해 발생현황 및 추이, 도시계획과 관련된 타 계획 및 사업의 내용 등 도시계획 수립에 필요한 사항을 조사한다. 이때 국토교통부장관, 시·도지사, 시장 또는 군수는 관계 행정기관의 장에게 기초조사에 필요한 자료를 제출하도록 요청할 수 있다. 이 경우 행정기관의 장은 특별한 사유가 없으면 그 요청에 따라야 한다. 또 국토교통부장관, 시·도지사, 시장 또는 군수는 효율적인 기초조사를 위하여 필요하면 기초조사를 전문기관에 의뢰할 수 있다. 기초조사를 실시하여 수집된 해당 정보는 체계적으로 관리하고 효율적으로 활용하기 위하여 기초조사정보체계를 구축·운영해야 한다. 구축된 정보는 그 현황을 5년마다 확인하고 변동사항을 반영한다.

기초조사의 목적은 취득한 자료를 토대로 다음의 내용을 파악하기 위해서다. 첫째, 당해 도시가 국토공간에 차지하는 위치 및 지리적·문화적 특성을 파악하기 위한 것이다. 둘째, 당해 도시의 개발 연혁, 인구·경제·자연환경·생활환경 및 사회개발의 현황을 파악하기 위해서다. 셋째, 당해 도시가 지니고 있는 각 분야별 문제점과 이용·개발·보전 가능한 자원의 발전 잠재력을 파악하기 위한 것이다. 넷째, 당해 도시의 경제·사회·환경 등의 세력권을 파악하기 위한 것이다. 다섯째, 당해 도시의 재해발생 구조와 재해위험 요소를 파악하기 위한 것이다. 여섯째, 당해 도시의 범죄 취약성에 대한 물리적 환경 및 사회적 특성을 파악하기 위한 것이다. 일곱째, 당해 도시의 인구구성 및 사회계층구조 변화에 따른 저출산·고령화 추이를 파악하기 위한 것이다.

기초조사의 내용과 방법

01 기본원칙

　도시·군기본계획의 수립권자는 계획의 입안을 위하여 시·군의 인구·산업의 현황, 토지의 이용 상황, 기타 필요한 사항을 조사하거나 측량하여야 한다. 다만 도시·군기본계획을 수립하지 않는 시나 군의 경우에는 도시·군관리계획을 입안할 때 기초조사를 실시한다. 기초조사는 광역도시계획, 도시·군기본계획, 도시·군관리계획, 지구단위계획에서도 사용할 수 있도록 상세정도를 깊이 있게 하고, 측량(항공측량 포함)과 함께 이를 별도 실시할 수 있다.

　기초조사의 성과는 해당 시·군의 도시·군기본계획 수립뿐만 아니라 인접시·군의 도시·군계획과 광역도시계획 수립의 기본 자료로 활용될 수 있도록한다. 계획수립을 위하여 인접한 시·군의 일부지역에 대하여 기초조사가 필요한 경우에는 조사를 실시할 수 있다. 도시·군기본계획은 반드시 기초조사의 결과를 바탕으로 수립해야하고, 계획안 심의에는 적정한 기초조사 결과 자료를 첨부하여야 한다. 조사 자료는 지속적인 축적이 필요하다.

02 기초조사 방법

　기초조사는 각종 문헌이나 통계자료의 수집, 현지답사 등의 방법을 고루 활용하되, 문헌이나 각종 통계자료를 조사한 후 현지답사, 주민인식조사 등을 통하여 현지 확인 및 검증함으로써 신뢰도를 높일 수 있다. 다른 법령의 규정 또는 공공기관에 의하여 이미 조사된 공식적인 자료가 있을 때에는 이를 활용할 수 있다. 이 경우 1년 이내의 자료를 수집하는 것을 원칙으로 하고, 1년 이내의 자료 수집이 어려울 경우 가장 최근의 자료를 사용하도록 한다.

미래 변화를 예측하는 데 필요한 통계자료는 가능한 한 최근 10년간 이상의 것을 사용하며, 현황자료의 신빙성을 확보할 수 있도록 자료출처를 명시한다. 기초조사는 전산화된 자료를 충분히 활용하도록 하고, 국가공간정보통합체계 등 기존에 구축된 데이터를 활용한다. 도시의 공간구조, 용도지역 배분, 도심·부도심의 형성 등과 같은 전체적 파악뿐만 아니라 문화재, 보호림·기암괴석의 분포 상황, 연안의 침식상황 등 개별적 사항까지 조사한다. 수집된 자료는 시각적 효과를 높이기 위하여 필요한 경우 도표형태로 변환하거나 대표성 있는 수치를 구하여 정리한다.

03 기초조사 항목

기초조사는 도시·군기본계획의 수립과 운용에 실질적인 도움이 되고 도시의 미래상을 반영할 수 있도록 인구 동향이나 시가지의 현황 등 필요한 항목을 조사하여야 한다. 도시·군기본계획에서는 <표 6.1>에서 열거한 대항목과 세부항목 전체를 조사하여야 한다. 다만, 시·군의 특성에 따라서 조사항목을 가감하거나 추가적인 별도 조사를 실시할 수 있다.

조사내용은 지형, 지질, 수문, 기후, 자원 등과 같은 자연환경과 인구·사회·문화·교통·산업경제·토지이용 등과 같은 인문환경으로 구별할 수 있다. 시·군의 내부 환경과 도시세력권, 연결교통망, 인구유입(활동인구)과 같은 주변지역과의 관계도 조사한다. 자연환경·토지이용·기반시설 등과 같은 정적사항과 함께 인구집중, 교통량, 기능 간의 연계 등 동적사항도 조사·분석한다.

[표 6.1] 기초조사 세부항목 및 조사내용

대항목	세부항목	조사내용	비고
자연 환경	지형 및 경사도	표고분석	국토지리정보원 (수지지형도, 정밀수치표고모델)
		경사도분석	국토지리정보원 (수지지형도, 정밀수치표고모델)
	지질, 토양	지질도	한국지질자원연구원
		토양도	국가공간정보포털
	지하수	지하수개발	국가지하수정보센터
		지하수질	국가지하수정보센터
		지하수오염	국가지하수정보센터
	수리 수문 수질	수계분석	국가수자원관리종합정보시스템
		하천별 수량	국가수자원관리종합정보시스템
		수변여건	국가수자원관리종합정보시스템
	기후	기온	국가기후데이터센터
		강수량	국가기후데이터센터
		일조	국가기후데이터센터
		주풍방향	국가기후데이터센터
		풍속	국가기후데이터센터
		안개일수	국가기후데이터센터
	풍수해 기록, 가능성	과거 100년간 풍수해 기록	통계연보, 지자체
	지진 기록, 가능성	인근지역 과거 100년간 지진발생기록	기상청
	생태 식생	국토환경성평가지도	국토환경정보센터
		생태자연도	국토환경정보센터
		생태적 민감지역	국토환경정보센터
		임상도	산림공간정보서비스
		보호식물	국토환경정보센터
		비오톱	국토환경정보센터

대항목	세부항목	조사내용	비고
자연 환경	동식물 서식지	동식물 집단서식지	국토환경정보센터
		주요 야생동물	국토환경정보센터
		이동경로	국토환경정보센터
	환경계획 및 정책	국가환경종합계획 및 시책	환경부
		국제적 환경관련 협약, 조약 규범 등	환경부
인문 환경	시·군의 역사	시·군의 기원	지자체
		성장과정 및 발전연혁	지자체
	행정	행정구역 변천 현황	지자체
		도시·군계획구역변천 현황	지자체
		행정조직	지자체
		행정동·법정동	통계청
	문화재, 전통건물 등	지정문화재	문화재청
		역사적 건축물	지자체
		역사적 장소 및 가로	지자체
		관광 현황도	지자체
	기타 문화자원	유·무형 문화자원	공공데이터포털
	각종 관련계획	상위계획	지자체
		관련계획	지자체
인구	인구총수의 변화	과거 20년간의 인구추이	통계청
		통계청 인구추계 현황	통계청
	인구밀도	계획대상구역 전체 또는 지구별 인구밀도 및 시가화지역 인구밀도분포	지자체
	인구의 구성	연령별 및 성별 인구	통계청
		노령 및 장애인 인구	통계연보, 지자체
	주야간 인구	야간 거주인구	통계청
		주간 활동인구	통계청
	산업별 인구	1, 2, 3차 산업별 인구	통계청(마이크로데이터)
		주요 특화산업 인구 (입지계수 분석)	통계청

대항목	세부항목	조사내용	비고
인구	산업별 인구	고용	통계청
		고용유형별 인구	통계청
		고용연령별 인구	통계청
	가구	가구수 변화	통계연보, 지자체
		가구별 가구원수	통계연보, 지자체
	생활권별 인구	행정구역단위별 인구	통계연보, 지자체
	인구이동현황	전출 · 전입인구	통계연보, 지자체
		전출 · 전입인구 변동추세	통계연보, 지자체
		10만m^2 이상의 개발사업지내 관내, 관외 전입, 전출 현황	지자체
경제 · 산업	지역 총생산	지역총생산	통계연보, 지자체
	산업	산업별 총매출액	통계연보, 지자체
		사업체수 및 종사자수	통계청
	특화산업	대표산업	통계청(마이크로데이터)
		성장산업과 쇠퇴산업	통계청(마이크로데이터)
	경제활동인구	경제활동인구	통계청
	기업체	산업별 · 규모별 업체수와 종사자수	통계청(마이크로데이터)
토지 이용	공간구조	중심지분석	지자체
	용도별 면적, 분포	도시 · 군계획 변천 현황	부동산종합공부시스템
		용도지역, 용도지구, 용도구역별 현황	부동산종합공부시스템
		타 법의 각종 지구, 구역 현황	부동산종합공부시스템
	토지의 소유	소유(국 · 공유지 및 사유지) 현황	부동산종합공부시스템
	지가	공시지가 현황	부동산종합공부시스템
		지가 변화 현황	부동산종합공부시스템
	지목별 면적, 분포	지목별현황 및 변화 현황	부동산종합공부시스템
	농업진흥지역	농업진흥지역 현황	부동산종합공부시스템
	산지	보전산지 현황	부동산종합공부시스템

대항목	세부항목	조사내용	비고
토지 이용	시가화 동향	지난 10년간의 용도지역별 개발행위허가 현황	지자체
		시가화용지내 전·답·임 등 미이용지 현황	국가공간정보포털, 부동산종합공부시스템
		시가화지역내 미이용 건폐율	국가공간정보포털, 부동산종합공부시스템
		시가화지역내 미이용 용적률	국가공간정보포털, 부동산종합공부시스템
	주거환경조사	주거지역내 토지이용현황 조사	국가공간정보포털, 부동산종합공부시스템
		건축물 동수밀도	국가공간정보포털, 부동산종합공부시스템, 건축행정시스템
		접도불량 택지율	국가공간정보포털, 부동산종합공부시스템, 건축행정시스템
	상업환경조사	상업지역내 토지이용현황 조사	국가공간정보포털, 부동산종합공부시스템
	공업환경조사	공업지역내 토지이용현황 조사	국가공간정보포털, 부동산종합공부시스템
	GIS 구축내용	토지이용 및 건축물에 대한 시·군의 GIS자료	지자체
	주요 개발사업	10만m² 이상의 기 허가된 개발사업	부동산종합공부시스템
		정부가 추진하는 주요개발사업	부동산종합공부시스템
	재해위험요소	자연재해위험개선지구	부동산종합공부시스템
		재해발생 현황	지자체
		방재관련 현황	부동산종합공부시스템
		주민대피지구, 긴급대피장소, 대피로, 대피안내지도	지자체
	미기후 환경변화요소	바람길 분석	지자체
		열섬현상 분석	지자체

대항목	세부항목	조사내용	비고
주거	주택수	유형 및 규모별 주택수	통계지리정보서비스, 지자체
		대지밀도	통계지리정보서비스, 부동산종합공부시스템
		호수밀도	통계지리정보서비스, 부동산종합공부시스템
		빈집 현황	지자체
	주택 보급률	무주택가구	지자체
		주택보급율 변동추이	통계연보, 지자체
	주거수준	평균 주택규모	통계연보, 지자체
		인당 주거상면적	통계연보, 지자체
	임대주택	임대주택 유형별 주택수 및 사업계획	통계연보, 지자체
	주택공급	재건축, 재개발 및 주거환경개선사업 등 사업 대상지 및 공급규모	부동산종합공부시스템, 도시계획정보관리시스템
	교통시설	도로(기능별 총연장, 도로율, 주요노선)	부동산종합공부시스템, 도시계획정보관리시스템, 통계연보, 지자체
		항만(화물 처리, 선좌수, 화물유형)	통계청, 지자체
		공항(게이트 수, 소음권, 연간 이용객, 처리화물)	통계청, 지자체
		주차장(유형 및 주차면수)	공공데이터포털, 지자체
		정류장(자동차 정류장, 대중교통정류장)	부동산종합공부시스템, 지자체
		궤도	부동산종합공부시스템, 지자체
		자동차 검사시설(자동차 및 건설기계 검사시설)	부동산종합공부시스템, 지자체
		철도(철도연장, 노선, 철도역)	부동산종합공부시스템, 도시계획정보관리시스템
		교통량(도시내 및 지역 간 교통, 출퇴근 교통, 교통수단별 분담, 기종점 교통량, 여객교통, 화물교통)	한국교통연구원, 지자체
		교통사고 발생현황	경찰청

대항목	세부항목	조사내용	비고
	공간시설	광장 현황	부동산종합공부시스템, 도시계획정보관리시스템
		공원 현황	부동산종합공부시스템, 도시계획정보관리시스템
		녹지 현황	부동산종합공부시스템, 도시계획정보관리시스템
		유원지 현황	부동산종합공부시스템, 도시계획정보관리시스템
		공공공지 현황	부동산종합공부시스템, 도시계획정보관리시스템
	유통 및 공급시설	유통업무설비	부동산종합공부시스템, 도시계획정보관리시스템
		수도공급설비(상수원, 상수공급량과 공급율, 수도공급설비)	국가수자원관리종합정보시스템, 통계연보, 지자체
		전기공급설비(전력생산, 소비, 전기공급설비, 전력선지중화)	부동산종합공부시스템, 지자체
		가스공급설비(가스공급량, 가스공급설비)	통계연보, 부동산종합공부시스템, 지자체
		열공급설비	지자체
		방송·통신시설[정보통신망(자가, 임대), 무선통신망, 정보통신센터, 방송·통신시설]	지자체
		공동구 현황	지자체
		시장 현황	공공데이터포털, 지자체
		유류저장 및 송유설비	부동산종합공부시스템, 지자체, 도시계획정보관리시스템
	공공·문화 체육시설	교육시설(각급 학교)	부동산종합공부시스템, 지자체, 도시계획정보관리시스템
		공공청사 (행정관리시설 등 공용의 청사)	부동산종합공부시스템, 지자체, 도시계획정보관리시스템
		문화시설(공연장, 박물관 및 미술관, 문화시설, 문화산업진흥시설 및 문화산업단지, 과학관, 도서관 등)	부동산종합공부시스템, 지자체, 도시계획정보관리시스템

대항목	세부항목	조사내용	비고
	공공 · 문화 체육시설	체육시설	부동산종합공부시스템, 지자체, 도시계획정보관리시스템
		연구시설	부동산종합공부시스템, 지자체, 도시계획정보관리시스템
		사회복지시설(보육시설, 아동 · 여성 · 노인 · 장애인보호시설)	사회복지시설정보시스템, 지자체
		공공직업훈련시설	부동산종합공부시스템, 지자체, 도시계획정보관리시스템
		청소년수련시설	부동산종합공부시스템, 지자체, 도시계획정보관리시스템
	방재시설	하천, 유수지, 저수지, 방화 · 방풍 · 방수 · 사방 · 방조설비	부동산종합공부시스템, 지자체, 도시계획정보관리시스템
	보건위생시설	장사시설	부동산종합공부시스템, 지자체, 도시계획정보관리시스템
		도축장	부동산종합공부시스템, 지자체, 도시계획정보관리시스템
		의료시설(종합병원, 보건소, 병상수, 특수병원)	보건의료빅데이터개방시스템, 지자체
	환경기초시설	대기오염(지역별, 대기오염, 물질별 오염정도) 오염원	국립환경과학원, 지자체
		소음/진동/악취(주요 거주지 주야간 소음 및 진동, 공장지대 악취)	지자체
		하천의 수질	환경부
		토양오염의 유형	환경부
		하수도(공공하수관로, 공공하수처리시설)	부동산종합공부시스템, 지자체, 도시계획정보관리시스템
		폐기물처리 및 재활용시설(생활 및 산업 폐기물, 재활용 현황, 처리시설)	자원순환정보시스템, 지자체
		빗물저장 및 이용시설	자원순환정보시스템, 지자체
		수질오염방지시설(폐수종말처리시 설, 폐수수탁처리업시설, 분뇨처리시설, 폐광 폐수처리시설)	환경부, 지자체

대항목	세부항목	조사내용	비고
	환경기초시설	폐차장	지자체
재정	재정자립도	재정자립도 추이	통계연보, 지자체
	지방세수입	재산세	통계연보, 지자체
		기타 지방세	통계연보, 지자체
	지방채발행	발행	통계연보, 지자체
		지급	통계연보, 지자체
	재산세	변동추이	통계연보, 지자체
	교부금	교부금 현황	통계연보, 지자체

자료: 국토교통부, 도시·군기본계획 수립지침(2018).

04 자료분석 및 조사결과 관리

　기초조사의 결과자료가 집계되면 계획의 목적에 따라서 가공, 처리하고 실태를 객관적으로 파악한다. 기초조사 결과는 과거부터의 추이, 현황, 향후전망 등을 쉽게 파악할 수 있도록 분석하여 광역도시계획, 도시·군기본계획, 도시·군관리계획을 수립하는 데 활용할 수 있도록 한다. 도시·군기본계획을 수립 또는 변경할 때에는 기초조사를 바탕으로 한 데이터를 반드시 첨부한다. 조사결과를 계획에 활용하는 경우에는 자료출처 및 분석내용이 포함되어야 한다.

　인구, 토지이용, 건물이용 및 동향 등의 자료는 과거 추세를 시계열적으로 파악하는 분석과정을 거쳐야 한다. 그 결과는 계획 활용 시 이해도를 높일 수 있게 종합적으로 관리한다. 기초조사 결과는 계획수립 과정에서 쉽게 이용할 수 있는 형태로 저장·관리하고, 체계적이고 지속적으로 관리한다. 기초조사 자료는 정보의 공유와 체계적인 관리를 위해서 지도정보의 GIS화를 목표로 시스템 구축과 과거 데이터의 정리를 진행한다.

　자료의 관리는 도시계획정보체계(UPIS)를 기반으로 하되, 목적에 따라 국가공간계획지원체계(KOPSS) 등을 활용한 집계, 분석을 실시할 수 있다. 시·도지사와 시장·군수는 도시·군계획에 관한 주민의 참여를 촉진시키기 위해 기초조사의 데이터와 집계 및 해석 결과에 대한 정보를 주민에게 용이하게 제공할 수 있도록 한다.

05 기초조사 실시 및 면제지역

도시·군관리계획 입안을 위한 기초조사는 「국토의 계획 및 이용에 관한 법률」 제27조에 규정된 의무화된 사항이다. 기초조사는 도시·군기본계획 수립지침에 규정된 기초조사 방법을 준용하여 실시한다. 기초조사 내용에 도시·군관리계획이 환경에 미치는 영향 등에 관한 환경성검토 및 토지적성평가를 포함하여야 한다. 그러나 대통령령으로 정하는 경미한 사항에 대해서는 기초조사 및 환경성검토, 토지적성평가 또는 재해취약성분석을 면제할 수 있다.

기초조사 면제 요건은 다음의 어느 하나에 해당하는 경우다. 해당 지구단위계획구역이 도심지(상업지역과 상업지역에 연접한 지역)에 위치하는 경우, 해당 지구단위계획구역 안의 나대지 면적이 구역면적의 2%에 미달하는 경우, 해당 지구단위계획구역 또는 도시·군계획시설 부지가 다른 법률에 따라 지역·지구 등으로 지정되거나 개발계획이 수립된 경우, 해당 지구단위계획구역의 지정목적이 해당 구역을 정비 또는 관리하고자 하는 경우로서 지구단위계획의 내용에 너비 12m 이상 도로의 설치계획이 없는 경우, 기존의 용도지구를 폐지하고 지구단위계획을 수립 또는 변경하여 그 용도지구에 따른 건축물이나 그 밖의 시설의 용도·종류 및 규모 등의 제한을 그대로 대체하려는 경우, 해당 도시·군계획시설의 결정을 해제하려는 경우, 그 밖에 국토교통부령으로 정하는 요건에 해당하는 경우이다.

환경성검토는 「환경영향평가법」에 따라 환경에 미치는 계획을 수립할 때는 '전략환경영향평가'를 실시해야 하며 그 대상은 다음과 같다. 도시의 개발에 관한 계획, 산업입지 및 산업단지의 조성에 관한 계획, 에너지 개발에 관한 계획, 항만 건설에 관한 계획, 도로의 건설에 관한 계획, 수자원개발에 관한 계획, 철도

(도시철도 포함)의 건설에 관한 계획, 공항의 건설에 관한 계획, 하천의 이용 및 개발에 관한 계획, 개간 및 공유수면의 매립에 관한 계획, 관광단지의 개발에 관한 계획, 산지개발에 관한 계획, 특정지역의 개발에 관한 계획, 체육시설의 설치에 관한 계획, 폐기물 처리시설의 설치에 관한 계획, 국방·군사시설의 설치에 관한 계획, 토석·모래·자갈·광물 등의 채취에 관한 계획, 환경에 영향을 미치는 시설로서 대통령으로 정하는 시설의 설치에 관한 계획이다. 참고적으로 '환경영향평가'는 해당 계획의 허가·인가·승인·면허 등을 할 때에 실시하는 것이다.

토지적성평가는 「국토의 계획 및 이용에 관한 법률」에 따라 도시·군기본계획을 수립하거나 도시·군관리계획을 입안하는 경우에는 기초조사로서 토지의 적성에 대한 평가를 실시해야 한다. 그 목적은 환경친화적이고 지속가능한 개발을 보장하고 개발과 보전이 조화되는 선계획·후개발의 국토관리체계를 구축하기 위한 것이다. 토지적성평가 결과는 도시계획 수립 및 입안의 여부를 판단하는데 적용한다. 또한 용도지역·용도지구의 지정 및 변경에 관한 계획, 도시·군계획시설의 설치·정비 또는 개량에 관한 계획, 도시개발사업 또는 정비사업에 관한 계획, 지구단위계획의 지정 또는 변경에 관한 계획 등의 기초자료로 활용한다.

06 자료의 종류

도시계획 관련 자료는 자료원에 대한 접근이 직접적이냐 간접적이냐에 따라 1차 자료(primary data)와 2차자료(secondary data)로 나누어진다. 1차 자료는 도시계획 해당 지역에 대한 현지조사, 면접조사, 설문조사 등을 통해 직접적으로 도출한 자료다. 현지조사로는 관찰법과 실측법이 있다. 면접조사로는 개인면접법, 전화면접법, 집단면접법이 있다. 설문조사로는 집단설문조사, 개인설문조사, 이메일설문조사, 우편설문조사, SNS설문조사 등이 있다. 이들 조사는 전부를 대상으로 하는 전수조사와 표본을 축출하여 일부를 대상으로 하는 표본조사로 나뉜다. 전수조사는 오차가 없어 신뢰도가 높지만 시간과 경비가 많이 소요된다.

반면에 표본조사는 시간과 경비를 절약할 수 있지만 오차가 있을 수 있다는 단점이 있다.

2차 자료는 대부분 정부기관 및 공공기관에서 출간한 것으로 문헌자료, 통계자료, 지도자료 등을 통해 간접적으로 도출한 자료다. 1차 자료에 비해 적은 노력과 비용으로 방대한 자료를 얻을 수 있다는 장점이 있다. 반면에 원하는 분야의 현실감 있는 정보를 얻을 수 없다는 단점이 있다. 문헌자료는 도시계획과정에서 생산되는 각종 행정자료 등이 있다. 통계자료는 주로 통계청에서 발간하는 것으로 국가통계포털(KOSIS)을 통해 인구를 비롯한 다양한 주제별·기관별 통계자료를 얻을 수 있다. 지도자료는 지형도, 지적·지번도, 지질도, 항측도, 행정구역도, 도시계획도 등이 있다.

도시계획에서 인구와 산업 등에 대한 전수조사는 조사대상의 개체수가 적은 경우를 제외하고는 불가능하므로 통계청의 전수조사 자료를 활용하는 것이 일반적이다. 국가통계포털(KOSIS, www.kosis.kr)은 국내·국제·북한의 주요 통계를 한 곳에 모아 이용자가 원하는 통계를 한 번에 찾을 수 있도록 서비스하고 있다. 지도자료는 국토지리정보원(www.ngii.go.kr)에서 국가기본도를 비롯한 다양한 지리공간정보를 생산하여 제공하고 있다. 이곳의 국토정보플랫폼은 수치지도, 항공사진, 정사영상, 온맵, 구기본도 등을 제공하고 있다.

참고로 국가공간정보포털(www.nsdi.go.kr)은 국가·공공·민간에서 생산한 공간정보를 한곳에서 쉽게 활용할 수 있도록 서비스하고 있다. 토지이용규제정보서비스(luris.molit.go.kr)는 개별 토지의 공간적 위치, 주변 환경, 지정된 용도지역·지구에 따른 규제의 내용 등 복잡하고 다양한 토지이용 관련 규제내용과 절차를 체계적으로 유형화하여 서비스하고 있다. 도시계획정보서비스(upis.go.kr)는 전국 지방자치단체의 도시계획정보를 서비스하고 있어 내 땅의 도시계획 정보를 확인할 수 있다. 도시재생종합정보체계(www.city.go.kr)는 도시재생과 관련된 각종 정보와 자료를 제공하고 있다.

도시정보시스템

01 GIS의 개념

1) 공간정보의 개념

넓은 의미에서 데이터는 의미 있는 정보를 가진 모든 값, 사람이나 자동 기기가 생성 또는 처리하는 형태로 표시된 것을 뜻한다. 어떠한 사실, 개념, 명령 또는 과학적인 실험이나 관측 결과로 얻은 수치나 정상적인 값 등 실체의 속성을 숫자, 문자, 기호 등으로 표현한 것이며 데이터에 특정한 의미가 부여될 때 정보가 된다. 모든 정보의 80%는 지리 또는 위치의 공간정보와 관련이 있으며, 공공영역에서 사용되는 정보의 80%는 지리·공간적 특징이 있다.

공간정보란 지도 및 지도 위에 표현이 가능하도록 위치, 분포 등을 알 수 있는 모든 정보이다. 공간에 대한 정보는 시간과 함께 인간이 생활을 하는데 있어 반드시 알아야 하는 가장 근본적인 정보이다. 공간정보는 우리가 일상생활이나 특정한 상황에 처해 있을 때 행동이나 태도를 결정하는 중요한 기초정보와 기준을 제시한다.

공간정보를 국가단위로 볼 때에는 국토공간정보라 하며, 지형, 지질, 토지이용, 자연환경, 통계 데이터 등이 이에 해당된다. 도시규모에서는 도시공간정보라고 하며 도로, 토지, 가옥, 상·하수도, 가스, 전기공급시설 등이 이에 포함된다. 또한 정보의 단위를 기준으로는 공간정보를 국토공간정보와 도시공간정보로도 구분할 수 있다.

공간정보는 데이터의 형태에 따라 도형 데이터와 속성 데이터로 구성된다.

도형데이터는 크게 벡터(Vector)데이터와 래스터(Raster)데이터로 나누어 볼 수 있으며 속성데이터는 문서, 대장 등의 DB로 구성되어 있다. 벡터는 점과 점 사이의 선을 이용해 이미지를 구성하는 방식이며, 래스터는 많은 양의 픽셀(Pixel)이 모여 하나의 이미지를 구성하는 방식이다.

[그림 6-1] 공간정보의 개념

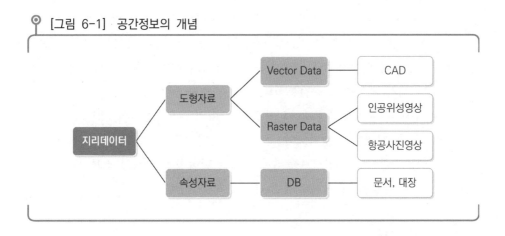

2) 지리정보시스템(GIS)의 개념

현재 세계적으로 지리정보시스템(GIS: Geographic Information System)과 공간정보가 유사한 개념으로 혼용되어 사용되고 있다. GIS는 데이터베이스(DB)를 활용하여 기존의 종이지도를 디지털 지도로 대체하고, 이러한 정보를 각종 분석 소프트웨어를 통해 의미 있게 활용하는 정보시스템을 의미한다. GIS는 기본적으로 현실을 단순화하는 것을 지향하며, GIS 기술을 근간으로 발전해온 공간정보는 2000년 이후 새로운 공간정보 기술과 서비스를 지칭하는 의미로 사용되고 있다. GIS와는 달리 공간정보는 공간정보의 주된 사용자가 지능사물이기 때문에, 미래의 공간정보는 현실을 있는 그대로 나타내는 것을 지향한다.

GIS란 인간생활에 필요한 지리정보를 컴퓨터 데이터로 변환하여 효율적으로 활용하기 위한 정보시스템이다. 정보시스템이란 의사결정에 필요한 정보를 생성하기 위한 제반 과정으로서 정보를 수집, 관측, 측정하고 컴퓨터에 입력하여 저장, 관리하며 저장된 정보를 분석하여 의사결정에 반영할 수 있는 시스템이다. GIS는 지리적 위치를 갖고 있는 대상에 대한 위치자료(spatial data)와 속성자료

(attribute data)를 통합·관리하여 지도, 도표 및 그림들과 같은 여러 형태의 정보를 제공한다. 즉, 넓은 의미에서 GIS란 인간의 의사결정능력 지원에 필요한 지리정보의 관측과 수집에서부터 보존과 분석, 출력에 이르기까지의 일련의 조작을 위한 정보시스템을 의미한다.

GIS는 모든 정보를 수치의 형태로 표현한다. 모든 지리정보가 수치데이터의 형태로 저장되어 사용자가 원하는 정보를 선택하여 필요한 형식에 맞추어 출력할 수 있다. GIS는 다량의 자료를 컴퓨터 기반으로 구축하여 정보를 빠르게 검색할 수 있으며 도형자료와 속성자료를 쉽게 결합시키고 통합 분석 환경을 제공한다. GIS에서 제공하는 공간분석의 수행 과정을 통하여 다양한 계획이나 정책수립을 위한 시나리오의 분석, 의사결정 모형의 운영, 변화의 탐지 및 분석기능에 활용한다. 다양한 도형자료와 속성자료를 가지고 있는 수많은 데이터 파일에서 필요한 도형이나 속성정보를 추출하고 결합하여 종합적인 정보를 분석, 처리할 수 있는 환경을 제공하는 것이 GIS의 핵심 기능이다.

3) GIS의 역사

우리나라 국가 GIS 사업의 발전단계는 다음과 같다. 제1차 국가GIS사업(1995~2000) 기간에는 지형도 수치지도화사업, 공통주제도 수치지도화사업, 지하시설물도 수치지도화사업 등 공간DB를 구축함으로써 외형적으로 크게 성장하였다. 제2차 국가GIS사업(2001~2005) 기간에는 기 구축한 DB를 기반으로 공공부문의 응용시스템이 본격 개발됨에 따라 DB구축과 시스템 통합이 크게 발전하였다. 제3차 국가GIS사업(2006~2010) 기간에는 기 구축된 시스템과의 연계·통합 및 타 IT기술과의 접목을 통해 응용시스템을 고도화하는 한편, 공간정보서비스를 통해 고부가가치를 창출하는 새로운 비즈니스 모델을 모색하고 있다.

02 ▶ GIS 정보시스템 유형

1) GIS 정보시스템의 유형

GIS는 인간의 현실생활과 밀접한 관계가 있는 모든 자료를 취급함으로써 광범위한 활용분야를 가지고 있다. GIS의 활용분야는 토지, 자원, 도시, 환경, 교통, 농업, 해양 및 국방에 이르기까지 다양한 산업 전반에 걸쳐 빠르게 발전하고 있다.

토지정보시스템은 토지공간의 효율적인 이용과 관리를 위해 각종 토지자원 데이터를 체계적으로 수집, 저장, 분석, 가공하여 토지정책에 대한 의사결정을 보조하는 정보시스템이다. 토지에 대한 실제 이용 현황, 소유자, 거래, 지가, 개발, 이용제한 등에 관한 정보를 통합적으로 제공한다.

도시정보시스템은 전산시스템을 이용하여 도시지역의 위치정보와 속성정보를 데이터베이스화하여 통합 및 관리함으로써 도시의 계획과 관리, 운영 등의 업무를 지원하는 종합 시스템이다. 인구, 자원, 교통, 건물, 지명, 환경, 도시계획 등의 도시 운영에 필요한 각종 정보를 제공한다.

교통정보시스템은 교통개선계획, 도로유지보수, 교통시설물관리 등 종합적인 도로관리 및 운영을 위한 정보시스템이다. 지능형교통시스템등의 교통정보 제공 분야에 활용된다.

환경정보시스템은 환경영향평가와 혐오시설 입지선정 및 대형건설사업에 따른 환경변화 예측에 활용된다. 동식물정보, 수질정보, 지질정보, 대기정보, 폐기물정보 등의 정보를 구축하고 있다. 하천 수계별 수질오염 분석, 오염물 확산 평가, 매립장 입지 선정 및 영향 평가, 유해 폐기물 위치 평가, 생활환경, 생태계, 경관의 변화 예측 등의 체계적인 환경정보 관리에 사용된다.

재해정보시스템은 재해 및 재난, 긴급구조 등 위험요소에 대한 사전 예방, 대비와 상황 발생 시 신속한 대응과 복구체계 확립을 위한 정보화 지원 시스템 이다.

2) 국민참여 GIS

국민참여 GIS 서비스는 정보제공서비스, 상호작용서비스, 참여기반서비스, 데이터접근서비스로 구성된다. 먼저, 정보제공서비스는 국토공간에 대한 기본정보와 GIS 분석 정보를 제공하여 정책을 홍보하고, 정책에 대한 이해를 높이는 것이다. 두 번째 상호작용 서비스는 웹기반 GIS 기술을 이용하여 현황을 파악할 수 있는 웹맵핑 서비스, 시각화적 가시화, 다양한 멀티미디어를 활용한 시뮬레이션 서비스로 나눌 수 있다. 참여기반서비스는 국토공간정책에 대하여 사용자의 의견 및 의사 표현, 참여가 가능하도록 하는 참여기반 웹맵핑서비스이다. 마지막으로 제공자가 보유하고 있는 자료 및 데이터에 접근하고 관리할 수 있는 데이터 접근 서비스를 제공한다.

03 GIS의 도시계획 활용분야1)

첫째, 개발과 보존을 위한 적지분석에 활용하기 위해 토지이용의 적합성 분석(land use suitability analysis)을 한다. 개발과 보존을 포함하는 다양한 토지이용의 적지를 선정함에 있어 GIS가 유용하게 활용된다. 입력된 각종 자료(예 표고, 경사)를 주제(theme)별, 층(layer)별 도면위에 표현(예 임상도, 토지피복도, 녹지사선도, 생태자연도, 국립공도, 상수원보호, 군사시설)하고 그들을 조합하여 다양한 변형과 처리과정을 거친 후, 찾고자 하는 특정 토지이용에 대한 적지를 새로운 지도에 표현한다.

둘째, 기존 주거지역 정비를 위한 환경분석에 활용한다. 주거지 환경개선에 대한 수요를 파악할 수 있는 중요한 수단이며, 적절한 정비사업 방식을 선정하기 위한 기초 작업이다. 이 같은 분석작업에 의해 지역주민이 자신이 살고 있는 지역의 환경은 현재 어떤 수준인지, 그리고 어떤 방향으로 개선될 것인지를 이해할 수 있기 때문에 효과적인 주민참여를 도모할 수 있다.

셋째, 도시시설의 유지, 관리를 위한 분석에 활용한다. 상·하수도 등 대부분

---

1) 본 내용은 대한국토·도시계획관리, 도시계획론(5정판), 보성각, 2008에서 발췌한 것임.

의 도시시설에는 수송과 배분의 네트워크(network)로서 그에 관한 기록이 GIS에 의해 지속적으로 유지, 관리될 수 있다. 과거로부터 계속 갱신되어 온 도시시설 자료를 토대로 미래의 수요에 적합한 시설의 종류와 규모 등을 예측하고 결정할 수 있다. 시설의 운영, 관리에 있어서도 최신 자료를 바탕으로 일정 내구연한을 가진 시설에 대한 적시 보수를 수행할 수 있다. 예를 들어 관거 정비 시 노후관의 교체시기 결정, 개발사업시 관의 위치 파악, 관과 관의 연결 등에 활용할 수 있다.

넷째, 공공시설 입지의 최적화 모형에 활용한다. 도시 공공시설의 입지를 위한 최적의 위치를 찾는 데에 있어서도 GIS는 유용하다. 소방서의 신설에 따르는 영향권 및 화재발생시 대응시간 등의 변화를 분석하고, 일정 서비스 수준을 달성하기 위해 몇 개의 소방서가 어느 위치에 입지하여야 하는가의 최적안을 산출해 내는 것이다. 한편 초등학교 학생의 주거분포 상황을 조사, 분석하여 통학버스의 노선 배정에도 적용할 수 있다.

다섯째, 교통량 분석 및 최적경로 탐색에 활용한다. 국지적 교통체계 및 토지이용의 변화로 인해 유발되는 영향을 예측, 분석하기 위한 모형을 GIS에 의해 수립할 수 있다. 제안된 사업의 시행에 따른 교통량의 변화를 사전에 파악하고 교통계획적 차원에서 그에 대한 대처방안을 컴퓨터 내에서 신속하게 실험할 수 있는 수단이다. 2개 이상의 경로가 가능할 경우 통행시간, 거리 등 도로구간의 속성을 계산하여 시간 또는 거리에 있어서 최단의 경로를 찾아내는 최적경로분석(optimum path analysis)을 수행한다.

여섯째, 개발사업의 환경영향 분석에 활용한다. 도시의 개발사업 혹은 보다 광범위한 토지이용의 변화에 의해 발생할 수 있는 각종 환경영향을 사전에 분석하는 일은 도시환경이 날로 악화되고 있는 오늘날의 상황에서 그 중요성을 더하고 있다. GIS에 의한 환경영향평가는 특히 지리 · 공간적 차원에서의 분석에 그 초점을 두고 있다. 예를 들어 "제안된 개발사업안이 수행될 경우 70데시벨의 소음 수준으로 영향받게 되는 지역의 범위와 그에 속한 주거의 수는 몇 호인가?"와 같은 분석이 가능하다. 그리고 부정적 영향이 심각한 경우 GIS에 의해 환경영향을 모형화함으로써 다양한 저감방안을 비교, 분석하고 각각의 타당성을 검토할 수 있다.

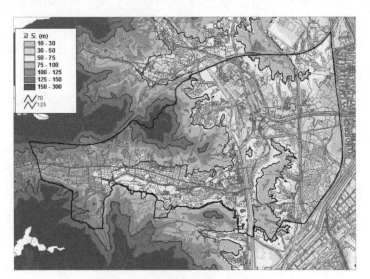

판교 택지개발예정지구의 표고도

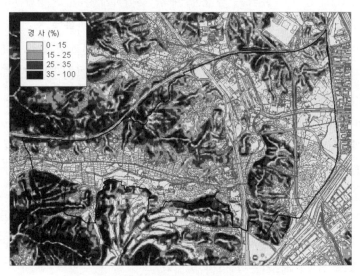

판교 택지개발예정지구의 경사도

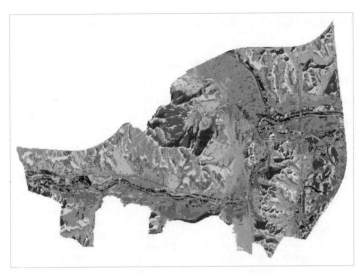

판교 환경계획의 비오톱 유형 결과

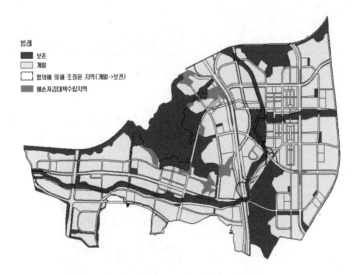

범례
- ■ 보존
- □ 개발
- ⬚ 협의에 의해 조정된 지역(개발→보전)
- ■ 훼손지감대책수립지역

판교 환경계획의 보전지역 설정

(자료: 국토연구원, 2012)

GIS의 공공과 민간 활용분야

공공에서는 온라인 플랫폼을 이용해 주소, 교통, 환경, 문화 등 다양한 공간(GIS)데이터를 제공하고 있다. 광주 광산구의 경우, 인구·산업·범죄·화재·문화 등 각 분야 공공데이터를 분석하고 가공한 정보를 지도에 구현한 '광산구청 공공데이터 플랫폼'을 제공하고 있다.

주요 공공 GIS데이터

제공사이트	주요 공간데이터
도로명주소안내시스템	도로명주소, 도로 및 건물정보
국가교통데이터베이스	도로망 네트워크 데이터
통계지리정보서비스	행정구역 경계 및 통계 데이터
환경부 환경공간정보서비스	토지피복도, 생태자연도 등
산림청 산림공간정보서비스	임상도, 산림입지도 등
문화재청 문화재공간정보서비스	문화재정보
기상청 기상자료제공포털	기상관측자료 등
국토정보플랫폼	수치지도, 항공사진, 국가기준점 등

자료: 강영옥 외 2, 공간정보학 실습, pp.143-147.

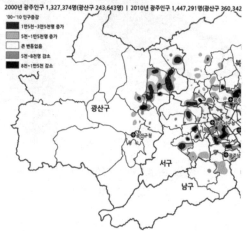

인구: 2010년 센서스 기준, 행정경계: 2011. 5월 기준
GIS를 이용한 광산구 인구 현황 지도

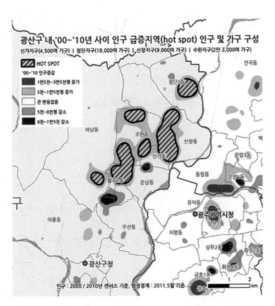

인구: 2010년 센서스 기준, 행정경계: 2011. 5월 기준

GIS를 이용한 광산구 인구 현황 지도

(자료: 광주 광산구 공공데이터 플랫폼 GSimap)

민간에서는 상권분석에 GIS를 활용하고 있다. 차량을 통한 매장 접근성, 경쟁점과의 접근성 등을 기준으로 분석을 한다. 공연 관람 고객의 예매 밀도 및 분포 분석, 로드뷰나 길찾기 서비스 등에서도 GIS를 활용한다.

현재 전세계적으로 UAV, 자율주행차, IoT 등 다양한 분야에서 GIS가 활용되고 있다. UAV를 활용하여 기존에 많은 비용과 시간이 소비되던 지형공간정보 제작에 대한 비용을 절감했고, 사물인터넷 센서를 통해 수집된 데이터와 GIS, GPS의 접목으로 사물에 대한 위치정보, 신속한 상태 점검 및 재난/재해에 대한 사전 예측 및 예방이 가능해졌다. 또한 자율주행차와 결합해 정확한 위치와 미리 구축된 정밀한 도로지도 데이터베이스를 토대로 정적인 주변 상황을 파악하여 안전한 주행이 가능하다.

참고문헌 ──────────────────────

「공간정보의 구축 및 관리 등에 관한 법률」
「공간정보의 구축 및 관리 등에 관한 법률 시행령」
「국토의 계획 및 이용에 관한 법률」
「국토의 계획 및 이용에 관한 법률 시행령」
「국토의 계획 및 이용에 관한 법률 시행규칙」
국토교통부, 도시·군기본계획 수립지침.
국토교통부, 도시·군관리계획 수립지침.
국토교통부, 입지규제최소구역 지정 등에 관한 지침.
대한국토·도시계획학회, 도시계획론(5정판), 보성각, 2008.

🌐 홈페이지 ──────────────────────

국가공간정보포털 (www.nsdi.go.kr)
국가통계포털 KOSIS (kosis.kr)
국토교통부 (www.molit.go.kr)
국토지리정보원 (www.ngii.go.kr)
도시계획정보서비스 (upis.go.kr)
도시재생종합정보체계 (www.city.go.kr)
토지이용규제정보서비스 (luris.molit.go.kr)

07

부문별 계획 수립

도시계획론

본 내용은 「국토의 계획 및 이용에 관한 법률」·「국토의 계획 및 이용에 관한 법률 시행령」· 「국토의 계획 및 이용에 관한 법률 시행규칙」, 국토교통부의 '도시·군기본계획 수립지침'·'도 시·군관리계획 수립지침'을 발췌하여 정리하였다.

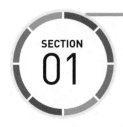
부문별 계획 수립기준

01 지역의 특성과 현황

　도시·군기본계획은 시·군의 장기적인 종합계획이며 미래상을 제시하는 가장 중요한 계획이다. 따라서 구체적인 계획을 수립하기 이전에 시·군이 가지고 있는 문제점과 잠재력 등 시·군의 특성과 현황을 먼저 파악한다. 해당 도시의 특성과 현황 파악은 기초자료 조사 결과 및 설문조사 결과를 토대로 분석한다. 또한 국토종합계획·광역도시계획 등 상위계획과 관련 계획의 연계성을 토대로 다음의 내용을 파악한다.

　① 국토공간에서 차지하는 위치 및 지리적·기후적·역사적·문화적 특성
　② 도시연혁, 인구, 경제, 자연환경, 생활환경 및 사회개발의 현황
　③ 각 분야별 문제점과 이용, 개발, 보전가능한 자원의 발전 잠재력
　④ 행정·경제·사회·문화·환경 등의 세력권
　⑤ 재해발생 구조와 재해위험 요소
　⑥ 범죄 취약성에 대한 물리적 환경 및 사회적 특성
　⑦ 인구구성 및 사회계층구조 변화에 따른 저출산·고령화 추이

02   계획의 범위

　도시계획의 범위는 시간적·공간적·내용적 범위로 구분할 수 있다. 시간적 범위는 계획의 기준연도를 기준으로 하여 당해 도시의 인구, 산업, 경제, 환경, 교통, 주택 등 부문별 현황을 파악하고, 이를 바탕으로 공간구조 및 토지이용을 비롯한 분야별 목표와 전략을 수립하고 계획지표를 설정한다. 도시·군기본계획의 목표연도는 수립지침에 따라 계획수립 시점으로부터 20년, 도시·군관리계획은 10년 후로 설정한다.

　공간적 범위는 당해 도시의 행정구역과 일치하는 도시구역 전체로 하며, 법정 구·동·리의 현황을 파악한 후 도시계획구역 면적을 산정한다.

　내용적 범위는 첫째, 장기적인 관점에서 도시의 미래상 제시와 이를 실현하기 위한 계획과제를 도출한다. 둘째, 계획과제를 수행하기 위하여 핵심이슈를 도출하고 이슈별 목표와 전략 등이 포함된 핵심 이슈별 계획을 수립한다. 셋째, 미래상과 핵심이슈별 계획을 공간적으로 실현하기 위한 공간구조 개편과 토지이용계획을 제시한다. 넷째, 기본계획의 내용을 구체화하고 지역의 균형발전을 위하여 지역 특성이 반영되는 생활권계획의 권역별 구상을 제시한다. 다섯째, 계획의 실현을 위하여 당해 도시형 도시계획체계, 상시 모니터링체계, 시민참여 및 거버넌스체계 구축, 재정투입의 원칙과 방향을 제시한다.

03   계획의 목표와 설정

　계획의 목표와 지표설정에 앞서 시·군의 대내외적인 여건변화를 분석하고 정책이슈를 도출한다. 도시정책과 관련하여 새로운 패러다임 변화를 반영하는 도시전략이 필요하다. 도시의 역사적 전통성과 발전 과정, 인구구조 변화, 국내외 여건변화 등의 분석을 통해 향후 문제점 및 잠재요소를 도출한다. 특히 시민이 공감하고 체감할 수 있는 부문별 정책방향과 주요과제를 도출하는 것이 중요하다.

새로운 패러다임으로는 저출산과 고령화 등 인구구조 변화에 따르는 현실적인 계획인구, 후세를 위한 토지자원의 계획적 관리, 글로벌화, 도시재생을 통한 원도심 발전, 문화 및 복지기능의 강화, 기후변화대응 및 에너지절약 등이 있다.

계획의 목표와 지표설정에 앞서 시·군의 대내외적인 여건변화를 분석하고 정책이슈를 도출한다. 도시정책과 관련하여 새로운 패러다임 변화를 반영하는 도시전략이 필요하다. 도시의 역사적 전통성과 발전 과정, 인구구조 변화, 국내외 여건변화 등의 분석을 통해 향후 문제점 및 잠재요소를 도출한다. 특히 시민이 공감하고 체감할 수 있는 부문별 정책방향과 주요과제를 도출하는 것이 중요하다. 새로운 패러다임으로는 저출산과 고령화 등 인구구조 변화에 따르는 현실적인 계획인구, 후세를 위한 토지자원의 계획적 관리, 글로벌화, 도시재생을 통한 원도심 발전, 문화 및 복지기능의 강화, 기후변화 및 에너지절약 등이 있다.

국토의 미래상과 지역 내에서의 위치 및 역할 등을 고려하여 시·군의 미래상을 전망한다. 예를 들어 '누구나 살기 좋은 도시', '사람 중심의 국제·문화·관광도시', '인간중심의 살고 싶은 도시', '자연과 인간, 역사와 첨단이 어우러진 글로벌도시' 등 도시의 발전과 시민의 삶의 질을 향상시키는 것을 목표로 한다. 시민의 눈높이에서 도시정책 및 계획을 수립하고, 정보공개와 시민의 참여를 바탕으로 투명하게 정책을 추진하는 것이 중요하다. 이를 위해서는 전문가 집단에 의해 수립되는 행정주도의 미래상 보다는 시민들의 자발적인 참여에 의한 의견이 반영된 미래상 정립이 필요하다.

04 정책목표 및 중점전략

도시의 미래상을 달성하기 위한 핵심이슈와 도시·주택·안전·환경·산업·경제·문화·관광·교통·물류·복지·의료·교육 등 각 분야별 정책목표 및 중점전략을 정리한다. 대개는 시민·시의원·공무원·전문가 등으로 분과위원을 구성하고 논의를 거친다. 이 과정에서 당해 도시의 현재 특성 및 기능을 토대로 대내외적인 여건변화를 분석하여 핵심이슈를 도출하고, 이를 달성하기 위한 기본

목표 및 구체적인 전략을 제시한다. 이는 도시정책의 우선순위를 설정하는 정략적 성격의 계획이라 할 수 있다.

부문별 계획으로는 토지이용계획, 기반시설, 도심 및 주거환경, 환경의 보전과 관리, 기후변화 대응 및 에너지 절약, 경관 및 미관, 공원 및 녹지, 방재 및 안전, 경제 및 산업, 복지 및 교육, 문화 및 관광 등의 부문에 대해서 현황을 분석하고 문제점을 도출한다. 각 부문별 현황과 특성을 파악하여 분석하고 기본방향 및 세부적인 계획을 제시한다.

SECTION 02 인구계획

01 계획인구추정

도시계획의 수립에 있어서 가장 근본이 되는 것은 미래 인구에 대한 추정이다. 주택용지 및 각종 도시기반시설의 확충과 효율적인 관리를 하기 위해서는 미래의 도시인구를 정확하게 예측할 필요가 있다. 주택·학교·도로·교통체계·의료시설·전력·상하수도 등에 대한 투자의 규모를 결정하는 데 가장 중요한 요소가 인구이기 때문이다. 미래 도시인구에 대한 추정은 총량적으로 세부적으로 또 연령별로 집단별로 예측하여 도시계획에 반영하는 것이 일반적이다.

총인구는 상주인구와 주간활동인구로 나누어 설정할 수 있다. 주야간 인구 및 가구(세대)의 현황을 분석하여 최근 10년간의 인구증가 추세와 관련 상위계획상의 지표, 가용토지자원과 인구수용능력, 환경용량 등을 고려하여 목표연도 및 단계별 최종연도의 인구지표를 적정규모로 정한다. 이 경우 국토종합계획, 시·도종합계획, 수도권정비계획, 광역도시계획 등 상위계획상 인구지표와 통계청의 인구 추계치를 고려하여야 한다.

상주인구 추정은 '모형에 의한 추정방법'과 '사회적 증가분에 의한 추정방법'에서 산정된 인구추계 결과를 합산하여 추정한다. 원칙적으로 '모형에 의한 추정방법'을 기본으로 하며, '사회적 증가분에 의한 추정방법'은 보조적 수단으로 활용한다. 급속성장시대에는 '사회적 증가분에 의한 추정방법'을 이용했으나, 도시발전이 완료된 안정성장(저성장)시대에는 인구 증가수가 일정하므로 '모형에 의한 추정방법'을 기본으로 하는 것이다.

02 모형에 의한 추정방법

'모형에 의한 추정방법'에는 생잔모형에 의한 조성법과 추세연장법이 있다. 생잔모형은 연령계층별로 생존확률과 출산확률을 적용하여 인구의 자연적 변동을 예측하는 방법이다. 이 방법을 사용할 경우에는 통계청의 해당 지역 인구증가율과 비교하여 그 합리성을 증명해야 한다. 단, '사회적 증가분에 의한 추정방법'을 보조적 수단으로 활용할 경우에는 인구의 전출입을 가감하지 않고 인구의 출생률 및 사망률만 고려하여 순수한 자연증가분만 계상한다.

추세연장법은 도시의 인구성장이 과거와 같은 추세로 진행될 것이라는 가정하에 예측하는 방법이다. 함수들과 시계열기간에 대하여 적합도 검증을 반드시 실시하여 최적의 함수식을 선정하여야 한다. 이때 가장 신뢰도가 높은 상위 3개의 함수식에 의한 추계치를 산술평균하여 인구추계를 한다. 함수식에 의한 추계방법으로 선형모형, 최소자승법, 로지스틱모형, 곰페르츠곡선모형, 지수성장모형, 수정된 지수성장모형 등이 있다.

선형모형(Linear Model)으로 등차급수법은 과거 인구가 거의 동일하게 증가되거나 감소되었고 미래에도 이와 같은 추세가 계속될 것으로 예상되는 도시에 적용되는 모형이다. 즉 연평균 인구증가수가 일정하다고 가정하고 장래의 인구를 추정하는 방법이다. 발전이 느린 도시, 또는 발전이 끝난 비교적 큰 도시에 적합하며 추정인구가 과소평가될 우려가 존재한다.

등비급수법은 상당기간 같은 인구증가율을 가지고 계속적으로 발전하고 있는 도시에 적용 가능하다. 만약 발전이 둔화하게 된다면 추정인구가 과대평가될 수 있는 단점이 있다. 목표인구가 과다설정되면 개발가능지의 불필요한 확대를 초래하고 난개발과 과다개발의 원인이 될 수 있다.

최소자승(제곱)법(Least Square Estimation)은 과거의 인구자료를 통계학적 방법을 이용하여 예측하는 방법이다. 대부분의 도시에 적용이 가능하나 인구증감의 변화가 심한 도시에 적합하다.

로지스틱모형(Logistic Model)은 S자 곡선으로 초기에는 인구성장이 완만하다가 일정기간이 지나면 급격히 증가하고, 다시 증가율이 감소하여 일정수를 유지하는 도시에 적합하다. 대도시권의 인구를 어느 상한선까지 강력히 통제하고자 할 때 사용하고 비교적 정확한 인구 추계 모형이다.

곰페르츠모형(Gompertz Model)은 S자 곡선으로 인구가 처음에는 완만하게 인구가 증가하다가 어느 시점을 지나면 급격하게 증가하다 다시 완만하게 증가하는 모형으로 S자 형태의 곡선이 2회 이상 나타날 수 있다.

지수성장모형은 은행의 이자율 계산 시 복리율 적용방식을 인구예측에 응용한 것이다. 인구 증가율(r)은 과거의 일정기간에 나타난 실제인구의 변화로부터 계산한다. 인구의 기하급수적인 증가를 나타내는 모형이기 때문에 단기간에 신속히 팽창하는 신도시 인구예측에 유용하다. 안정적인 인구변화 추세를 나타내는 도시의 경우 이 방법을 적용하면 인구의 과도한 예측을 초래할 위험이 크다.

수정된 지수성장모형은 지수성장모형의 단점을 보완한 것이다. 인구성장의 어떤 상한선(k)을 설정한 후 그 상한선에 가까워지면 향후 인구성장의 허용수준의 일정 비율만큼 성장의 속도가 떨어지는 것으로 보는 모형이다. 이미 성장의 한계에 이른 대도시 지역의 인구예측에 유용하게 사용할 수 있다.

[그림 7-1] 인구추정 모형

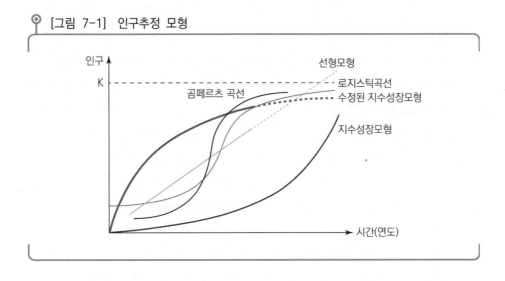

'사회적 증가분에 의한 추정방법'은 택지개발, 산업단지개발, 주택건설사업과 같은 개발사업으로 인한 인구의 증가를 말한다. 개발사업 이외에 엑스포 등의 행사 또는 고속철도역사 건설이나 항만개발 등을 통한 유발인구는 개발사업이 존재할 경우 이로 인하여 늘어나는 인구와 중복될 가능성이 크므로 따로 계상하지 않는다. 다만 개발사업이 없는 경우는 아래의 방법과 동일하게 반영한다.

인구의 유입량을 결정함에 있어 그 지역의 과거사례나 유사한 특성을 가지는 인근 지역의 사례를 반영하여 비교 유추하여 실제로 유발 가능한 '가능유발인구'를 결정한다. 사회적 증가분은 아래의 식에 의하여 결정된다.

사회적 증가분 = (가능유발인구 − 추계에 의한 자연증가분) × 계수

(단, 계수는 1 미만으로서 가능유발인구에 포함되는 기존 인구 등을 고려하여 정한다.)

사회적 증가에 반영할 토지개발사업은 도시·군기본계획의 도시계획위원회 심의 상정 전에 그 사업이 실시계획 인가·승인(또는 그에 준하는 승인이나 인가를 얻은 경우를 포함)을 얻은 경우와 지구단위계획 결정 후 개별법에 의한 승인, 허가를 얻은 경우만 반영한다. 단 도시계획위원회 심의를 거쳐 인정하는 개발사업의 경우에는 실시계획인가·승인 이전 단계라도 해당 사업을 포함할 수 있다.

인구의 유입량을 결정함에 있어 순유입률(전입−전출)을 적용하여 객관적인 외부유입률 추이를 반영하되 최근 5년간 준공된 해당 시·군의 각종 개발사업 유형별 유사 사례지역의 주민등록현황을 토대로 실제 외부유입률을 조사·산정한다. 또한 그 근거로는 어디에서 인구가 유입될 것인지에 대하여 유출지역별로 해당 유출지역의 인구변화추세에 비추어 타당성 있는 수치를 제시하여야 한다.

이상과 같이 결정된 인구예측은 불완전성을 감안하여, 각 부문계획 수립 시 ±10% 내에서 해당 계획의 성격에 따라 탄력성을 준다.

산출된 인구지표가 상위계획상의 지표 또는 통계청의 인구추계치와 상이할 경우 각 지표(통계청의 인구추계치를 포함) 간 신뢰도를 검토하고 그 내용을 구체적으로 명시한다. 인구의 사회적 증가율이 최근 5년간의 인구증가율을 상회할 경우, 인구이동이 예상되는 인근 지역의 도시·군기본계획이나 도계획 등과도 비교하여 주변으로부터의 인구이동 가능성을 입증하여야 한다. 필요한 경우에는 이에 대하여 해당 지역의 의견을 첨부한다.

주간활동인구는 상주인구를 기준으로 추정하되, 주변 시·군으로의 통근·통학자, 관광객, 군인 등 비상주인구의 영향력을 감안하여 이를 주간활동인구에 합산할 수 있다. 다만 과도한 주간활동인구 추정으로 과다하게 기반시설이 계획되지 않도록 합리적인 수준에서 추정하고 근거자료를 제시한다.

성별, 연령별, 산업별, 직업별, 소득별 인구구조에 대한 목표연도 및 단계별 최종연도의 지표를 예측한다. 인구지표예측은 각 부문별 계획과 연계하여 환류조정(feedback)할 수 있도록 하며, 특히 생활권별 인구배분계획과 밀접한 연계를 통하여 설정하여야 한다. 인구추정을 상주인구와 주간활동인구로 나누어 설정하였을 경우, 각 부문별 계획의 특성에 따라 상주인구 또는 주간활동인구를 사용하여 계획을 수립할 수 있다.

시·도지사는 시·군의 인구계획을 광역적 차원에서 인구증가율이나 지역균형개발 등을 고려하여 조정할 수 있다. 도시·군기본계획 재수립 시 당초 도·시·군기본계획의 단계별 최종연도 목표인구를 90%이상을 달성하지 못한 시·군의 경우 달성하지 못한 인구에 대해서는 일몰제를 적용하며 목표인구를 초과한 시·군의 경우에는 적정 비율로 상향 조정할 수 있다. 국토교통부장관은 인구계획의 적정성을 제고하기 위해 도시대상평가 등에 단계별 최종연도 목표인구 달성률 등을 반영하여 평가하고 정부재정지원 등에 있어서 우선적 지원의 근거로서 활용할 수 있다.

SECTION 03 경제계획

01 경제규모

지역총생산(GRP)은 1년간 발생한 부가가치의 총액으로서 이에 관한 과거의 상황을 분석하고 목표연도 및 단계별 최종연도의 지표를 예측한다. 지표설정에 있어 고려되어야 할 사항으로 과거 지역총생산의 변화경향과 연평균 성장률, 국민총생산(GNP)에 점하는 비율, 상위계획에서 부여받은 지표 등을 고려한다.

02 산업구조

산업구조는 산업별 생산은 각 산업에 대한 과거의 상황을 분석하고, 장래 전망과 전국에서의 비중을 고려하여 산업별로 목표연도 및 단계별 최종연도의 지표를 설정한다. 시·군의 경제적 활동에 있어 도시성장에 기여하는 기반활동(basic activities) 즉, 시·군의 외부지역으로부터 화폐를 유입시키는 일체의 생산 및 서비스 활동으로서 고용자(구조, 생산성 포함)의 현황을 분석하고 목표연도 및 단계별 최종연도의 생산액과 고용자수를 예측한다.

03 소득

주민소득에 대한 과거의 연속적 통계가 있는 경우에는 이를 기초로 하여 예측하고 통계가 없는 경우에는 지역총생산(GRP)에 의하여 구한다. 인구 1인당 총생산과 실질소득을 구하고 소득계층 간의 분포를 구한다. 소득금액을 계층화하거나 소득분포의 비율별로 인구구성을 설정한다.

04 소비구조

소비구조 지표는 건전한 가계지출을 유치할 수 있도록 주민생활의 구조를 파악하기 위한 것으로서, 과거의 추세와 주민소득의 증가경향 및 소비형태의 변화 등을 고려하여 설정한다.

05 재정

재정은 재정규모, 회계별, 세입원별, 세출구조별 과거의 상황을 분석하고, 목표연도 및 단계별 최종연도의 재정규모를 예측한다.

06 환경지표

환경지표는 주민의 생활수준을 나타내는 것으로 목표연도 및 단계별 최종연도의 지표를 발전단계에 따라 예측한다. 생활환경은 1차적 기본요소로 주택(소유, 유형, 규모, 1인당 주거연상면적), 상하수도, 에너지, 교통, 정보통신, 대기질·수질·폐기물처리 등 환경 등에 관한 지표이다. 복지환경은 2차적 필요요소로 의료시설, 교육문화시설, 사회복지시설 등에 관한 지표이다. 여가환경은 3차적 선택요소로 체육시설, 공원, 녹지, 유원지 등에 관한 지표이다.

SECTION 04 공간구조계획

01 공간구조의 설정

공간구조 진단은 시가지면적 변화추이 및 주요 교통축의 변화추이, 지역별 중심지(단핵구조, 다핵구조)와 도시성장형태(확산, 축소, 정체) 등을 분석하여 공간구조를 진단한다. 산업 및 기능, 토지이용분포 등을 고려하여 기존 공간구조의 문제점을 종합적으로 분석한다.

공간구조 개편방향은 당해 시·군 및 주변 시·군의 지형, 개발상태, 환경오염 등 여건과 목표연도의 개발지표에 의한 중심지체계를 설정한다. 그리고 토지이용계획, 교통계획, 기타 도시·군기본계획의 근간이 되는 사항을 대상으로 하여 2개안 이상의 기본 골격안을 구상한다. 또한 대안별로 개발축·보전축을 설정하고 성장주축과 부축 등을 설정하여, 개발축별 핵심기능을 부여하고 기능강화를 위한 전략을 제시한다.

보전축은 지역 내 충분한 녹지공간 확보와 생태적 건전성 제고를 위하여 녹지축, 수변축, 농업생산축, 생태축 등 다양한 형태로 배치하고 이들을 연결하여 네트워크화 한다. 각 안에 대한 지표, 개발전략, 기본골격 등의 차이점을 명시한 후 계획의 합리성, 경제적 타당성, 적정성, 환경성 등에 대한 장·단점을 비교·분석하고 최종안의 선택사유를 제시한다.

개발과 보전이 조화되는 공간구조 설정을 위하여 토지적성평가 결과를 활용하여 계획의 합리성과 효율성을 제고한다. 기후변화에 따라 대형화·다양화되고 있는 재해에 효율적으로 대응하기 위하여 일반적인 방재대책(하천, 하수도, 펌프장 등)과 함께 도시의 토지이용, 기반시설 등을 활용한 도시계획적 대책을 제시한다.

02 생활권 설정

시·군의 발전과정, 개발축, 도시기능 및 토지이용의 특성, 주거의 특성, 자연환경 및 생활환경 여건 등 지역특성별로 위계에 따른 생활권을 설정한다. 생활권은 시·군의 여건에 따라 위계별로 구분할 수 있다. 도시·군기본계획과 도시·군관리계획의 이원화를 개선하기 위하여 두 계획 간의 중간단위 생활권계획 수립을 위하여 도시기본계획에서 권역별 발전 방향을 제시하기도 한다. 생활권 설정은 지리적 여건을 종합적으로 고려하고 거주주민의 활동영역과 생활패턴을 반영한다.

예를 들어 생활권을 중부·동부·서부·남부·북부 등 5개 권역으로 구분한다면 하나의 생활권은 계획의 적정규모가 될 수 있도록 설정한다. 생활권의 경계는 인구 등 각종자료의 용이한 취득을 위하여 행정경계(읍·면·동)를 위주로 하되, 필요한 경우 뚜렷한 지형지물로 할 수 있다. 생활권별 자연·지리·물리적·환경적·토지이용패턴·생활패턴 등을 분석하여 자족성을 확보한 공간으로 조성되도록 생활권별 기본목표 및 발전전략과 그 세부내용을 도출한다.

03 인구배분계획

생활권별 인구·가구 분포현황 및 인구밀도 변화요인을 분석하여 목표연도의 계획인구(상주인구, 주간인구, 인구구조 등)를 생활권별로 추정하고 단계별 인구배분계획을 수립한다. 다만 도시여건의 급격한 변화 등 불가피한 사유가 있으면 인구배분계획 총량을 유지하면서 시·도도시계획위원회 심의를 거쳐 생활권별(서울특별시·광역시의 경우 대생활권을 기준)·단계별 인구배분계획을 조정할 수 있다. 다만 동일한 생활권 내에서 단계별 인구배분계획(전단계로부터 이월된 인구배분계획의 인구수를 제외)의 30퍼센트 내에서 조정하거나, 동일한 생활권 내에서 단계별 인구배분계획(전단계로부터 이월된 인구배분계획의 인구수를 제외)의 30퍼센트 내에서 조정하는 경우에는 시·도도시계획위원회의 심의를 거치지 아니할 수 있다.

생활권별로 인구증감추세, 재개발·재건축, 개발가능지(미개발지나 저개발지) 등을 고려한 적정인구밀도를 계획하여 그에 따라 인구배분계획을 수립한다. 생활권별 인구밀도계획 시 학교, 상·하수도, 도로 등 기반시설을 고려하여 수용 가능한 인구배분계획이 될 수 있도록 한다. 인구배분계획은 토지이용계획, 교통계획, 산업개발계획, 환경계획 등과 연계되고 지역여건을 고려하여 생활권별로 수립한다. 단, 중앙행정기관의 장이 다른 법률에 따라 추진하는 국가산업단지 등 각종 개발사업이 도시·군기본계획에 반영되지 않은 경우에는 목표연도 총량 범위에서 인구배분계획을 조정하고, 단계별·생활권별 배분계획을 적용하지 아니한다.

인구배분계획에 반영된 인구 중 사업계획의 지연, 취소 등으로 인하여 목표 연도 내에 사업목적 달성이 불가능하다고 판단되는 인구에 대하여는 시·도도시 계획위원회의 심의를 거쳐 다른 사업에 배분할 수 있다. 인구배분계획을 조정한 경우에는 도시·군기본계획을 변경하거나 재수립할 때에 동 조정내용을 반영하여야 한다. 역세권 등에는 다양한 용도의 기능을 복합할 수 있도록 생활권별 인구배분계획을 추가로 반영할 수 있다.

💬 통계청의 인구추계

통계청의 전국 장래인구추계는 코호트-요인법(cohort component method)에 의하여 추계되며 현재의 출생, 사망, 인구이동과 같은 인구변동요인 추세에 대한 가정이 지속된다는 가정하에 예상되는 인구성장 및 변동을 추계한다. 코호트 요인법이란 특정 연도의 남녀별 및 연령별 기준인구에 인구변동 요인인 출생·사망·국제이동에 대한 장래변동을 각각 추정하여 조합하는 방법이다.

통계청은 5년마다 우리나라 전체 가구의 20% 표본을 산정하여 인터넷조사, 전화조사, 방문조사 등 등록센서스 방식으로 인구주택총조사를 실시하고 있다. 2015년 이전까지는 전체 가구를 대상으로 전수조사를 실시했으나 이후부터는 표본조사로 바뀌었다. 통계청은 이를 기초하여 매년 향후 50년간의 인구규모 및 연령별·성별 인구를 추계하여 전국과 시·도로 구분하여 서비스하고 있다.

조사항목 대부분은 이용자(정부, 연구소 등)의 수요조사와 전문가들이 현재 우리 사회를 진단하고 미래를 대비하기 위해 꼭 필요하다고 의견을 제시한 것들이며, UN에서 권고한 것들이기도 하다. 조사항목은 크게 인구특성을 파악하는 성별 · 연령별 · 사망확률 · 생존수(명) · 기대수명 등 기본항목을 비롯해 경제활동, 인구이동, 교통관련항목이 있으며, 최근 한국사회에서 큰 관심사인 출산 관련항목 등을 포함하고 있다. 또한 가구의 특성을 파악하기 위해 사용 방 수, 거주 층, 난방시설, 주차장소 등도 조사하고 있다.

참고문헌

「국토의 계획 및 이용에 관한 법률」
「국토의 계획 및 이용에 관한 법률 시행령」
「국토의 계획 및 이용에 관한 법률 시행규칙」
국토교통부, 도시·군기본계획 수립지침.
국토교통부, 도시·군관리계획 수립지침.
국토연구원, 국토계획 수립지원을 위한 인구분석 방법 연구, 2016.
김대영, 도시계획의 이해, 에듀컨텐츠휴피아, 2015.
대한국토·도시계획학회, 도시계획론, 보성각, 2018.
이정섭, 도시기본계획 인구지표의 사회적 증가 추정에 대한 비판적 연구, 국토지리학
　　회지 제46권 3호, 2012, 301－319.
인천광역시, 2030년 인천도시기본계획 보고서.

홈페이지

국가공간정보포털 (www.nsdi.go.kr)
국가통계포털 KOSIS (kosis.kr)
국토교통부 (www.molit.go.kr)
국토지리정보원 (www.ngii.go.kr)
도시계획정보서비스 (upis.go.kr)

토지이용계획

도시계획론

| 일러두기　　　　　　　　　　　　　　　　　　　　　　　　　**CHAPTER 08 토지이용계획**

본 내용은 「국토의 계획 및 이용에 관한 법률」·「국토의 계획 및 이용에 관한 법률 시행령」·
「국토의 계획 및 이용에 관한 법률 시행규칙」·「토지이용규제 기본법」·「토지이용규제 기본법
시행령」·「토지이용규제 기본법 시행규칙」·「택지개발 촉진법」·「택지개발 촉진법 시행령」, 국
토교통부의 '도시·군기본계획 수립지침'·'도시·군관리계획 수립지침'을 발췌하여 정리하였다.

SECTION 01 토지이용계획 개요

01 토지이용계획의 의의

토지이용계획(land use planning)은 도시계획의 부문별 계획의 하나로 계획구역 내의 토지를 어떻게 이용할 것인가를 결정하는 계획을 말한다. 도시공간 속에서 이루어지는 제반 활동들의 양적 수요를 예측하고, 이들 활동을 종합적이고 합리적으로 배치하기 위한 일련의 과정이라고 할 수 있다. 광의적으로는 도시계획구역 내에서 토지의 용도를 주거·상업·공업·녹지지역으로 배분하는 계획이고, 협의적으로는 유사한 용도의 시설을 집단화하여 이질적인 시설의 혼재를 막는 토지이용규제라고 할 수 있다. 토지이용계획은 교통계획, 도시시설계획, 공원녹지계획과 더불어 도시계획의 4대 요소로 평가받는다.

토지이용계획의 유형은 계획대상과 범위에 따라 유럽형과 미국형으로 분류한다. 유럽형은 토지이용계획을 교통계획이나 시설계획을 포함하는 종합적인 기본계획(독일) 또는 구체적인 토지이용계획(프랑스)으로서, 도시·군기본계획의 내용과 궁극적으로 동일하다. 반면에 미국형은 토지이용계획을 기반시설계획, 도심·주거환경계획, 경관·미관계획, 공원·녹지계획, 방재·안전계획 등과 함께 도시계획의 한 부문으로 보는 유형으로 우리나라 도시계획도 이에 해당한다.

우리나라는 토지이용계획을 지역·지구제와 혼돈하여 사용하기도 한다. 도시·군기본계획에 의해 우리나라 도시는 주거지역·상업지역·공업지역·녹지지역으로 용도지역을 구분하고, 이들은 필요에 의해 도시·군관리계획 결정으로 경관지구, 방재지구, 보호지구, 취락지구, 개발진흥지구로 세분하여 지구를 지정할 수 있다. 이처럼 지역·지구제는 토지이용계획을 구체적으로 실현하는 법적·행정적 방안 중의 하나이다. 또 토지이용계획을 질서 있고 합리적으로 실행하기 위한 제도적 장치가 용도·지구제이다.

　토지이용계획은 사유재산권에 대한 공적 제한을 의미한다. 헌법 23조에는 모든 국민의 재산권은 보장되지만 공공의 필요에 의해 재산권의 수용·사용·제한을 법률로써 하되, 정당한 보상을 지급하여야 한다고 명시하고 있다. 사유재산권의 공적 제한은 한정된 토지공간을 효율적으로 이용하기 위해서다. 그러므로 현재의 토지이용 문제점을 해결하고 장래의 공공의 이익 달성을 목표로 해야 한다. 토지의 난개발을 방지하고, 시민들의 생활이 자유롭고 편리하게 하며, 토지에 대한 경제성을 높여 건전한 도시발전이 되도록 토지이용의 공간적 질서를 부여하는 것이 토지이용계획의 목적이다.

02　토지이용계획의 역할과 수립목표

　토지이용계획은 도시의 장래의 공간구성, 토지이용의 규제와 실행수단 제시, 도시설계 지침제시, 난개발 방지, 미래를 위한 토지 보존 등 대략 다섯 가지 역할을 한다. 장래의 공간구성은 현재의 도시기능을 바탕으로 미래의 공간 배치 및 정비계획을 제시한다. 토지이용의 규제와 실행수단은 용도지역 등 집행수단 운용 근거를 제공한다. 도시설계에 대한 지침은 토지이용의 공간배치에 대한 지침을 제시한다. 난개발의 방지는 난개발로부터 발생하는 무질서한 도시의 확산을 방지한다. 장래를 위한 토지보존은 장래 도시공간구조의 균형을 유지하고 토지자원을 보존한다.

　토지이용계획의 수립목표는 공공의 안전과 이익이다. 이를 위한 요소로 안정성, 보건성, 편의성, 쾌적성, 경제성 등이 있다. 안전성은 시민의 생명과 재산에 관계되는 일로 자연재해, 화재, 각종 사고로부터 안전성 등을 확보하는 일이다. 보건성은 인간의 육체적, 정신적 건강상태를 유지하는 일로 질병과 피로예방, 환경오염으로부터 보호, 적정한 일조량, 신선한 바람길 등을 확보하는 일이다.

　편의성은 지역 간 상호관계를 시간적·노동적으로 편리하게 해주는 일로 주거지와 직장, 주거지와 시장, 주거지와 학교, 직장과 시장, 직장과 여가시설 사이의 관계를 빠르고 편리하며 안전하게 이어주는 일이다. 쾌적성은 환경의 즐거움을 주는 일로 자연경관의 쾌적성, 역사유물이 주는 문화적 만족감, 지역적 미적 요소 등을 확보하는 일이다. 경제성은 공적 낭비가 생기지 않도록 하는 것으로 지자체와 시민이 부담해야 할 시간과 에너지 비용 등을 절약하는 일이다.

03 토지이용의 주요계획

토지이용계획은 일반적으로 입지계획(location planning), 시설계획(facility planning), 규모계획(scale pianning), 입지배분계획(allocation planning)으로 분류된다. 입지계획은 비전이나 목표 그리고 시설의 종류와 규모에 적합한 사업의 대상지를 찾아내는 일련의 작업이다. 행정중심복합도시나 도청의 이전 적지뿐만 아니라, 신도시의 입지를 찾아내는 일련의 작업이 입지계획의 사례이다. 기업이 사업전략을 수립한 후 여기에 적합한 사업 대상지를 찾아내는 계획도 입지계획의 범주에 속한다. 입지계획의 결과는 사업 대상지의 행정구역상 위치, 크기, 형상 등으로 표현될 수 있다.

시설계획은 주거지역·상업지역·공업지역·녹지지역의 기능에 필요한 기반시설에 대한 계획이다. 도시기반시설에는 도로 등과 같이 반드시 도시·군관리계획으로 결정하여 설치하는 시설과 체육시설 등과 같이 도시·군관리계획으로 결정하지 않고도 설치하는 것으로 구분된다. 도시계획시설을 결정할 때에는 도시계획시설의 종류와 기능에 따라 그 위치·면적 등을 결정한다.

규모계획은 단지 및 지구단위 차원의 시설은 단지의 조성 목적에 따라 주거단지, 공업단지, 복합단지 등에 필요한 시설로 구분된다. 이들 시설은 법적으로 허용된 범위에서 토지면적을 산정한다. 시장·공공청사·문화시설·연구시설·사회복지시설·장례식장·종합의료시설 등 도시계획시설 건축물은 건폐율·용적률 및 높이와 범위를 함께 결정한다. 용도구역에서는 각종 토지 행위를 규제하는 사항이 나타나는데, 이러한 토지의 용도가 지정된 이후에는 건축행위 등 각종 토지이용 행위를 제한한다.

입지배분계획은 시설 및 규모계획에서 산출된 용도별 면적과 시설을 공간에 평면적으로 혹은 입체적으로 배분하는 것이다. 평면적으로는 공간구조와 연결체계가 구축되고, 입체적으로는 단지 및 지구단위계획과 건물계획 등을 통하여 밀도가 배분된다. 도시차원의 대규모 배치계획일수록 공간구조와 연결체계 등 평면적인 계획이 중시되며, 건물차원의 소규모 배치계획일수록 입체계획이 중요하다. 배치계획의 결과는 토지이용계획도가 되며, 이는 완성된 토지이용계획의 표현이다.

04 토지이용의 기본원칙 및 현황분석

토지이용계획은 토지이용 현황을 분석하고 토지적성평가 결과를 활용하여 기개발지, 개발가능지, 개발억제지, 개발불가능지로 구분하여 장래 토지이용을 예측한다. 기개발지는 비효율적인 토지이용 발생지역과 도시기능의 왜곡지역을 조사·분석하고, 발생원인과 문제점을 판단하여 기존 토지이용계획을 변경할 필요가 있는 곳을 선별한다.

도시지역 등에 위치한 개발가능 토지는 단계별로 시차를 두어 개발되도록 한다. 시가지 외곽에서는 난개발의 발생지역과 신규개발 잠재력이 큰 지역을 현장조사하여 파악한다. 하천 주변지역은 보전과 개발의 조화를 원칙으로 하여 토지이용을 예측한다. 다만 하천 주변지역 개발이 하천에 미치는 영향을 최소화하는 개발방향과 기준을 제시한다. 승인권자는 인접 도시 간, 지역 간 연담화 방지와 광역적 토지이용 관리를 위하여 시·군의 합리적인 토지이용 방침을 제시하고 조정한다.

개발가능지의 분석기준은 토지이용현황 및 특성을 분석하여 기개발지, 개발가능지, 개발억제지, 개발불가능지로 구분하여 장래의 토지이용을 예측하기 위해서다. 개발가능지 분석은 도시지역의 정비 및 인구의 증가에 따른 개발수요의

체계적인 관리를 위해서 시가화예정용지로 지정 가능한 토지의 분포정도를 파악한다. 비도시지역의 체계적인 관리를 위해 개발가능지의 분포에 따른 소규모 민간개발사업의 개발행위 가능성을 검토하여 계획적 개발방향을 설정한다.

기개발지란 주거지역, 상업지역, 공업지역 등 기존 시가지를 말한다. 개발가능지는 녹지지역 내 택지개발용지, 나대지 등 택지조성 가능지, 대규모 국책사업 예정지, 개발예정용지 및 계획관리지역을 말한다. 개발억제지는 농림지역, 자연환경보전지역, 생산·보전관리지역, 녹지지역, 농업진흥지역 등 우량농경지 및 산지를 말한다. 개발불가능지는 개발제한구역, 하천, 공유수면, 표고 65m 이상, 경사도 30%이상, 도시자연공원구역, 생태자연도 1등급, 습지보호구역, 생태계보전지역, 야생동식물보호구역, 각종 보호구역 등이다.

SECTION 02 용도구분 및 관리

01 시가화 용지

시가화 용지는 현재 시가화가 형성된 기개발지로서 기존 토지이용을 변경할 필요가 있을 때 정비하는 토지로서 주거용지·상업용지·공업용지·관리용지로 구분하여 계획한다. 면적은 계획수립 기준연도의 각 용지별로 하여 위치별로 표시한다.

대상지역은 도시지역 내 주거지역, 상업지역, 공업지역, 택지개발예정지구, 국가·일반도시첨단산업단지 및 농공단지, 전원개발사업구역, 도시공원 중 어린이공원, 근린공원, 계획관리지역 중 비도시지역 지구단위계획이 구역으로 지정된 지역(관리용지로 계획) 등이다.

시가화용지에 대하여는 기반시설의 용량과 주변지역의 여건을 고려하여 도시경관을 유지하고 친환경적인 도시환경을 조성할 수 있도록 정비 및 관리방향을 제시한다. 개발 밀도가 높은 용도지역으로 변경(up-zoning)할 경우에는 지구단위계획수립을 수반하여 용도를 변경한다.

02 시가화 예정용지

시가화 예정용지는 당해 도시의 발전에 대비하여 개발축과 개발가능지를 중심으로 시가화에 필요한 개발공간을 확보하기 위한 용지이다. 장래 계획적으로 정비 또는 개발할 수 있도록 각종 도시적 서비스의 질적·양적 기준을 제시한다. 성숙·안전형의 경우 사업계획이 지연·취소 등으로 인하여 목표연도 내에 사업목적 달성이 불가능하다고 판단되는 경우 재검토하여 과도한 개발계획이 되지 않도록 한다.

시가화 예정용지는 목표연도의 인구규모 등 도시지표를 달성하는 데 필요한 토지수요량에 따라 목표연도 및 단계별 총량과 주용도로 계획하고, 그 위치는 표시하지 않으며, 향후 시가화 용지 중 관리용지로 전환될 시가화예정용지는 주거용지·상업용지·공업용지로 전환할 수 없다. 시가화 예정용지는 주변지역의 개발상황, 도시기반시설의 현황, 수용인구 및 수요, 적정밀도 등을 고려하여 지역별 또는 생활권별로 배분한다.

시가화예정용지의 세부용도 및 구체적인 위치는 도시·군관리계획의 결정(변경)을 통해 정하도록 하여야 한다. 상위계획의 개발계획과 조화를 이루고 개발의 타당성이 인정되는 경우 지정한다. 인구변동과 개발수요가 해당 단계에 도달한 때 지정한다. 도시지역의 자연녹지지역과 관리지역의 계획관리지역 및 개발진흥지구 중 개발계획이 미수립된 지역에 우선 지정하도록 한다. 그 외의 지역에 대해서도 도시의 장래 성장방향 및 도시와 주변지역의 전반적인 토지이용상황에 비추어 볼 때 시가화가 필요한 지역에 지정한다.

시가화 예정용지를 개발 용도지역으로 부여하기 위해서는 지구단위계획을 수반토록 하여 도시의 무질서한 개발을 방지하고 토지의 계획적 이용·개발이 될 수 있도록 한다.

03 보전용지

보전용지는 토지의 효율적 이용과 지역의 환경보전·안보 및 시가지의 무질서한 확산을 방지하여 양호한 도시환경을 조성하도록 개발억제지 및 개발 불가능지와 개발 가능지 중 보전하거나 개발을 유보하여야 할 지역으로 한다.

보전용지 대상지역은 도시지역의 개발제한구역·보전녹지지역·생산녹지지역 및 자연녹지지역 중 시가화 예정용지를 제외한 지역, 농림지역·자연환경보전지역·보전관리지역·생산관리지역 및 계획관리지역 중 시가화 예정용지를 제외한 지역, 어린이공원과 근린공원을 제외한 도시공원, 문화재보호구역, 상수원의 수질보전 및 수원함양상 필요한 지역, 호소와 하천구역 및 수변지역 등이다.

상습수해지역 등 재해가 빈발하는 지역과 하천 하류지역의 수해를 유발할 가능성이 있는 상류지역은 원칙적으로 보전용지로 지정하되, 시가화예정용지로 설정하고자 하는 경우에는 당해 지역에 유수되는 우수의 흡수율을 높이기 위하여 녹지비율을 강화하는 등 방재 대책을 수립한다. 쾌적한 환경을 조성하고 도시의 건전하고 지속가능한 발전을 위하여 적정량의 보전용지가 확보될 수 있도록 계획한다. 도시 내·외의 녹지체계 연결이 필요한 지역이나 도시 확산과 연담화 방지를 위하여 필요한 지역 등은 원칙적으로 보전용지로 계획한다.

04 개발제한구역의 조정

개발제한구역 중 보전가치가 높은 지역은 보전용지로 계획한다. 개발제한구역 중 보전가치가 낮은 지역은 토지수요를 감안하여 일시에 무질서하게 개발되지 않도록 단계적 개발을 계획한다. 해제지역은 원칙적으로 저층·저밀도로 계획하고 기존 시가지와의 기능분담·교통·녹지·경관 등이 연계되도록 개발계획을 수립한다. 해제지역은 주변의 토지이용현황과 조화되도록 친환경적으로 계획한다.

개발제한구역이 부분 해제되는 도시권에서는 도시·군기본계획의 내용 중 개발제한구역의 조정에 관한 사항은 광역도시계획수립지침이 정하는 바에 따라 계획을 수립하도록 한다. 조정내용에 대하여는 사전에 국토교통부장관과 협의 및 그 협의 결과를 반영하여야 한다. 비도시지역의 난개발 방지 및 합리적인 성장관리를 위하여 비도시지역에 대한 성장관리방안을 제시한다.

SECTION 03 토지이용계획의 수립과정

01 수립과정

토지이용계획은 일반적으로 1단계로 현황분석 및 문제점, 2단계는 기본방향 설정, 3단계는 대상지의 선정, 4단계는 수요예측, 5단계는 입지배분, 6단계는 계획의 실현의 순서로 진행된다. 인구와 경제활동에 적합한 규모여야하며 도시가 가지고 있는 토지이용 및 환경상의 문제점, 개발 잠재력, 개발제약 요인 등을 고려하여 개발축 · 교통축 · 녹지축과 연계하여 토지이용방향을 제시한다.

1단계 현황분석 및 문제점은 계획구역의 공간단위를 설정하여, 현지조사를 포함한 기초조사를 실시한다. 토지이용 현황은 지목별, 국토이용별, 도시지역 내 용도지역 현황, 개발제한구역 현황 등이다. 토지이용 특성은 도시지역은 주거지역 · 상업지역 · 공업지역 · 녹지지역, 비도시지역은 농촌지역 · 어촌지역 · 미개발지역 등의 현황이다. 또한 자연현황, 인문사회경제, 관련계획 및 법제, 교통현황, 환경현황 등을 분석하여 문제점을 도출한다.

2단계 기본방향 설정은 사업의 비전과 목표를 설정한다. 비전은 사업이 궁극적으로 지향하는 것으로 곧 도시의 미래상이라 할 수 있다. 시민의 삶의 질을 향상시키는 것을 지향하는데, 예를 들면 복합형 행정자족도시, 쾌적한 친환경도시, 살기 좋은 인간 중심도시, 품격 있는 문화정보 도시 등이다. 목표는 비전을 구체화 하는 것으로 도시환경 조성을 통해 시민 생활의 질적 향상을 도모하는 내용으로 한다.

3단계 대상지 선정은 사업의 기본방향에 적합한 대상지의 위치, 크기와 형상을 찾는 단계다. 사업 대상지 후보군을 설정하고, 현황조사를 실시하여 스와트

(SWOT)분석을 실시한다. 스와트 분석이란 전략을 짤 때 강점(Strength), 약점
(Weakness), 기회(Opportunity), 위협(Threat) 등으로 주위 환경을 분석하는 것을
말한다. 대상지의 내부 환경을 분석하여 강점과 약점을 발견하고, 외부환경을
분석하여 기회와 위협을 찾아낸다. 이를 바탕으로 강점은 살리고 약점은 보완하
며, 기회는 활용하고, 위협은 극복하는 전략을 마련한다.

4단계 수요예측 단계로 대상지에 도입해야 하는 시설의 종류와 규모, 용도별
소요면적을 산정하는 단계다. 주거시설·상업시설·공업시설·녹지시설·공공기
반시설 등의 종류와 규모를 산정한 후 소요토지면적을 산정한다. 공공기반시설
로는 행정시설, 교육시설, 체육시설, 문화시설, 의료시설, 복지시설 등이다. 이때
상주인구와 유동인구를 비롯하여 경제활동을 고려한다.

5단계 입지배분은 토지이용에 대한 비전과 목표를 달성하는 단계로 시설 및
계획의 결과물을 대상토지에 배치한다. 우선 개발가능지와 불가능지, 유보지 등
을 결정하며 개발가능지를 결정하고, 개발가능지를 중심으로 활동 및 규모계획
의 결과를 분산 배치한다. 이 과정에서 주요 건물과 주요 지역의 세부계획과 입
체계획을 고려한다.

6단계 계획의 실현은 토지이용계획의 법적, 행정적인 효력을 부여하여 계획
안을 실현시키는 단계다. 도시기본계획에서는 용도지역·용도지구·용도구역, 지
구단위계획, 도시계획시설계획, 도시개발사업계획 등 집행수단에 반영한다.

위의 순서에 의한 토지이용수립과정은 일방적인 것이 아니라 단계마다 상호
환류(feed-back)를 반복한다. 즉 투입(input)과 산출(output)의 반복적 과정이 계
속해서 이루어지며 최상의 토지이용계획을 산출한다.

[그림 8-1] 토지이용계획 과정

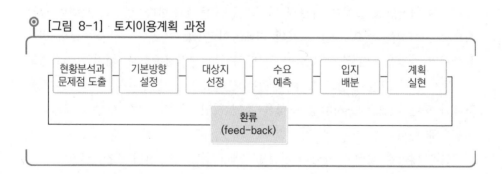

02 토지이용계획 접근방향

토지이용계획 수립과정은 구체적인 하위수준에서 개념적인 상위수준으로 요건을 개념화시키는 상향식(Bottom-up)과 개념적인 수준에서 구체적인 수준으로 접근하는 하향식(Top-down) 접근방향이 있다. 상향식 접근방법은 지구단위마다 계획과제를 도출하여 계획을 입안한 후 상위계획에 맞도록 조정하는 방식이다. 하향식은 상위계획의 지침을 받아 먼저 도시기본구조를 설정한 후 각 지구단위의 상황에 맞게 배분하는 방식이다.

상향식은 기존 도시의 축적상태인 도시의 역사, 유물, 삶의 흔적 상태 등의 반영이 용이하다. 그러나 하향식은 상위계획의 지침에 따라 새로운 도시개발을 중시하는 접근방식이다. 계획 수립 시 설문조사와 공청회 등의 절차를 거쳐 주민들의 의견을 반영하고 있으나 형식적이고 경직되기 쉽다. 상위계획은 하위계획을 평가절하하거나 지구단위의 요구를 수용하는 계획이 될 수 있다.

토지이용계획은 가능한 주민들과 자유롭게 토의하는 방식으로 진행하여 시민맞춤형 계획을 수립하도록 한다. 상향식과 하향식을 적절하게 혼합하여 두 접근방향의 장점은 극대화하고, 단점은 최소화한다. 그동안 우리나라 토지이용계획은 주로 하향식으로 주민참여 방식보다는 행정중심의 계획이었다. 이를 상향식으로 개선하기 위해서는 계획단계부터 주민의견을 반영할 수 있는 제도적 장치가 필요하다.

03 토지이용계획의 기본원칙

토지이용을 분석하고 토지적성평가 경과를 활용하여 기개발지, 개발가능지 개발억제지, 개발불가능지를 구분하여 장래 토지이용을 예측한다. 기개발지는 비효율적인 토지이용 발생지역과 도시기능의 왜곡지역을 조사·분석하고, 발생원인과 문제점을 판단하여 기존 토지이용계획을 변경할 필요가 있는 곳을 선별한다. 도시지역 등에 위치한 개발가능 토지는 단계별로 시차를 두어 개발되도록 한다.

시가지 외곽에서는 난개발의 발생지역과 신규 개발 잠재력이 큰 지역을 현장 조사하여 파악한다. 하천 주변지역은 보전과 개발의 조화를 원칙으로 하여 토지 이용을 예측한다. 다만, 하천 주변지역 개발이 하천에 미치는 영향을 최소화하는 개발방향과 기준을 제시한다. 인접 도시 간, 지역 간 연담화 방지와 광역적 토지 이용 관리를 위하여 시·군의 합리적인 토지이용 방침을 제시하고 조정한다.

04 토지면적의 수요추정

토지면적의 수요추정은 도시지역의 용도지역인 주거지역, 상업지역, 공업지역, 녹지지역에 소요되는 토지의 면적을 예측하는 것이다. 일반적으로 3단계의 절차를 거친다. 1단계는 목표연도의 인구 및 경제활동을 예측하는 단계로 인구수, 2차산업 및 3차산업 종사자수, 매출액 및 생산액 등을 산정한다.

2단계는 목표연도의 용도별 토지이용의 기준밀도를 설정하는 단계로 인구밀도, 이용밀도, 건축밀도 등을 산정한다. 인구밀도는 보통 $1km^2$당의 인구수로 나타내며 총밀도와 순밀도로 구분한다. 총밀도는 전체 토지면적 대한 밀도로 총인구를 총면적으로 나눈다. 순밀도는 전체 토지면적에서 도로·공원·공공시설·학교·병원 등을 뺀 순주거용지에 대한 밀도로 총인구를 순주거면적으로 나눈다.

3단계는 목표연도의 주거용지, 상업용지, 공업용지, 녹지용지 등 용도별 토지 수요량을 산출한다. 산출방법은 용도별 토지소요면적 산출 공식을 이용한다.

[표 8.1] 토지이용밀도 지표

밀도유형	밀도지표	산출식	단위
인구밀도	상주인구 밀도	상주인구수/토지면적	인/ha
	주간인구 밀도	주간인구수/토지면적	인/ha
이용밀도	1인당 주거면적	주거건물면적/인구수	m^2/인
	가구당 주거면적	주거건물면적/가구수	m^2/가구
건축밀도	용적률	건물면적/대지면적	%
	건폐율	건물바닥면적/대지면적	%
	호수밀도	주택수/토지면적	호/ha

참고: 1ha=10,000m^2(100m×100m), 1km^2=100ha(1000m×1000m)

SECTION 04 토지수요량 산출

01 주거용지

　주거용지는 인구예측에 근거하여 미래 주택 및 토지수요를 산정한 후, 기성 시가지의 주거면적과 비교하여 신규로 확보하여야 할 주거용지를 산출한다. 이 때 개발밀도는 용적률 150%를 기준으로 하여 필요한 면적을 산출하도록 하였 다. 기성 시가지 또는 기존 취락 내 미개발지나 저개발지를 최대한 고려하고 재 개발 · 재건축, 도시재생 등을 예상하여 신규 주거용지의 개발물량은 최소화하도 록 한다. 주거용지 소요면적은 인구밀도, 가구당 면적, 공공용지율 등을 감안하 여 추정하는데 평균 인구밀도에 의한 방법과 주택 1호당 부지면적에 의한 방법 으로 추정할 수 있다. 주택 1호당 부지면적에 의한 주거용지 소요면적은 아래 식으로 산정한다.

$$소요면적 = \frac{주거용지 ~ 내 ~ 수용될 ~ 주택 ~ 수 \times 밀도배분률 \times 주택1호당 ~ 부지면적}{(1 - 공공용지율) \times (1 - 혼합률)}$$

> **사례**
>
> 인천광역시는 2030년 인천광역시 평균 인구밀도에 의한 주거용지 소유면적을 다음과 같이 산출하였다. 산출 계획인구의 90% 수준이 주거용지에 거주하고, 10%는 비주거 용지 및 개발제한구역 등에 거주하는 것으로 가정하였다. 밀도구분별 인구배분은 고밀 지역에 50%, 중밀지역 25%, 저밀지역에 25%를 적용하고, 도시기본계획실무편람 등

관련지침 및 타지자체 사례 등을 고려하여 고밀지역 400인/ha, 중밀지역 200인/ha, 저밀지역 100인/ha를 적용하였다.

[표 8.2] 2030년 인천광역시 평균밀도에 의한 주거용지 소요면적

구분	인구배분률(%)	수용인구(인)	인구밀도 (인/ha)	소요면적 (km^2)
합계	100	3,150,000	–	157,500
고밀지역	50	1,575,000	400	39,375
중밀지역	25	787,500	200	39,375
저밀지역	25	787,500	100	78,750

자료: 2030년 인천도시기본계획 보고서.

- 고밀지역 = (3,150,000인 × 50%) ÷ (400인/ha × 100) = 39,375km^2
- 중밀지역 = (3,150,000인 × 25%) ÷ (200인/ha × 100) = 39,375km^2
- 저밀지역 = (3,150,000인 × 25%) ÷ (100인/ha × 100) = 78,750km^2
- 평균밀도에 의한 2030년의 주거용지 소요면적은 157,500km^{2}로 예측되었다.

주거용지 내 수용될 주택수는 최근 5년간 가구당 인구수 변화추세를 추계하여 추정할 수 있는데 우리나라 통계청은 2030년에 가구당 2.35인이 거주할 것으로 추정하고 있다. 계획인구를 가구당 인구수로 나누면 주택수가 나오며, 여기에 주택보급률을 몇 %로 할 것인가를 결정하면 된다. 예를 들어 인천광역시는 2030년 소요 주택수를 (3,150,000인 ÷ 2.35인) × 110% = 1,474,470호로 추정하였다.

밀도배분률은 고밀지역 50%, 중밀지역 25%, 저밀지역 25%으로 적용하고, 주택1호당 부지면적은 고밀지역 40m^2, 중밀지역 70m^2, 저밀지역 165m^{2}를 적용하였다. 주거지역의 공공용지율은 각각 30%, 부지와 공공용지의 혼합률을 각각 10%를 적용했을 때 주택1호당 부지면적에 의한 소요면적은 다음과 같이 계산된다.

[표 8.3] 2030년 인천광역시 주택1호당 부지면적에 의한 주거용지 소요면적

구분	밀도배분률 (%)	수용주택수 (%)	주택1호당 부지면적 (m^2)	공공용지율 (%)	혼합률 (%)	소요면적 (㎢)
합계	100	1,474,470	–	–	–	184,310
고밀지역	50	737,235	40	30	10	46,809
중밀지역	25	368,618	70	30	10	40,958
저밀지역	25	368,617	165	30	10	96,543

자료: 2030년 인천도시기본계획 보고서.

- 고밀지역 = $\dfrac{1{,}474{,}470\text{호} \times 50\% \times 40\text{m}^2}{(1-0.3) \times (1-0.1)}$ = 46.809km^2

- 중밀지역 = $\dfrac{1{,}474{,}470\text{호} \times 25\% \times 70\text{m}^2}{(1-0.3) \times (1-0.1)}$ = 40.958km^2

- 저밀지역 = $\dfrac{1{,}474{,}470\text{호} \times 25\% \times 165\text{m}^2}{(1-0.3) \times (1-0.1)}$ = 96.543km^2

인천광역시는 평균밀도에 의한 주거용지 소요면적 157,000km^{2}과 주택1호당 부지면적에 의한 주거용지 소요면적 184,310km^{2}를 산술평균한 170,905km^{2}를 2030년 주거용지 소요면적으로 산정하였다. 산정된 면적은 생활권별 및 단계별로 배분하여 계획을 수립하였다.

02 상업용지

상업용지는 미래 인구규모 및 도시특성에 따라 적정한 사업용지의 수요를 판단한다. 기존 시가지에서 이미 상업기능으로 바뀌고 있는 타 용도지역을 파악하고, 상업용지가 도시 내에서 적정하게 분포되어 있는지를 판단한다. 도시지역에서는 상업용지의 수요, 타용도지역의 전환, 적정한 분포 등을 감안하고, 비도시지역에서는 유통 및 관광·휴양 등의 수요를 판단하여 신규로 필요한 상업용지의 면적을 산정한다.

상업용지 수요면적 추정은 상업지역을 도심상업지역, 부도심 및 지구중심 상업지역, 생활권중심 상업지역으로 구분하여 산정한다. 도시의 규모와 위치의 적정성을 고려하여 경제활동공간이 체계화될 수 있도록 적절하게 분담률은 도시공간구조 특성을 감안하여 설정하며, 타 도시의 적용비율을 비교하여 적정하게 적용한다.

상업용지 수요면적은 도시계획인구 기준, 매출액 기준, 종업원수 기준 등으로 산출할 수 있다. 밀도는 용적률, 건폐율, 층수, 공공용지율 등을 적용하고, 밀도지표는 상업용지의 위치와 위계에 따라 차별적으로 적용한다. 상업건축물면적은 건축연면적을 용적률로 나누어 산출한다. 1인당 평균상면적에 의한 상업용지 소요면적 산정공식은 아래와 같다.

$$\text{상업용지 소요면적} = \frac{\text{상업시설 이용인구} \times \text{1인당 점용면적}}{\text{평균층수} \times \text{건폐율} \times (1-\text{공공용지율}) \times (1-\text{혼합률})}$$

💬 **사례**

목표연도 인구 350만 명인 도시의 1인당 평균상면적에 의한 상업용지 소요면적을 다음과 같이 산정하였다. 상업시설이용인구는 목표연도 인구의 동시이용률을 90%로 고려했을 때 315만 명이다. 1인당 점용면적은 도심상업지역은 $15m^2$, 부도심 및 지구중심상업지역은 $12m^2$, 생활권중심상업지역은 $10m^2$로 가정한다. 이 밖에 분담률, 건축물의 평균층수, 건폐율, 공공용지율, 혼합률 등을 〈표 8-4〉와 같이 적용한다고 했을 때 상업용지 소요면적은 $29.232km^2$로 추정한다.

[표 8.4] 1인당 평균상면적에 의한 소요면적

구분	분담률 (%)	이용 인구 (만 명)	1인당 점용 면적 (m^2)	평균 층수 (층)	건폐율 (%)	공공 용지율 (%)	혼합률 (%)	소요면적 (km^2)
계	–	315	–	–	–	–	–	29.232
도심상업	40	126	15	6	60	45	20	11.932
부도심 및 지구중심상업	40	126	12	4	60	35	20	12.115
생활권 중심상업	20	63	10	3	60	25	10	5.185

자료: 2030년 인천도시기본계획 보고서.

- 도심상업 = $\dfrac{3,150,000인 \times 0.4 \times 15m^2}{6층 \times 0.6 \times (1-0.45) \times (1-0.2)}$ = $11.932km^2$

- 부도심 및 지구중심상업 = $\dfrac{3,150,000인 \times 0.4 \times 12m^2}{4층 \times 0.6 \times (1-0.35) \times (1-0.2)}$ = $12.115km^2$

- 생활권 중심상업 = $\dfrac{3,150,000인 \times 0.2 \times 10m^2}{3층 \times 0.6 \times (1-0.25) \times (1-0.1)}$ = $5.185km^2$

03 공업용지

공업용지는 시·군 및 상위계획의 산업정책에 입각하여 필요한 공업용지의 수요를 판단한다. 도시지역 내에서는 새로운 신규 토지를 확보하기 보다는 기존에 확보된 공업용지 중 저개발 또는 미개발된 곳을 최대한 활용하고 효율적·압축적인 토지이용이 될 수 있도록 한다. 비도시지역에서의 공업용지는 비도시지역 지구단위계획으로 확보할 수 있는 일정규모 이상의 토지로 농공단지 등에 필요한 토지를 판단하여 산정한다.

공업용지 면적수요는 2차산업의 경제활동규모로 추정하는데 종사자수를 기준하거나 생산액을 기준으로 추정할 수 있다. 종사자수 기준은 종사자수를 고용밀도로 나누고, 생산액 기준은 생산액을 공업용지 원단위로 나누어 공업용지 소요면적을 산정한다. 종사자수는 과거 10년의 제조업 취업자수를 과거추세연장법(등차, 등비) 등으로 산정하여 산술평균하여 산출한다. 공업용지 소요면적 산정공식은 다음과 같다. 1인당 부지면적과 공공용지율 등은 당해 도시 및 타도시의 주요 제조업 평균치를 적용한다.

$$공업용지\ 소요면적 = \frac{종사자수 \times 1인당\ 부지면적 \times (1 - 혼합률)}{1 - 공공용지율}$$

> ## 💬 사례
>
> 인천광역시는 2030년 2차산업 종사자수를 304,000명으로 산정하였으며, 제조업 취업자 1인당 공업지역 면적 228m², 혼합률 20%, 공공용지율 30%로 산정하여 공업용지 소요면적을 79.214km²로 추정하였다.
>
> [표 8.5] 공업용지 소요면적 산정
>
> | 구분 | 2차산업 종사자수(인) | 1인당 부지면적(m²) | 혼합률 (%) | 공공용지율 (%) | 소요면적 (km²) |
> |---|---|---|---|---|---|
> | 설정지표 | 304,000 | 228 | 20 | 30 | 79.214 |
>
> 자료: 2030년 인천도시기본계획 보고서.

- 공업용지 소요면적 = $\dfrac{304,000\text{인} \times 228\text{m}^2 \times (1-0.2)}{1-0.3}$ = 79.214km^2

04 녹지용지

녹지수요는 인구 규모에 비례하여 추정하는데, 인구에 녹지단위를 곱하는 원단위법에 의해 추정한다. 우리나라 「도시공원법」은 도시계획구역 내 1인당 도시공원면적을 6m^2 이상으로 규정하고 있다. 이 기준에 따라 특별시, 광역시, 시·군 등은 조례로 관할구역의 면적과 인구규모, 용도지역의 특성을 고려하여 녹지율을 정한다.

05 기타

이 밖에 고려사항으로 토지자원을 효율적이고 절약적으로 이용할 수 있도록 가용토지 공급량을 고려하여 계획한다. 각 용지별 토지수요량은 인구 및 사업계획 등을 고려하여 합리적인 수급계획이 수립될 수 있도록 한다. 인구배분계획, 교통계획, 산업개발계획, 주거환경계획, 사회개발계획, 공원녹지계획, 환경보전계획 등 각 부문별 계획의 상호관계를 고려한다. 용도별 토지수요는 도시지역과 비도시지역으로 구분하여 계획하고 생활권별 및 단계별로 제시한다.

택지조성 및 토지이용규제

01 택지의 개요

　택지란 토지이용의 기능적 분류의 하나로서 일반적으로 주거용 또는 부속건물의 건축용지로 이용할 수 있는 토지를 말한다. 법률상으로는 「택지개발촉진법」에 따라 개발·공급되는 주택건설용지 및 공공시설용지를 말한다. 주택을 건설하는 용지뿐만 아니라 도로, 공원, 학교 등의 기반시설과 상업·업무시설 등의 시설을 설치하기 위한 토지를 포함하는 포괄적인 개념이다.

　「주택법」에 의한 공공택지는 국민주택건설사업 또는 대지조성사업, 택지개발사업, 산업단지개발사업, 공공주택지구조성사업, 도시개발사업, 경제자유구역개발사업, 혁신도시개발사업, 행정중심복합도시건설사업 등의 공공사업에 의하여 개발·조성되는 공동주택이 건설되는 용지를 말한다. 주택건설용지는 주택(단독주택 및 공동주택)과 근린생활시설을 건축하기 위한 토지이다. 공공시설용지는 「국토의 계획 및 이용에 관한 법률」에 의한 도로, 공원, 학교 등의 기반시설과 주거편익시설, 상업·업무시설, 지식산업센터 등 자족시설 등의 시설을 설치하기 위한 토지를 말한다.

　택지개발사업은 도시지역의 시급한 주택난을 해소하여 주택이 없는 저소득국민의 주거생활의 안정을 기하기 위하여 주택건설에 필요한 택지가능지를 대량으로 취득하고 저렴한 가격으로 택지를 개발·공급하기 위하여 「택지개발촉진법」에 따라 시행하는 사업을 말한다. 우리나라는 그동안 토지구획정리사업, 일단의 주택지조성사업, 아파트지구지정에 의한 대지조성사업 등을 통해 택지를 공급하여 왔다. 1980년 이후부터는 「택지개발촉진법」을 제정하여 같은 법에 의한 공영개발방식의 택지개발사업을 통해 택지를 공급하고 있다. 택지개발사업은 국가·지방자치단체, 한국토지주택공사 등의 공공기관과 주택건설 등 사업자가 이들 공공기관과 공동으로 사업을 시행할 수 있다.

02 토지이용규제

토지이용규제(land use control)는 도시 전체적으로 질서 있는 토지의 이용 상태를 유도하고 효율적인 관리를 위해 도시계획에 있어서 지역의 토지용도를 지역·지구·구역으로 지정하여 일정한 행위를 제한하거나 금지하는 것을 말한다. 특히 사업지구에서 개발사업에 지장을 초래할 수 있는 건축물의 건축, 공작물의 설치, 토지의 형질변경, 토석의 채취, 토지분할, 물건을 쌓아놓는 행위 등은 허가를 강화함으로써 행위를 제한할 수 있다. 우리나라는 토지이용 규제내용을 온라인 서비스로 제공하고 있다. 토지e음(www.eum.go.kr)은 토지이용계획 열람, 지역·지구별 행위제한, 규제안내서 열람, 지형도면고시 열람으로 구성되어 있다.

토지와 관련된 각종 정보(속성자료 및 공간자료)를 전산화하여 통합적으로 관리하는 시스템으로 행정안전부의 필지중심의 토지정보시스템(PBLIS)과 국토교통부의 토지관리정보시스템(LMIS)을 통합하여 자료의 일관성 확보와 사용자 편의성을 제고하기 위한 시스템이다. 한국토지정보시스템(KLIS: Korea Land Information System)은 시·도별로 운영되고 있으며, 시·도별 한국토지정보시스템을 이용하여 관련 자료를 검색하고 민원을 신청할 수 있다. 국민은 시·군·구청을 방문하지 않고 인터넷환경에서 개별 필지의 토지이용계획, 공시지가, 열람지가, 결정지가 등을 열람하고 부동산중개업 정보 등을 검색할 수 있다.

토지이용 고려사항

01 주거지역

주거지역은 양호한 주거환경 유지 및 적정 주거밀도 등을 우선적으로 고려하여 지정하고, 일조권 및 사생활 보호를 위하여 가급적 정형화한다. 일상생활에 필요한 교육시설, 생활용품의 구매시설, 기타 필요한 공공시설에 대한 접근성 및 이용의 편리성을 확보하는 등 주민의 일상생활을 영위하는 데 불편이 없도록 계획한다.

기존시가지의 전용주거지역 및 일반주거지역의 세분은 원칙적으로 현재의 건축물의 현황 및 당해 시·군의 도시·군계획조례가 정하는 바에 따라 지정한다. 일반주거지역 및 준주거지역의 경우 일부 상업기능을 허용하고 있으므로 기존시가지중 저층주택지와 신시가지의 단독주택지는 주거환경을 적극적으로 보호하기 위하여 제1종전용주거지역 또는 제1종일반주거지역으로 지정하는 등 저층 위주의 주거지역이 형성되도록 한다.

새로이 조성되는 대단위 주거지역은 단독주택, 중층주택, 고층주택 등이 적절히 배치되어 다양한 경관을 형성할 수 있고 스카이라인이 유지되도록 한다. 미기후환경(바람유동 및 열섬현상)이 개선되도록 주거지역을 세분한다. 도시자연공원이나 구릉지 주변의 주거지역은 주변 환경과 조화되고 스카이라인이 유지되도록 적절한 용도의 주거지역으로 지정하고, 고도지구 등의 지정을 함께 고려한다.

일반주거지역의 제1·2·3종이 적절히 배분되도록 계획하여 도시가 균형적으로 발전되도록 한다. 특히 자연녹지지역 등 비시가화지역이 주거지역으로 지정될 경우에는 가급적 저층·저밀도로 개발되도록 한다. 고밀도로 개발할 필요가 있는 경우에는 당해 지역에 지구단위계획을 수립토록 한다. 일반주거지역을 세분하는 경우에는 사업시행계획인가를 받은 재개발사업계획과 사업계획승인을 받은 재건축사업계획의 용적률과 건축물의 높이 등을 우선 고려한다. 사업인가 또는 승인을 받지 않은 사업에 대하여는 향후 재개발 및 재건축계획 등을 면밀히 감안하여 지정한다.

상업용도의 잠식으로 주거지의 동질성이 상실되지 않도록 한다. 자연과 인공경관이 부조화되거나 획일적인 가구나 획지가 구성되지 않도록 한다. 준주거지역의 경우 주거지역에 인접한 구역과 상업지역에 인접한 구역은 가급적 용적률을 차등 적용할 수 있도록 계획한다. 인구규모가 작은 시와 읍·면급은 무질서한 고층개발로 인한 주변 환경과의 부조화를 예방하기 위하여 주거지역중 제1종일반주거지역의 비중을 높이도록 계획한다.

1) 전용주거지역

전용주거지역의 공통기준은 기 형성된 양호한 주거환경을 보전할 필요가 있는 지역, 국립공원·도시자연공원·보전녹지지역·자연녹지지역이 연계되어 있는 지역으로 불가피한 경우를 제외하고는 상업지역이나 공업지역에 접하여 지정하지 않아야 한다. 다만, 녹지대 또는 지역적으로 차단되어 이러한 지역에 의하여 주거환경이 지장을 받지 않을 경우에는 그러하지 아니하다. 원칙적으로 주간선도로에 접하여 지정하지 않는다. 다만, 주간선도로에 충분한 시설녹지가 설치되어 있는 경우에는 그러하지 아니하다.

제1종전용주거지역은 다음의 조건을 고려한다. 기존 시가지 또는 그 주변의 환경이 양호한 단독주택지로서 주거환경을 보전할 필요가 있거나 이러한 지역으로 유도하고자 하는 지역이다. 신시가지중 주택지로 개발할 지역으로 양호한 단독주택지 개발사업이 시행되는 지역이다. 개발제한구역이 우선 해제되는 지역으로서 주변 자연환경과의 조화가 필요한 지역이다.

제2종전용주거지역은 다음의 조건을 고려한다. 기성 및 주변시가지의 주택으로서 순화된 주거지역에서 기 형성되어 있는 중층 주택 및 기반시설의 정비 상황에서 보아 중·저층주택이 입지하여도 환경악화의 우려가 없는 지역이다. 중

· 저층 주택단지로 계획적으로 정비하였거나 정비하기로 계획된 구역 또는 그 주변지역이다.

2) 일반주거지역

제1종일반주거지역은 다음의 조건을 고려한다. 도시경관 및 자연환경의 보호가 필요한 역사문화구역의 인접지, 공원 등에 인접한 양호한 주택지, 구릉지와 그 주변, 하천·호소 주변지역으로 경관이 양호하여 중·고층주택이 입지할 경우 경관훼손의 우려가 큰 지역이다. 전용주거지역 및 경관지구에 인접하여 양호한 주거환경을 유지시킬 필요가 있는 주택지이다. 단독주택·다가구·다세대 및 연립주택이 주로 입지하는 주택지이다. 개발제한구역을 조정하기 위하여 도시·군기본계획상 시가화예정용지로 지정된 지역으로서 주변 자연환경과의 조화가 필요한 지역이다. 가능한 한 주간선도로와 접하지 않도록 한다. 다만, 주간선도로에 충분한 시설녹지가 설치되어 있는 경우에는 예외로 한다.

제2종일반주거지역은 다음의 조건을 고려한다. 기존 시가지 및 주변 시가지의 주택지로서 중층주택이 입지하여도 환경악화, 자연경관의 저해 및 풍치를 저해할 우려가 없는 지역이다. 원칙적으로 중심상업지역, 전용공업지역, 일반공업지역과 접하여 지정하지 않는다. 다만, 녹지대 또는 지형적으로 차단되어 주거환경에 지장을 초래하지 않는 경우에는 예외로 한다. 제1종 및 제3종일반주거지역에 해당되지 아니하는 경우이다.

제3종일반주거지역은 다음의 조건을 고려한다. 계획적으로 중·고층주택지로서 정비가 완료되었거나 정비하는 것이 바람직한 지역 및 그 주변지역이다. 중·고층주택을 입지시켜 인근의 주거 및 근린생활시설 등이 조화될 필요가 있는 지역이다. 간선도로(주간선도로와 보조간선도로) 설치 등 교통환경이 양호하며 역세권내에 포함된 지역이다.

3) 준주거지역

준주거지역은 다음의 조건을 고려한다. 주거용도와 상업용도가 혼재하지만 주로 주거환경을 보호하여야 할 지역, 중심시가지 또는 역주변의 상업지역에 접한 주택지로서 상업적 활동의 보완이 필요한 지역, 상업지역 및 공업지역에 접한 주택지로 어느 정도 용도의 혼재를 인정하는 지역, 주택지를 통과하는 주요 간선도로 및 철도역 주변의 주택지, 주거지역과 상업지역 사이에 완충기능이 요구되는 지역, 계획적 주택단지 내의 상업시설용지가 요구되는 지역이다.

장례식장·공장 등 주거환경을 침해할 수 있는 시설은 주거기능과 분리시켜 배치하고, 주변에 완충녹지를 배치토록 한다. 일반공업지역·전용공업지역과의 경계는 도로·하천 등의 지형지물에 의하여 명확히 구분한다.

02 상업지역

상업지역의 일반적 고려사항은 다음과 같다. 당해 도시의 경제권 및 생활권의 규모와 구조를 감안하고, 상업·업무·사회·문화시설 등의 집적을 도모할 필요가 있는 토지이용공간으로 확보한다. 주거지역과 공업지역과의 관련성을 기초로 하여 생활권계획상 중심지역에 생활편익시설, 중심업무시설 등과 연계하여 유기적으로 배치하고, 이용의 편리성 및 업무수행의 능률성을 확보한다. 상업지역 입지는 도로, 철도와 같은 교통시설의 현황과 계획을 감안하고 사람과 물자의 유동량에 따라 적절하게 배분한다. 당해 도시 내 기반시설의 기존 용량과 장차 확보 가능한 용량을 고려하고 특히, 국지적으로 충분히 대응할 수 있는 지역을 대상으로 하여야 한다. 신시가지로 계획적인 개발이 이루어지는 지역은 가급적 상업지역을 세분·지정하여 토지이용의 효용을 제고하도록 한다. 상업·업무기능의 활성화를 위하여 도시의 규모를 고려하여 적정하게 발전될 수 있도록 하여야 한다.

중심상업지역의 고려사항은 다음과 같다. 당해 도시의 모든 지역으로부터 접근이 용이하고 대중교통수단의 이용이 편리한 지역으로서 도시·군기본계획상 도시의 중심지역으로 선정된 지역이다. 고밀화·고도화에 적합한 지형의 조건과 주차 및 휴식을 위한 오픈스페이스 및 기반시설의 확보가 용이하여 신도시(신시가지)의 중심지역으로 개발할 지역이다. 당해 도시의 중심적 상권을 지닌 상업·업무기능의 중심지 또는 부도심 성격을 지니는 지역이다.

일반상업지역의 고려사항은 다음과 같다. 주간선도로의 교차지점으로서 통과교통보다 지역내 교통기능을 수행하는 지역으로서 도시·군기본계획에서 생활권의 중심지로 선정된 지역이다. 지나친 선적(線的)확산을 억제하고 업무와 서비스기능의 접근성을 유지할 수 있는 최소한의 평탄한 면적이 확보할 수 있는 지역이다. 전철과 같은 대량교통수단의 환승점 또는 자체에 기종점을 둔 통행발생이 많은 지역이다. 기능적으로 특화된 지역중심지로서 위락·자동차매매 및 정비·인쇄·출판 등의 기능을 면적으로 집중시킬 수 있는 지역이다. 자동차에 의한 접근이 용이하고 지역내 교통의 흐름에 지장을 주지 않도록 도시고속도로에 접속시키는 것이 바람직한 지역이다. 주거지역과는 분리시켜야 하며, 불가피한 경우 녹지 등과 같은 완충대 설치를 고려하여야 한다.

근린상업지역의 고려사항은 다음과 같다. 주간선도로보다는 보조간선도로에 연접해 있으면서 도시·군기본계획의 생활권 계획상 소생활권의 중심지로 선정된 지역중 주차·승하차·화물적재에 용이한 지역이다. 근린생활권의 주민들이 간선도로의 횡단 없이 걸어서 접근할 수 있어야 하며 휴식공간을 함께 입지시키는 것이 용이한 지역이다. 근린생활권 구성이 가능한 개발사업지구의 중심상가 조성지이다.

유통상업지역의 고려사항은 다음과 같다. 모든 지역으로부터 접근이 용이하고 승하차, 화물적재에 용이한 지역, 대중교통수단의 정류장 및 전철역 등과 종합적으로 개발이 가능한 지역, 물자공급지의 연결이 용이하며 도시 내 각종 시장 및 집배송단지와의 교통이 편리한 지역이다.

03 공업지역

공업지역의 일반적 고려사항은 다음과 같다. 공업지역은 주거지역과의 혼재를 피하여 오염피해의 발생을 방지하며, 공업생산의 능률성을 제고할 수 있도록 지형지세, 풍향, 수자원 및 교통시설과의 접근성 등을 고려하여 입지시킨다. 공업의 생산성 제고를 위하여 공업의 성격과 규모 등을 고려하여 용도지역을 세분한다. 대도시나 중소도시에 있어서는 토지의 혼합이용으로 인한 토지이용간의 상충을 억제할 수 있도록 준공업지역의 지정을 최소화한다. 준공업지역으로서 주택용지로의 전환이 예상되는 지역은 원칙적으로 지구단위계획으로 지정하여 개발을 유도하고, 구체적인 계획이 수립되지 않은 지역에 대하여는 최고고도지구 등을 지정하여 고밀개발을 억제한다.

전용공업지역의 고려사항은 다음과 같다. 비교적 평탄한 지형으로서 지나친 비용을 소요하지 않고 정지가 가능한 지역으로 무거운 구조물의 구축에 충분한 지내력을 지닌 지역이다. 도시의 규모, 입주공업의 토지에 대한 공업밀도를 감안하여 공업시설의 면적·지원시설 면적·녹지시설 면적 등을 충족시킬 수 있는 단지의 확보가 가능하고 일단의 토지매입이 용이한 지역이다. 철도·화물전용도로·공항터미널의 접근성이 양호한 지역이다. 임해지역의 경우에는 대형선박이 접안할 수 있는 항만조건을 고려하여 접근성이 양호한 지역이다. 동력 및 용수의 공급, 폐기물처리에 유리한 지역 및 중화학 공장지대이다.

일반공업지역의 고려사항은 다음과 같다. 취업자들의 통근교통수단에 대한 접근성이 양호하고 노동력의 공급이 용이한 지역이다. 시설의 공동이용, 관리 및 외부규모의 경제성을 살릴 수 있는 도시의 외곽 또는 근교지역으로서 화물교통과 도시 내 일반통행 발생과의 마찰을 최소화할 수 있는 지역이다.

준공업지역의 고려사항은 다음과 같다. 주민의 일상용품을 생산·수리·정비하는 공장과 환경오염의 가능성이 가장 적은 제조업을 수용하는 지역으로서 시가화지역에 인접한 지역이다. 주문생산품의 생산자 또는 이용자가 함께 편리하고 신속하게 연결될 수 있도록 소규모 분산적 입지도 가능한 지역이다. 취업자들의 통근편의성 및 소음·악취 등 환경오염으로 인한 주거기능의 보호를 고려하여 지정한다. 준공업지역은 주기능이 공업기능이므로 이에 상충되는 기능의 혼재를 방지하기 위하여 준공업지역의 신규지정은 가능한 억제한다. 기존 준공업지역중 장기적으로 주거지역이나 상업지역으로 용도변경을 계획하고 있지 않은 지역은 가능한 일반공업지역으로 변경·지정한다. 대도시의 경우에는 일반공업지역·전용공업지역의 완충기능을 유지할 수 있도록 일반공업지역 또는 전용공업지역에 인접한 경우에 한하며, 중·소도시에서는 중·소규모의 공장을 지원하기 위하여 설치할 수 있다.

참고문헌

「국토의 계획 및 이용에 관한 법률」
「국토의 계획 및 이용에 관한 법률 시행령」
「국토의 계획 및 이용에 관한 법률 시행규칙」
국토교통부, 도시·군기본계획 수립지침.
국토교통부, 도시·군관리계획 수립지침.
국토연구원, 도시기본계획상 토지이용계획 수립의 한계와 개선방안, 국토연구 통권58
　　호, 2008, pp.95−114.
김대영, 도시계획의 이해, 에듀컨텐츠휴피아, 2015.
대한국토·도시계획학회, 도시계획론(6정판), 보성각, 2018.
인천광역시, 2030년 인천도시기본계획 보고서.
「토지이용규제 기본법」
「토지이용규제 기본법 시행령」
「토지이용규제 기본법 시행규칙」
「택지개발 촉진법」
「택지개발 촉진법 시행령」

홈페이지

국토교통부 (www.molit.go.kr)
국가정보포털 (www.nsdi.go.kr)
도시계획정보서비스 (upis.go.kr)
토지e음 (www.eum.go.kr)
한국법령정보센터 (www.law.go.kr)

기반시설계획

도시계획론

본 내용은 「국토의 계획 및 이용에 관한 법률」·「국토의 계획 및 이용에 관한 법률 시행령」·「국토의 계획 및 이용에 관한 법률 시행규칙」·「물류시설의 개발 및 운영에 관한 법률」·「물류시설의 개발 및 운영에 관한 법률 시행령」·「물류정책 기본법」·「물류정책 기본법 시행령」·「스마트도시 조성 및 산업진흥 등에 관한 법률」·「스마트도시 조성 및 산업진흥 등에 관한 법률 시행령」, 국토교통부의 '도시·군기본계획 수립지침'·'도시·군관리계획 수립지침'을 발췌하여 정리하였다.

SECTION 01 기반시설의 개요

01 기반시설 · 도시계획시설 · 광역시설 개념

　기반시설은 도로 · 공원 · 시장 · 철도 등 도시주민의 생활이나 도시기능의 유지에 필요한 물리적인 요소로 「국토의 계획 및 이용에 관한 법률」에 의해 정해진 시설을 말한다. 도시화가 진행되면서 좁은 공간에 다수의 사람들이 모여 살게 됨에 따라 도시민들의 사회 · 문화적 욕구를 충족시키기 위하여 각종의 시설들이 필요하다. 이러한 시설들은 시장경제의 원리로만 충족될 수 없는 공공재적 특성을 갖고 있어 국가나 지자체 등 공공이 개입하여 설치해야 하는 것들이다. 「국토의 계획 및 이용에 관한 법률」은 기반시설을 대통령령으로 정하는 시설로 교통시설, 공간시설, 유통 · 공급시설, 공공 · 문화체육시설, 방재시설, 보건위생시설, 환경기초시설로 정의하고 있다.

　도시계획시설이란 기반시설 중 도시 · 군관리계획으로 결정된 시설을 말한다. 도시에 사는 주민들의 생활과 도시 기능의 유지를 위해 반드시 필요한 것들이다. 도시 · 군관리계획에 의해서 설치 · 정비 · 개량하는 사업을 도시계획사업이라 한다. 여기에는 도시계획시설, 「도시개발법」에 따른 도시개발사업, 「도시 및 주거환경정비법」에 따른 정비사업 등이 있다. 기반시설은 단순한 시설 자체를 의미하므로 임의시설, 도시계획시설은 도시관리계획의 규정된 절차를 거친 법적 시설이므로 의무시설이라고 한다. 지구단위계획은 도시 · 군관리계획으로 결정되므로 지구단위계획을 통해 설치하는 기반시설은 도시계획시설이 된다.

　광역시설이란 둘 이상의 특별시 · 광역시 · 특별자치시 · 특별자치도 · 시 또는 군의 관할구역에 걸치는 시설과 둘 이상의 도시가 공동으로 이용하는 시설을 말

SECTION 01 기반시설의 개요　**267**

한다. 둘 이상의 도시에 걸쳐 있는 도로·철도·운하·광장·녹지, 수도·전기·가스·열공급설비, 방송·통신시설, 공동구, 유류저장 및 송유설비, 하천·하수도(하수종말처리시설을 제외)가 있다. 또 둘 이상의 도시가 공동으로 이용하는 항만·공항·자동차정류장·공원·유원지·유통업무설비·운동장·문화시설·체육시설·사회복지시설·공공직업훈련시설·청소년수련시설·유수지·화장장·공동묘지·봉안시설·도축장·하수도(하수종말처리시설에 한함)·폐기물처리시설·수질오염방지시설·폐차장 등을 말한다.

02 기반시설

「국토의 계획 및 이용에 관한 법률」은 기반시설을 다음과 같이 세분화하였고, 당해 시설 그 자체의 기능발휘와 이용을 위하여 필요한 부대시설 및 편익시설을 포함한다.

① 교통시설: 도로·철도·항만·공항·주차장·자동차정류장·궤도·운하, 자동차 및 건설기계검사시설, 자동차 및 건설기계운전학원

② 공간시설: 광장·공원·녹지·유원지·공공공지

③ 유통·공급시설: 유통업무설비, 수도·전기·가스·열공급설비, 방송·통신시설, 공동구·시장, 유류저장 및 송유설비

④ 공공·문화체육시설: 학교·운동장·공공청사·문화시설·공공필요성이 인정되는 체육시설·연구시설·사회복지시설·공공직업훈련시설·청소년수련시설

⑤ 방재시설: 하천·유수지·저수지·방화설비·방풍설비·방수설비·사방설비·방조설비

⑥ 보건위생시설: 화장시설·공동묘지·봉안시설·자연장지·장례식장·도축장·종합의료시설

⑦ 환경기초시설: 하수도·폐기물처리시설·수질오염방지시설·폐차장

교통기반시설 중 도로, 자동차정류장, 광장은 다음과 같이 세분할 수 있다. 도로는 일반도로, 자동차전용도로, 보행자전용도로, 보행자우선도로, 자전거전용도로, 고가도로, 지하도로로 세분한다. 자동차정류장은 여객자동차터미널, 화물터미널, 공영차고지, 공동차고지, 화물자동차 휴게소, 복합환승센터로 세분한다. 광장은 교통광장, 일반광장, 경관광장, 지하광장, 건축물부설 광장으로 세분한다.

03 기반시설 계획의 일반원칙

기반시설을 계획하는 데 다음의 사항을 고려한다. 도시·군기본계획의 내용을 구체화하여 시설물별 현황분석, 수요추정, 입지판단 및 사업시행가능성 등을 고려하여 계획을 수립한다. 도시·군계획시설의 결정기준 및 설치·구조기준은 「도시·군계획시설의 결정·구조 및 설치기준에 관한 규칙」이 정하는 바에 따른다. 기반시설은 규모의 적정성을 검토하여 규모의 과대 또는 과소로 인하여 시설관리상의 지장이나 주변에 불필요한 피해가 발생하지 않도록 규모를 조정하여야 한다. 두 개 이상의 시설을 함께 설치하는 복합기능을 가지는 시설에 대하여는 중복하여 도시·군관리계획을 결정하여야 한다.

부대시설 및 편익시설의 규모는 당해 시설의 기능을 보조하며 당해 시설의 주기능에 지장을 주지 않는 범위 내에서 결정되어야 하며, 주시설의 규모보다 커서는 아니 된다. 다만, 주시설과 부대시설 및 편익시설의 규모를 비교할 경우 「주차장법」에 따른 부설주차장, 「영유아보육법」에 따른 직장보육시설 등 관계 법령에 따라 주시설에 의무적으로 설치해야 하는 시설은 규모에 산입하지 않는다.

미집행 도시·군계획시설 중 여건변화 등으로 불합리하거나 실현 불가능한 시설은 과감히 해제하거나 조정하여 미집행시설을 최소화한다. 사업시행계획이 없는 도시·군계획시설의 계획은 가급적 억제한다. 도시·군계획시설 결정에 따라 설치된 시설 중 존치 필요성이 없는 시설(청사이전 등 용도 폐지된 공공청사 등)에 대한 해제여부를 검토하여 그 결과를 도시·군관리계획 입안에 반영한다.

SECTION 02 기반시설 계획

01 교통계획

교통계획의 기본원칙은 다음과 같다. 먼저 목표연도 및 단계별 최종연도의 교통량을 추정하고 교통수단별·지역별 배분계획을 수립하여 기능별 도로의 배치 및 규모에 대한 원칙을 제시한다. 당해 시·군의 공간구조와 교통특성 및 인접도시와의 연계 등을 충분히 검토하여 광역교통 및 도시교통의 총체적 교통체계를 구상한 후 계획을 수립한다.

국도·지방도 등 지역 간 연결도로 및 시·군 내 주간선도로는 통과기능을 유지하도록 하고 도심지에 교통량을 집중시키지 않도록 계획한다. 도시교통은 토지이용계획과의 상관관계를 고려하여 계획함으로써 불필요한 교통량 발생을 최소화한다. 교통계획은 각종 차량 및 교통시설에 의한 대기오염, 소음, 진동, 경관 저해, 자연생태계 단절 등의 문제가 없도록 계획한다. 교통계획수립보고서 항목에 따라 별도 계획서를 작성하고 그 요지를 본 보고서에 수록한다.

주요 교통시설로의 접근성을 제고한다. 철도(지하철 포함), 경전철, 공항, 주차장, 환승시설, 자동차정류장 등은 지구내 도로교통 및 지구내에 배치하는 기반시설과 연계되도록 한다. 교통시설들은 이용자의 편익을 위하여 여러 기능이 복합적으로 발휘될 수 있도록 계획을 수립한다. 대중교통시설은 보행접근이 용이하도록 보행네트워크와 연계하여 배치토록 계획한다.

02 물류계획

물류계획은 각 생활권과 개발대상지역을 상호 유기적으로 연계시킬 수 있는 물류 및 교통계획을 수립한다. 물류시설의 체계적인 확충 및 정비를 적극적으로 고려하도록 하고, 시·군 내 대규모 개발사업 등에 물류시설도 고려하며 복합기능형 물류시설의 확충을 도모한다.

유통공급시설은 도시의 기본구조와 교통특성 및 인접 도시와 연계 등을 충분히 검토하여 물류비 절감에 유리한 방향으로 계획한다. 토지이용, 도시개발, 경제, 행정 등 각 부문별 계획과 조화를 도모할 수 있도록 계획한다. 국가 및 기업의 경쟁력 강화를 위하여 물류수요의 충족에 소요되는 비용의 절감이 가능한 방향으로 계획한다. 산업 고도화에 따라 최종 수요자에게 보다 질 높은 새로운 유통서비스를 제공할 수 있도록 계획한다.

시·군 전체에 균형 있는 서비스를 제공할 수 있도록 배치함으로서 물류서비스의 형평성 있는 공급이 이루어질 수 있도록 계획한다. 물류시설의 개발에 따른 자연환경의 훼손 등 환경에 대한 부정적인 영향이 최소화되도록 계획한다. 유통구조개선 및 유통부문의 경쟁력 강화를 도모할 수 있도록 하여 유통산업의 경쟁력을 강화할 수 있는 방향으로 계획한다. 공급시설은 당해 지역별로 공급처리수요, 광역공급처리체계, 공급처리실태, 용량에 대하여 조사하여야 한다.

일정한 장소를 개발할 때에는 계획목표연도, 계획공급량, 처리구역, 공급처리사업체계 등의 공급처리시설의 정비확충과 그 체계에 관한 정비계획을 세워야 한다. 공급시설계획은 당해 지역에만 한정하지 않고 주변지역도 포함하여 자원 및 에너지절약체계를 확보하여 과다한 유지관리가 되지 않도록 시설체계를 갖춘다.

03 정보 · 통신계획

정보통신이란 전기통신설비를 이용하거나 전기통신설비와 컴퓨터 및 컴퓨터의 이용기술을 활용하여 정보를 수집·가공·저장·검색·송신 또는 수신하는 정보통신체제를 말한다. 고도정보화 시대에 주민이 정보통신의 혜택을 균형 있게 누릴 수 있도록 정보수요를 예측하여 정보체계와 정보망을 구축한다. 도시정보시스템을 도시·군계획 및 도시개발과 연계할 수 있도록 한다. 정보시스템을 주민생활 및 기업 활동과 연계하여 활용할 수 있는 방안을 함께 계획한다. 도시·군계획과 도시민의 삶에 영향을 미치는 국가적인 정보화 사업을 반영한다.

04 스마트도시계획

스마트도시(smart city)란 도시의 경쟁력과 삶의 질의 향상을 위하여 건설·정보통신기술 등을 융·복합하여 건설된 도시기반시설을 바탕으로 다양한 도시서비스를 제공하는 지속가능한 도시를 말한다. 기반시설 또는 공공시설에 건설·정보통신 융합기술을 적용하여 지능화된 시설을 스마트도시기반시설이라고 한다. 「스마트도시 조성 및 산업 진흥 등에 관한 법률(스마트도시법)」은 스마트도시의 효율적인 조성, 관리·운영 및 산업진흥 등에 관한 사항을 규정하고 있다.

스마트도시건설사업을 적용하는 경우는 다음과 같다. 「택지개발촉진법」의 택지개발사업, 「도시개발법」의 도시개발사업, 「혁신도시 조성 및 발전에 관한 특별법」의 혁신도시개발사업, 「기업도시개발 특별법」의 기업도시개발사업, 행정중심복합도시건설사업, 「도시재생 활성화 및 지원에 관한 특별법」에 따른 도시재생사업, 그 밖의 관계 법령에 따른 도시개발사업 및 특별시·광역시·시·군의 도시정비·개량 등의 사업 중 대통령령으로 정하는 사업이다. 이 외에도 스마트도시기반시설의 설치 또는 기능을 고도화하거나 스마트도시서비스의 연계를 촉진하기 위한 사업에 적용하고 있다.

스마트도시법은 스마트도시의 조성 및 산업진흥, 국가시범도시의 지정·육성 등에 관하여 다른 법률보다 우선하여 적용하고 있다. 또 스마트도시의 수준향상 및 산업 활성화를 촉진하기 위하여 스마트도시 인증제를 실시하는 등 각종 지원을 하고 있다. 예컨대 스마트도시건설사업에 조성되는 토지·건축물 등을 수의계약으로 공급하고, 자율주행자동차 및 무인비행장치, 소프트웨어사업, 자가전기통신설비, 신에너지 및 재생에너지, 자동차대여 등에 관한 특례를 적용하고 있다.

05 상·하수도계획

상수도는 생활용수와 공업용수로 구분하여 계획하되, 급수인구, 급수량 및 급수율, 공업용수의 공급량을 예측하여 용수공급계획과 사용절약계획 및 시설계획을 수립한다. 예측되는 개발사업이 있는 경우는 이를 고려하여 급수량, 오수량을 산정하고 단계별로 시설계획을 수립한다. 하수도는 생활하수, 산업폐수 및 분뇨의 배출량을 예측하고, 하수 및 폐수처리방안을 강구한다.

상수도는 기반시설을 정비하여 급수보급률의 향상과 유수율 제고, 노후시설의 개량, 정수장 및 배수관의 정비 등 상수도시설의 현대화를 통하여 맑고 깨끗한 물의 안정적인 유지 및 효율성을 제고한다. 맑은 물 공급을 위한 정수처리시설의 고도화를 통해 수자원의 부족으로 인한 향후 물 부족상태를 대비한다. 고도정수처리시설은 오존처리와 입상 활성탄인 숯으로 한 번 더 걸러주는 과정을 추가해 기존 정수처리 공정으로는 잡기 힘든 흙과 곰팡이 냄새를 잡아 주는 역할을 한다.

하수도는 도시계획구역 내 용도지역상 주거, 상업, 공업, 시가화예정지역, 보전지역은 모두 하수처리구역에 포함한다. 도심하천의 건천화를 방지하고 차집관로의 침입수, 유입수의 저감 및 하수의 누수방지, 하수처리수의 효율적인 재이용 등을 감안하여 하수관로 연장이 최소화되도록 발생원 중심의 하수처리계획을 구축한다. 또한 중수도 지역순환방식 도입을 통한 수자원관리의 효율성을 추구한다.

06 공동구설치계획

공동구란 전기·가스·수도 등의 공급설비, 통신시설, 하수도시설 등 지하매설물을 공동 수용함으로써 미관의 개선, 도로구조의 보전 및 교통의 원활한 소통을 위하여 지하에 설치하는 시설물을 말한다. 공동구 설치는 도시·군관리계획으로 결정한다. 공동구에 수용되어야 하는 시설로는 전선로, 통신선로, 수도관, 열수송관, 중수도관, 쓰레기수송관, 가스관, 수도관 등의 시설이다. 공동구가 설치되면 공동구에 수용하여할 시설은 모두 수용되어야 하며, 같은 구간에는 수용되는 시설이 공동구 외의 장소에 설치해서는 안 된다.

공동구는 대통령령으로 정하는 규모인 200만m²를 초과하는 지역·지구·구역에서 개발사업을 시행할 경우는 공동구를 설치해야 한다. 「도시개발법」에 따른 도시개발구역, 「택지개발촉진법」에 따른 택지개발지구, 「경제자유구역의 지정 및 운영에 관한 특별법」에 따른 경제자유구역, 「도시 및 주거환경정비법」에 따른 정비구역, 「공공주택 특별법」에 따른 공공주택지구, 공공주택이 전체 주택 중 50% 이상이 되는 공공주택지구조성사업지구는 공동구 설치가 의무사항이다.

공동구의 설치 및 개량에 필요한 비용은 공동구 점용예정자와 사업시행자가 부담한다. 공동구의 관리비용은 공동구를 점용하는 자가 부담하되 점용면적을 고려하여 부담한다. 공동구 설치비용을 부담하지 아니한 자가 공동구를 점용하거나 사용하려면 공동구 관리자의 허가를 받아야 한다. 공동구 관리자는 5년마다 해당 공동구의 안전 및 유지관리계획을 수립·시행하여야 하고, 1년에 1회 이상 안전점검을 실시하여야 한다.

07 방송통신시설계획

방송통신시설은 「전기통신기본법」에 규정에 의한 산업용 전기통신설비, 「전파법」의 구정에 의한 무선설비, 「방송법」의 규정에 의한 유선방송국의 설비를 말한다. 방송통신시설은 도시·군관리계획으로 결정한다. 계획인구에 맞추어 필요한 수요량을 추진하여 도시 내 정보의 교류에 불편이 없도록 한다. 방송통신에 필요한 시설을 집단화시켜 시설 간에 상호 보완적 기능이 발휘될 수 있도록 한다.

08 시장계획

시장용지의 개발수요는 기본적 단위인 상품, 상권잠재력, 소비점유율 등을 고려하여 계획한다. 상권의 범위는 주변 환경 및 시장입지의 특성에 따라 달라질 수는 있으나 규모 및 배치거리를 고려한다. 도매기능의 시장은 교통연결이 용이한 철도역, 고속국도 및 시·군 내의 주간선도로에 근접한 도시의 주변부에 결정한다. 단일 또는 수개의 근린주구를 소비권으로 하는 소비시장은 가급적 소비권 중심부에 결정한다.

09 공공청사 계획

공공청사란 공공업무를 수행하기 위하여 설치·관리하는 국가 또는 지방자치단체의 청사를 말한다. 우리나라와 외교관계를 수립한 나라의 외교업무 수행을 위하여 정부가 주한외교관에게 빌려주는 공관과 교도소·구치소·소년원 등과 같은 교정시설도 공공청사다.

공공청사의 위치는 각종 교통수단이 연계되고, 보행자전용도로 및 자전거전용도로와의 연계를 고려한다. 공무집행에 적합한 환경을 유지할 수 있도록 인근의 토지이용현황을 고려하며, 교통이 혼잡한 상점가나 번화가는 피한다. 공공청사는 공간구조를 고려하여 침수 및 산사태 등 재해발생 가능성이 적은 지역에 단독형으로 설치하고, 국지적인 시설은 이용자의 분포 상황을 고려하여 분산한다.

동사무소·보건소·우체국 등 지역 주민이 많이 이용하는 공공청사는 이용자의 편의를 위하여 일정한 지역에 집단화하여 설치한다. 어린이집·노인복지시설·운동시설 등 생활편의시설을 함께 설치하여 지역 공동체의 거점으로 조성한다. 주차장·휴게소·공중전화·구내매점 등 이용자를 위한 편의시설과 안내실·업무대기실·화장실 등 부대시설을 충분히 확보한다. 공공시설은 장래의 업무 수요의 증가에 대비하여 시설확충이 가능하도록 한다. 물류·유통업무를 수행하는 공공청사에는 이용자 및 지역 주민들의 편의를 위하여 주요소를 설치한다. 이용자의 다양한 요구를 반영하고 장애인, 노약자 및 외국인 등 모든 사람이 이용하기에 편리한 구조로 설치한다.

공공청사는 주변 환경과 조화를 이루고 지역의 경관을 선도할 수 있도록 한다. 기획 단계부터 지역 특성에 맞는 디자인을 고려한다. 재해발생시「자연재해대책법」등에 따라 대피소 기능을 하는 경우에는 주민 일시 체류시설을 설치한다. 빗물이용을 위한 시설의 설치를 고려하고, 불투수면에서 유출되는 빗물을 최소화하도록 빗물이 땅에 잘 스며들 수 있는 구조로 하며, 식생도랑·저류·침투조·빗물정원 등의 빗물관리시설 설치를 고려한다.

10 공공문화·체육시설 계획

공공문화시설은 국가 또는 지방자치단체가 설치하거나 도시·군계획시설로 설치할 필요성이 있다고 인정한 공연장·박물관·미술관 등을 말한다.「문화예술진흥법」에 따른 공연장과 공연시설, 도서시설, 문화예술회관 등 문화시설이 복합된 종합시설, 전시시설 등이다.

공공문화시설의 결정기준은 이용자가 접근하기 쉽도록 대중교통수장의 이용이 편리한 장소에 설치한다. 주거생활은 평온을 방해하지 않는 곳을 선정하며, 지역의 문화발전과 문화증진을 위하여 지역의 특성 특성과 기능을 고려한다. 전시시설과 국제회의시설은 가능한 함께 설치하고, 준주거지역·상업지역·준공업지역에 한정하여 설치한다. 다수의 이용자가 단시간에 집산할 수 있도록 다른 교통수단과의 연계를 고려하고, 지역 간 교통연결이 편리한 장소에 설치한다. 주거지역에 인접하여 설치하는 경우에는 교통·소음 등으로 인하여 거주환경에 영향이 없도록 외곽경계 부분에 녹지·도로 등의 차단공간을 둔다.

체육시설은 「체육시설의 설치·이용에 관한 법률」에서 정하는 시설로 전문체육시설과 생활체육시설로 구분한다. 전문체육시설은 운동장과 체육관 같은 경기장시설을 말하며 국제적으로 통용되는 규격으로 설치한다. 생활체육시설은 일반인의 이용을 위하여 설치하는 시설로 도시·군관리계획으로 결정하여 설치하나 예외 시설도 있다. 도시·군관리계획으로 결정하여 체육시설을 설치하고자 할 경우에는 제1종 전용주거지역, 유통상업지역, 전용공업지역, 일반공업지역, 보전녹지지역, 생산관리지역, 보전관리지역, 농림지역 및 자연환경보전지역 외의 지역에 설치한다. 운동장 및 체육시설은 가급적 체육공원으로 조성하여 주민의 다양한 수요를 충족시킬 수 있도록 계획한다.

11 학교시설계획

학교는 「유아교육법」에 의한 유치원, 「초·중등교육법」에 의한 초등학교·중학교·고등학교·특수학교, 「고등교육법」에 의한 대학·산업대학·교육대학·전문대학·방송대학(방송통신대학 및 사이버대학)·기술대학 등을 말한다. 초등학교·중학교·고등학교는 생활권과 연계하여 적정하게 배치하고, 대학은 주변의 토지이용 및 교통수단과의 접근을 고려한다. 특히 초등학교는 생활권의 중심과 근린생활권 공원과 연접하여 배치함으로써 주변의 생활공간과 함께 활용할 수 있도록 한다.

학교의 결정기준은 지역 전체의 인구규모 및 취학률을 감안한 학생수를 추정하여 지역별 인구밀도에 따라 적절한 배치간격을 유지한다. 재해취약지역에는 설치를 가급적 억제하고 부득이 설치하는 경우에는 재해발생 가능성을 충분히 고려하여 설치한다. 위생·교육·보안상 지장을 초래하는 공장·쓰레기처리장·유흥업소·관람장, 소음·진동 등으로 교육활동에 장애가 되는 고속국도·철도 등에 근접한 곳은 피한다.

통학에 위험하거나 지장이 되는 요인이 없어야 하며, 교통이 빈번한 도로, 철도 등이 관통하지 아니한 곳에 설치한다. 학교 주변에는 녹지 등 차단공간을 두고, 옥외운동장은 교사부지와 연접한 곳에 설치하며, 도서관·강당 등은 관리상·방화상 지장이 없어야 한다. 초등학교는 학생들이 안전하고 편리하게 통학할 수 있도록 다른 공공시설의 이용관계를 고려하고 통학거리는 1,500m 이내로 한다. 학교는 보행자전용도로, 자전거전용도로, 공원 및 녹지축과 연계시킨다.

12 보건위생시설계획

보건위생시설이란 국민의 건강과 정신적 안녕을 도모하기 위한 일체의 시설들을 말한다. 공중·위생시설 뿐만 아니라 화장장·공동묘지·납골시설·장례식장·도축장·종합의료시설 등이 있다. 보건위생시설의 설치는 지역별 현황수요 및 광역적 체계 등을 고려한다. 일정한 장소에 개발할 때에는 계획목표연도, 개발규모, 서비스 범위 등 시설에 대한 정비확충과 그 시설에 대한 관리계획을 수립한다. 당해 지역에만 한정하지 않고 주변지역을 포함하여 과다하게 공급되지 않도록 한다.

화장장·공동묘지·납골시설·장례식장 등은 당해 도시의 묘지 및 화장의 수요를 추정하여 공급방안을 마련한다. 기존의 집단묘지는 공원묘지화 또는 이설을 계획한다. 묘지의 설치에 관한 기준을 마련하여 묘지가 무질서하게 설치된 것을 예방하고 필요한 경우에는 공동묘지와 화장장을 도시·군관리계획으로 입지를 결정한다. 화장장 안에 일정폭의 수림대를 조성하여 주변 지역과 차단한다.

도축장은 당해 도시의 도축수요를 추정하여 공급방안을 마련한다. 가축의 도살은 특정 장소에서만 집단적으로 이루어질 수 있도록 입지를 가급적 도시·군관리계획으로 결정하여야 한다. 도축장 안에 일정 폭의 수림대를 조성하여 주변 환경과의 접촉을 차단한다.

종합의료시설은 계획인구에 적합한 병상수를 추정하여 병원이 과다 또는 과소하게 설치되지 않도록 한다. 시·군에서 필요한 특수병원이나 종합병원은 기존 병원들과의 배치상황을 기능적으로 검토하여 도시·군관리계획으로 결정한다.

13 환경기초시설계획

환경기초시설이란 쓰레기 매립장, 소각장, 하수도처리시설, 폐차장 등 도시기능 유지를 위해서 필요한 시설이다. 그러나 악취·소음·분진 등으로 지역주민들에게 불쾌감을 줄 수 있어 설치에 따른 주민갈등이 발생할 수 있다. 환경기초시설계획은 먼저 지역별로 수요처리체계처리 실태용량에 대하여 조사한다. 일정한 장소를 개발할 때에는 계획목표연도, 계획공급량, 처리구역, 공급처리 사업체계 등 환경기초시설의 정비확충과 그 체계에 관한 정비계획을 세운다. 환경기초시설은 당해 지역에만 한정하지 않고 주변지역도 포함하여 자원 및 에너지절약체계를 확보하되, 유지관리에 과다한 비용이 소요되지 않도록 시설체계를 갖춘다.

하수도 수질오염방지시설은 계획하수량은 계획배수면적을 대상으로 계획오수량과 계획우수량을 계산하여 추정한다. 계획인구에 적합한 하수량을 산정하여 관거계획을 수립하고 계획하수량 이상이 발생되지 않도록 개발을 조정한다. 하수종말처리장은 하수를 최종적으로 처리하여 방류하는 시설로서 시·군 내의 계획오수량을 처리할 수 있는 입지를 선정하여 도시·군관리계획으로 결정한다. 하수종말처리장 안에 일정 폭의 수림대를 조성하여 주변환경과의 접촉을 차단한다. 하수종말처리장 등은 가급적 지하에 설치하도록 하고 지상을 공원 및 녹지로 설치하여 주변환경을 보호할 수 있도록 한다.

폐기물처리시설은 도시 내 폐기물의 발생량을 추정하여 처리방안을 마련한다. 처리장은 발생량의 분포에 따라 각 시설이 보완적 기능을 발휘할 수 있도록 집단적으로 시설을 설치한다. 처리장은 무질서하게 설치되지 않도록 입지를 도시·군관리계획으로 정하고 정하여진 장소에서만 설치되도록 하여야 한다. 다만 재활용시설의 경우에는 예외다. 처리장안에 일정 폭의 수림대를 조성하여 주변과 구분한다.

폐차장은 도시 내 폐차 수요를 추정하여 처리대책을 마련한다. 폐차장 안에 일정 폭의 수림대를 조성한다. 토양오염 등 환경오염이 발생되지 않도록 별도의 조치방안을 강구한다.

SECTION 03 도시 · 군계획시설

01 도시계획시설 개요

기반시설 중 도시 · 군관리계획으로 결정된 도시계획시설이라고 하며, 「국토의 계획 및 이용에 관한 법률」에 의해 설치 및 관리되고 있다. 지상 · 수상 · 공중 · 수중 또는 지하에 기반시설을 설치하려면 그 시설의 종류 · 명칭 · 위치 · 규모 등을 미리 도시 · 군관리계획으로 결정하여야 한다. 다만 용도지역과 기반시설의 특성을 고려하여 대통령령인 시행령으로 정하는 경우에는 예외로 할 수 있다.

예외사항은 도시지역 또는 지구단위계획구역에서 다음의 기반시설을 설치하는 경우다. 주차장, 차량검사 및 면허시설, 공공공지, 열공급 설비, 방송 · 통신시설, 시장 · 공공청사, 문화시설 · 공공필요성이 인정되는 체육시설, 연구시설, 사회복지시설, 공공직업 · 훈련시설, 저수지, 방화설비, 사방설비, 방조설비, 장사시설, 종합의료시설, 빗물저장 및 이용시설, 폐차장 등이다. 이 밖에 「도시공원 및 녹지 등에 관한 법률」의 규정에 의하여 점용허가대상이 되는 공원안의 기반시설과 궤도 및 전기공급설비 등이다.

도시 · 군계획시설의 결정 · 구조 및 설치의 기준 등에 필요한 사항은 국토교통부령으로 정하고 있다. 그 세부사항은 국토교통부령으로 정하는 범위에서 시 · 도의 조례로 정할 수 있다. 다만, 다른 법률에 특별한 규정이 있는 경우에는 그 법률에 따른다. 도시 · 군계획시설의 관리에 관하여 특별한 규정이 없는 한 국가가 관리하는 경우에는 대통령령으로, 지방자치단체가 관리하는 경우에는 그 지방자치단체의 조례로 도시 · 군계획시설의 관리에 관한 사항을 정한다.

02 도시 · 군계획시설의 결정 범위

도시·군기본계획시설 결정의 범위는 해당 도시·군계획시설의 종류와 기능에 따라 그 위치와 면적 등을 결정한다. 시장, 공공청사, 문화시설, 연구시설, 사회복지시설, 장사시설, 장례식장, 종합의료시설 등은 그 규모로 인하여 도시공간에 상당한 영향을 준다. 그러므로 도시계획시설은 건폐율과 용적률 및 높이까지 그 범위를 함께 결정한다. 시설 규모의 과대 또는 과소로 인하여 시설관리상의 문제가 없도록 규모를 정한다. 또한 불합리하거나 실현 불가능한 시설은 과감하게 해체하거나 조정하여 미집행시설이 최소화 되도록 한다.

항만, 공항, 유원지, 유통업무설비, 학교, 체육시설, 문화시설 등은 시설은 그 기능발휘를 위하여 중요한 세부시설에 대한 설치계획을 함께 결정한다. 그 규모는 시설의 기능 및 장래의 수요를 고려하여 결정한다. 주차장·공원·녹지·유원지·광장·학교·체육시설·공공청사·문화시설·청소년수련시설 및 종합의료시설을 방재지구나 급경사지, 자연재해 발생 위험지역과 같은 재해취약지구나 그 인근에 설치할 경우는 저류시설 및 주민대피시설 등을 포함해서 도시·군계획시설로 결정한다. 토지를 합리적으로 이용하기 위하여 필요한 경우는 둘 이상의 시설을 같은 토지에 함께 설치할 수 있다.

도시·군계획시설이 위치하는 지역의 합리적인 토지이용을 촉진하기 위하여 필요한 경우에는 도시·군계획시설이 위치하는 공간의 일부만을 구획하여 시설 결정을 할 수 있다. 이 경우 도시·계획시설의 보전, 장래의 확장가능성, 주변의 시설 등을 고려하여 필요한 공간이 충분히 확보되도록 한다. 도시·군계획시설을 설치할 때는 미리 토지소유자 및 그 권리를 가진 자와 구분지상권의 설정 또는 이전 등을 위한 협의를 한다. 시설들을 유기적으로 배치하여 보행을 편리하게 하고 대중교통과 연계될 수 있도록 한다. 또 다기능 복합시설로 활용될 수 있도록 다양한 편의시설 설치를 고려한다.

03   도시·군계획시설 설치에 대한 보상 및 해제

도시·군계획시설을 공중, 수중, 수상, 지하에 설치하는 경우 그 높이나 깊이로 인하여 토지나 건물의 소유권에 제한을 받는 자에 대한 보상에 관하여는 「토지보상법」 등 따로 법률로 정하고 있다. 매수의무자는 토지를 매수할 때에는 현금으로 대금을 지급한다. 다만, 토지 소유자가 원하는 경우와 부재부동산 소유자의 토지 또는 비업무용 토지로서 매수대금이 대통령령으로 정하는 금액을 초과하는 경우는 지방자치단체가 채권(도시·군계획시설채권)을 발행하여 지급할 수 있다. 채권의 상환기간은 10년 이내로 구체적인 상환기간과 이율은 조례로 정한다. 매수하기로 결정한 토지는 매수 결정을 알린 날부터 2년 이내에 매수하여야 한다.

도시·군관리계획시설 결정의 고시일부터 10년 이내에 시설사업이 시행되지 아니한 경우, 소유자는 도시·군관리계획 입안권자에게 그 토지의 매수를 청구할 수 있다. 입안권자는 신청을 받은 날부터 3개월 이내에 입안 여부를 결정하여 토지 소유자에게 알려야 하며 특별한 사유가 없으면 해제한다. 도시·군계획시설 결정이 고시되고 20년이 지날 때까지 시설설치가 시행되지 아니하는 경우 고시일부터 20년이 되는 날의 다음날에 그 효력을 잃는다. 도시·군계획시설결정이 효력을 잃으면 지체 없이 그 사실을 고시하여야 한다.

04   도시·군계획시설사업의 시행

시장·군수는 도시·군계획시설 결정의 고시일부터 3개월 이내에 대통령령으로 정하는 바에 따라 재원조달계획, 보상계획 등을 포함하는 단계별 집행계획을 수립한다. 다만, 대통령령으로 정하는 법률에 따라 도시·군관리계획의 결정이 의제되는 경우에는 해당 도시·군계획시설 결정의 고시일부터 2년 이내에 단계별 집행계획을 수립할 수 있다. 국토교통부장관이나 도지사가 직접 입안한 도시

·군관리계획인 경우 국토교통부장관이나 도지사는 단계별 집행계획을 수립하여 해당 특별시장·광역시장·특별자치시장·특별자치도지사·시장 또는 군수에게 송부할 수 있다.

단계별 집행계획은 제1단계 집행계획과 제2단계 집행계획으로 구분하여 수립하되, 3년 이내에 시행하는 도시·군계획시설사업은 제1단계 집행계획에, 3년 후에 시행하는 도시·군계획시설사업은 제2단계 집행계획에 포함되도록 하여야 한다. 도시·군계획시설사업의 시행자는 특별시장·광역시장·특별자치시장·특별자치도지사·시장 또는 군수는 다른 법률에 특별한 규정이 있는 경우 외에는 관할 구역의 도시·군계획시설사업을 시행한다.

시설이 둘 이상의 도시에 관할구역이 걸치는 경우 시장·군수가 서로 협의하여 시행자를 정한다. 협의가 성립되지 아니하는 경우 같은 도의 관할 구역은 도지사가 시행자를 지정하고, 둘 이상의 시·도의 관할 구역에 걸치는 경우에는 국토교통부장관이 시행자를 지정한다. 도시·군계획시설사업의 시행자는 국가, 지방자치단체, 공공기관, 기타 대통령령으로 정하는 자다. 공공기관은 한국토지주택공사, 한국도로공사, 한국수자원공사, 한국철도공사, 한국농어촌공사, 한국농수산식품유통공사, 대한석탄공사, 한국관광공사, 한국석유공사, 한국전력공사 등이다.

도시·군계획시설에 대한 비용은 국가사업일 경우는 국가 예산에서, 지방자치단체 사업일 경우는 해당 지방자치단체 예산에서 부담함을 원칙으로 한다. 도시·군계획시설사업으로 현저히 이익을 받는 시·도나 시·군이 있으면 대통령령으로 정하는 바에 따라 비용의 전부 또는 일부를 이익을 받는 도시에 부담시킬 수 있다. 또 비용의 전부 또는 일부를 국가나 지방자치단체가 보조하거나 융자할 수 있다.

05 토지수용과 보상 개요

　도시·군계획시설사업 시행자는 공익사업에 필요한 토지, 건축물, 물건 또는 권리를 취득하거나 사용함에 있어 관계인에게 손실에 대한 보상을 해야 한다. 관계인이란 사용할 토지에 관하여 지상권·지역권·전세권·저당권·사용대차 또는 임대차에 따른 권리를 말한다. 토지 등의 수용 및 사용에 대한 보상은 「공익사업을 위한 토지 등의 취득 및 보상에 관한 법률(토지보상법)」에 규정하고 있다. 적용대상은 토지에 대한 소유권 및 권리, 토지에 정착된 입목(立木) 및 건물의에 대한 소유권 및 권리, 광업권·어업권·양식업권·물 사용에 대한 권리, 토지에 속한 흙·돌·모래·자갈에 관한 권리 등이다.

　손실에 대한 보상은 완전보상을 원칙으로 하고 있다. 사업시행자는 공사에 착수하기 이전에 토지소유자와 관계인에게 보상액 전액을 지급한다. 손실보상은 다른 법률에 특별한 규정이 없는 한 현금으로 지급한다. 다만, 토지소유자가 원하는 경우 토지로 보상이 가능한 경우에는 토지소유자가 받을 보상금 중 공익사업의 시행으로 조성한 토지로 보상할 수 있다. 보상가격을 산정하는 경우는 감정평가사 2인 이상에게 의뢰하고, 직접적인 가치와 간접적인 가치손실을 포함하여 산정한다.

　보상가격 기준은 협의 성립 당시의 가격, 재결에 의한 경우 재결 당시의 가격을 기준한다. 통상 대지는 공시지가의 150%, 농지는 130%, 임야는 110% 정도의 수준이다. 토지 가격은 지가변동률, 생산자 물가상승률, 평가대상 토지의 위치, 모양, 환경, 이용 상황을 종합적으로 판단하며 2개 이상의 감정평기관이 표준지공시지가를 기준으로 종합하여 평가한다. 지장물(건축물)은 건물의 구조, 이용상태, 면적, 내구연한 등 가격에 영향을 주는 요인들을 종합적으로 고려하여 평가한다. 권리보상은 광업권·어업권·양식업권·토지개간비, 수확하기 전 땅에 심은 농작물 등은 토지보상금과는 별도로 보상한다. 영업보상은 3개월 휴업기간 내 영업손실액, 시설이전비, 폐업의 경우는 2년간의 영업이익을 보상한다. 농업보상은 연간 평균농작물 수입의 2년분을 보상한다. 이주대책은 이주지택지공급, 이주정착금, 주택특별공급 세 가지로 구분한다.

06 도시 · 군계획시설사업 공사완료

　도시 · 군계획시설사업의 시행자는 공사를 마친 때에는 공사완료보고서를 작성하여 시 · 도지사나 대도시 시장의 준공검사를 받아야 한다. 시 · 도지사나 대도시 시장은 공사완료보고서를 받으면 지체 없이 준공검사를 하여야 한다. 준공검사를 한 결과 실시계획대로 완료되었다고 인정되는 경우에는 도시 · 군계획시설사업의 시행자에게 준공검사증명서를 발급하고 공사완료 공고를 한다.

SECTION 04 사회간접자본

01 사회간접자본 개념

사회간접자본(SOC: Social Overhead Capital)은 생산활동과 소비활동을 직간접적으로 지원해 주는 자본의 하나로서 사회구성원 모두가 무상 또는 약간의 대가로 이용할 수 있다. 사회간접자본은 도로·항만·공항·철도 등 교통시설과 전기·통신, 상하수도, 댐, 공업단지 등을 포함하고 범위를 더 넓히면 대기, 하천, 해수 등의 자연과 사법이나 교육 등의 사회제도까지를 포함한다. 사회간접자본은 국가의 생산활동·소비활동 등 일반적 경제활동의 기초가 되므로 재화·서비스 생산에 간접적으로 공헌하게 된다.

생산활동에서 자본은 직접자본과 간접자본의 형태로 나뉜다. 직접자본은 생산 활동에 직접 투입되는 자본으로서 현금, 시설(토지, 건물, 기계 등 고정자본), 원료(유동자본)를 의미한다. 간접자본은 여러 가지 생산 활동에 간접적으로 기여하는 자본으로 도로, 철도, 항만, 통신, 전력, 공공서비스 등을 말한다. 인간의 일상생활에서 필수불가결한 시설이며, 기업 입장에서 사회간접자본은 생산 활동에 필요한 자본임에도 불구하고 직접 비용을 지불하지 않아도 되는 자본을 뜻한다.

사회간접자본에 대한 투자는 규모가 크고, 투입된 자본의 회수에 오랜 기일이 소요되며, 그 효과가 사회전반에 미치게 되는 특징이다. 일반적으로 개인이나 사기업이 아닌 공공기관이나 정부의 주도에 의해 이루어지는 것이 통상적이었으나 최근에는 민간에 의한 투자도 활발히 이뤄지고 있다. 민간에 의한 사회간접자본시설에 대한 투자를 촉진하고 창의적이고 효율적인 사회간접자본시설의 확충·운영을 도모하기 위해 「사회기반시설에 대한 민간투자법」이 제정되었

SECTION 04 사회간접자본   287

다. 이에 따라 사회간접자본시설의 명칭은 사회기반시설로 변경되었다.

02 민간자본유치제도

민간자본유치제도는 비교적 수익성이 있는 사회기반시설에 민간의 자본을 유치하여 그 사회기반시설로 수익성을 보장해주고 원활한 사회기반시설 조성으로 공익을 향상시키는 개념이다. 사회기반시설은 특성상 공공재의 성격이 강하고 그 건설비용이 크기 때문에 정부의 재원만으로 감당하기 힘든 부분이 있다. 이에 민간자본을 활용하여 부족한 정부재원을 보충하고, 민간의 창의와 효율성을 공공부문에 도입하기 위한 것이다.

이 제도는 주로 민간 기업체가 SOC시설을 위한 건설비등 사업비를 투입한 후 일정 기간 운영하여 사업비와 이윤을 회수하는 방식으로 운영된다. 정부는 사업의 수익성 보장과 원활한 추진을 위해 각종 지원 부대사업을 허용하며 조세부담금 감면, 재정금융지원 등을 실시하고 있다. 우리나라는 1968년부터 도로법, 항만법 등 개별법령에 의해 인프라시설에 대한 민간자본 참여를 도모해왔다. 1994년 「사회간접자본시설에 대한 민간자본유치촉진법」을 제정하고, 이를 1999년 「사회간접자본시설에 대한 민간투자법」으로 대체하였다.

03 민간자본투자 추진방식

BTO(Build-Transfer-Operate)는 건설·양도·운영의 방식이다. 민간사업시행자가 사회간접자본시설을 건설한 후 국가나 지자체에 양도 후 운영하는 방식이다. 사회간접자본시설의 준공과 동시에 당해 시설의 소유권이 국가 또는 지방자치단체에 귀속되며, 사업시행자에게 일정기간의 시설관리운영권을 인정한다. 주로 자체수익이 가능한 고속도로, 다리, 터널 등에 적용된다. 큰 수익을 낼 수 있으나 투자비 회수가 불안정하다.

BOT(Build−Operate−Transfer)는 건설·운영·양도의 방식이다. 민간사업시행자가 사회간접자본시설을 건설한 후 일정기간 동안 시설의 소유권을 갖고 운영하다 일정기간 만료 시 시설소유권이 국가 또는 지방자치단체에 귀속한다. 주로 개발도상국에서 외국인 투자를 유치하기 위해 도입하는 방식이다. 정치적 안정성에 따른 위험이 큰 것이 단점이다.

BLT(Build−Lease−Transfer)는 건설·리스·양도의 방식이다. 민간사업시행자가 사회간접자본시설을 건설한 후 국가나 지방자치단체에 리스(임대)해 주고 운영하다가, 리스기간이 끝나면 소유권을 국가나 지방자치단체에 넘기는 방식이

[그림 9-1] 민간자본투자 운영방식

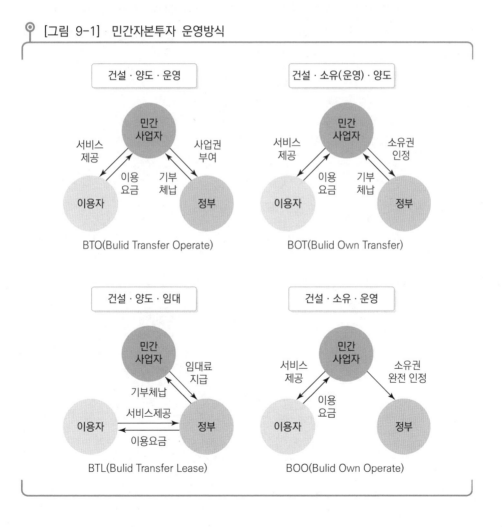

다. 사업시행자는 임대료와 이자를 받아 수익을 얻는데, 투자비 회수가 안정적이고 위험요소가 적은 운영방식이다.

BOO(Build – Own – Operate)는 건설 · 소유 · 운영의 방식이다. 민간사업시행자가 사회간접자본시설을 건설한 후 시설의 소유권을 갖고 운영하는 방식이다. 사업시행자가 시설관리를 하며 운영하며 수익을 낸다. 대규모 민간투자 유치가 가능하나 정부의 재정지원이 없고 수익에 대한 세금도 내야하기 때문에 위험부담이 크다고 할 수 있다.

이 밖에 ROT(Rehabilitate – Operate – Transfer)는 정비 · 운영 · 양도의 방식이다. 민간사업시행자가 사회간접자본시설을 정비한 후 일정기간 운영을 하고, 운영권을 국가나 지자체에 양도하는 방식이다. ROO(Rehabilitate – Own – Operate)는 정비 · 소유 · 운영의 방식이다. 민간사업시행자가 사회간접자본시설을 정비한 후 소유권을 갖고 운영하는 방식 등이 있다.

참고문헌 ——

「국토의 계획 및 이용에 관한 법률」
「국토의 계획 및 이용에 관한 법률 시행령」
「국토의 계획 및 이용에 관한 법률 시행규칙」
국토교통부, 도시·군기본계획 수립지침.
국토교통부, 도시·군관리계획 수립지침.
대한국토·도시계획학회, 도시계획론(6정판), 보성각, 2016.
「물류시설의 개발 및 운영에 관한 법률」
「물류시설의 개발 및 운영에 관한 법률 시행령」
「물류정책기본법」
「물류정책기본법 시행령」
박찬호 외, 스마타도시계획 수립구조 정립 및 적용, 국토계획 제52권 제4집, pp.187–
    199, 2017.
「스마트도시 조성 및 산업진흥 등에 관한 법률」
「스마트도시 조성 및 산업진흥 등에 관한 법률 시행령」
인천광역시, 2030년 인천도시기본계획 보고서.

🌐 홈페이지 ——

국토교통부 (www.molit.go.kr)
국가정보포털 (www.nsdi.go.kr)
도시계획정보서비스 (upis.go.kr)
한국법령정보센터 (www.law.go.kr)
스마트시티 솔루션마켓 (smartcitysolutionmarket.com)

교통계획

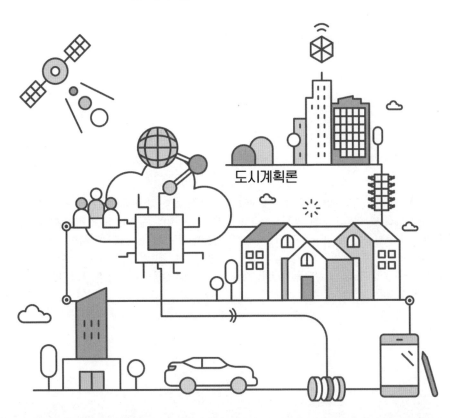

도시계획론

본 내용은 「국토의 계획 및 이용에 관한 법률」·「국토의 계획 및 이용에 관한 법률 시행령」·「국토의 계획 및 이용에 관한 법률 시행규칙」·「대도시권 광역교통 관리에 관한 특별법」·「도로법」·「도로법 시행령」·「도로와 다른 시설의 연결에 관한 규칙」·「도시교통정비 촉진법」·「도시철도법」·「주차장법」·「주차장법 시행령」·「항만법」·「공항시설법」, 국토교통부의 '도시·군기본계획 수립지침'·'도시·군관리계획 수립지침'·'보행자전용도로 계획 및 시설기준에 관한 지침'을 발췌하여 정리하였다.

SECTION 01 교통개요

01 교통의 개념

교통(transport)이란 사람이나 화물을 한 장소에서 다른 장소로 이동하기 위한 행위, 활동, 기능 또는 과정 등을 말한다. 교통의 개념에는 인간과 재화에 관한 사고와 정보 등의 전달행위인 통신도 포함한다. 통행은 출발지에서 목적지까지 이동하는 전체 교통과정으로 금전적·시간적 비용이 발생하며 최소비용의 교통수단을 선택하게 한다. 교통수단을 선택하는 데 있어 시간적 이익을 얻기 위해서는 금전적 비용, 금전적 이익을 얻기 위해서는 시간적 비용을 더 많이 부담해야 한다.

교통에는 교통수단, 교통시설, 교통체계 3요소가 있다. 교통수단은 사람 또는 화물을 이용하는 데 이용되는 승용차·버스·열차·선박·항공기 등을 말한다. 교통시설은 교통수단의 운행에 필요한 도로·철도·항만·공항·주차장·정류장·터미널·차량검사 및 면허시험장 등의 시설과 그에 부속되어 있는 부대시설·편익시설·공작물 등을 말한다. 교통체계는 사람 또는 화물의 운송과 관련된 활동을 효과적으로 수행하기 위하여 서로 유기적으로 연계된 교통수단, 교통시설 및 교통운영과 이와 관련된 산업 및 제도를 말한다.

교통의 발생 원인은 경제학적인 측면에서 볼 때 자원의 불균등한 분배이고, 교통을 통해 얻는 효용이 교통의 비용보다 큰 데서 비롯되었다. 출발지의 토지이용으로 생산된 잉여물자를 해당 자원이 없는 목적지에 공급함으로써 분배가 이루어진다. 이 과정에서 얻어지는 효용은 교통에 소모되는 비용보다 크게 나타난다. 이것이 인류의 문명탄생 이래로 교통이 꾸준하게 발달하게 된 계기가 된 것이다.

오늘날도 교통과 토지이용은 순환적 관계로 도시를 유지하고 발전시켜 주는 중요한 요소이다. 어느 지역에 토지이용 활동이 발생하면 그에 따른 교통수요가 발생하기 마련이다. 교통수요 발생에 따라 교통시설 추가 및 개선이 이루어진다. 교통시설의 추가와 개선이 이루어지면 접근성 향상으로 지가가 상승하고, 지가가 상승하면 그 지역의 토지이용 패턴이 변화한다. 이러한 패턴 과정을 끊임없이 반복하며 도시는 발전해 나간다. 이 때문에 도시계획 부문에서 교통계획이 차지하는 비중이 크다고 할 수 있다.

02 교통계획의 목적

교통은 외부효과가 큰 공공재로 교통시설이 들어서면 해당 지역뿐만 아니라 주변까지 커다란 영향을 미친다. 일반적으로 외부효과는 시장에 의해 자율적으로 통제되기가 쉽지 않다. 특히 도로·철도·공항·항만·터미널 등과 같은 사회간접자본은 생산 활동에 직접 투입되는 자본이 아닌 데다가 장기적인 투자가 요구되므로 시장에만 맡기기 어렵다. 따라서 정부에 의한 교통계획 수립과 집행이 필요한 부문이다.

교통계획의 목적은 교통시설의 정비를 촉진하고 교통수단과 교통체계를 효율적이고 환경친화적으로 운영·관리하고, 도시교통의 원활한 소통과 교통편의 증진에 이바지하는 데 있다. 즉, 교통계획은 더욱 빠르고, 안전하며, 경제적이며, 편리하고, 편안한 교통서비스를 제공하기 위해 더 좋은 교통수단과 교통시설 그리고 교통체계를 구축하는 데 목적이 있다. 그러므로 교통계획은 더욱 좋은 교통서비스를 제공할 수 있는 교통체계를 구축하기 위해 관련된 요소들을 조사, 분석, 예측함으로써 적합한 교통정책을 찾아가는 행위라고 할 수 있다.

　교통계획은 인구 10만 명 이상의 도시는 「도시교통정비 촉진법」에 따라 20년 단위의 기본계획을 수립하도록 하고 있다. 이는 도시교통의 원활한 소통과 교통편의 증진에 이바지함을 목적으로 한 것이다. 기본계획을 수립할 때는 「국토의 계획 및 이용에 관한 법률」에 따른 도시·군기본계획의 내용에 맞도록 하며, 도시교통정비 기본계획을 구체화하기 위해서 5년 단위로 중기계획을 수립하고 있다.

　기본계획은 교통권역 안의 다른 도시교통정비지역 또는 인근지역과의 관계를 고려하여 수립한다. 내용에는 도시교통의 현황 및 전망, 부문별 계획, 투자사업 계획 및 재원조달 방안을 포함한다. 부문별계획으로는 유출입 교통대책, 도로·철도·도시철도 등 광역교통체계의 개선방안, 교통시설의 개선방안, 대중교통체계의 개선방안, 교통체계 관리 및 교통소통의 개선방안, 주차장의 건설 및 운영방안, 보행·자전거·대중교통 통합교통체계의 구축방안, 환경친화적 교통체계의 구축방안 등이 있다.

　시장이나 군수는 같은 교통권역의 교통시설관리청 및 인접 도시 시장·군수와 협의하여 도시교통정비기본계획을 수립할 수 있다. 기본계획 수립에 필요한 자료를 제출을 요청할 수 있으며, 요청받은 시장·군수는 특별한 사유가 없으면 자료를 제출하여야 한다. 협의가 성립되지 않을 경우 같은 도일 경우는 도지사가 특별시·광역시·도에 걸쳐 있는 경우는 국토교통부장관이 직권으로 조정할 수 있다. 시장·군수는 도시교통정비 기본계획안이 마련되면 지방교통위원회 심의를 거쳐 주민과 관계전문가의 의견을 듣고, 타당한 의견은 기본계획에 반영한다.

04 교통수요 추정

교통수요란 교통시설이나 교통서비스로 구성된 교통체계를 이용하는 규모로서 통행량으로 표현된다. 통행량은 일정한 곳을 지나다니는 도로의 차량대수, 버스나 지하철의 승객수, 화물의 물동량 등을 말한다. 교통수요추정은 교통시설의 공급전략과 토지이용계획을 평가하여 장래에 발생할 교통수요를 현재의 시점에서 예측하는 작업이다. 도로건설, 대중교통시스템 도입, 교통수요관리 기법적용 등의 교통시설 공급 및 교통정책의 효과를 평가하기 위한 중요한 기초자료로 이용한다. 그러나 장래 제반 사항이 크게 변하지 않는다는 가정하에 수행되므로 장래의 급격하고 세부적인 변화에 따른 오차가 발생할 수 있다.

교통수요예측 과정은 현재를 기준연도로 정하고 토지이용패턴에서 교통존, 링크, 노드로 구성된 네트워크와 통행량(O/D) 자료를 구축한다. 현재의 토지이용과 교통체계에서의 이용자 통행패턴을 현실과 가장 잘 부합하게 묘사하기 위한 기준연도 정산단계(calibration)를 수행한다. 현재의 통행패턴을 기반으로 장래 목표연도의 토지이용, 사회경제지표, 교통체계에 대한 교통수요를 예측한다. 장래 목표연도의 토지지용, 사회경제지표, 교통체계 변화에 대한 정확한 예측이 교통수요예측의 신뢰도 향상을 가능하게 한다.

교통수요 예측기법으로는 개략적 교통수요추정기법과 순차적 교통수요모형, 통합모형, 활동기반모형 등이 있다. 개략적 교통수요추정기법은 과거추세연장법과 수요탄력성법이 대표적인 모형이다. 과거추세연장법은 과거 연도별 교통수요 실적을 이용하여 목표연도의 수요를 예측하는 방법이다. 과거 교통수요의 선형식, 지수식, 로그식, 다항식, 이동평균식 등 추세선을 적용한다. 수요탄력성법은 교통체계나 교통시설의 변화에 따른 교통수요의 민감도를 이용하는 방법이다. 교통체계나 시설의 변화에 따른 교통수요의 변화 정도인 수요탄력성을 이용하여 교통수요를 예측한다. 그러나 이들 방법은 시간과 비용이 적게 소요되는 장점이 있으나 개략적인 수요를 예측하는 등 정확도가 낮은 단점이 있다.

순차적 교통수요모형은 전통적인 4단계 모형으로 통행자의 의사결정이 순차적 선택과정을 거쳐 일어난다고 가정하여 교통수요를 예측하는 기법이다. 4단계

모형은 통행발생 → 통행배분 → 수단선택 → 통행배정의 과정으로 이루어지는데 현재 교통수요예측의 가장 일반적인 방법이다. 통행발생(trip generation)은 사회경제지표를 이용하여 교통존의 발생량(trip production)과 도착량(trip attraction)을 추정한다. 통행배분(trip distribution)은 통행발생량과 도착량을 공간상의 분포에 배분시켜 교통존간 교차통행량을 구축한다. 수단선택(mode choice)은 교통존간 교차통행량을 이용자가 선택 가능한 교통수단별로 세분화한다. 통행배정(trip assignment)은 교통존간 합리적인 경로(resonable path)를 생성하여 통행수단별 통행량을 경로에 배정한다.

통합모형은 4단계 수요예측과정을 부분적 또는 전체적으로 통합하여 교통수요를 예측하는 모형이다. 통행발생 – 수단분담통합모형, 통행분포 – 수단분담통합모형, 통행분포 – 통행배정통합모형, 직접수요모형 등 여러 형태가 존재한다.

활동기반모형은 통행기반의 4단계 모형의 한계를 극복하기 위해 최근 시도되고 있는 방법이다. 활동과 활동에 의해 파생된 통행을 주어진 시간, 교통수단, 교통망 및 기타 제약조건에 따라 개인 또는 가구단위의 특성을 분석한다. 모형구축에 상당한 수준의 자료와 시간을 필요로 하며 아직까지 모형정산에 대한 정확한 방법론이 제시되지 않은 단점 존재한다. 단일 활동에 대한 모형, 포틀랜드 모형, 활동제약 모형, 규정기반 모형, 시공간 활동인구 모형 등 다양한 형태의 모형이 개발되고 있다.

05 교통수요 관리

교통수요관리는 교통 혼잡을 완화하기 위하여 교통 혼잡 발생의 주요 원인이 되는 자동차의 통행을 줄이거나, 통행유형을 시간적·공간적으로 분산하거나, 교통수단 이용자에게 다른 교통수단으로 전환하도록 유도하여 통행량을 분산하거나 감소시키는 일을 말한다. 이는 도시교통의 소통을 원활하게 하고 대기오염을 개선하며 교통시설을 효율적으로 이용할 수 있도록 하는 데 목적이 있다.

「도시교통정비촉진법」에 따라 자동차 운행제한, 승용차부제, 혼잡통행료의 부과 및 징수, 교통유발부담금 부과 및 징수, 자가용 승용차 함께 타기, 보행 및 자전거이용활성화, 대중교통 통합체계의 구축 등을 할 수 있다. 자동차의 운행 제한은 도시교통정비지역 안의 일정한 지역에서 1회에 30일 이내의 기간을 정하여 자동차의 운행을 억제할 수 있다. 승용차부제는 도시교통의 원활한 소통과 대기오염의 개선을 위하여 주민이 스스로 정한 요일 등 특정한 날에 승용자동차를 운행하지 않는 것을 말한다. 혼잡통행료의 부과·징수는 통행속도 또는 교차로 지체시간 등을 고려하여 일정한 지역을 일정 시간대에 운행하는 차량에 대하여 혼잡통행료를 부과 및 징수할 수 있다. 교통유발부담금은 교통 혼잡의 원인이 되는 시설물의 소유자로부터 매년 부담금을 부과·징수할 수 있다.

SECTION 02 교통시설계획

01 일반원칙

교통시설로는 도로·주차장·여객자동차터미널·화물터미널·철도·도시철도·공항·항만·환승시설 등이 있다. 이러한 시설의 계획은 첫째, 목표연도 및 단계별 최종연도의 교통량을 추정한다. 그리고 교통수단별·지역별 배분계획을 수립하여 기능별 도로의 배치 및 규모에 대한 원칙을 제시한다. 제시된 원칙은 도시·군관리계획 수립 시 지침이 될 수 있도록 한다.

둘째, 시·군의 공간구조와 교통특성 및 인접도시와의 연계 등을 검토하여 광역교통 및 도시교통의 총체적 교통체계 계획을 수립한다. 토지이용, 도시개발, 경제, 행정 등의 정책 및 집행에 따라 교통량이나 교통 활동이 달라진다. 그러므로 주변의 토지이용상태와 시·군의 부문별 정책 및 계획 등을 면밀히 분석하여 교통계획을 수립한다.

셋째, 국도·지방도 등 지역 간 연결도로 및 시·군 내 주간선도로는 통과기능을 유지하도록 하여 도심지에 교통량을 집중시키지 않아야 한다. 도심에서는 승용차 대신 대중교통 이용이 용이토록 계획하여 교통량을 감소시킨다. 교통량이 많이 발생하는 기관이나 시설이 위치한 곳은 대량수송수단의 교통체계를 계획한다. 승객과 화물수송에 소요되는 통행시간을 줄여 교통이 정체되지 않도록 한다.

넷째, 도시교통은 토지이용계획과의 상관관계를 고려하여 계획함으로써 불필요한 교통량 발생을 최소화한다. 대중교통 결절점과 연결되는 도로는 보행자 중심의 가로로 조성토록 한다. 주요지점에는 가로와 연접하여 공원, 광장 등의 공간시설을 설치하는 등 보행자의 접근성과 이동 편의성이 제고될 수 있도록 한다. 교통수단을 유기적으로 연결하여 이용자에게 다양한 교통으로의 접근기회를 부여한다.

다섯째, 교통계획은 각종 차량 및 교통시설에 의한 대기오염, 소음, 진동, 경관 저해, 자연생태계 단절 등의 문제가 없도록 한다. 교통시설의 설치에 따른 생태계 파괴 및 환경훼손을 최소화하고 대기오염, 비점오염, 소음, 진동, 에너지 소비, 미관을 고려하여 녹지체계 구상 등으로 친환경적 교통시설이 될 수 있도록 계획한다.

여섯째, 교통시설을 계획할 때에는 교통약자의 이동편리와 장애물 없는 생활환경 조성이 최대한 고려되도록 한다. 보행자의 안전과 편의를 위하여 교통시설계획에 보도 또는 보행자전용도로 등의 설치를 계획한다.

일곱째, 주요 교통시설로의 접근성을 제고하여 계획한다. 철도·지하철·경전철·공항·주차장·환승시설·자동차정류장 등 교통시설은 도시 내 기반시설과 연계되도록 한다. 환승시간을 단축할 수 있도록 계획하고 이용자의 편익을 위하여 여러 기능이 복합적으로 발휘될 수 있도록 한다. 대중교통시설은 보행접근이 용이하도록 보행네트워크와 연계하여 배치한다.

02 도로

1) 도로의 종류와 분류

도로는 사람과 차량이 다니는 길로 두 개 지역을 서로 연결시켜 놓은 것이다. 도로는 인류 역사와 함께 해왔다. 모든 길은 로마로 통한다는 말처럼 도로는 도시 발전과 밀접하게 관련하고 있다. 「도로법」에서 도로란 차도, 보도, 자전거도로 및 측도 등을 말하고 터널, 교량, 지하도, 육교 등의 시설과 공작물을 포함하고 있다. 도로의 종류와 등급은 고속국도, 일반국도, 특별시도, 광역시도, 지방도, 군도, 구도의 순서이다.

고속국도는 고속도로라 칭하며 자동차 전용으로 일반국도와 도시·항만·공항·상업단지·물류시설 등을 연결하는 도로이며 관할청은 국토교통부이다. 일반국도는 중요도시·지정항만·비행장·관광지 등을 연결하며 고속국도와 함께 국가기간 도로망을 이루는 도로로 국토교통부에서 관할한다. 특별시도와 광역시도는 해당 특별시 및 광역시의 주요 지역과 인근 도시·항만·역을 연결하는 도로로 특별시 또는 광역시에서 관할한다. 지방도는 도청소재지에서 시청 또는 군청 소재지에 이르는 도로와 시청과 군청 소재지를 서로 연결하는 도로로 도지사가 관할한다. 시·도는 시 또는 행정시에 있는 도로로 해당 시가 관할한다. 군도는 군청 소재지에서 읍·면사무소 소재지에 이르는 도로와 읍·면의 소재지를 서로 연결하는 도로로 군이 관할한다. 구도는 구 안에서 동 사이를 연결하는 도로로 구청에서 관할한다.

도로의 기능별로는 주간선도로, 보조간선도로, 집산도로, 국지도로, 특수도로로 구분한다. 주간선도로는 시·군 내 주요지역을 연결하거나 시·군 상호 간을 연결하며 대량통과교통을 처리하는 시·군의 골격을 형성하는 도로다. 보조간선도로는 주간선도로와 주간선도로를 연결하는 도로로 보통 근린주구와 경계를 이루며, 시·군 내 주요 교통발생원과 연결하여 시·군교통의 집산기능을 한다. 집산도로는 근린주구내 간선도로의 기능을 담당하며, 보조간선도로와 보조간선도로 또는 국지도로 간을 연결하고 근린주구 내의 교통을 집산한다. 대중교통체계와 연계되어 있어 환승을 고려한 자전거 등 대중교통수단의 도입이 필요한 도로다. 국지도로는 가구(街區) 간을 구획하고 연결하는 도로로 가구 내의 교통을 처리한다. 보행자의 안전성과 쾌적성을 적극적으로 고려한다. 특수도로는 보행자전용도로, 자전거전용도로 등 자동차 외의 교통에 공용되는 도로다.

규모별로는 광로, 대로, 중로, 소로로 구분하며 각각 1류·2류·3류로 구분한다.

교통시설로서의 도로는 일반도로, 자동차전용도로, 보행자전용도로, 보행자우선도로, 자전거전용도로, 고가도로, 지하도로로 세분한다. 일반도로는 폭 4m 이상의 도로로서 통상의 교통소통을 위하여 설치되는 도로다. 자동차전용도로는 자동차만 통행할 수 있는 도로로 특별시·광역시·시·군 내 주요지역 간이나 시·군 상호 간에 발생하는 대량교통량을 처리하기 위한 것이다. 보행자전용도로는 폭 1.5m 이상의 도로로서 보행자의 안전하고 편리한 통행을 위하여 설치하는 도로다. 자전거전용도로는 하나의 차로를 기준으로 폭 1.5m(부득이 한 경우 1.2m) 이상의 도로로서 자전거의 통행을 위하여 설치하는 도로다. 고가도로는 지상교통의 원활한 소통을 위하여 공중에 설치하는 도로다. 지하도로는 지상교통의 원활한 소통을 위하여 지하에 설치하는 도로다.

[표 10.1] 도로 규모별 구분

규모		내용
광로	1류	폭 70m 이상인 도로
	2류	폭 50m 이상 70m 미만인 도로
	3류	폭 40m 이상 50m 미만인 도로
대로	1류	폭 35m 이상 40m 미만인 도로
	2류	폭 30m 이상 35m 미만인 도로
	3류	폭 25m 이상 30m 미만인 도로
중로	1류	폭 20m 이상 25m 미만인 도로
	2류	폭 15m 이상 20m 미만인 도로
	3류	폭 12m 이상 15m 미만인 도로
소로	1류	폭 10m 이상 12m 미만인 도로
	2류	폭 8m 이상 10m 미만인 도로
	3류	폭 8m 미만인 도로

자료: 「도시계획시설의 결정·구조 및 설치기준에 관한 규칙」(시행 2021. 2. 24).

2) 도로설치 결정기준

도로설치는 도시·군관리계획으로 입안하며 「도시·군계획시설의 결정·구조 및 설치기준」에 따르며 토지이용계획과의 상관관계, 교통발생 및 집중량과 교통수단별 분담계획, 다양한 교통수단을 고려한 종합적 교통체계계획, 인근 도시 및 지역과 연계한 광역교통체계와의 일체성, 기존도로망에 대한 유기적인 연결과 적정한 형성, 교통 수요에 대한 균형적·체계적인 적용, 보행자·자전거 이용자 등의 안전성 제고, 환경보전과 창조, 시설을 위한 자금조달 능력과 시행방법 등을 검토한다. 도로 설치의 결정기준의 내용은 다음과 같다.

① 도로의 효용을 높이기 위하여 당해 도로가 교통의 소통에 미치는 영향이 최대화되도록 한다.

② 도로의 종류별로 일관성 있게 계통화된 도로망이 형성되도록 하고, 광역 교통망과의 연계를 고려한다.

③ 도로의 배치간격은 시·군의 규모, 지형조건, 토지이용계획, 인구밀도 등을 감안하되 주간선도로와 주간선도로의 배치간격은 1,000m 내외, 주간선도로와 보조간선도로의 배치간격은 500m 내외, 보조간선도로와 집산도로의 배치간격은 250m 내외, 국지도로간의 배치간격은 가구의 짧은 변 사이는 90m 내지 150m 내외, 가구의 긴변 사이는 25미m 내지 60m 내외로 한다.

④ 국도대체우회도로 및 자동차전용도로에는 집산도로 또는 국지도로가 직접 연결되지 아니하도록 한다.

⑤ 도로의 폭은 당해 시·군의 인구 및 발전전망을 감안한 교통수단별 교통량분담계획, 당해 도로의 기능과 인근의 토지이용계획에 의하여 정한다.

⑥ 차로의 폭은 「도로의 구조·시설기준에 관한 규칙」의 규정에 의한다.

⑦ 보도, 자전거도로, 분리대, 주·정차대, 안전지대, 식수대 및 노상공작물 등 필요한 시설의 설치가 가능한 폭을 확보한다.

⑧ 연석, 장애물 및 차선 등을 설치하여 차로, 보도 및 자전거도로 등으로 공간을 구획하는 경우에는 특정 교통수단 또는 이용주체에게 불리하지 아니하도록 공간 배분의 형평성을 고려한다.

⑨ 도로의 선형은 근린주거구역, 지역 공동체, 도로의 설계속도, 지형·지물, 경제성, 안전성, 향후의 유지·관리 등을 고려하여 정한다.

⑩ 도로가 전력·전화선 등을 가설하거나 변압기탑·개폐기탑 등 지상시설물이나 상하수도·공동구 등 지하시설물을 설치할 수 있는 기반이 되도록 한다.

⑪ 기존 도로를 확장하는 경우에는 원칙적으로 한쪽 방향으로 확장하도록 하고, 도로의 선형, 보상비, 공사의 난이도, 공사비, 주변토지의 이용효율, 다른 공공시설과의 관계 등을 종합적으로 고려하며, 도로부지에 국·공유지가 우선적으로 편입되도록 한다.

⑫ 일반도로, 보행자전용도로 및 보행자우선도로의 경우에는 장애인·노인·임산부·어린이 등의 이용을 고려한다.

⑬ 보전녹지지역, 생산녹지지역, 보전관리지역, 생산관리지역, 농림지역 및 자연환경보전지역에는 원칙적으로 다음의 도로에 한정하여 설치한다. 당해 지역을 통과하는 교통량을 처리하기 위한 도로, 도시·군계획시설에의 진입도로, 도시·군계획사업 및 다른 법령에 의한 대규모 개발사업이 시행되는 구역과 연결되는 도로, 지구단위계획구역에 설치하는 도로 및 지구단위계획구역과 연결되는 도로, 기존 취락에 설치하는 도로 및 기존 취락과 연결되는 도로이다.

⑭ 개발이 되지 아니한 주거지역, 상업지역 및 공업지역에는 지역개발에 필요한 주간선도로 및 보조간선도로에 한하여 설치하고, 주간선도로 및 보조간선도로외의 도로는 지구단위계획을 수립한 후 이에 의하여 설치한다.

3) 일반도로 계획기준

① 도로는 도로의 종류와 규모별·기능별로 구분하여 계획하되, 승용차, 대중교통, 자전거, 보행자 등 다양한 교통수단별 이용주체를 고려한다.

② 도로의 체계는 교통발생 및 집중량과 교통수단별 분담상태를 예측하여 다른 교통수단과의 연관성을 유지하고 교통수요에 대비하여 각 시설이 균형 있고 체계 있게 이용할 수 있도록 계획한다.

③ 주거지역의 도로율은 「도시·군계획시설의 결정·구조 및 설치기준에 관한 규칙」에서 정한 비율이 일반 단독주택지역의 기준임을 감안하여 공동주택 위주의 주거지역인 경우 15% 이상 30% 미만으로 계획한다.

④ 상위계획에서 계획된 도로와 시·군 내 도로망과 연계는 그 기능과 성격을 분석하여 상위계획 도로의 기능이 저하되지 않도록 하여야 한다.

⑤ 시·군을 통과하는 고속국도, 국도, 지방도 등 지역 간 연결도로는 통과기능이 유지되고 도심지에 교통량이 집중되지 않도록 도로법상의 도로관리청과 사전에 협의하여 환상도로 또는 우회도로로 계획한다. 국도와 지방도 등 지역 간 연결도로를 환상도로 또는 우회도로로 계획할 때에는 도시고속화도로 등 자동차전용도로로 계획한다. 국도와 지방도 등 지역 간 연결도로를 환상도로 또는 우회도로로 계획하기 어려운 경우에는 내부도로와의 혼합도로로 계획하고, 지역 간 통과 교통량과 시가지 교통량을 동

시에 수용할 수 있는 충분한 도로 폭원을 확보한다. 자동차전용도로 및 주간선도로에는 이면도로로서 집산도로를 병행 배치하여 자동차전용도로 주변 교통량이 원활히 소통되도록 한다.

⑥ 도로의 폭원은 차도, 보도, 자전거도로, 분리대, 주정차대, 안전지대, 식수대 및 노상공작물 등의 설치에 관한 계획을 포함하여 이에 필요한 도로 상단 폭을 결정한다.

⑦ 기간도로에 연하여 완충녹지를 설치하였을 때에는 완충녹지 뒤에 이면도로를 계획하여 각 필지에 접근이 용이하도록 하고 도로에서 완충녹지를 통하여 접근되지 않도록 하여야 한다. 간선도로에서 발생하는 매연·소음·진동 등의 공해 차단 또는 완화, 사고발생시의 피난지대 등으로 활용하기 위하여 간선도로변에는 완충녹지 설치를 고려한다. 도로가 녹지축을 단절하거나 지형·경사·토양·수변 등의 환경적 요소를 지나치게 파괴하지 않도록 과도한 도로축조를 지양하고 생태통로 등의 야생 동물 및 생태계의 연결통로를 설치하여야 한다.

⑧ 통과교통은 환상도로 또는 우회도로로 처리하여 도심부에 유입되지 않도록 한다. 우회도로나 환상도로변은 적정 폭의 완충녹지의 설치, 교차지점의 입체화 및 주간선도로나 보조간선도로만을 접속시키는 등 통과교통에 지장을 주지 않도록 한다. 통과용 도로와 면하여 건축물 등이 건축되지 않도록 하여 장기적으로 통과교통에 지장을 주지 않도록 계획한다.

⑨ 도로노선별로 특별히 관리할 필요가 있는 구간에 대하여는 도로의 단면 구조를 제시하여 도로설치의 기준이 되도록 한다.

⑩ 교통광장을 통과하는 도로는 교통광장과 중복하여 결정한다.

4) 가로망계획

가로망(street network)이란 도시 안의 주간선도로·보조간선도로·집산도로·국지도로 등 여러 위계의 도로가 격자형이나 환상형 등으로 망을 형성한 것을 말한다. 가로망계획은 토지이용계획과 교통계획의 접점에 위치하며 장래 시·군의 인구배분, 산업입지 및 토지이용계획과 관련하여 대상지의 이동성과 접근성을 확보하기 위한 것이다. 가로망체계를 수립하기 위해서는 도시 내 교통수요를 권역별, 지구별로 예측하고 이를 분담하기 위한 교통체계를 승용차, 대중교통, 자전거, 보행자 등 다양한 교통수단의 균형을 고려하여 구성한다. 또한 가로에 인접한 도시공간의 토지이용 활성화, 교통체계의 효율성, 환경성, 경제성, 편의성 등을 종합적으로 고려한다.

가로망은 도시의 규모에 따라 주간선도로와 보조간선도로 이상의 도로로 골격을 형성하도록 하는데, 이를 간선도로망이라고 한다. 간선도로망은 계획인구 100만 이상의 도시에서는 도시고속도로와 주간선도로로 세분하고, 2만~100만 정도의 도시에서는 주간선도로와 보조간선도로로 세분한다. 그러나 2만 이하의 소도시에서는 주간선도로와 보조간선도로 세분하지 않는다.

가로망의 형식은 격자형, 방사형, 환상형, 선형, 이들의 복합형 등이 있다. 격자형은 그리스와 로마시대의 전형적인 도시형태로 평탄한 지형에 적합하다. 방사형은 도시의 중심지에서 사방팔방으로 주요 간선도로가 뻗어나가는 형태다. 환상형은 도로가 원형으로 도시 둘레를 순환하는 형태다. 선형은 간선도로가 긴 띠 모양으로 뻗어나간 형태로 도로 양변으로 상업·업무 등 주요 기능이 배치되고 그 뒤편으로 주거지역이 배치된다. 복합형은 방사환상형처럼 이들 기능이 섞여 있는 형태를 말한다.

간선도로망은 지역 간 도로로서 통과교통이 도심부에 유입되지 않도록 국도 등은 환상도로나 우회도로로 처리한다. 간선도로의 교통수단은 간선급행버스(BRT)와 트램 등을 도입하고, 이와 연계하는 자전거도로 등을 설치하여 자동차 중심 교통체계의 기능적, 물리적, 환경적 한계를 극복하도록 한다. 가로의 교차점은 가로의 기능과 장래교통량, 주변의 토지이용 상황 및 지형조건 등을 감안한다. 도시외곽부의 주간선도로간 배치간격은 2,000m 이상, 주간선도로와 보조간선도로간 또는 보조간선도로끼리의 간격은 1,000m 내외로 계획한다.

집산도로망은 근린주구 내 도로망으로 토지이용 및 지형에 따라 다르나 구역분할의 편리상 격자형으로 구성하는 것이 일반적이다. 보조간선도로 또는 국지도로 간을 연결하되 주거지역으로 통과교통이 발생하지 않아야 한다. 보조간선도로와 집산도로간 배치 간격은 도심지에서는 상업·업무지역의 효율적인 이용을 위하여 100m까지 좁히고, 외곽부에서는 500m까지 넓힐 수 있다. 집산도로는 보행자도로 및 자전거도로와 연계되도록 하고, 이용자의 안전과 편의를 위해

[그림 10-1] 가로망 형태

격자형 가로망

방사형 가로망

환상형 가로망

충분한 폭이 되도록 한다.

국지도로망은 주택가의 도로망으로 보통은 격자형으로 구성한다. 보행자와 자전거이용자의 이동편의를 고려하여 보조간선도로 및 집산도로의 대중교통체계와도 연계되도록 한다. 특히 주거지역에서는 양호한 주거환경유지, 상업지역에서는 자동차교통과 보행자교통과의 적절한 균형유지, 공업지역에서는 자동차교통의 안전하고 원활한 처리가 되도록 한다.

5) 보행자도로계획

보도는 보행자의 안전과 자동차의 원활한 통행을 확보하기 위한 기반시설로 일반도로의 양측 또는 한 변에 설치한다. 보도는 차량교통 수요를 흡수하고, 주민이 걸으면서 이웃과 만나는 기회를 확대하여 명랑한 생활환경을 조성하는 역할을 한다. 보행통로서의 기능뿐만 아니라 자동차의 위험 또는 지형지물에 의한 장애요소로부터 안전한 보행환경과 장애인을 고려한 보행공간이 요구된다. 보도를 계획할 때는 도로의 기능과 주변의 토지이용, 지형여건, 보행목적 등을 면밀히 검토해야 한다.

보도는 보행의 흐름이 단절되지 않도록 연속성을 유지하고 차도와 접한 부분은 식재를 통해 자동차 소음과 대기오염 등을 감소시키도록 한다. 보도 폭은 여러 가지 활동을 수용하도록 충분하게 확보하고 벤치 등 다양한 시설물을 설치한다. 또 주변의 토지이용을 연계시킴으로써 고유한 경관을 창출하고 보행자에게 방향성과 장소감을 부여한다. 보도를 구성한 포장, 식재, 가로시설물 등에 대한 입체적인 설계를 통하여 조화로운 경관을 창출하고 지역 이미지와 고유성을 확보하도록 한다.

보도 폭과 질적 수준은 단위시간당 통과하는 보행자수, 보행속도, 보행자 1인당 보도 점유면적 등과 같은 예상되는 특성을 감안하여 결정한다. 일반적으로는 주간선도로 및 보조간선도로에서는 3m 이상, 집산도로에서는 2.25m 이상, 국지도로에서는 보행자가 여유를 가지고 엇갈려 지나가도록 1.5m 이상으로 하고 있다. 그러나 주변의 토지이용 상황, 보행자의 안전, 원활한 통행을 위해서는 달리 계획할 수 있다.

보도는 경관식재를 겸하는 것이 바람직하며 보도의 폭이 넓고 주변 여건상

자전거도로의 설치가 가능한 경우에는 보도의 일부를 자전거전용도로로 활용할 수 있다. 전망이 좋은 도로나 넓은 도로에서는 보도를 넓게 확보하여 벤치나 식수대 등을 배치한다. 또 가로의 미관을 조성하여 가로공원과 같은 보행자를 위한 공간으로 조성한다. 보도 내에 경사로를 병행하여 설치할 때는 어린이, 노약자, 장애인, 유모차 등의 보행에 지장이 없도록 한다. 자동차가 빠른 속도로 지나는 도로는 보행자의 안전성을 높일 수 있도록 방호시설, 식수대 등을 설치한다.

버스정차장 주변은 정차공간과 보도의 이용이 상충되지 않도록 바닥포장, 시설물, 식재 등을 이용하여 승차대공간과 보도를 구분시킨다. 버스정류장 주변의 교통표지판, 안내판, 벤치 등은 버스 승하차 및 보행통행에 방해되지 않도록 집합적으로 설치한다. 버스정차대의 표준 폭은 2.5m로 하되 가급적 보도 폭이 축소되지 않도록 보도의 외측으로 그 폭만큼 확장한다.

횡단보도는 보행자가 안전하게 횡단할 수 있도록 필요구간에 정지선, 안전지대, 점멸신호기 및 보행자신호등, 횡단보도 예고표지판 등의 보행자 보호시설을 설치한다. 장애인의 횡단보행이 용이하도록 경계석은 단차를 없애고 벨신호기 등을 설치한다. 교통량이 많은 주간선도로의 횡단 및 교차지점에는 보행의 안전성과 연속성을 위하여 지상경사로, 지하경사로, 지하계단, 보도, 육교 등 입체적인 보차분리 시설을 설치한다.

6) 자전거도로계획

자전거도로란 자전거가 통행하기 위해 건설된 도로로 자전거전용도로, 자전거·보행자겸용도로, 자전거우선도로로 나뉜다. 자전거전용도로는 자전거만 통행할 수 있도록 분리대, 경계석, 그 밖에 이와 유사한 시설물에 의하여 차도와 보도와 구분하여 설치하는 도로이다. 자전거·보행자겸용도로는 자전거 외에 보행자도 통행할 수 있도록 분리대, 경계석 등의 시설물에 의하여 차도와 구분하거나 별도로 설치하는 도로다. 자전거우선도로는 도로 위에 자전거와 다른 차들이 함께 다닐 수 있는 도로이나 자전거 통행이 우선인 도로다.

자전거는 「도로교통법」상 차마에 속하고, 모든 차마는 어디서든 보행자를 보호할 의무가 있다. 자전거와 보행자가 사고가 발생한다면 보행자는 피해자이고, 자전거 이용자는 가해자가 되어 책임비율도 크다. 자전거도로 폭은 1.5m 이상이 원칙이나 지역 상황에 비추어 부득이하다고 인정되는 경우 1.2m 이상으로 할 수 있다. 자전거도로의 설계속도는 자전거전용도로는 시속 30km, 자전거·보행자겸용도로는 시속 20km, 자전거우선도로는 시속 20km 이상으로 한다. 다만 지역상황에 따라 부득이 한 경우에는 각각의 속도에서 10km를 뺀 속도를 설계속도로 할 수 있다.

자전거도로가 일반도로나 철도와 평면 교차하는 경우에는 교차각을 90도로 한다. 자전거도로에 자동차와 손수레 등의 진입을 막기 위한 시설을 설치한다. 자전거 주차장은 자전거이용자가 안전하고 편리하게 이용할 수 있는 장소에 설치한다. 자전거주차장 주변은 도난 예방을 위해 폐쇄회로 등을 설치하고, 야간 이용에 대비하여 조명시설을 설치한다.

7) 주차장계획

주차장은 자동차의 주차를 위한 시설로 노상주차장, 노외주차장, 부설주차장, 기계식주차장이 있다. 노상주차장은 도로의 노면 또는 교통광장과 같은 일정한 구역에 설치한 주차장으로 일반이 이용한다. 노외주차장은 도로의 노면이나 교통광장 외의 장소에 설치된 주차장으로 일반이 이용한다. 부설주차장은 건축물, 골프연습장, 그 밖에 주차수요를 유발하는 시설에 부대하여 설치된 주차장으로서 해당 건축물·시설의 이용자 또는 일반이 이용한다. 기계식주차장이란 노외주차장 및 부설주차장에 설치하는 주차설비로서 기계장치에 의하여 자동차를 주차할 장소로 이동시키는 주차장을 말한다.

주차장 확보율은 주차단위구획의 수를 자동차 등록대수로 나눈 비율이다. 주차단위구획이란 자동차 1대를 주차할 수 있는 구획을 말한다. 「주차장법 시행규칙」에 따라 주차단위구획은 흰색 실선으로 표시하고, 경차전용 주차단위구획은 파란색 실선으로 표시한다. 노상주차장의 경우 너비 6m 미만의 도로에서는 설치하지 못한다. 또 자동차 진행방향의 기울기(종단경사도)가 4%를 초과하는 도로에서는 설치하지 못한다. 주차대수가 20대 이상인 경우에는 장애인 전용주차구획을 1면 이상 설치하여야 한다. 주차단위구획의 너비와 길이는 [표 10.2]와 같다.

[표 10.2] 주차단위구획

구분	평행주차장		평행주차장 외	
	너비	길이	너비	길이
경형	1.7m 이상	4.5m 이상	2.0m 이상	3.6m 이상
일반형	2.0m 이상	6.0m 이상	2.5m 이상	5.0m 이상
확장형	–	–	2.6m 이상	5.2m 이상
장애인전용	–	–	3.3m 이상	5.0m 이상
이륜자동차전용	1.0m 이상	2.3m 이상	1.0m 이상	2.3m 이상
차도와 보도의 구분이 없는 주거지역 도로	2.0m 이상	5.0m 이상	–	–

자료: 「주차장법 시행규칙」(시행 2021. 7. 13).

부설주차장 설치대상 시설물과 시설물 종류 및 설치기준은 [표 10.3]과 같다.

[표 10.3] 부설주차장의 설치대상 시설물 종류 및 설치기준

	시설물	설치기준
1	위락시설	시설면적 100m^{2}당 1대(1/100m^2)
2	문화 및 집회시설(관람장은 제외), 종교시설, 판매시설, 운수시설, 의료시설(정신병원, 요양소, 격리병원은 제외), 운동시설(골프장, 골프연습장, 옥외수영장 제외), 업무시설(외국공관 및 오피스텔은 제외), 방송국, 장례식장	시설면적 150m^{2}당 1대(1/150m^2)
3	제1종근린생활시설, 제2종근린생활시설, 숙박시설	• 시설면적 200m^{2}당 1대(1/200m^2)
4	단독주택(다가구주택은 제외)	• 시설면적 50m^2 초과 150m^2 이하 1대 • 150m^2 초과 100m^{2}당 1대 추가
5	다가구주택, 공동주택(기숙사는 제외), 오피스텔	• 세대당 1대 • 전용면적 60m^2 이하는 0.7대 • 전용면적 30m^2 이하는 0.5대

	시설물	설치기준
6	골프장, 골프연습장, 옥외수영장, 관람장	• 골프장: 1홀당 10대(홀의 수×10) • 골프연습장: 1타석당 1대 • 옥외수영장: 정원 15명당 1대 • 관람장: 정원 100명당 1대
7	수련시설, 공장(아파트형은 제외), 발전시설	시설면적 350m²당 1대
8	창고시설	시설면적 400m²당 1대
9	학생용 기숙사	시설면적 400m²당 1대
10	그 밖의 건축물	시설면적 300m²당 1대

자료: 「주차장법 시행령」 [별표1] 부설주차장의 설치대상 시설물 종류 및 설치기준(제6조 제1항 관련), (시행 2021. 7. 13).

8) 자동차정류장

자동차정류장은 도시·군계획시설의 하나로 여객자동차터미널, 물류터미널, 공영차고지, 공동차고지, 화물자동차 휴게소, 복합환승센터 등을 말한다. 자동차 정류장의 위치는 기존 시가화구역내에 선정하고 기존 정류장은 이전하지 않는 것을 원칙으로 한다. 다만 여객교통수요 및 공간구조상 용도지역 변경을 수반하는 경우는 예외로 한다. 고속 및 시외여객자동차터미널은 동일 입지에 공용으로 계획하는 것을 원칙으로 한다. 화물터미널은 가급적 유통업무설비에 포함하여 결정하고, 공영차고지는 차량의 접근이 용이하고 주변의 주거환경을 해치지 않도록 한다.

03 도시철도

도시철도란 도시교통의 원활한 소통을 위하여 도시교통권역에서 건설·운영하는 철도·모노레일·노면전차·선형유도전동기·자기부상열차 등 궤도에 의한 교통시설 및 교통수단을 말한다. 도시철도시설은 선로 및 역사, 역 시설로 환승시설, 물류시설, 판매시설, 업무시설, 근린생활시설, 숙박시설, 문화 및 집회시설을 포함한다. 도시철도는 수송효율이 높아서 자동차의 급증과 도로시설 공급의 한계로 계속 심화되고 있는 대도시 교통난을 완화하기 위한 수단으로 활용된다.

　도시철도를 건설·운영하려면 시·도지사는 관할 도시교통권역에서 관계 시·도지사와 협의하여 10년 단위의 도시철도망계획을 수립하여 국토교통부장관의 승인을 받아야 한다. 국토교통부장관은 관계 행정기관의 장과 협의한 후 국가교통위원회의 심의를 거쳐 승인하고 이를 관보에 고시한다. 시·도지사는 도시철도망계획이 수립된 날부터 5년마다 도시철도망계획의 타당성을 재검토하여 필요한 경우 이를 변경한다.

　도시철도망계획에 포함된 도시철도 노선을 건설하려면 해당 노선에 대해서 도시철도기본계획을 수립한다. 기본계획에는 다음 사항이 포함되어야 한다.

① 해당 도시교통권역의 특성·교통상황 및 장래의 교통수요 예측
② 도시철도의 건설 및 운영의 경제성·재무성 분석과 그 밖의 타당성의 평가
③ 노선명, 노선연장, 기점·종점, 정거장 위치, 차량기지 등 개략적인 노선망
④ 사업기간 및 총사업비
⑤ 지방자치단체의 재원 분담비율을 포함한 자금의 조달방안 및 운용계획
⑥ 건설기간 중 도시철도건설사업 지역의 도로교통 대책
⑦ 다른 교통수단과의 연계 수송체계 구축에 관한 사항
⑧ 그 밖에 필요한 사항으로서 국토교통부령으로 정하는 사항

　정부는 지방자치단체나 도시철도공사가 시행하는 도시철도건설사업을 위하여 재정적 지원이 필요하다고 인정되면 소요자금의 일부를 보조하거나 융자할 수 있다. 철도역을 포함한 주변지역은 역세권개발에 대비하여 가급적 지구단위계획을 수립하고, 철도역은 역전광장을 설치하고 다른 교통수단과 연계되도록 한다.

04　항만

　항만이란 선박의 출입, 사람의 승선·하선, 화물의 하역·보관 및 처리, 해양

친수활동 등을 위한 시설과 화물의 조립·가공·포장·제조 등 부가가치 창출을 위한 시설이 갖추어진 곳을 말한다. 무역항은 주로 외항선이 입항·출항하는 항만이다. 연안항은 주로 국내항 간을 운항하는 선박이 입항·출항하는 항만이다. 항만구역은 항만의 수상구역과 육상구역을 말한다.

항만의 기본시설로는 항로·정박지·선회장 등 수역시설, 방파제·방사제·파제제·방조 제·도류제 등 외곽시설, 도로·교량·철도·궤도·운하 등 임항교통시설, 안벽·부두·잔교·돌핀·선착장·램프 등 계류시설이 있다. 기능시설로는 항로표지·신호·조명 등 항행보조시설, 하역장비·화물이송시설·배관시설 등 하역시설, 창고·야적장·컨테이너 장치장, 유류·가스저장시설·화물터미널 등 유통시설 등이 있다.

항만의 개발과 운영에 관한 기본계획은 해양수산부장관이 10년을 단위로 수립한다. 해양수산부장관이 항만기본계획을 수립하려면 관계 시·도지사의 의견을 듣고, 관계 중앙행정기관의 장과 협의한 후 중앙심의회의의 심의를 거친다. 항만기본계획이 수립되면 관계 중앙행정기관장과 시·도지사에게 통보하고 국회 소관 상임위원회에 제출한다.

항만기본계획에는 다음 사항이 포함되어야 한다.
① 항만의 구분 및 그 위치 등에 관한 사항
② 항만의 관리·운영 계획에 관한 사항
③ 항만시설의 장래 수요에 관한 사항
④ 항만시설의 공급에 관한 사항
⑤ 항만시설의 규모와 개발 시기에 관한 사항
⑥ 항만시설의 용도, 기능 개선 및 정비에 관한 사항
⑦ 항만의 연계수송망 구축에 관한 사항
⑧ 항만시설 설치 예정지역(항만구역 밖에 위치하는 것을 포함)에 관한 사항
⑨ 그 밖에 해양수산부장관이 필요하다고 인정하는 사항

도시계획에서는 항만시설의 보호를 위하여 도시·군관리계획으로 시설보호지구로 지정하고, 항만 주변은 지구단위계획에 따라 정비를 한다.

05 공항

공항이란 공항시설을 갖춘 공공용 비행장이며, 공항구역이란 공항으로 사용되고 있는 지역과 공항·비행장개발예정지역 중 도시·군계획시설로 결정되어 국토교통부장관이 고시한 지역을 말한다. 공항시설은 공항구역에 있는 시설과 공항구역 밖에 있는 시설로 활주로·유도로·계류장·착륙대 등 이착륙시설, 여객터미널·화물터미널 등 여객 및 화물시설, 항행안전시설, 관제소·송수신소·통신소 등 통신시설, 기상관측시설, 공항 이용객을 위한 주차시설, 경비·보안시설, 홍보 및 안내시설 등이 있다.

공항개발사업을 체계적이고 효율적으로 추진하기 위하여 5년마다 공항개발종합계획을 수립한다. 이 경우 관할 지방자치단체장의 의견을 들은 후 관계 중앙행정기관장과 협의한다. 공항개발 기본계획을 수립할 때는 다음 사항이 포함되어야 한다.

① 공항 또는 비행장의 현황분석
② 공항 또는 비행장의 수요전망
③ 공항·비행장개발예정지역 및 장애물 제한표면
④ 공항 또는 비행장의 규모 및 배치
⑤ 건설 및 운영계획
⑥ 재원조달계획
⑦ 환경관리계획
⑧ 그 밖에 공항 또는 비행장 개발 운영 등에 필요한 사항

도시계획에서는 공항시설의 보호와 주거환경을 위하여 시설보호지구로 지정한다. 시설보호지구 안에서의 건축제한은 항공법에 따르나, 건축물의 용도 및 형태 등에 관한 추가적인 제한에 관하여는 공항시설의 보호와 항공기의 이·착륙에 장애가 되지 아니하는 범위 안에서 도시계획조례로 정한다.

SECTION 03 녹색교통

01 녹색교통 개념

녹색교통은 자동차의 급격한 증가 및 도로와 주차장 등의 인프라 부족으로 대도시에는 교통체증이나 대기오염과 같은 문제들이 발생하고 있다. 이를 해결하기 위한 대안으로 녹색교통이 대두되었다. 녹색교통은 교통수요를 충족시키면서도 에너지 소비를 최소화하고 온실가스 배출량을 줄이는 저탄소 친환경 교통체계를 가리킨다. 즉 이산화탄소를 배출하는 화석 에너지의 사용을 지양하고 지속 가능한 에너지를 활용하며, 효율적이고 친환경적인 교통 체계 시스템 등을 도입하여 교통문제와 환경문제를 극복하는 것을 총칭한다.

녹색교통을 실현하기 위한 방법으로는 기존의 교통수단인 도보, 자전거, 버스, 지하철 등의 이용을 활성화하는 방법과 최근 등장한 새로운 교통수단인 전기자동차, 수소연료전지자동차, 전기자전거 및 스쿠터, 바람·수소·태양에너지 또는 바이오연료 등 신재생 에너지로 운행되는 친환경 자동차 등의 이용을 확대하는 방법이다. 여기에 지능형교통체계(ITS: Intelligent Transport Systems)를 통한 효율적인 교통 시스템 운영도 포함된다. 지능형교통체계는 교통수단이나 교통시설에 전자·제어 및 통신 등 첨단 기술을 결합하는 것으로 교통정보를 효과적으로 관리하고 교통시설의 효율성과 안전성을 향상시키는 교통 체계를 가리킨다.

녹색교통은 자동차 중심의 적색교통체계에서 환경을 중시하는 사람중심의 교통체계를 의미하기도 한다. 교통의 우선순위를 기존 자동차에서 보행자·자전거 등 무동력교통과 대중교통을 중시하는 체계로 전환하는 것을 말한다. 교통약자를 배려하는 등 모든 시민이 기본적으로 평등하게 교통행위를 할 수 있는 개념이다.

02 지속가능한 교통

지속가능한 교통이란 지구환경의 역량을 저해하지 않는 범위 내에서 미래세대는 물론 현 세대의 필요와 요구를 충족시키는 교통으로 정의하고 있다. 경제적·사회적·환경적 측면을 종합적으로 감안하고 더하여 교통에 있어서 제일 중요한 요소인 접근성을 고려한 것이다. OECD에서 제시한 지속가능한 교통체계 원칙은 접근성, 공평성, 개인과 공동체의 책임, 건강과 안전, 교육과 서민의 참가, 종합적인 계획, 토지와 자원의 사용, 오염방지, 경제적 수준 등을 감안한 교통체계다. 더불어 자동차 중심의 교통계획에서 대중교통, 자전거교통, 보행자교통 등의 이용을 장려하는 교통계획이다.

도시·군계획이나 도시·군계획사업을 추진할 때는 교통수요 발생억제 등 지속가능 교통물류체계 발전계획을 우선적으로 반영해야 한다. 발전계획에 포함되어야 할 사항으로는 첫째는 도시 내 접근통행거리 단축을 위한 주거·업무·공공·상업시설의 복합개발 및 생활권 내 배치이다. 둘째는 환경친화적 교통물류시설을 확충하기 위한 보행 및 자전거 등 비동력·무탄소 교통수단 및 대중교통시설의 체계적 확충과 이용이다. 셋째는 교통에너지의 소비저감 등을 위한 무질서한 도시 확산의 방지이다. 넷째는 지속가능 교통물류체계 지향형 도시공간구조로의 개편이다.

국토교통부장관과 지방자치단체장은 지속가능 교통물류체계 지향형 도시 여건을 조성하기 위하여 지속가능 교통물류체계 지향형 도시 만들기 지침을 작성하여 고시하여야 하는데 포함되어야 할 사항은 다음과 같다.

① 지속가능 교통물류체계의 기본방향 및 목표
② 지속가능성 관리지표
③ 지속가능 교통물류체계 구축 대상 지역의 선정기준 및 지원
④ 승용차 이용억제 등 교통수요 관리
⑤ 보행자, 자전거 및 대중교통 중심의 도시 여건 조성
⑥ 지속가능 교통물류체계 구축을 위한 주요 시설의 배치 및 개발
⑦ 그 밖에 교통수단 간 연계계획, 도시접근성과 이동성 개선, 도시 오염원

저감 등 환경개선, 직장과 주거지가 가까이 위치하도록 하는 도시·군계획, 역세권 중심의 고밀도 개발 등 토지이용계획

비동력·무탄소 교통수단의 활성화를 위해서는 자동차 등 동력을 이용한 교통수단의 온실가스 배출을 감축하고 환경친화적 에너지절감형 교통물류체계로 전환이 필요하다. 이를 위해 국가 및 지방자치단체는 비동력·무탄소 교통수단 개발사업을 추진하고 이를 지원한다. 철도역·버스터미널·공항·항만 등의 개발사업을 추진할 때는 비동력·무탄소 교통수단의 이용불편을 최소화할 수 있도록 연계교통시설·환승시설·환적시설을 확보한다.

03 교통수요관리

교통수요관리(TDM: Transportation Demand Management)는 운전자의 통행행태 변화를 통하여 교통수요를 적절한 수준으로 조절하고자 하는 정책 혹은 전략을 말한다. 대중교통 이용 및 출근패턴 전환으로 통행량을 감소시켜 통행속도의 증가, 통행비용의 감소, 대기오염 감소 등 교통체증으로 인한 사회적 비용을 줄이는 것을 목적으로 한다. 이것은 단위시간당 처리교통량을 증가시켜 시민의 기회비용을 증진시키고, 환경적 피해를 감소시키는 효과를 가져다준다.

교통수요관리는 크게 다양한 교통수단 확보, 승용차 이용억제 및 교통수단 전환 장려, 주차 및 토지이용관리, 정책 및 제도개혁 4가지로 구분할 수 있다. 다양한 교통수단 확보 방안으로는 버스의 통행속도를 높이고 정시성 확보를 위한 간선급행버스체계(BRT: Bus Rapid Transit), 지능형교통시스템(ITS: Intelligent Transport System), 차량공유 서비스, 대중교통 거점과 주변지역을 연계하는 셔틀서비스, 거점도시와 주변도시를 빠른 속도로 연결하는 광역철도, 화석연료를 소모하지 않는 자전거 활성화, 나홀로 차량 억제를 위한 카풀 활성화, 교통방송 및 교통정보 활성화 등이 있다.

승용차 이용억제 및 교통수단 전환 장려 방안으로는 재택근무 확대, 교통이

혼잡한 시간대를 피할 수 있는 시차근무제, 다인승차량 우선차로제, 운행거리에 비례한 세금 및 보험제, 부제 및 요일제를 통한 차량운행 제한, 승용차의 도심 진입을 억제하기 위한 환승 주차장 구축, 교통혼잡이 심한 도로구간이나 지역을 대상으로 한 혼잡통행료 징수, 버스의 통행속도를 높이고 정시성을 확보하기 위한 버스전용차로 시행 등이 있다.

주차 및 토지이용관리 방안으로는 주차장의 공급 및 사용제한 등을 통해 승용차 이용 억제, 사람과 자동차가 서로 마찰하지 않고 도로를 공유하며 주거지역에서 자동차 속도를 줄이는 교통정온화, 승용차가 없던 시절의 생활형태를 기본으로 보행자 위주의 토지이용계획 개념인 뉴어바니즘, 대중교통수단과 도시개발과의 연계성을 강화하는 스마트 성장, 도심 주택가의 주차난 해소를 위한 거주자 우선 주차제, 승용차 이용을 감소시키기 위한 주차장 유료화 및 엄격한 주차관리, 보행자 안전 및 편리성을 확보하기 위한 보행거리 개선, 승용차이용을 최소화하기 위한 대중교통 중심 도시개발 등이 있다.

정책 및 제도개혁 방안으로는 승용차에 이용되는 휘발유 및 경유에 대한 세금인상을 통해 승용차 이용을 억제, 기업체가 통근버스를 운행하거나 대중교통요금에 대한 보조를 해주는 기업체 교통수요관리, 교통 혼잡 원인자 부담 원칙에 따라 소유 건물에 대한 교통유발부담금 부과, 도로를 이용하는 차량의 속도 및 용량을 관리하는 도로시설관리 프로그램, 교통 혼잡지역에서 승용차의 통행을 금지하는 자동차 통행제한 등이 있다.

참고문헌

「국가통합교통체계효율화법(약칭: 통합교통체계법)」
국토연구원, 융합 빅데이터를 활용한 교통수요 추정 개선연구, 2016.
「국토의 계획 및 이용에 관한 법률」
「국토의 계획 및 이용에 관한 법률 시행령」
「국토의 계획 및 이용에 관한 법률 시행규칙」
국토교통부, 도시·군기본계획 수립지침
국토교통부, 도시·군관리계획 수립지침
「대도시권 광역교통 관리에 관한 특별법」
「대도시권 광역교통 관리에 관한 특별법 시행령」
대한국토·도시계획학회, 도시계획론(6정판), 보성각, 2016.
「도로법」
「도로법 시행령」
「도로와 다른 시설의 연결에 관한 규칙」
「도로의 구조·시설 기준에 관한 규칙」
「도시계획시설의 결정·구조 및 설치기준에 관한 규칙」
「도시교통정비 촉진법」
「도시철도법」
「보행자전용도로 계획 및 시설기준에 관한 지침」
인천광역시, 2030년 인천도시기본계획 보고서
「자전거 이용시설의 구조·시설 기준에 관한 규칙」
「주차장법」
「주차장법 시행령」
제3차 경기도 교통안전기본계획, 2017.
「지속가능 교통물류 발전법」
「항만법」
「공항시설법」
한국교통연구원, 저탄소 녹색성장을 위한 교통수요관리 전략 연구, 2009.

🌐 홈페이지 ─────────────────────────────

경기도교통정보센터 (gits.gg.go.kr)

국토교통부 (www.molit.go.kr)

국가교통DB (www.ktdb.go.kr)

국가정보포털 (www.nsdi.go.kr)

도로교통공단 (koroad.or.kr)

도시계획정보서비스 (upis.go.kr)

한국교통안전공단 (www.ts2020.kr)

한국도로공사 (www.ex.co.kr)

한국법령정보센터 (www.law.go.kr)

공원녹지계획

도시계획론

본 내용은 「국토의 계획 및 이용에 관한 법률」·「국토의 계획 및 이용에 관한 법률 시행령」· 「국토의 계획 및 이용에 관한 법률 시행규칙」·「도시공원 및 녹지 등에 관한 법률」·「도시공원 및 녹지 등에 관한 법률 시행령」·「도시공원 및 녹지 등에 관한 법률 시행규칙」·「자연환경보전법」·「장사 등에 관한 법률」·「환경정책 기본법」, 국토교통부의 '도시·군기본계획 수립지침'·'도시·군관리계획 수립지침'·'공원녹지 기본계획 수립지침'을 발췌하여 정리하였다.

공원녹지의 개요

01 도시공원녹지 정의

　공원녹지란 쾌적한 도시환경을 조성하고 시민의 휴식과 정서 함양에 이바지하기 위하여 설치하는 녹지공간이나 시설을 말한다. 도시공원·녹지·유원지·공공공지·저수지 등과 나무·잔디·꽃·지피식물 등 식생이 자라는 공간을 비롯하여, 광장·보행자전용도로·하천 등 녹지가 조성된 곳, 옥상녹화·벽면녹화 등 인공지반에 식생을 조성하는 등의 녹화가 이루어진 공간이나 시설도 공원녹지에 해당한다. 그 밖에 쾌적한 도시환경을 조성하고 시민의 휴식과 정서함양에 기여하는 공간이나 시설로서 관리할 필요가 있다고 인정하는 녹지가 조성된 공간이나 시설도 공원녹지에 해당한다.

　녹지지역은 주거지역·상업지역·공업지역과 함께 도시 용도지역에 해당한다. 자연환경, 농지 및 산림보호, 보건위생, 보안과 도시의 무질서한 확산을 방지하기 위하여 녹지보전이 필요한 지역이다. 녹지는 도시·군관리계획으로 결정되며, 도시지역에서 자연환경을 보전하거나 개선하고, 공해나 재해를 방지함으로써 도시경관의 향상을 도모하는 데 목적이 있다.

　우리나라 공원은 「자연공원법」에 의한 자연공원과 「도시공원 및 녹지 등에 관한 법률」에 의한 도시공원으로 구분한다. 자연공원은 국립공원, 도립공원, 군립공원, 지질공원으로 지정 받은 공원으로 자연생태계나 자연 및 문화경관을 대표할 만한 지역으로 지정받은 공원이다. 환경부 소관으로 지정기준은 자연생태계, 자연경관, 문화경관, 지형보존, 생태탐방에 중점을 두고 있다. 반면에 도시공원은 도시지역에서 도시자연경관을 보호하고 시민의 건강·휴양 및 정서생활을 향상시키기 위하여 설치 또는 지정된 공원이다. 국토교통부 소관으로 「국토의 계획 및 이용에 관한 법률」에 따라 도시·군관리계획으로 결정한다.

02 도시자연공원구역

　도시자연공원구역은 도시의 자연환경 및 경관을 보호하고 도시민에게 건전한 여가·휴식공간을 제공하기 위하여 도시지역 안에 식생이 양호한 산지의 개발을 제한할 필요가 있는 경우 설정하는 「국토의 계획 및 이용에 관한 법률」에 의한 용도구역의 하나이다. 용도구역이란 시가지의 무질서한 확산방지와 계획적이고 단계적인 토지이용을 도모하기 위해서 도시·군관리계획으로 결정하는 지역을 말한다.

　도시자연공원구역의 지정은 특별시장·광역시장·도지사·특별자치시장·인구 50만 이상의 대도시 시장이 지정한다. 지정할 때는 「환경정책기본법」에 따른 환경성평가지도, 「자연환경보전법」에 따른 생태, 자연도·녹지자연도·임상도 및 「국토의 계획 및 이론에 관한 법률」에 따른 토지적성에 대한 평가 결과 등을 고려한다. 도시자연공원구역의 경계는 지형적인 특성 및 행정구역의 경계, 주변의 토지이용현황 및 소유현황 등을 고려하여 설정한다. 경계선이 취락지구·학교·종교시설·농경지 등의 토지나 시설을 관통하지 않도록 한다.

　도시자연공원구역 지정 기준은 양호한 자연환경의 보전, 양호한 경관의 보전, 도시민의 여가·휴식공간의 확보 3가지 항목이다. 양호한 자연환경이란 동식물의 서식처 또는 생육지로서 생태적으로 보전가치가 높은 지역, 자연의 보호상태가 양호하고 훼손 또는 오염이 적으며 소생태계(비오톱)가 형성되어 있는 지역, 이 두 가지 조건을 가진 지역의 주변지역으로 양호한 생태계 또는 식생을 보호하기 위한 완충지역을 말한다. 양호한 경관이란 지형의 경관미가 수려하고 뛰어난 풍치를 형성하고 있는 지역, 해당 도시지역에서 주요한 조망대상이거나 상징적 경관이 되는 지역, 지역의 역사 등과 깊은 관계를 갖고 있는 문화재·유적·유물이 입지한 지역, 주변의 자연경관과 조화되어 보전할 만한 가치가 있는 경관적 특성을 형성하고 있는 지역을 말한다. 도시민의 여가·휴식공간은 주민이 일상적으로 접촉하는 빈도가 높은 산이나 도시민이 자연과의 접촉의 장이 되는 녹지, 지역주민의 건전한 심신의 유지 및 증진에 관계되는 녹지, 도시·군기본계획과 공원녹지기본계획에서 도시민의 여가·휴식공간이나 보전할만한 녹지축이나 거점 등으로 계획된 지역을 말한다.

도시자연공원구역 경계는 일정 규모의 보전해야 할 가치가 있는 지역 및 영향권(완충지대)을 포함하여 설정한다. 등고선·능선·하천수계·골짜기 등 지형적인 특성 및 행정구역 경계를 고려하여 심한 요철구간이나 심한 경사 차이가 발생하지 않도록 한다. 주변의 토지이용 현황(공원·녹지의 유무, 주거지 등) 및 토지소유현황(국·공유지, 사유지 등) 및 토지이용에 관한 관련계획을 종합적으로 고려하여 설정한다. 취락지구·학교·종교시설·농경지 등의 존재 유무를 고려하여 구역에 닿아 있는 경우는 제외한다. 다만 구역 내에 입지한 경우는 구역에 포함하여 설정한다.

도시자연공원구역은 5년마다 그 타당성 여부를 전반적으로 재검토하여 정비하고, 부적절하게 지정되었거나 유지할 필요가 없는 경우에는 도시·군관리계획의 수립절차에 의해 변경 및 해제할 수 있다. 도시자연공원구역은 도시민의 여가·휴식공간 등으로 활용될 수 있도록 운동 및 체력단련 시설을 할 수 있다. 예컨대 등산로, 어린이놀이터, 산책로, 광장, 약수터, 운동시설, 벤치, 간이휴게소, 전망대 등이다.

03 도시공원

도시공원이란 도시지역에서 도시자연경관을 보호하고 시민의 건강·휴양 및 정서생활을 향상시키기 위하여 설치·지정되는 공원이다. 도시·군관리계획으로 결정되며 용도구역인 도시자연공원구역은 제외한다. 「도시공원 및 녹지 등에 관한 법률(약칭: 공원녹지법)」에 의하여 도시지역 안에서 도시공원의 확보기준은 주민 1인당 6m² 이상이다. 개발제한구역 및 녹지지역을 제외한 도시지역은 3m² 이상이다.

[표 11.1] 개발계획 규모별 도시공원 및 녹지 확보기준

개발계획	개발규모	도시공원 또는 녹지확보 기준
「도시개발법」에 의한 도시개발사업계획	1만m²~30만m² 미만	상주인구 1인당 3m² 이상, 또는 개발부지면적의 5% 이상 중 큰 면적
	30만m²~100만m² 미만	상주인구 1인당 6m² 이상, 또는 개발부지면적의 9% 이상 중 큰 면적
	100만m² 이상	상주인구 1인당 9m² 이상, 또는 개발부지면적의 12% 이상 중 큰 면적
「주택법」에 의한 주택건설사업계획	1천세대 이상	1세대당 3m² 이상, 또는 개발부지면적의 5% 이상 중 큰 면적
「주택법」에 의한 대지조성사업계획	10만m² 이상	1세대당 3m² 이상, 또는 개발부지면적의 5% 이상 중 큰 면적
「도시 및 주거환경정비법」에 의한 정비계획	5만m² 이상	1세대당 2m² 이상, 또는 개발부지면적의 5% 이상 중 큰 면적
「산업입지개발법」에 의한 산업단지개발계획	1km² 미만	산업단지 면적의 5%~7.5% 미만
	1km²~3km² 미만	산업단지 면적의 7.5%~10% 미만
	3km² 이상	산업단지 면적의 10%~13% 미만
「택지개발촉진법」에 의한 택지개발계획	10만m²~30만m² 미만	상주인구 1인당 6m² 이상, 또는 개발부지면적의 12% 이상 중 큰 면적
	30만m²~100만m² 미만	상주인구 1인당 7m² 이상, 또는 개발부지면적의 15% 이상 중 큰 면적
	100만m²~330만m² 미만	상주인구 1인당 9m² 이상, 또는 개발부지면적의 18% 이상 중 큰 면적
	330만m² 이상	상주인구 1인당 12m² 이상, 또는 개발부지면적의 20% 이상 중 큰 면적
「유통산업발전법」에 의한 사업계획	주거용도로 계획 지역	상주인구 1인당 3m² 이상

자료: 「도시공원 및 녹지 등에 관한 법률 시행규칙」 [별표 2] 개발계획 규모별 도시공원 또는 녹지의 확보기준(제5조 관련), (시행 2021. 4. 2).

도시지역에서 일정규모 이상의 개발계획을 수립하는 경우에는 「공원녹지법 시행규칙」에서 정하는 기준 이상의 도시공원 또는 녹지를 확보해야 한다. 일정

규모 이상의 개발이란 1만m² 이상의 도시개발사업, 1천세대 이상의 주택건설사업, 10만m² 이상의 대지조성사업, 5만m² 이상의 주택재개발사업, 산업단지개발부지 중 주거용도로 계획된 면적이 10만m² 이상인 사업, 10만m² 이상의 택지개발사업, 공동집배송사업 중 주거용도로 계획된 면적이 10만m² 이상인 사업, 지역종합개발사업 중 주거용도로 계획된 면적이 10만m² 이상인 사업, 개발사업부지 중 주거용도로 계획된 면적이 1만m² 이상인 사업이다.

도시공원은 그 기능 및 주제에 따라 국가도시공원, 생활권공원, 주제공원으로 세분한다. 국가도시공원은 도시공원 중에서 국가가 지정하는 것으로 국가적 기념사업 추진, 자연경관 및 역사, 문화유산 등의 보전을 위하여 국가적 차원에서 필요한 공원이다. 국토교통부장관이 관계 부처 협의와 국무회의 심의를 거쳐 지정하며, 설치 및 관리에 드는 비용의 일부를 지방자치단체에 지원할 수 있다. 공원관리청은 도시공원을 국가도시공원으로 지정하여 줄 것을 국토교통부장관에게 신청할 수 있다. 공원관리청은 도시공원을 관리하는 특별시장·광역시장·특별자치시장·특별자치도지사·시장·군수가 되며, 공원의 시설관리를 공원관리청이 아닌 자에게 위탁할 수 있다. 위탁의 방법 및 수탁자의 선정기준은 지방자치단체의 조례로 정하고 있다.

생활권공원은 도시생활권의 기반이 되는 공원으로 소공원, 어린이공원, 근린공원으로 구분한다. 소공원은 소규모 토지를 이용하여 도시민의 휴식 및 정서함양을 도모하기 위하여 설치하는 공원이다. 어린이공원은 어린이의 보건 및 정서생활의 향상에 이바지하기 위하여 설치하는 공원이다. 근린공원은 근린거주자 또는 지역생활권 거주자의 보건·휴양 및 정서생활의 향상에 이바지 하기 위하여 설치하는 공원이다.

주제공원은 생활권공원 외에 다양한 목적으로 설치하는 공원으로서 역사공원·문화공원·수변공원·묘지공원·체육공원·도시농업공원·방재공원, 그 밖에 특별시·광역시·특별자치시·도·특별자치도·인구 50만 이상의 대도시가 조례로 정하는 공원이 있다. 역사공원은 도시의 역사적 장소나 시설물, 유적·유물 등을 활용하여 도시민의 휴식과 교육을 목적으로 한다. 문화공원은 도시의 각종 문화적 특징을 활용하여 도시민의 휴식·교육을 목적으로 설치한다. 수변공원은 도시의 하천가·호숫가 등 수변공간을 활용하여 도시민의 여가·휴식을 목적으

로 설치한다. 묘지공원은 묘지 이용자에게 휴식 등을 제공하기 위하여 일정한
구역에 「장사 등에 관한 법률」에 따라 묘지와 공원시설을 혼합하여 설치하는 공
원이다. 체육공원은 주로 운동경기나 야외활동 등 체육활동을 통하여 건전한 신
체와 정신을 배양함을 목적으로 설치한다. 도시농업공원은 도시민의 정서순화
및 공동체의식 함양을 위하여 도시농업을 주된 목적으로 설치한다. 방재공원은
지진 등 재난발생 시 도시민 대피 및 구호 거점으로 활용될 수 있도록 설치하는
공원이다.

04 도시공원의 설치 및 규모

도시공원의 설치는 도시공원이 지니고 있는 기능이 서로 조화될 수 있도록
해당도시지역 전반에 걸친 환경보전, 휴양·오락, 재해방지, 공해완화 등을 종합
적으로 검토하여 균형 있게 분포시킨다. 도시공원은 공원이용자가 안전하고 원
활하게 도시공원에 모였다가 흩어질 수 있도록 원칙적으로 3면 이상이 도로에
접하도록 설치한다. 입지상 3면 이상이 도로와 접하지 아니한 경우에는 안전하
고 원활함에 지장이 없어야 한다. 도시공원의 경계는 가급적 식별이 명확한 지형·
지물을 이용하거나 주변의 토지이용과 확실히 구별할 수 있는 위치로 정한다.

[표 11.2] 도시공원 설치 규모와 기준

공원구분			유치거리	규모	설치기준
생활권 공원	소공원		제한 없음	제한 없음	제한 없음
	어린이공원		250m 이하	1,500m^2 이상	
	근린 공원	근린생활권	500m 이하	1만m^2 이상	
		도보권	1,000m 이하	3만m^2 이상	
		도시지역권	제한 없음	10만m^2 이상	
		광역권	제한 없음	100만m^2 이상	

공원구분		유치거리	규모	설치기준
주제공원	역사공원	제한 없음	제한 없음	
	문화공원	제한 없음	제한 없음	
	수변공원	제한 없음	제한 없음	친수공간 조성할 수 있는 곳
	묘지공원	제한 없음	10만m² 이상	시가화가 예상되지 않는 자연녹지지역
	체육공원	제한 없음	1만m² 이상	체육기능을 충분히 발휘할 수 있는 장소
	도시농업공원	제한 없음	1만m² 이상	제한 없음
	방재공원	제한 없음	제한 없음	제한 없음

자료: 「도시공원 및 녹지 등에 관한 법률 시행규칙」[별표 1] 도시공원 설치 및 규모의 기준(제6조 관련), (시행 2021. 4. 2).

05 공원시설

공원시설은 도시공원의 효용을 다하기 위하여 설치한다. 「도시공원 및 녹지 등에 관한 법률」로 규정한 공원시설은 다음과 같다.
① 도로 또는 광장
② 화단, 분수, 조각 등 조경시설
③ 휴게소, 긴 의자 등 휴양시설
④ 그네, 미끄럼틀 등 유희시설
⑤ 테니스장, 수영장, 궁도장 등 운동시설
⑥ 식물원, 동물원, 수족관, 박물관, 야외음악당 등 교양시설
⑦ 주차장, 매점, 화장실 등 이용자를 위한 편익시설
⑧ 관리사무소, 출입문, 울타리, 담장 등 공원관리시설
⑨ 실습장, 체험장, 학습장, 농자재 보관창고 등 도시농업을 위한 시설
⑩ 내진성 저수조, 발전시설, 소화 및 급수시설, 비상용 화장실 등 재난관리

시설

⑪ 그 밖에 도시공원의 효용을 다하기 위한 시설로서 국토교통부령으로 정하는 시설

06 녹지

녹지는 자연환경을 보전 및 개선하고, 공해나 재해를 방지함으로써 도시경관의 향상을 도모하는 역할을 한다. 녹지는 그 기능에 따라 완충녹지, 경관녹지, 연결녹지로 구분한다. 완충녹지는 대기오염, 소음, 진동, 악취, 공해, 그 밖에 이에 준하는 각종 사고나 자연재해 등의 방지를 위하여 설치하는 녹지이다. 경관녹지는 도시의 자연적 환경을 보전하거나 이를 개선하고 자연이 훼손된 지역을 복원·개선함으로써 도시경관을 향상시키기 위하여 설치하는 녹지이다. 연결녹지는 도시 안의 공원, 하천, 산지 등을 유기적으로 연결하고 도시민에게 산책공간의 역할을 하는 등 여가·휴식을 제공하는 선형의 녹지이다.

공원녹지 기본계획

01 성격 및 위상

　공원녹지기본계획은 도시의 자연·인문·역사·문화·환경 등의 지역적 특성과 여건을 감안하여 공원녹지의 확충·관리·이용·보전에 관하여 장기적인 계획을 수립하는 것을 말한다. 이를 통해 지속가능하게 도시환경을 발전시킬 수 있는 정책방향을 제시하고 공원녹지의 구조적인 틀을 제시하는 계획이다.

　공원녹지기본계획의 성격은 첫째, 자연환경·인문환경을 종합적으로 고려하여 미래의 변화를 예측하고 대비하는 공원녹지에 대한 정책계획이다. 둘째, 도시가 지향하여야 할 공원녹지의 바람직한 미래상을 제시하고 이를 달성하기 위한 장기적인 발전방향을 제시하는 전략계획이다. 셋째, 도시의 공원녹지에 대한 지표 및 목표를 달성하기 위한 구체적인 실천방안을 제시하는 실천계획이다. 넷째, 도시·군기본계획의 부문계획으로서 공원녹지에 관한 전략을 제시하여 하위계획인 도시녹화계획·공원조성계획 등 관련계획의 기준이 되는 계획이자, 공원녹지 조성 및 사업계획의 기준이 되는 지침계획이다.

　공원녹지기본계획의 위상은 도시·군기본계획의 부문계획으로서 상위계획의 내용을 수용하고 하위계획인 도시녹화계획, 공원조성계획 등 관련계획의 기준이 된다. 계획의 내용이 도시·군기본계획과 다른 경우 도시·군기본계획이 우선한다. 공원녹지기본계획이 승인되면 관할구역의 도시공원·도시자연공원구역 또는 녹지에 대한 도시·군관리계획을 전반적으로 재검토하여 정비해야 한다.

공원녹지기본계획 수립권자는 도시·군기본계획을 수립하는 특별시장·광역시장·특별자치시장·특별자치도지사·시장·군수이다. 수립권자는 10년을 단위로 하여 관할구역의 공원녹지기본계획을 수립하되, 5년마다 타당성을 전반적으로 재검토하여 이를 정비한다. 여건변화로 인하여 내용의 일부 조정이 필요한 경우에는 공원녹지기본계획을 변경할 수 있다.

계획의 목표연도는 계획수립시점으로부터 20년을 기준으로 하고, 연도의 끝자리는 0년 또는 5년으로 하여 도시·군기본계획과 목표연도를 같이 한다. 도시의 공간구조나 지표의 변경을 수반하여 목표연도가 달라질 때에는 별도로 공원녹지기본계획을 수립하고, 그렇지 않을 경우는 변경 수립한다.

계획구역은 관할 도시지역을 대상으로 하며, 도시·군기본계획과 같은 단위로 하는 것을 원칙으로 한다. 지역여건상 필요하다면 인접한 도시의 관할구역 일부를 포함하여 계획을 수립할 수 있다. 이 경우 미리 당해 시장·군수와 협의하여야 한다. 범위는 도시지역 안의 공원녹지, 도시녹화, 도시공원, 공원시설, 녹지를 대상으로 한다. 단, 도시·군기본계획에 공원녹지계획이 포함되어 있거나, 훼손지 복구계획에 따라 도시공원을 설치하는 경우, 10만m^2 이하 규모의 도시공원을 새로 조성하는 경우는 공원녹지기본계획을 수립하지 아니할 수 있다.

첫째, 계획의 종합성 제고의 원칙이다. 지역 및 광역적 자연생태환경, 경관, 사회·문화·역사 등 환경을 종합적으로 고려하여 합리적인 계획안을 도출한다. 부문별 기초조사 결과를 토대로 미래의 도시환경의 전망을 예측하여 도시 내 공원녹지의 전체 구상이 창의적이 되게 한다. 시행과정과 여건변화에 탄력적으로 대응할 수 있도록 포괄적으로 수립한다.

둘째, 관련 계획 간의 연계와 조화의 원칙이다. 광역도시계획, 도시·군기본계획 등 상위계획의 내용을 수용하고, 도시녹화계획, 공원조성계획 등 하위계획의 수립을 고려한다. 「자연공원법」에 따른 자연공원기본계획, 「자연환경보전법」에 따른 자연환경보전기본계획, 「산림자원의 조성 및 관리에 관한 법률」에 따른 도시림등기본계획 등과 같이 공원녹지기본계획과 밀접한 관계가 있는 다른 법령에 따른 계획이 있는 경우에는 이를 반영하여 계획을 수립한다.

셋째, 환경친화적이며 지속가능한 계획의 수립 원칙이다. 환경적으로 건전하고 지속가능한 도시환경이 이루어질 수 있도록 자연환경·경관·생태계·녹지공간 등의 확충·정비·개량·보호에 주력하여 계획한다. 녹지축·생태계·우량농지, 임상이 양호한 임야, 양호한 자연환경과 수변지역 등 환경적으로 보전가치가 높고 경관이 뛰어난 지역은 보전하도록 한다.

넷째, 계획의 차등화·단계화 원칙이다. 계획의 상세정도는 인구밀도, 토지이용, 주변환경의 특성, 중요도 등을 고려하여 차등화 한다. 각 부문별 계획은 목표연도 및 단계별 최종연도로 작성하고, 인구 및 주변환경의 변화에 따라 탄력적으로 공원녹지의 조성 및 관리계획에 반영될 수 있도록 한다.

다섯째, 형평성과 다양성의 원칙이다. 공원녹지의 공간적 배분과 질적 수준에 있어 지역 간, 세대 간, 계층 간 형평성을 유지한다. 도시의 공간적 다양성과 계층 간의 다양성을 존중하고, 지역 고유의 특성에 기반을 둔 다양한 도시환경을 조성한다.

04 기본계획 작성 과정

공원녹지기본계획의 작성절차는 계획준비단계, 현황조사단계, 종합분석 및 과제정리단계, 기본구상단계, 기본계획단계, 추진 및 투자계획단계로 나눌 수 있다.

계획준비단계 및 현황조사단계는 기초조사단계로 관련계획 및 법규, 자연환경, 인문환경, 경관, 공원녹지, 녹화현상조사, 주민의식조사, 국내외사례분석으로 크게 나눈다. 조사방법은 간접조사와 직접조사로 구분하고, 간접조사는 기존의 자료 또는 원격탐사자료를 활용하여 자료정리, 도표화, 도면화, 분석하는 것을 말한다. 직접조사는 기술과 인력을 현장에 투입하여 자료를 수집·분석하는 것을 말한다. 각 조사항목을 종합분석한 후 계획에 반영하기 위한 과제를 도출하여 정리한다. 조사와 측량에 필요한 자료는 관계 행정기관장에게 요청할 수 있고, 행정기관장은 특별한 사유가 없으면 이에 따라야 한다. 효율적인 조사와 측량을 위하여 필요한 경우 전문기관에 의뢰할 수 있다.

[표 11.3] 기초조사 세부항목 및 조사내용

대항목	세부항목	조사내용	비고	
			간접조사	직접조사
계획·법규	관련계획법규	광역도시계획, 도시·군기본계획(목표인구 등) 관련계획 및 법규, 공원녹지정책 등	○	
자연환경	기상, 미기후	기상개황(기온, 강수량, 강설량, 주풍향, 풍속 등) 미기후(열섬현상, 바람길, 특징적 기상현상 등)	○	
	지질	지질분포, 암석노출부, 기암괴석 등	○	○
	지형지세	광역지형지세, 지형분석, 고도분석, 경사분석, 향분석	○	
	수문/수질	유역분석, 수계분석, 하천별 특성, 수량, 수질, 주변여건, 저수지, 유수지, 습지 등	○	○
	지하수	지하수용량, 지하수질, 지하수오염 등	○	
	재해	과거 50년간 풍수해, 산불 기록 및 예측 등	○	
	토양	토양분포 및 특성, 등급분포 등	○	○
	식생	식생분석, 보호식물, 침입성 외래수종 등	○	○
	야생동물	주요 야생동물, 집단서식지, 이동경로, 비오톱조사 등	○	○
	광역생태계	광역생태계 분석	○	
	생태기반	생태자연도, 녹지자연도, 녹지기반분석 등	○	
인문환경	도시연혁	도시형성역사, 도시산업·경제·문화 등 특성	○	
	인구	규모(총인구, 분포, 세대수), 구성(산업, 연령별) 및 예측	○	
	토지이용	토지이용현황, 용도별 면적·분포, 인구집중지구, 시가화지역 위치·면적 등	○	

대항목	세부항목	조사내용	비고	
			간접 조사	직접 조사
인문환경	도시시설	주요공공시설, 학교, 교통시설 등	○	
	시가지개발사업	시가지개발사업지 등	○	
	공해발생상황	대기오염, 소음진동 등	○	
	토지소유	토지소유현황(국유, 시유, 사유 등)	○	
	문화 · 역사자원	문화재, 천연기념물, 역사적장소, 마을신앙상징물, 풍수형국, 설화 등	○	○
	레크레이션시설	레크레이션 성향, 체육시설 및 분포 등	○	
경관	도시 · 자연경관	도시 및 자연경관의 특성 및 실태조사	○	
공원녹지 녹화	공원	공원유형별 위치, 면적, 유치권, 서비스수준, 시설평가, 이용현황, 이용프로그램 등	○	○
	녹지	시설녹지현황(위치, 면적, 성격, 이용 등), 기타 녹지현황, 지역지구별 녹지현황, 훼손지 현황 등	○	○
	녹화현황	녹화추진현황(공공, 민간) 등	○	
	녹피현황	토지피복분류, 녹피면적 등	○	
	가로수, 보호수	가로수, 보호수 및 큰나무의 종류, 위치, 상태 등	○	○
주민의식조사		공원녹지, 레크레이션에 대한 주민성향, 만족도, 요구사항 등	○	○
국내외 사례분석		국내사례, 국외사례, 계획의 시사점 등	○	○

자료: 국토교통부, 공원녹지 기본계획 수립지침, 2018.

    기본계획 구상 단계에는 공원녹지 미래상과 목표 및 지표를 설정한다. 공원녹지의 보존과 이용을 위한 기본구상의 원칙을 수립하고, 공원 유형별 확보 및 이용에 관한 기본구상을 수립한다. 공원녹지축 연결의 구상 및 공원녹지체계 구축의 기본방향을 수립하고, 남북녹지축 구상, 하천녹지축 구상, 신규공원의 확충구상, 녹도(green way) 구상 등 부문별 구상안을 제시한다.

    공원녹지기본계획을 입안하고, 공청회를 열어 주민과 관계전문가 등으로부터 의견을 들어 합당한 것은 계획에 반영한다. 도시공원위원회의 자문을 받은 다음, 지방의회의 의견청취 절차를 거친다. 이 과정에서 제시된 의견이나 조언의 내용이 타당하다고 인정하는 경우에는 기본계획에 반영한다. 지방의회는 특별한 사유가 없으면 30일 이내에 의견을 제시한다.

특별시장·광역시장·특별자치시장·특별자치도지사가 수립하려는 경우에는 관계 행정기관의 장과 협의한 후 지방도시계획위원회의 심의를 거친다. 시·군은 공원녹지기본계획의 수립·변경에 대한 승인을 받기 위해서 도지사에게 관련 서류를 제출한다. 도지사는 관계행정기관장과 협의한 후 지방도시계획위원회의 심의를 거친다. 시·도지사는 공원녹지기본계획을 수립하거나 승인하였을 때에는 관계 행정기관장과 시장·군수에게 관계 서류를 송부한다. 수립권자는 내용을 공보에 게재하는 방법으로 공고하고 일반인이 30일 이상 열람할 수 있도록 한다.

[그림 11-1] 공원녹지기본계획의 수립절차

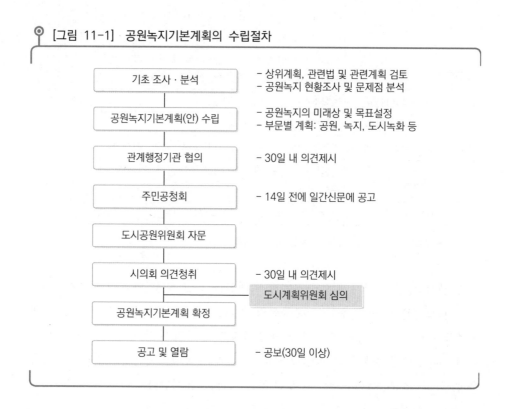

- 기초 조사·분석
  - 상위계획, 관련법 및 관련계획 검토
  - 공원녹지 현황조사 및 문제점 분석
- 공원녹지기본계획(안) 수립
  - 공원녹지의 미래상 및 목표설정
  - 부문별 계획: 공원, 녹지, 도시녹화 등
- 관계행정기관 협의
  - 30일 내 의견제시
- 주민공청회
  - 14일 전에 일간신문에 공고
- 도시공원위원회 자문
- 시의회 의견청취
  - 30일 내 의견제시
- 도시계획위원회 심의
- 공원녹지기본계획 확정
- 공고 및 열람
  - 공보(30일 이상)

05 도시공원녹지기본계획의 내용

① 지역적 특성
② 계획의 방향 및 목표에 관한 사항
③ 인구, 산업, 경제, 공간구조, 토지이용 등의 변화에 따른 공원녹지의 여건 변화에 관한 사항
④ 공원녹지의 종합적 배치에 관한 사항
⑤ 공원녹지의 축(軸)과 망(網)에 관한 사항
⑥ 공원녹지의 수요 및 공급에 관한 사항
⑦ 공원녹지의 보전·관리·이용에 관한 사항
⑧ 도시녹화에 관한 사항
⑨ 추진 및 투자계획

SECTION 03 수요분석 및 기본구상

01 공원녹지 수요분석

공원녹지의 수요는 표출된 수요, 잠재적 수요, 비교수요, 기준에 따른 수요 등에 의하여 분석한다. 공원녹지의 수요분석 내용으로는 녹피율 분석, 공원녹지율 분석, 1인당 공원면적, 이용자 수요분석, 레크레이션의 추세분석 및 수요시설과 프로그램이 있다.

녹피율이란 도시 전체의 면적에 대하여 하늘에서 볼 때 나무와 풀 등 녹지로 피복된 면적(수관투영면적)의 비율을 말한다. 도시에서 식물피복지의 양을 평가하는 기준이 된다. 녹피율에는 공원 내에서 광장과 같이 녹지로 피복되지 않은 면적과 하천에서 수면의 면적이 포함되지 않는다는 점이 녹지율과 다르다.

녹피율(%) = 녹피면적(m^2) / 도시지역 면적((m^2) × 100

공원녹지율 분석은 공원과 녹지면적의 크기를 평가하는 기준이다. 도시 전체의 면적에 대한 공원과 녹지의 비율 및 시가화지역의 면적에 대한 공원과 녹지의 비율을 말한다. 여기에서 공원과 녹지는 「국토의 계획 및 이용에 관한 법률」에 따른 공원과 녹지로서 도시 · 군관리계획으로 결정된 것을 말한다. 1인당 공원면적은 도시 전체 및 계획단위(생활권)별 공원면적 비율을 산정한다.

도시전체공원녹지율(%) = 공원녹지면적(m^2) / 도시지역 면적(m^2) × 100
시가화지역 공원녹지율(%) = 공원녹지면적(m^2) / 시가화지역 면적(m^2) × 100
1인당 공원면적(m^2) = 공원면적(m^2) / 인구수

공원의 서비스수준 분석은 공원의 서비스수준은 공원의 접근성, 분포 등을 평가하는 기준이다. 지역 내 공원의 위치, 접근성, 이용수준, 이용상황 등을 조사하고, 최신의 분석방법을 활용하여 공원서비스 수준을 분석하고, 생활권별 서비스수준을 도면 및 표로 제시한다. 이용자의 수요분석은 공원녹지에 대한 주민들의 성향 및 요구에 대한 분석이다. 설문지, 전화설문, 공청회, 인터넷 등에 의하여 주민들의 성향, 요구사항 등을 분석하여 도표로 제시한다.

레크레이션의 추세분석 및 수요시설과 프로그램은 전국적, 지역적 해당 도시의 과거 레크레이션 추세와 미래의 수요 예측과 이에 따른 옥외레크레이션 시설 및 프로그램을 제시한다. 각종 통계자료 및 주민선호도에 따른 주요 옥외레크레이션 시설의 추세를 기술하고, 미래의 레크레이션 수요, 시설 및 프로그램을 표로 제시한다.

02 공원녹지 기본구상

먼저 공원녹지의 미래상과 목표 및 지표를 설정한다. 공원녹지의 미래상은 도시의 종합적인 기본구상 및 도시·군기본계획에서 정하고 있는 도시조성의 기본이념을 바탕으로 해당 도시의 자연적·사회적·역사적·문화적인 특성에 맞는 미래의 발전방향을 감안하여 시민의 생활상과 부합되도록 설정한다. 미래상의 설정은 시민이 이해하기 쉬운 테마 또는 캐치프레이즈를 설정하고 계획의 목적과 기본이념, 녹지목표, 녹지배치계획, 녹화방침 등의 방향에 관하여 공원녹지 미래상 개념도를 작성한다. 미래상을 구현할 구체적인 목표를 설정하고 목표를 달성하기 위한 구체적인 전략과 행동계획을 제시한다.

공원녹지의 배치방향은 공원녹지가 가지고 있는 도시녹지의 골격형성에 기

여하고 양호한 생활환경을 확보하며, 공원녹지의 배치방향을 설정한다. 공원녹지의 배치는 환경보전, 여가활동 및 이용, 경관향상 등 부문별 배치구상과 이들을 종합한 도시의 토지이용, 인구분포 등 도시의 균형발전을 고려한 종합적인 배치구상을 수립한다. 부문별 배치구상은 보전체계구상, 확충체계구상, 이용체계구상, 경관체계구상으로 구분할 수 있다.

보전체계구상은 자연생태환경, 역사적 풍토, 도시골격형성, 쾌적한 생활환경, 농지 등 다양한 도시환경의 보전을 위한 다양한 종류의 공원녹지체계를 구상한다. 상업지, 주택지, 공장 등 각 지구의 성격에 적합한 지구내의 경관과 환경개선이 이루어지도록 배치하고 녹화 추진계획을 세운다. 시가화지역 내에 보전해야 하는 농지는 자연환경보전에 기여하는 녹지로서 자격을 부여하고 적절한 보전 계획을 세운다. 보전체계구상을 도면화한 환경보전체계구상도를 작성한다.

확충체계구상은 다양한 공원녹지 수요에 대응할 수 있도록 공원녹지의 확충체계를 구상한다. 미래의 토지이용 변화 및 도시발전에 대응한 적절한 형태 및 규모의 공원녹지 확충체계를 구상한다. 주택지, 상업지, 공장지, 유원지, 공개공지 등 민간녹지를 활용한 공원녹지 확충체계를 구상한다. 공원녹지 확충은 재생 가능한 자연환경의 회복에 초점을 맞추어 구상한다. 공원녹지 확충구상을 도면화한 공원녹지 확충구상도를 작성한다.

이용체계구상은 균형있게 도시공원을 배치, 정비, 조성 및 특성화시키고, 상호 연계 이용을 위한 유기적 네트워크를 구상한다. 도시공원, 시가지 내 수림, 수변 등 일상생활권 공원녹지와 자연공원, 자연휴양림 등 광역생활권의 공원녹지를 적절히 정비 및 배치한다. 권역별 지역특성에 따라 공원 정비 방향을 설정하여 균형 있는 도시환경 조성을 유도한다. 레크레이션에 대한 수요동향에 따라 시민의 건강증진, 문화학습, 자연접촉 등의 기회를 확대하도록 이용체계를 구상한다. 공원녹지이용체계 구상을 도면화한 공원녹지 이용체계구상도를 작성한다.

경관체계구상은 주로 공원녹지에 따른 도시경관 향상에 대한 체계이다. 도시생활환경의 쾌적성에 영향을 미치는 공원녹지에 따른 경관요소의 창출 및 개선을 구상한다. 생활공간 속에서 인위적인 요소와 식물, 물 등 자연적인 요소가 적절하게 조화를 이룰 수 있도록 배치한다. 지역경관의 정체성을 이루는 현존 녹지를 적극적으로 보존하고, 가로수, 녹도 등 녹지에 의해 지역의 정체성 창출을 구상한다. 역사 문화재와 일체된 수림지, 사찰림, 대도시 주변의 근교농지, 사면 녹지 등을 적극적으로 연계·활용하여 경관을 구성한다. 권역별 핵심적인 경관 특성을 추출하여 특성화 방안을 구상하며, 도시·군관리계획의 경관계획과 정합성을 갖도록 한다. 경관체계구상을 도면화한 경관체계구상도를 작성한다.

공원녹지 종합적 배치구상은 공원녹지의 부문별 배치구상을 기초로 하여, 도시의 발전방향, 도시개발축, 기존 공원녹지 및 주변 환경과 연계되도록 도시지역 전체에 대한 종합적 공원녹지체계를 구상한다. 도시의 공간구조의 변화에 따라 공원녹지체계도 변화되므로, 광역계획권 및 생활권의 공간구조와 연계되도록 공원녹지체계를 구상한다. 도시지역의 녹지기반을 이루는 골격적 공원녹지축을 구상한다.

03 공원녹지의 골격 및 망 구상

공원녹지의 기본 골격은 환형, 방사형, 방사고리형, 군집형, 사다리형, 손가락형 등의 녹지패턴 중에서 지역의 특성에 맞는 형태를 취한다. 녹지와 시가지의 접점이 가능한 많고, 각 시가지의 중심부까지 녹지가 도입되도록 공원녹지체계를 구상한다. 도시 간의 광역 녹지축을 고려하여 도시 내의 녹지축을 구상하며, 광역도시계획, 도시·군기본계획과의 정합성을 갖도록 한다. 광역녹지축은 녹지핵과 거점이 되는 녹지를 축으로 한다. 국토 및 광역도시권의 공간구조상 환경보존이 필요한 광역녹지축과 생활권 단위의 국지적 특성이 반영되고 도시내부 녹지의 관리가 요구되는 도시녹지축을 설정한다.

각 공원녹지의 유기적인 연계를 위해 공원녹지의 망(Network)을 구상한다. 식물의 자생지, 야생동물의 서식지가 되는 수림지, 수변, 농지 등과 도시의 기온, 온도조절, 통풍작용에 기여하는 하천, 수면, 그리고 도시공간에서의 도로 등 도시의 생태적 기능의 향상, 주민의 생활 및 이용 등이 연계되도록 공원녹지의 망을 구상한다.

공원녹지의 망은 핵, 거점, 점의 녹지와 선형의 공원녹지계획을 통하여 공원녹지간 상호 연결이 되어 생물 서식공간이 단절되지 않도록 하는 생태적 망과 주민의 생활과 이용체계를 고려한 이용 망을 구상한다. 공원녹지축과 망의 계획은 구체적 분석방법에 의하여 최적지 및 우선순위를 설정하고 이에 따라 축과 망을 계획한다. 공원녹지종합구상안을 도면화한 공원녹지종합구상도를 작성한다. 공원녹지종합구상도에는 부문별 배치구상의 핵심사항, 녹지핵과 거점, 공원녹지축, 공원녹지망 등을 표시한다.

SECTION 04 부문별 수립기준

01 공원기본계획

공원기본계획의 기본방향은 설정된 목표 및 지표, 공원녹지배치구상에 따라 기존 도시공원의 정비계획을 수립하고, 미래에 확보할 도시공원의 배치계획을 수립한다. 주변의 이용권, 이용형태, 목표연도의 인구규모 및 인구 배분계획 및 공원의 수요분석에 따라 공원의 위치·규모 및 기능을 배분한다. 생활권별로 공원녹지가 균형 있게 배분되도록 공원서비스 수준 분석에 따라 공원이 부족한 생활권에 녹지를 우선적으로 배치한다. 주제공원은 도시의 특성 및 잠재력을 바탕으로 공원의 미래상에 부합하는 주제를 설정하여 계획을 수립한다. 지역의 특성을 반영하여 공원성격, 접근동선, 식재, 건축물, 구조물, 공원시설물, 울타리, 사인시스템, 포장, 조명, 주차장, 안전, 유지관리 등에 대한 공원별 공원조성 설계지침을 제시한다.

공원정비계획은 지속가능한 공원관리를 위한 공원정비체계를 수립한다. 기존 공원의 현황분석 및 정비목표에 따라 기존 공원의 정비계획을 마련한다. 공원녹지 수요 및 요구수준의 변화, 기술의 발달 등 도시의 발전에 대응하는 정비계획을 마련한다. 장기 미집행 공원의 타당성을 검토하여 해제 또는 도시자연공원구역 등 다른 용도로 변경한다.

공원확충계획은 원의 미래상, 목표, 공원의 수요 등 미래 도시발전에 대응한 적절한 형태 및 규모의 공원 확충계획을 마련한다. 기존의 공원녹지 등과 유기적으로 연계될 수 있도록 도시공원의 확충계획를 마련한다. 이전적지, 개발제한구역 등 도시·군계획시설과 연계하여 공원확충을 위한 적극적인 계획을 마련한다. 공원확충의 우선순위를 정하여 연차별 도시공원 확충계획을 마련하고 이를 도면화한 도시공원확충계획도를 작성한다.

공원 배치계획도 및 공원총괄표는 목표연도에 확충할 일정규모 이상의 공원에 대한 공원배치계획도와 공원총괄표를 작성한다. 목표연도 및 연차별 공원계획과 현황을 비교하는 공원계획전후 비교도와 공원계획전후 비교표를 작성한다.

02 녹지기본계획

녹지기본계획은 녹지배치계획, 녹지보전계획, 녹지확충계획, 녹지복원계획, 가로수계획, 녹도 및 보행자전용도로계획, 생태통로계획, 자전거도로계획, 경관도로계획으로 구분한다. 녹지기본계획의 방향은 녹지가 가지고 있는 도시녹지의 골격형성에 기여하고, 녹지축과 망을 형성하고, 양호한 생활환경을 확보하며 도시녹지의 보전과 확충을 위한 배치계획을 수립한다. 녹지배치는 시설녹지와 기타녹지로 구분하되 시설녹지는 완충녹지, 경관녹지, 연결녹지로 구분하고 기타녹지는 수요분석에 의하여 제시된 주요 녹지를 선정 계획한다. 대기오염, 소음, 진동, 악취 등의 공해나 각종 사고나 자연재해의 방지를 위해 필요한 지역에는 완충녹지를 배치한다. 지역의 자연적 환경을 보전하거나 이를 개선하고 이미 자연이 훼손된 지역을 복원·개선함으로써 도시경관을 향상시키기 위하여 필요한 지역에는 토지이용현황을 고려하여 경관녹지를 배치한다. 도시 내의 공원, 하천, 산지 등을 유기적, 생태적으로 연결하고 도시민에게 산책공간의 역할을 하는 선형의 녹지공간에 연결녹지를 배치한다.

녹지보전계획은 생태적 중요성, 이용, 관리, 방재 등의 측면에서 녹지의 보전계획을 수립한다. 필요시 녹지보전지구를 지정하며, 녹지보전지구로 지정되었거나 지정이 예상되는 지구에 대하여 녹지의 특성에 따라 보전해야 할 수목이나 시설에 관하여 행위 규제 등을 정하고 기본계획에 반영시킨다. 녹지보전을 위한 시설(산사태 방지시설, 산책로, 휴게소 등)의 정비계획을 수립한다. 녹지보전지구는 우선적으로 토지매입계획을 수립하고 필요시 녹지활용계약 등을 계획한다. 녹지

보전계획을 도면화한 녹지보전계획도를 작성한다.

녹지확충계획은 생태적 중요성, 접근성, 도시공간구조, 기타 사회경제적 요인 등을 고려한 녹지기반분석을 바탕으로 녹지확충계획을 수립한다. 녹지활용계약 및 녹화계약제도 등을 적극적으로 도입하여 민간부문에서의 녹지의 확충체계를 구상한다. 녹지확충의 우선 순위를 정하여 연차별 녹지확충계획을 마련한다. 단계별 녹지확충계획을 도면화한 녹지확충계획도를 작성한다.

녹지복원계획은 훼손된 산림지, 토목공사지 등 조사된 훼손지에 대하여 중요도에 따라 장·단기적으로 단계적 복원방안을 마련한다. 녹지체계가 단절된 경우에는 이를 복원하고 주요 녹지를 연결하는 선형녹지축 등을 조성하는 등 녹지체계가 연계되도록 하고 주민들의 공원·녹지에 대한 접근성을 높이도록 한다. 단계적 복원계획을 도면화하여 녹지복원계획도를 작성한다.

가로수계획은 경관효과, 가로의 정체성, 효과적 관리 등을 위해 체계적인 가로수기본계획을 수립한다. 가로수의 수종선정 및 배치는 주변의 생태적 환경, 역사, 장소성, 경관 등을 종합적으로 고려하여 선정·배치한다. 가로수기본계획에 따른 가로수기본계획도 및 가로수총괄표를 작성한다. 「산림자원의 조성 및 관리에 관한 법률」에 따라 도시림 등 기본계획이 수립되어 있는 경우 이를 반영하여 수립한다.

녹도 및 보행자전용도로계획은 연결녹지의 하나로 기존의 녹도를 정비하고 장기적 확보계획을 제시한다. 새로 조성할 녹도에 대하여 설계지침을 제시한다. 녹도와 연계하여 보행자가 안전하게 걸을 수 있는 보행자전용도로를 계획하고 녹도 및 보행자전용도로 계획도를 작성한다.

생태통로계획은 보전체계 구상을 근본으로 야생동물의 이동이 예상되는 지점과 생태적으로 연결이 필요한 지점에 대해서 생태통로를 계획한다. 목표종과 지역의 특성에 맞도록 생태통로의 형태를 선정한다. 생태통로 계획에 따른 생태통로계획도를 작성한다.

자전거도로계획은 주요하천, 녹도, 공원, 여가시설 사이를 자전거로 순환할 수 있도록 환경보전체계와 연계하여 자전거도로망을 계획한다. 자전거도로망계획과 단계별 조성계획이 도면화된 자전거도로계획도를 작성한다.

경관도로계획은 필요시 호수, 산림, 농경지, 초지, 가로수 등 우수한 경관요소를 통과하는 지역에 경관을 개선하고 지역의 매력도를 높이기 위한 경관도로계획을 마련한다. 경관도로계획과 단계별 조성계획이 도면화된 경관도로계획도를 작성한다. 계획대상지역이 산림인 경우 산림관련계획(산림기본계획, 지역산림계획, 산림경영계획, 도시림등기본계획 등)을 반영하여 수립한다.

03 도시녹화계획

도시녹화계획의 기본방향은 도시지역에서 녹지의 보전 및 확충이 특별히 필요한 지역(중점녹화지역)과 도시녹화가 가능한 장소를 설정하고 이에 대한 도시녹화계획을 수립한다. 도시녹화계획은 녹지배치계획 및 녹지망 형성계획과 상호연계성을 가질 수 있도록 도시녹화의 대상에 대한 목표량, 목표기간 등 기본방향을 설정·제시한다. 필요시 녹지활용계약 및 녹화계약을 체결할 수 있는 지역을 조사·선정한다.

중점녹화지구는 도시공간에서 녹지의 보전과 확충이 특별히 필요한 지역에 중점녹화지구를 설정, 도면화하여 공원녹지기본계획에 반영한다. 중점녹화지구는 도시의 자연·인문적 상황 및 수요에 따라 적절히 지정하고, 도시의 전반적인 녹지 배치계획과 연계성을 갖고 녹지 네트워크 형성 계획과 상호연결이 이루어져야 한다. 필요시 녹화중점지구 중에서 녹지활용계약 및 녹화계약을 체결할 수 있는 지역을 조사·선정한다.

도시녹화계획은 설정된 중점녹화지구에 대하여 공원녹지기본계획 수립과정에서 도시녹화계획을 수립하거나 별도로 도시녹화계획을 수립할 수 있다. 구체적인 도시녹화계획 수립에 대하여는 시의 조례가 정하는 바에 따른다.

04 도시자연공원구역 기본계획

　도시자연공원구역기본계획의 기본방향은 도시 발전의 기반이 되고 골격을 형성하는 양호한 자연환경 및 산지를 보전하기 위하여 인접 지자체를 포함하는 광역적인 녹지 보전 체계를 강구한다. 도시 안의 다양한 동식물상이 서식하고 있는 도시공원, 녹지 및 유사 공원녹지 등의 생태계 보전과 경관형성을 위하여 도시자연공원구역이 유기적으로 연계되도록 네트워크화 한다. 도시의 전체적인 공원녹지의 목표 및 지표, 녹지보전 체계 및 경관체계 구상에 따라 기존의 도시자연공원을 구역으로 정비하고, 장래 목표를 달성하기 위하여 신규 확보할 구역의 배치계획을 수립한다. 도시민들의 광역적, 도시적 여가행태 및 주변의 여가자원의 이용권, 목표연도의 인구규모, 장래 성장을 위한 기반이 되는 녹지수요를 고려하여 구역별 규모 및 기능을 배분한다. 도시민들의 여가에 대한 요구 및 지역의 특성을 반영하여 구역별 세부적인 관리기준을 제시한다.

　도시자연공원구역의 정비 및 관리지침은 양호한 자연환경을 가지고 있는 호소나 습지, 산지, 동식물의 서식지 등 광역적으로 중요성이 큰 녹지는 도시자연공원구역으로 지정하는 방안을 검토한다. 녹지보전 목적의 유사한 용도지역(생산녹지, 자연녹지, 보존녹지), 개발제한구역 및 지구(경관지구, 녹지보전지구 등), 하천구역, 공원녹지 등의 배치 및 분포를 고려하여 연계되도록 배치한다. 기존 도시자연공원의 조성계획 및 목표, 이용행태, 이용시설의 분포 등을 고려하여 합리적인 도시자연공원구역 관리계획을 수립한다. 녹지의 보전 및 도시민의 여가·휴식공간 이용에 필요한 시설의 정비, 토지의 매입 및 매입된 토지의 관리, 녹지의 관리방법 등에 관한 정비(관리)계획을 마련한다. 지속가능한 도시자연공원구역에 대한 관리계획을 수립한다.

　도시자연공원구역의 확충계획은 장래의 목표인구 및 보전녹지의 수준(지표)를 고려하여 미래 도시발전에 대응한 적절한 형태 및 규모의 도시자연공원구역 확충계획을 마련한다. 시가지 내에서 기존의 공원녹지 등과 유기적으로 연계될 수 있도록 도시자연공원구역의 지정범위를 검토한다. 도시자연공원구역별 정비 및 관리의 우선순위를 정하고, 신규 확충해야 할 양호한 산지는 연차별 구역 정비계획 및 재원조달 방안을 강구한다.

도시자연공원구역 배치계획도 및 구역 총괄표는 목표연도에 보전, 확보할 도
시자연공원구역에 대한 '도시자연공원구역배치계획도'와 도시자연공원구역 총괄
표를 작성한다. 목표연도 및 연차별 도시자연공원구역 계획과 현황을 비교하는
도시자연공원구역 계획 전후 비교도와 도시자연공원구역 계획 전후 비교표를
작성한다.

05 ▶ 관리 · 이용 · 주민참여계획

공원녹지 관리 · 이용계획 및 주민참여계획은 조성된 공원과 녹지의 효율적이
고, 체계적인 관리와 이용 업무를 위하여 기본원칙과 방향을 정하고, 계획방안
을 제안하는 계획이다. 공원녹지 관리계획, 이용계획, 주민참여계획으로 나누어
수립한다.

관리계획에서는 공원녹지의 관리 및 정비 시 반영하여야 할 관리방안을 제시
한다. 기존 및 미래에 확보할 도시공원 및 녹지의 관리 및 정비계획을 제시한다.
생활주변의 소규모의 공원녹지는 주민의 참여를 유도하고, 규모가 큰 공원녹지
는 지자체가 수행할 관리계획을 제시한다. 필요에 따라서는 관리협정 등을 통한
관리방안을 제시한다.

이용계획에서는 공원녹지의 관리주체, 관리예산, 관리체계에 대한 현황 및
문제점을 분석하고 이를 개선하기 위한 관리방안을 마련한다. 공원녹지의 이용
활성화를 위하여 기존의 공원녹지의 활용상태 및 프로그램, 미래의 수요 등을
바탕으로 공원녹지의 이용프로그램을 수립한다. 수용분석에서 실시한 레크레이
션 추세, 시설 · 형태 등을 바탕으로 공원녹지 공간에서 시행 가능한 적절한 레
크레이션 프로그램을 제시한다.

주민참여계획은 공원녹지의 조성에서부터 관리 · 이용에 까지 시민들의 참여
유도 및 활성화방안을 마련한다. 주민의 의견을 반영하기 위하여 공청회, 설명
회, 인터넷을 통한 의견수렴, 설문지, 면담 등 다양한 방법 중에서 지역의 특성

에 비추어 적절한 방법을 선택한다. 공원녹지계획은 가능한 모든 과정에서 주민이 참여할 수 있는 프로그램을 마련한다.

06 추진 및 투자계획

추진 및 투자계획은 공원녹지 기본계획의 실효성과 현실성을 높이기 위하여 사업의 단계별 추진계획과 이에 따른 단계별 예산계획, 그리고 이를 뒷받침하도록 하는 공원녹지 관련제도의 개선방안을 제안하고자하는 계획이다. 추진 및 투자계획은 크게 단계별 사업계획, 단계별 예산계획, 제도 개선방안으로 나누어 수립한다.

추진계획의 기본방향은 공원녹지기본계획의 효율적 추진과 실현성을 높이기 위한 전략을 수립하고, 공원녹지의 체계적 관리를 위한 전략을 구축하며, 시민 참여의 활성화를 위한 전략계획을 도입한다. 계획 시행을 위한 단계별, 연차별 계획을 수립하고, 공원녹지의 보전·확충 등 단계적 추진을 도면화하여 공원녹지추진계획도를 작성한다.

투자계획은 재정수요를 추정하고 세입원칙, 조달방법과 투자우선원칙을 정한다. 이 경우 1단계 집행계획에 포함되는 사항은 지방재정계획에 반영되도록 노력한다. 참여에 의한 자본 및 민간자본을 유치하는 등 재원계획을 마련한다. 주요사업 및 장기적이며 규모가 큰 사업은 투자우선원칙에 따라 사업계획을 수립한다. 제도 개선방안에서는 기본계획의 효과적 실천을 위하여 기존 행정의 개선방안과 제도적 보완에 관한 방안을 수립한다.

공원녹지에 필요한 정부 및 지자체 예산만으로는 부족할 경우 민간자본을 활용한다. 민간자본의 유입방안은 크게 기금모금 방식과 민간이 시설을 짓고 정부가 이를 임대해서 쓰는 임대형 민자사업 방식, 대규모 사회간접자본시설에 널리 이용되고 있는 프로젝트 파이낸싱 방식, 기업이 공원을 조성하고 이를 기업홍보에 이용하는 브랜드 네임활용 방식 등이 있다.

SECTION 05 그린인프라 계획

01 그린인프라 개념

그린인프라(green infrastructure)는 도시의 자연, 생태적 요소와 인공적으로 조성된 녹지를 포함하는 개념으로 도시의 공간구조를 결정하고 기능을 향상시키는 주요한 기반이자 시스템으로 정의한다. 그린인프라의 목적은 도시기반시설로서 공원, 녹지, 도시 내 다양한 녹지공간 등 이들의 네트워크 형성을 통한 녹지의 다기능성을 실현할 수 있도록 하는 데 있다. 이를 통해 인간에게 다양한 혜택을 제공해 줄 수 있다.

그린인프라의 추진배경은 토건위주의 회색인프라(grey infrastructure)로 생태계 훼손, 수질 및 대기환경 악화, 생물종다양성 감소 등 환경문제가 심각해지고 있기 때문이다. 개발활동으로 야기된 기후변화의 영향으로 홍수와 산사태의 빈도가 증가하고 있으며, 도시열섬 현상과 대기오염은 시민의 건강에 악영향을 미치고 있다. 이러한 상황을 보완하고 개선하기 위해서는 그린인프라계획이 필요하다.

그린인프라의 유형은 국립공원·도립공원·군립공원·시립공원·구립공원과 같은 자연형, 도시숲·생태공원·습지·생태통로 등의 생태형, 가로수·연결녹지·완충녹지·경관녹지와 같은 시설녹지, 도시농업공원·커뮤니티정원과 같은 커뮤니티형, 옥상녹화·벽면녹화·녹색주차장 등과 같은 생태면적률 확보형, 도시공원·하천·유수지·저영향개발(LID: Low Impact Development) 등의 복합형이 있다.

02 그린인프라 구성요소

　그린인프라는 기능 및 구조에 따라 중심지역(Hub), 특정지역(Site), 연결지역(Links)으로 구분한다. 중심지역인 허브는 비교적 규모가 큰 지역으로 고유종의 서식공간을 제공하고, 생태계 이동의 출발지이자 도착지 역할을 한다. 특정지역인 사이트는 중심지역보다 규모가 작고 독립적이거나 연결성이 떨어지지만 그 자체로 중요한 생태적·사회적 가치를 지니는 지역이다. 멸종위기 야생생물의 서식지이거나 사람들의 공동체 활동 및 휴식이 이루어지는 공간이다. 연결지역인 링크는 허브와 허브를 연결하고 묶어주는 자연회랑공간으로 생태통로(eco-corridor) 역할을 한다. 생물은 링크를 통해 이동과 교류를 하며 종다양성을 풍부하게 유지한다. 인간은 야외 레크레이션 공간과 탐방로 등으로 활용할 수 있다.

[그림 11-2] 그린인프라 구성요소

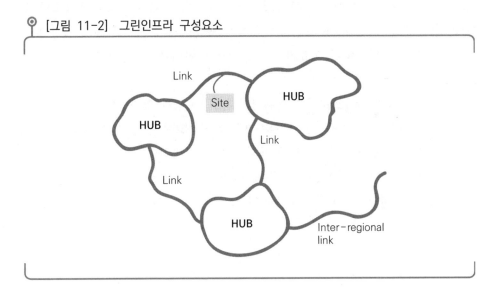

03 그린인프라 효과

그린인프라는 다양한 효과를 가지고 있으나 크게 환경적·경제적·사회적 측면에서 효과를 설명할 수 있다. 환경적 측면에서는 탄소저감, 대기질 향상, 레크레이션 공간확보, 효과적인 토지이용, 홍수예방 등의 효과가 있다. 특히 지구온난화를 완화시켜 기후변화에 대응할 수 있고, 자연재해를 방지하고 도시열섬현상을 완화할 수 있다. 야생동물 서식처 및 이동통로가 되어 생물종다양성을 증진한다. 또한 오염된 공기를 정화하고 강우유출수를 정화하여 하천수질을 개선한다.

경제적 측면에서는 기반시설 건설비용 감소, 토지가치 증가, 에너지소비 감소 등의 효과가 있다. 그린인프라는 쾌적하고 생동감 넘치는 도시경관 창출로 관광 등 경제적 이익을 준다. 녹색인프라로 도시 이미지와 경관이 개선되면 관광객이 증가하고, 기업이 입주를 선호하며, 지가상승으로 지역경제 활성화와 일자리 창출 효과가 있다. 또 도심녹지를 자주 방문한 사람은 스트레스 질병이 낮고, 신체활동이 향상되어 의료비를 절감하고 국민의료보험을 절약하는 효과가 있다.

사회적 측면에서는 도시의 그린웨이의 확립, 보행자 및 자전거 통로 제공 등의 효과가 있다. 그린인프라는 도시환경을 쾌적하고 아름답게 할 뿐만 아니라, 시민 누구나 쉽게 접근할 수 있어 산책과 운동을 통하여 건강을 증진시키는데 도움을 준다. 또한 녹색인프라는 홍수, 태풍, 수해 등 재해를 억제하는 기능을 하고 재해 시 피난장소로 활용할 수 있다.

참고문헌

국토교통부, 개발제한구역과 연계한 녹색인프라 정책 기본방향 마련 연구, 2014.
「국토의 계획 및 이용에 관한 법률」
「국토의 계획 및 이용에 관한 법률 시행령」
「국토의 계획 및 이용에 관한 법률 시행규칙」
국토교통부, 공원녹지 기본계획 수립지침, 2018.
국토교통부, 도시·군기본계획 수립지침, 2018.
국토교통부, 도시·군관리계획 수립지침, 2018.
국토교통부, 도시공원·도시자연공원구역 및 녹지 관련 질의·회신 사례집, 2018.
국토교통부, 도시자연공원구역의 지정·변경 등에 관한 지침, 2018.
국토교통부, 산업입지 개발에 관한 통합지침, 2019.
「기업활동 규제완화에 관한 특별조치법」
「도시공원 및 녹지 등에 관한 법률」
「도시공원 및 녹지 등에 관한 법률 시행령」
「도시공원 및 녹지 등에 관한 법률 시행규칙」
「산업입지 및 개발에 관한 법률」
서울특별시, 2030 서울시 공원녹지기본계획.
「자연환경보전법」
「장사 등에 관한 법률」
「환경정책기본법」
한국환경정책·평가연구원, 기후변화적응형 도시구현을 위한 그린인프라 전략 수립,
    2012.

홈페이지

국가기후변화적응정보포털 (kaccc.kei.re.kr)
국토교통부 (www.molit.go.kr)
서울공원 (grandpark.seoul.go.kr)
서울그린트러스트 (www.greentrust.or.kr)

CHAPTER

12

경관계획

도시계획론

본 내용은 「경관법」·「경관법 시행령」·「국토의 계획 및 이용에 관한 법률」·「국토의 계획 및 이용에 관한 법률 시행령」·「국토의 계획 및 이용에 관한 법률 시행규칙」·「공공디자인 진흥에 관한 특별법」·「공공디자인 진흥에 관한 특별법 시행령」·「공공디자인 진흥에 관한 특별법 시행규칙」·「지방공기업법」. 국토교통부의 '경관계획 수립지침'·'도시·군기본계획 수립지침'· '도시·군관리계획 수립지침'을 발췌하여 정리하였다.

SECTION 01 경관 개요

01 경관의 정의

경관(景觀, landscape)이란 지리·기후·지형·토양 등 자연적 요소와 인간의 활동이 작용하여 만들어 낸 인공적 요소를 모두 포함하는 말이다. 산·들·강·바다의 자연경관과 인공물 및 주민의 생활상 등 인문경관으로 이루어진 지역의 환경적 특징을 나타내는 말이다. 경관계획은 경관 보호 및 형성을 위하여 수립하는 계획으로서 도시의 이미지 개선, 경쟁력 증진 및 정체성 확보를 위한 경관 가이드라인을 제시하는 것을 목적으로 한다.

경관관리의 기본원칙은 국민이 아름답고 쾌적한 경관을 누릴 수 있도록 하고, 지역의 고유한 자연·역사 및 문화를 드러내고 지역주민의 생활 및 경제활동과의 긴밀한 관계 속에서 지역주민의 합의를 통하여 양호한 경관이 유지되도록 한다. 각 지역의 경관이 고유한 특상과 다양성을 가질 수 있도록 자율적인 경관행정 운영방식을 권장하고, 지역주민이 이에 주체적으로 참여할 수 있도록 한다. 개발과 관련된 행위는 경관과 조화 및 균형을 이루도록 한다. 우수한 경관을 보전하고 훼손된 경관을 개선·복원함과 동시에 새롭게 형성되는 경관은 개성 있는 요소를 갖도록 유도한다. 국민의 재산권을 과도하게 제한하지 아니하도록 하고 지역 간 형평성을 고려해야 한다.

국가와 지방자치단체는 아름답고 쾌적한 경관을 형성하는 데 필용한 시책을 마련하여야 하며, 우수한 경관을 발굴하여 지원 육성해야 할 책무가 있다. 또 경관관리의 기본원칙에 대한 국민의 이해를 높이도록 노력하여야 한다. 국민은 아름답고 쾌적한 경관을 보전하고 개선하기 위하여 국가 및 지방자치단체의 시책에 적극적으로 협력해야 한다.

02 경관지구

경관지구는 「국토의 계획 및 이용에 관한 법률」에 의한 용도지구의 하나로 경관의 보전·관리 및 형성을 위하여 필요한 지구다. 여기서 경관이란 도시경관을 의미하며 이는 도시 공간에서 지형, 수목, 건축물, 도로 따위의 구성물이 어우러져 만들어 내는 지역 경치의 특색을 뜻한다. 그 지정 및 변경은 도시·군관리계획의 결정을 통해 이루어진다.

용도지구는 다시 도시·군관리계획으로 세분하여 지정하거나 변경할 수 있다. 경관지구는 지자체의 도시·군계획 조례에 따라 자연경관지구, 시가지경관지구, 특화경관지구로 세분하여 지정할 수 있다. 자연경관지구는 도시 내에 있는 산지·구릉지 등 자연경관을 보호하거나 유지하기 위하여 필용한 지구다. 시가지경관지구는 지역 내 주거지, 중심지 등 시가지의 경관을 보호 또는 유지하거나 형성하기 위하여 필요한 지구다. 특화경관지구는 지역 내 주요 수계의 수변 또는 문화적 보존가치가 큰 건축물 주변의 경관 등 특별한 경관을 보호 또는 유지하거나 형성하기 위하여 필요한 지구다.

경관지구 안에서는 그 지구의 경관의 보전·관리·형성에 장애가 된다고 인정되면 도시·군계획조례가 정하는 건축물을 건축할 수 없다. 경관지구 안에서의 건축물의 건폐율·용적률·높이·최대너비·색채·대지안의 조경 등에 관하여는 그 지구 경관의 보전·관리·형성에 필요한 범위 안에서 도시·군계획조례로 정한다. 다만 건축제한의 전부를 적용하는 것이 주변지역의 토지이용 상황이나 여건 등에 비추어 불합리한 경우는 도시·군계획조례로 건축제한의 내용을 따로 정할 수 있다.

경관계획은 시·군 관할구역의 경관의 보호 및 형성을 위하여 수립하는 계획이다. 해당 도시의 이미지 개선, 경쟁력 증진 및 정체성 확보를 위한 구체적인 경관가이드라인 제시를 목적으로 한다. 경관계획은 토지이용계획, 주거환경계획 등 다른 부문과 밀접하게 연관되어 있으므로 도시·군기본계획과 연계 검토하여 수립하여야 한다.

경관계획의 지위는 도시·군기본계획 수립지침을 준용하며 경관계획의 내용과 도시·군기본계획의 내용이 다른 경우 도시·군기본계획이 우선한다. 경관계획은 하위계획인 도시·군관리계획 및 지구단위계획과 각종 개발사업의 지침이 된다. 경관관리 대상지역의 계획은 도시·군관리계획상의 경관지구·고도지구 등의 실행을 통하여 실행하도록 한다. 경관의 보호 및 형성을 위한 주요 경관지침은 건축선 지정, 건폐율 및 용적률, 건축물의 높이 경관계획 수립권자 및 대상지역중점적으로 관리할 지역에 대해서는 지구단위계획을 수립하여 구체적인 경관계획을 수립하고 이를 도시·군관리계획으로 결정한다.

경관계획의 유형은 계획의 목적과 내용적 범위, 계획수준, 계획수립주체에 따라 도 경관계획, 시·군경관계획, 특정경관계획으로 구분한다. 도 경관계획은 도지사가 관할구역 전체를 대상으로 경관에 대한 기본방향 및 기본방침을 설정한다. 시·군 경관계획은 시장·군수가 관할구역 전체를 대상으로 기본방향을 제시하고, 구체적인 장소를 대상으로 경관의 보전·관리 및 형성을 위한 계획을 제시한다. 특정경관계획은 관할구역의 특정한 경관(산림, 수변, 가로, 농산어촌, 역사문화, 시가지 등)이나 특정한 경관요소(야간경관, 색채, 옥외광고물, 공공시설물 등)를 대상으로 경관의 보전·관리 및 형성을 위한 실행방안을 제시하는 계획이다. 도 경관계획 또는 시·군 경관계획에 부합되어야 하며, 특정경관계획의 내용이 도 경관계획 또는 시·군 경관계획과 다른 때에는 도 경관계획 또는 시·군 경관계획의 내용이 우선한다.

SECTION 02 경관계획 수립과정

01 경관계획 수립권자 및 대상지역

국가는 아름답고 쾌적한 국토경관을 형성하고 우수한 경관을 발굴하여 지원·육성하기 위하여 5년마다 경관정책 기본계획을 수립하여 시행한다. 그 내용에는 국토경관의 현황 및 여건 변화 전망에 관한 사항, 경관정책의 기본목표와 바람직한 국토경관의 미래상 정립에 관한 사항, 국토경관의 종합적·체계적 관리에 관한 사항, 사회기반시설의 통합적 경관관리에 관한 사항, 우수한 경관의 보전 및 그 지원에 관한 사항, 경관 분야의 전문인력 육성에 관한 사항, 지역주민의 참여에 관한 사항, 그 밖에 경관에 관한 중요 사항이 포함되어 있다.

국토교통부장관이 경관정책 기본계획을 수립하여 관보 등을 통하여 관계 행정기관장과 지방자치단체장에게 알리면, 각 지자체장은 이를 바탕으로 관할 도시에 대한 경관계획을 수립한다. 의무적으로 경관계획을 수립해야 할 도시는 특별시·광역시·특별자치시·도·특별자치도와 인구 10만 명을 초과하는 시와 군이다. 인구 10만 명 미만의 시·군과 행정시·자치구·경제자유구역청은 의무사항은 아니지만 관할구역에 대하여 임의에 의하여 경관계획을 수립할 수 있다. 행정시·자치구·경제자유구역청은 인구수와는 무관하다.

둘 이상의 특별시·광역시·특별자치시·도시·군·구·행정시·경제자유구역청은 관할구역에 걸쳐 있는 지역을 대상으로 공동으로 경관계획을 수립할 수 있다. 도지사는 시장·군수가 요청하거나 필요하다고 인정하는 경우에는 둘 이상의 시·군의 관할구역에 걸쳐 있는 지역을 대상으로 경관계획을 수립할 수 있다. 주민과 경관계획 수립에 따른 이해관계자는 경관계획 수립 제안서를 작성하여 수립권자에게 제출한다. 수립권자는 제안일로부터 60일 이내에 그 제안을 경관계획에 반영할 것인지 여부를 제안자에게 알려야 한다.

02 경관계획 수립의 기본원칙

경관계획은 도시미관의 향상뿐만 아니라 주민의 생활환경 개선과 삶의 질 향상, 지역의 공공성과 어메니티 제고 등을 목표로 수립한다. 또 자연, 역사·문화, 주민의 생활상 등 지역의 고유한 특성과 요구를 고려하여 정체성·독창성이 확보되도록 수립한다. 경관계획은 장기적인 관점에서 도시 전체의 경관미래상을 제시하며, 단기적으로는 이에 부합하는 경관의 보존·관리 및 형성을 위한 계획 방향을 지역 여건에 따라 선택적으로 제시해야 한다. 국토부의 경관계획수립지침에서 제시한 경관계획 수립의 기본원칙은 삶의 질을 높이는 계획, 계획의 독창성·다양성·유연성 제고, 총체적 계획, 계획의 실행확보이다.

삶의 질을 높이는 계획은 도시미관의 향상뿐만 아니라 자연경관의 보존 및 관리, 역사·문화자원의 가치제고, 농산어촌의 어메니티 증진, 마을가꾸기 사업 추진 등 생활환경 개선과 삶의 질 향상을 위한 방향으로 계획되어야 한다. 경관계획은 정해진 하나의 일률적인 기준보다는 지역적 특성과 요구를 고려하여 독창성이 확보되고, 다양한 가치가 상존할 수 있는 것이어야 한다. 계획의 자율성과 유연성을 최대한 확보해 주는 방향으로 수립되어야 한다.

총체적 계획은 경관관리와 관련된 도시계획, 자연환경관리, 역사문화 보존, 농산어촌 생활환경 개선 등 행정자치부, 문화체육관광부, 농림축산식품부, 환경부, 국토교통부, 해양수산부, 산림청 등 각 소관부처의 경관관리의 목표와 추진 방향, 실행수단을 고려한 총체적인 계획이어야 한다. 계획의 실행력 확보는 경관계획의 실천력을 담보할 수 있도록 자연경관, 농산어촌경관, 역사문화경관 관련 사업계획 및 지구지정 등과의 연계, 실행을 위한 행정체계, 조직 및 절차, 예산확보 및 재원조달, 주민참여계획 등 구체적 실행계획이 제시되어야 한다.

03 경관계획의 수립절차

먼저 경관계획 수립을 위한 기초조사를 실시한다. 조사대상은 지형·지세·수계 및 색생 등 자연적 여건, 인구·토지이용·산업·교통·문화 등 인문·사회적 여건, 경관과 관련된 다른 계획 및 사업의 내용, 그 밖에 경관계획의 수립 또는 변경에 필요한 사항 등이다.

경관계획의 입안단계는 시·도지사·시장·군수는 관할구역의 전부 또는 일부에 대해서 경관계획을 입안한다. 계획의 종합성과 집행성을 확보하기 위하여 관련 부서간의 긴밀한 협의체계를 구축한다. 경관계획 입안은 시·군의 게시판 및 인터넷, 언론 등을 통하여 주민에게 알려 참여할 수 있게 한다.

주민 및 전문가의 의견청취 단계는 작성된 경관계획안에 대하여 해당분야 전문가와 각계 주민대표 및 관계기관이 참석하는 공청회를 개최하여 의견을 청취한다. 공청회 개최예정일 14일 전까지 공청회 개최 목적, 일시 및 장소, 경관계획의 개요, 공청회 개최에 필요한 사항 등을 공고해야 한다.

관계부처와 협의한 다음, 지방의회의 의견청취 절차를 거친다. 이 과정에서 제시된 의견이나 조언의 내용이 타당하다고 인정하는 경우에는 기본계획에 반영한다. 도시·군경관위원회의 심의를 거쳐 의결한다. 경관계획이 수립하거나 변경되면 시·도지사·시장·군수는 그 내용을 지방자치단체의 공보에 공고하고, 관계 서류를 30일 이상 주민들이 열람할 수 있도록 한다. 행정시장·구청장·경제자유구역청장이 수립한 경관계획은 관련 서류를 첨부하여 특별시장·광역시장·도지사에게 승인을 받아야 한다.

04 경관계획의 내용

경관계획에는 다음 각 호의 사항이 포함되어야 한다.

① 경관계획의 기본방향 및 목표에 관한 사항

② 경관자원의 조사 및 평가에 관한 사항

③ 경관구조의 설정에 관한 사항

④ 중점적으로 경관을 보전·관리 및 형성하여야 할 구역의 관리에 관한 사항

⑤ 경관지구의 관리 및 운용에 관한 사항

⑥ 경관사업의 추진에 관한 사항

⑦ 경관협정의 관리 및 운영에 관한 사항

⑧ 경관관리의 행정체계 및 실천방안에 관한 사항

⑨ 자연 경관, 시가지 경관 및 농산어촌 경관 등 특정한 경관 유형 또는 건축물, 가로, 공원 및 녹지 등 특정한 경관 요소의 관리에 관한 사항

⑩ 경관계획의 시행을 위한 재원조달 및 단계적 추진에 관한 사항

⑪ 그 밖에 해당 지방자치단체의 조례로 정하는 사항

경관사업과 경관위원회

01 경관사업 대상

경관을 향상시키고 경관의식을 높이기 위하여 경관계획이 수립된 지역에서는 가로환경의 정비 및 개선을 위한 사업, 지역의 녹화와 관련된 사업, 야간경관의 형성 및 정비를 위한 사업, 지역의 역사적·문화적 특성을 지닌 경관을 살리는 사업, 농산어촌의 자연경관 및 생활환경을 개선하는 사업, 그 밖에 경관의 보전·관리 및 형성을 위하여 지방자치단체의 조례로 정하는 사업을 시행할 수 있다.

경관사업은 경관계획이 수립된 지역에서 시·도지사 등의 승인을 받아 시행할 수 있으며, 사업계획서를 제출하여야 한다. 경관사업 시행은 경관위원회 또는 경관과 관련된 위원회의 심의를 거쳐야 한다. 경관사업을 원활하게 추진하기 위하여 필요한 경우 지역주민, 시민단체, 관계 전문가 등 20명 이내로 구성된 경관사업추진협의체를 설치할 수 있다. 경관사업추진협의체는 경관사업의 계획 수립, 경관사업의 추진 및 사후관리 등 경관사업의 각 단계에 참여하여 경관사업이 일관성을 유지하도록 한다.

국가 및 지방자치단체는 경관사업에 필요한 자금의 전부 또는 일부를 보조하거나 융자할 수 있으며, 경관사업에 필요한 기술적 지원을 할 수 있다. 이 경우 경관사업을 시행하는 자로 하여금 감독에 필요한 보고를 하게 하거나 자료를 제출하도록 명령할 수 있다.

경관과 관련된 사항에 대한 심의 또는 자문을 위하여 시·도지사 소속으로 10명 이상 70명 이내의 위원으로 구성된 경관위원회를 둔다. 경관위원회의 위원은 시·도지사 등이 임명하거나 위촉한다. 위원은 지방자치단체 지방의회 의원, 경관계획과 관련이 있는 행정기관의 공무원, 건축·도시·조경·토목·교통·환경·문화·농림·디자인·옥외광고 등 경관계획 관련 분야에 관한 학식과 경험이 풍부한 사람으로 구성한다. 위원의 임기는 의회의원과 공무원을 제외하고는 2년이다. 경관위원회 회의는 위원장이 회의 시마다 지정하는 8명 이상 20명 이내의 위원으로 구성하며, 과반수의 출석으로 개의하고 출석위원 과반수의 찬성으로 의결한다.

시장·군수·행정시장·구청장·경제자유구역청장은 별도의 경관위원회를 구성하지 아니하고, 해당 지방자치단체가 속한 시·도에 설치된 경관위원회에서 심의하도록 시·도지사에게 요청할 수 있다. 경관위원회의 기능을 대신하여 경관과 관련된 다른 법률에 따라 설치된 위원회와 공동위원회를 구성할 수 있다. 다른 법률에 따라 설치된 위원회로는 건축위원회·지방도시계획위원회·도시공원위원회·지방산업단지계획심의위원회·옥외광고심의위원회 등이 있다. 공동위원회는 해당 시·도지사가 임명하거나 위촉하는 30명 이내의 위원으로 구성하며, 경관위원회의 위원이 공동위원회 전체 위원 수의 3분의 1 이상 되어야 한다.

경관위원회의 기능은 경관계획의 수립 또는 변경, 경관계획의 승인, 경관사업 시행의 승인, 경관협정의 인가, 사회기반시설 사업의 경관 심의, 개발사업의 경관 심의, 건축물의 경관 심의, 경관협정에 필요한 비용 등을 지원받는 경관협정의 결정, 다른 법령에서 경관위원회의 심의를 받도록 규정한 사항, 그 밖에 경관의 보전·관리 및 형성에 관한 사항으로서 시장이 요청하는 사항 등을 심의한다. 또 시·도지사에게 경관계획에 관한 사항, 경관사업계획에 관한 사항, 경관에 관한 조례의 제정 및 개정에 간한 사항, 기타 지방자치단체의 조례로 정한 사항에 대해서 자문한다.

03 사업에 대한 경관심의

일정규모 이상의 사회기반시설사업, 개발사업, 건축물 사업을 실시하려고 하는 경우에는 경관위원회의 심의를 거쳐야 한다. 「도로법」에 따른 도로, 「철도의 건설 및 철도시설 유지관리에 관한 법률」에 따른 철도시설, 「도시철도법」에 따른 도시철도시설, 「하천법」에 따른 하천시설, 그 밖에 지방자치단체의 조례로 정하는 시설 등이다.

[표 12.1] 경관심의 대상사업

사업	정부발주사업	지방자치단체 발주사업
도로 사업, 철도시설 사업, 도시철도시설 사업	총사업비 500억 이상인 사업	총사업비 500억 미만인 사업 (지방자치단체 조례로 정함)
하천시설 사업	총사업비 300억 이상인 사업	총사업비 300억 미만인 사업 (지방자치단체 조례로 정함)
도시개발사업	대상면적이 3만m² 이상인 개발사업(도시지역 외는 30만m² 이상)	
건축물	• 지방자치단체 조례로 정하는 일정규모 이상의 건축물 • 지방건축위원회의 심의대상 건축물	

04 경관협정

쾌적한 환경과 아름다운 경관을 형성하기 위하여 토지소유자, 건축물소유자, 지상권자, 그 밖에 해당 토지 및 건축물의 관리자·점유자·전세권자·임차인 등 이해관계자와 전원의 합의로 경관협정을 체결할 수 있다. 경관협정은 다음 사항을 포함할 수 있다.
① 건축물의 의장·색채 및 옥외광고물에 관한 사항

② 공작물 및 건축설비의 위치에 관한 사항

③ 건축물 및 공작물 등의 외부 공간에 관한 사항

④ 토지의 보전 및 이용에 관한 사항

⑤ 역사·문화 경관의 관리 및 조성에 관한 사항

⑥ 녹지·가로·수변공간 및 야간조명 등의 관리 및 조성에 관한 사항

⑦ 경관적으로 가치가 있는 수목이나 구조물 등의 관리 및 조성에 관한 사항

⑧ 지구단위계획에 따라 수립된 경관계획에 관한 사항

⑨ 경관협정 구역 안의 조명 등 야간경관관리에 관한 사항

⑩ 건축물 녹화 및 외부공간의 식재 등 조경계획 및 관리에 관한 사항

⑪ 경관협정 체결지역의 경관을 보전·관리 및 형성하기 위하여 시장이 정하는 사항

토지소유자 등이 경관협정을 체결하는 경우에는 경관협정서를 작성하고 필요한 경우 협정체결자 간의 자율적 기구로서 경관협정운영회를 설립할 수 있다. 경관협정운영회는 시·도에 설치된 경관위원회의 심의를 거쳐 시장·도지사의 인가를 받아야 한다. 경관협정을 폐지하려는 경우 협정체결자 과반수의 동의를 받아야 한다.

경관기본구상과 계획

01 경관기본구상

경관기본구상은 첫 번째, 기본방향과 미래상 설정으로, 기본방향은 관할구역 전체의 거시적 경관이 지향해야 할 목표와 방향을 제시한다. 미래상은 지역의 역사, 문화·생활상, 입지, 잠재력, 주민의식, 미래 변화방향 등 다양한 측면을 고려하여 설정한다. 또한 관할구역의 상징성 제고, 고유의 정체성 확보, 거주민의 자긍심 고양 등을 위한 경관 이미지의 미래상을 설정한다.

두 번째, 추진전략의 설정으로, 경관계획의 목표와 기본방향, 미래상을 구현하고 실행하기 위한 전략을 제시한다. 경관을 보전·관리 및 형성할 과제를 분류하고, 과제별 추진전략을 제시하며, 경관 저해요소의 극복수단이나 잠재력을 강화할 수 있는 방향을 제시한다. 관할구역 내 기초지자체 경관계획의 경관기본방향 설정 시 참고할 수 있도록 한다.

세 번째, 경관구조 방향 설정으로, 관할구역 전체의 경관 골격을 형성하고 양호한 경관자원을 보전하며, 경관을 형성하거나 관리하기 위한 구상을 제시한다. 경관골격은 경관자원조사 및 분석결과에 따라 면적인 경관권역, 선적인 경관축, 점적인 경관거점 등의 공간설정을 통하여 제시한다. 이때 각 공간을 상호 중첩하여 설정할 수 있다. 설정된 경관권역, 경관축, 경관거점 등에 대해서는 관할구역 전체적 관점에서 경관 이미지나 주제 등 거시적으로 경관을 보전·관리 및 형성할 방향을 설정한다.

네 번째, 경관권역의 설정으로, 경관권역은 경관자원이 넓은 면적에 걸쳐 동질적 또는 유사한 경관특성을 보일 경우에 설정한다. 경관권역 설정 시 관할구역 내 기초지자체의 영역을 고려한다. 관할구역이 매우 넓고, 다양한 경관특성이 혼재하는 경우에 계획의 편의를 위해 토지이용, 지형적 특성, 생활권 분포 등을 고려하여 권역을 세분할 수 있다.

다섯 번째, 경관축의 설정으로, 경관축은 동질한 경관이 선의 형태로 연속하여 형성되거나 형성될 잠재성이 있는 경우에 설정한다. 경관적으로 우수한 자연물이나 경작지, 기념물, 랜드마크 등으로의 조망을 확보하거나, 녹지, 산림, 도로, 가로, 해안, 하천 등의 경관요소를 바탕으로 선적으로 연속된 경관을 형성하거나 보전 또는 관리할 필요가 있는 곳을 경관축으로 설정할 수 있다. 그 밖에 우수한 선적 경관을 형성하거나 관리, 보전하려는 곳에는 해당 경관자원의 특성을 주제로 하는 경관축을 설정할 수 있다.

여섯 번째, 경관거점의 설정으로, 경관거점은 우세한 경관이 점적으로 위치하여 경관적 특성을 부여하는데 중요한 역할을 하거나 잠재성이 있는 지역에 설정할 수 있다. 문화재, 향토문화유적, 기념탑, 청사·철도역사 등의 공공건축물, 광장, 교량, 지역의 경계부에서 진출입 역할을 하는 장소 등과 같이 시각적으로 우세하여 랜드마크가 되거나 그러한 잠재성이 있는 공간이나 장소 등을 경관거점으로 설정할 수 있다. 그 밖에 우수한 경관이 점적인 형태로 입지하거나 잠재력을 지닌 건축물이나 장소를 거점경관으로 보전·관리 및 형성하려는 경우에는 해당 경관자원의 특성을 주제로 하는 경관거점을 설정할 수 있다.

02 경관기본계획

경관기본계획의 내용은 경관기본구상에서 제시한 경관권역, 경관축, 경관거점 등에 대한 내용을 보다 발전시킨 것으로 관할구역 전체 경관에 대한 보전·관리 및 형성을 위한 계획방향을 제시한다. 경관기본계획은 관할 기초 지방자치단체 경관계획의 근거가 되는 기본방침 성격의 계획이다. 중점적으로 경관을 보전·관리 및 형성해야 할 필요가 있는 구역을 중점경관관리구역으로 설정하고 계획방향을 제시한다. 중점경관관리구역은 경관권역, 경관축, 경관거점을 포함하거나 그 일부에 설정할 수 있으며, 중첩하여 설정할 수도 있다. 경관지구의 관리방향을 제시하고 필요시 경관지구의 신규 지정을 제안한다. 경관현황조사·분석 등을 통해 설정된 중요경관자원 및 주요 경관위해요소에 대한 관리·지원 및 정비계획을 제시한다.

경관권역계획은 경관권역의 목표, 구현방향, 경관자원의 보전, 관리 및 형성을 위한 기본방향을 수립한다. 농산어촌의 경우 생산 활동과 주민생활의 반영 등을 통해 나타나는 경관의 보전 또는 관리방향을 수립한다. 우수한 산림경관의 경우 생태적 경관미를 제고하기 위하여 산림경관의 유형과 조성목적에 맞는 조성, 관리방향을 수립한다. 주거지, 상업지 등 시가지의 경우 지역의 공간이용 특성 등을 고려하여 계획방향을 수립한다. 공장이전지 등 과거 산업경관의 흔적이 있거나 그 특성이 형성된 지역의 경우 경관적 특성이 복원되거나 표출될 수 있도록 계획방향을 수립한다. 역사문화자원 및 주변지역의 경우 역사적 가치를 보존하고 그 이미지에 맞는 경관특성이 유지되도록 계획방향을 수립한다.

경관축계획은 경관축의 설정 배경과 목표, 구현방향, 경관축 자원의 보전·관리 및 형성을 위한 계획방향을 제시한다. 지역을 대표하는 뛰어난 자연경관, 랜드마크, 역사문화자원, 상징적 건축물이나 구조물 등에 대한 조망경관축의 경우 주요 접근로와 조망점, 조망경관자원과 조망점 사이에 있는 건축물과 가로의 규모 등에 대한 계획방향을 수립한다. 시가지의 중심가로와 상징성이 큰 가로, 경관자원이 많은 가로에 설정된 가로경관축의 경우 가로경관자원을 보전하기 위한 목표와 방향이나 특색있는 가로경관을 연속적·통합적으로 형성하기 위한 방향 등을 수립한다. 우수한 산림, 공원, 녹지 등에 설정된 녹지경관축의 경우 연속성을 확보하거나 조망을 확보하기 위한 계획방향을 수립한다. 강이나 수로, 호수, 해안을 따라 형성되는 수변경관축의 경우 조망기회 확대, 개방감 확보, 연속적 경관의 보전·관리 및 형성을 위한 계획방향을 수립한다.

경관거점계획은 경관거점의 목표, 구현방향, 경관자원의 보전, 관리 및 형성을 위한 계획방향을 수립한다. 지역의 랜드마크가 되는 건축물, 시설물, 수목, 장소 등의 경우 경관형성과 조망확보를 위한 계획방향을 수립한다. 전통마을이나 전통건축물, 근현대적 중요 건축물, 전통문화, 생활상 등 역사문화자원의 경우 보존과 활용을 위한 계획방향을 수립한다.

중점경관관리구역계획은 중점경관관리구역의 명칭·위치·기본방향 등을 제시하고, 구역 내에 포함된 경관자원의 보전·관리 및 형성을 위한 계획방향을 수립한다. 중점경관관리구역의 계획방향을 실행하기 위한 경관 관련 지역·지구·구역 지정, 지구단위계획 수립, 경관조례 관리, 경관사업 및 경관협정 우선 적용 등의 방안을 검토·제시한다. 경관계획 수립권자는 중점경관관리구역을 설정하고자 하는 경우에는 국토이용정보체계상에 구축되어 있는 지적이 표시된 지형도에 중점경관관리구역의 경계를 표시한 도면을 작성하여야 한다. 도면을 작성할 때에는 축척 500분의 1 이상 1천500분의 1 이하(녹지지역의 임야, 관리지역, 농림지역 및 자연환경보전지역은 축척 3천분의 1 이상 6천분의 1 이하)로 작성하여야 한다.

경관지구계획은 도에서 관리할 필요가 있다고 판단되는 경관지구 등에 대해서는 지구별 경관관리요소와 경관관리방향을 제시하고 관리계획을 수립할 수 있다. 도시·군관리계획의 관련 내용을 참고하여 3차원의 입체적·통합적 경관관리를 위해 보완이 필요한 사항을 추가적으로 제시할 수 있다.

03 경관부문별 계획

경관부문별 계획은 경관기본계획의 내용을 바탕으로 관할구역 내의 기초 지자체에서 공통으로 관리할 필요가 있는 경관유형 또는 경관요소에 대해서는 지자체가 공통으로 적용할 수 있는 경관유형별 또는 경관요소별 관리계획을 제시할 수 있다. 경관유형별 관리계획은 관할구역 내에 동일한 경관유형(산림, 수변, 가로, 농산어촌, 역사문화, 시가지 등)에 대해서 경관관리방향, 관리요소 및 원칙 등을 적용할 필요가 있을 경우에 제시한다. 관요소별 관리계획은 경관의 보전, 관리 및 형성을 위한 계획내용을 건축물, 오픈스페이스, 옥외광고물, 공공시설물, 색채, 야간조명 등의 경관구성 요소별로 경관설계의 방향, 원칙 등을 적용할 필요가 있을 경우에 제시한다. 관할구역의 경관특성에 따라 관리가 필요한 경관유형 또는 경관요소를 부분적으로 선택하여 수립할 수 있다.

경관유형별 관리계획은 관할구역의 경관특성을 고려하여 시가지경관, 산림경관, 수변경관, 가로경관, 농산어촌경관, 역사문화경관 등으로 구분하여 작성할 수 있으며, 필요한 경우 세분하거나 추가할 수 있다. 각 경관유형별로 해당지역 경관을 일관되고 체계적으로 관리하기 위한 통합방안을 포함한다. 경관유형별 경관계획은 보존, 관리 및 형성을 위한 기본방향을 제시하되 유형별로 다음사항을 고려하여 작성한다.

① 시가지경관의 경우 주거지, 상업지 등의 특성에 따른 지역경관을 통합적으로 관리하기 위한 경관관리요소와 관리방향을 제시한다.

② 산림경관의 경우 산림, 가로수, 마을숲 등의 녹지와 주변경관을 관리하기 위한 경관관리요소와 관리방향을 제시한다.

③ 수변경관의 경우 바다, 하천, 저수지 등의 물과 주변경관을 관리하기 위한 경관관리요소와 관리방향을 제시한다.

④ 가로경관의 경우 가로를 중심으로 가로시설물, 주변건축물 등 주변경관을 통합적으로 관리하기 위한 경관관리요소와 관리방향을 제시한다.

⑤ 농산어촌경관의 경우 농촌, 산촌, 어촌 등의 취락과 주변경관을 관리하기 위한 경관관리요소와 관리방향을 제시한다.

⑥ 역사문화경관의 경우 역사자원, 문화자원, 관광자원 등의 경관자원과 주변 경관을 통합적으로 관리하기 위한 경관관리요소와 관리방향을 제시한다.

경관요소별 관리계획은 경관요소별 계획은 건축물, 오픈스페이스, 옥외광고물, 공공시설물, 경관색채, 야간경관 등으로 구분하여 작성할 수 있으며, 필요한 경우 세분하거나 추가할 수 있다. 해당지역 경관을 일관되고 체계적으로 관리하기 위해 경관구성요소에 대한 통합적인 경관관리방안을 포함한다. 경관요소에 따라 건축물의 경우는 주변 경관과의 조화 및 연속성 등을 유지하기 위한 기본방향을 제시하고, 통일 또는 강조 등의 경관창출에 필요한 경관관리요소와 관리방향을 제시한다.

오픈스페이스의 경우는 경관적 연계성, 가로의 연속성 등을 확보하기 위한 기본방향을 제시하고, 연계성, 연속성 등의 경관창출에 필요한 경관관리요소와 관리방향을 제시한다. 옥외광고물의 경우는 가로경관의 통일, 건물과의 조화 등을 위한 기본방향을 제시하고, 관리지역별 광고물 종류 및 수량 등의 경관관리요소와 관리방향을 제시한다. 공공시설물의 경우는 조화성, 가로의 연속성·쾌적성 등을 확보하기 위한 기본방향을 제시하고, 시설물의 배치, 형태, 규모, 통합설치계획 등의 경관관리요소와 관리방향을 제시한다. 색채경관의 경우는 지역의 통일성, 조화성 등을 위한 기본방향을 제시하고, 사용색 범위와 사용방법 등의 경관관리요소와 관리방향을 제시한다. 야간경관의 경우는 상징성, 연속성 등을 위한 기본방향을 제시하고, 연출 및 관리를 위한 경관관리요소와 관리방향을 제시한다.

공공디자인 계획

01 공공디자인 개념

공공디자인(public design)이란 공공성을 표현하는 디자인이다. 일반 공중을 위하여 국가, 지방자치단체, 공기업, 공공기관 등이 조성·제작·설치·운영·관리하는 공공시설물에 대하여 공공성과 심미성 향상을 위하여 디자인하는 행위 및 그 결과물을 말한다. 공공시설물은 일반 공중을 위하여 국가기관 등이 조성·제작·설치·운영·관리하는 시설물과 용품·시각이미지 등을 말한다.

대중교통정류소 및 자전거보관대 등 대중교통시설물, 차량진입방지용 말뚝 및 펜스 등 보행안전시설물, 벤치와 가로 판매대 및 파고라 등 편의시설물, 맨홀과 소화전 및 신호등 제어함 등 공급시설물, 가로수보호대와 가로화분대 및 분수대 등 녹지시설물, 안내표지판과 현수막 게시대 및 지정벽보판 등 안내시설물, 그 밖에 시설물 등이 공공시설물의 대표적인 사례다.

「공공디자인의 진흥에 관한 법률」에 의하여 국가와 지방자치단체는 공공디자인의 진흥을 위하여 필요한 시책을 수립·시행하고, 필요한 재원의 확충과 운영을 위하여 노력하여야 한다. 문화체육관광부장관은 공공디자인의 진흥을 위하여 관계 중앙행정기관장과 협의를 거쳐 5년마다 공공디자인 진흥 종합계획을 수립·시행한다.

중앙정부가 수립한 공공디자인 종합계획을 지방자치단체 및 관계 기관장에게 통보하면, 특별시장·광역시장·특별자치시장·도지사·특별자치도지사·시장·군수·자치구구청장은 종합계획에 따라 지역여건을 고려한 지역 공공디자인 진흥계획을 별도로 수립·시행한다. 종합계획에는 공공디자인 정책의 기본 목표와 방향, 공공디자인의 종합적·체계적인 관리, 공공디자인 전문인력 육성, 공공디자인 관련 법·제도, 공공디자인 진흥을 위한 관련 분야와의 협력 및 국민 참여, 공공디자인의 진흥에 관한 사항 등이 포함되어 있다.

02 공공디자인사업 추진

공공디자인사업은 국가기관 등이 공공시설물의 공공디자인을 구현하는 과정에서 시행하는 사업을 말한다. 사업시행의 기본원칙은 공공의 이익과 안전을 최우선으로 고려하며 아름답고 쾌적한 환경을 조성하도록 한다. 또 연령, 성별, 장애여부, 국적 등에 관계없이 모든 사람들이 안전하고 쾌적하게 환경을 이용할 수 있는 디자인을 지향하도록 하여야 한다. 국가·지역의 역사 및 정체성을 표현하고 주변 환경과 조화·균형을 이루도록 한다. 공공디자인에 관한 국민들의 의견을 적극적으로 수렴하며 의사결정 과정에 국민들이 참여할 수 있는 다양한 방안을 마련한다. 공공시설물 등을 관할하는 관계기관과 적극적 협력체계를 통하여 통합적 관점의 공공디자인이 구현될 수 있도록 한다.

국가기관 등이 공공디자인 사업을 추진할 때 전문가를 위촉하여 해당 업무의 일부를 진행하게 하거나 관련 업무를 총괄하여 조정하게 할 수 있다. 또 지역주민, 시민단체, 관련 기업, 관계 전문가, 행정기관 등으로 구성된 공공디자인사업 추진협의체를 설치하여 자문과 협조를 받을 수 있다. 사업추진에 필요한 경우 공청회를 개최하여 지역주민 및 관계전문가 등의 의견을 들으며, 제시된 의견이 타당하다고 인정되면 공공디자인사업 추진 내용에 반영한다.

공공디자인의 진흥을 위해서 시·도지사 또는 시장·군수·구청장 소속으로 공공디자인 지역위원회를 설치한다. 위원 중에는 공공디자인과 관련한 분야에 관한 학식과 경험이 풍부하고 덕망이 있는 사람이 포함되어야 한다. 지역위원회의 구성 및 운영 등에 필요한 사항은 해당 지방자치단체의 조례로 정하고 있다.

대개의 지자체에서 위원회의 구성은 위원장 1명, 부위원장 2명을 포함하여 50명 이내의 위원으로 구성하며, 양성평등기본법에 따라 특별한 성별이 10분의 6을 초과하지 않도록 하고 있다. 위원장은 시장·군수가 위원 중에서 위촉하고 있으며, 위원은 공공디자인 진흥과 관련된 분야에서 학식과 경험이 풍부한 사람으로 하고 있다. 임원의 임기는 2년으로 하되 한 차례 연임할 수 있다.

위원회 회의는 위원장이 10명 이상의 해당 분야별 위원을 매 회의마다 지정하여 지정위원의 과반수의 출석으로 개회하고, 출석위원 과반수의 찬성으로 의결한다. 위원회는 직무수행을 위하여 필요한 경우에는 관계공무원·전문가 또는 이해관계인 등을 회의에 출석하게 하여 그 의견을 듣거나 관계기관 또는 단체 등에 대하여 필요한 자료의 제출을 요청할 수 있다.

참고문헌 ─────────────────────────────

「경관법」
「경관법 시행령」
국토교통부, 경관계획수립지침, 2018.
「국토의 계획 및 이용에 관한 법률」
「국토의 계획 및 이용에 관한 법률 시행령」
「국토의 계획 및 이용에 관한 법률 시행규칙」
국토교통부, 도시·군기본계획 수립지침, 2018.
국토교통부, 도시·군관리계획 수립지침, 2018.
「공공디자인의 진흥에 관한 법률」
「공공디자인의 진흥에 관한 법률 시행령」
「공공디자인의 진흥에 관한 법률 시행규칙」
「지방공기업법」

🌐 홈페이지 ─────────────────────────────

국가기후변화적응정보포털 (kaccc.kei.re.kr)
국토교통부 (www.molit.go.kr)
문화체육관광부 (www.mcst.go.kr)
사단법인 한국건설품질현회 (www.kcqa.or.kr)
사단법인 한국바이오텍경관도시학회 (www.facebook.com/kablu.or.kr)
한국경관학회 (kolanco.or.kr)
한국도시경관디자인학회 (www.kulda.or.kr)

도시개발사업

도시계획론

도시개발사업 개요

01 도시개발사업의 정의 및 목적

　도시개발사업이란 계획적이고 도시개발이 필요한 지역에 지정되는 도시개발 구역 안에서 주거·상업·산업·유통정보통신·생태문화·보건 및 복지 기능이 있는 새로운 단지 또는 신시가지를 조성 및 시행하는 사업이다. 종전의 '토지구획정리사업법'과 '일단의 주택지조성사업' 등을 통합한 개발사업이다. 따라서 도시개발사업은 국토계획법상의 "도시계획사업"을 실현하는 가장 기본적인 수단이며 최근의 도시패러다임 변화에 대응할 수 있는 가장 적합한 사업이다.

　한편, 도시개발이란 아직 도시적 형태와 기능을 지니지 않은 토지에 도시적 기능을 부여하거나, 또는 기존의 도시적 용지에 대해 도시 기능 제고를 목적으로 토지의 형상이나 변화를 일으키는 일련의 개발행위를 의미한다. 재개발, 재건축과 도시개발을 쉽게 구분하자면 재개발, 재건축은 "헌 집 줄게 새 집 다오."라고 한다면, 도시개발은 "헌 땅 줄게 새 땅 다오."라고 할 수 있다.

02 도시개발사업의 도입 배경

　1960년대부터 시작된 경제개발 5개년계획으로 인하여 고도의 경제성장이 지속되면서 인구 및 산업이 도시에 집중됨에 따라 도시화가 급격히 이루어지게 되었다. 이에 따라 주택지 및 공장용지 등의 수요가 급증하였으나 기존의 「도시계획법」(1962)에 의한 각종 대지조성사업과 토지구획정리사업으로는 신속하게 대지를 공급하는 데 한계가 있었고, 이에 따라 「주택건설촉진법」(1971, 現주택법), 「택지개발촉진법」(1980), 「산업기지개발촉진법」(1973, 現산업입지 및 개발에 관한 법률) 등이 제정되어 이들 법률에 의해 주택지 및 산업단지 등이 조성·공급되어 왔다.

그러나 「택지개발촉진법」 등은 하나의 목적을 달성하기 위한 개별 사업법으로서 복합적인 기능을 갖는 도시를 종합적이고 체계적으로 개발하는 데는 한계가 있었으며 「도시계획법」에 의한 일단의 주택지조성사업 및 공업용지조성사업, 대지조성사업과 「토지구획정리사업법」(1966)에 의한 토지구획정리사업 간에도 목적이 중복되고 시행절차의 미비 등으로 원활한 사업시행에 어려움이 제기되었다.

이러한 문제점을 해소하기 위해 「도시개발법」 제정 필요성이 제기되어 오다가 2000년 7월 「도시계획법」의 전면개정과 함께 「도시계획법」상 도시개발사업 부문(일단의 주택지조성사업, 일단의 공업용지조성사업, 대지조성사업)과 「토지구획정리사업법」을 통합하여 「도시개발법」이 제정되었다. 「도시개발법」의 제정으로 주택 및 산업단지 뿐만 아니라 유통·관광휴양·역사·문화 등 여러 가지 기능을 가지는 단지 또는 시가지를 조성할 수 있게 되었으며, 더불어 민간에게도 도시개발사업에의 참여기회를 확대함으로써 다양한 형태의 도시개발이 활성화될 수 있도록 하였다.

03 도시개발사업의 연혁

도시개발법 제정 이전의 도시개발사업은 토지구획정리사업법에 의한 토지구획정리사업, 도시계획법에 의한 일단의 주택지조성사업, 일단의 공업용지조성사업, 시가지 조성사업, 주택건설촉진법에 의한 대지조성사업 및 택지개발촉진법에 의한 택지조성사업으로 구분하여 도시개발이 주로 이루어졌다. <표 13.1>

에 따르면, 우리나라의 도시개발의 최초의 형태라고 볼 수 있는 제도는 1934년 토지를 대지로 이용하여 활용한 조선시가지계획령으로 볼 수 있으며, 1960년대부터 시작된 경제개발 5개년 계획으로 경제성장이 지속되면서 인구 및 산업이 도시에 집중화되면서 1962년 도시계획법을 제정하여 최초의 계획적인 도시개발 형태를 추진하여 광주대단지, 현 성남시에 토지구획정리사업을 추진했다.

[표 13.1] 도시개발법 제정이전 관련법 변화과정

연도	근거법	사업내용	사업대상지	비고
1934	조선시가지 계획령	토지를 대지로 이용하여 활용	–	–
1962	도시계획법	토지구획정리사업	광주대단지 (현 성남시)	최초 계획적인 도시개발
1966 이후	토지구획 정리사업법	주택지경영 및 공업용지조성사업 도입	울산, 구미, 포항 배후단지 개발	• 도시계획법에서 분리 • 단일법 제정
1971 이후	토지구획 정리사업법	• 주택지조성사업 • 도시개발예정구역 조성사업	창원, 여천, 구미 배후단지 개발	전면개정
			여의도, 영동, 잠실	
1991	토지구획 정리사업법	시가지 조성사업	–	–
1999	토지구획 정리사업법	토지구획정리사업	–	도시개발예정구역조성 사업 폐지
	도시계획법	• 주택지조성사업 • 공업용지조성사업 • 시가지조성사업	–	
2000	도시개발법	도시개발사업	전국 총 54개 사업지국	• 토지구획정리사업법 • 도시계획법 등 통합
2002				개정
2003				시행령 개정
2005				시행령/시행규칙 일부 개정

그러나 토지구획정리사업으로는 신속하게 대지를 공급하는 데 한계가 있었고 1966년에 토지구획정리사업법을 도입하여 울산, 구미, 포항 등에 주택지 및 공업용지를 공급을 추진한 바 있으며, 1971년 토지구획정리사업법을 전면 개정하여 산업 배후단지를 개발하고, 여의도, 잠실 등 도시개발예정구역을 도입하여 대규모 주택지 공급을 추진하였다. 도시계획법에 의한 주택지조성사업과 공업용지조성사업, 대지조성사업, 토지구획정리사업법에 의한 토지구획정리사업 간 목적의 중복과 시행절차의 미비 등으로 사업 추진에 따른 어려움이 상시 제기되고 이러한 문제점을 해소하기 위하여 도시개발법 제정 필요성이 꾸준히 제기되어 오기 시작하기에 이르렀다.

이러한 문제점을 해소하기 위하여 2000년 7월 도시계획법의 전면 개정과 함께 도시계획법상 도시개발사업부분(일단의 주택지조성사업, 일단의 공업용지조성사업, 대지조성사업)과 토지구획정리사업법을 통합하여 도시개발법이 제정되었다. 도시개발법 제정은 그동안의 도시개발제도가 주택단지개발, 산업단지개발 등과 같은 단일 목적의 개발방식을 추구하여 신도시의 개발 등 복합적 기능을 갖는 도시를 종합적·체계적으로 개발하는 데 한계가 있었다는 인식에서 비롯되었다. 도시개발법이 제정된 이후 도시개발사업은 유사사업을 모두 포괄하여 시행할 수 있도록 사업체계가 일원화되었다.

도시개발사업 내용

SECTION
02

01 도시개발사업 지정대상 및 지정권자

1) 지정대상

(1) 도시지역: 주거지역 및 상업지역: $10,000m^2$ 이상, 공업지역: $30,000m^2$ 이상, 자연녹지지역: $10,000m^2$ 이상, 생산녹지지역: $10,000m^2$ 이상

(2) 도시지역 외의 지역: $300,000m^2$ 이상

(3) 광역도시계획 또는 도시기본계획에 의하여 개발이 가능한 용도로 지정된 자연녹지지역, 생산녹지지역 및 도시지역 외의 지역에 한하여 국토교통부장관이 정하는 기준에 따라 지정 가능

(4) 광역도시계획 및 도시기본계획이 수립되지 아니한 지역의 경우에는 자연녹지지역 및 계획관리지역에 한하여 지정 가능

(5) 지정권자가 계획적인 도시개발이 필요하다고 인정하는 경우
    ① 취락지구 또는 개발진흥지구로 지정된 지역
    ② 지구단위계획으로 지정된 구역
    ③ 국토교통부장관이 국가 균형발전을 위하여 관계 중앙행정기관의 장과 협의하여 도시개발구역으로 지정하고자 하는 지역

2) 지정권자

지정권자는 국토교통부장관, 시·도지사에 해당한다. 반면 면적이 $100만m^2$

이상의 구역은 국토교통부장관과 협의하도록 한다.

02 도시개발사업의 특징

1) 사업시행가능 구역

도시개발사업은 단일형(주거, 상업, 업무, 관광 등)과 복합형으로 다양한 사업유형을 제공하여, 국토의 모든 지역(도심 내외)에서 시행 가능하여 사업 가능 지역이 광범위하다는 특징이 있다.

2) 사업방식

수용, 환지, 혼용 방식 등 다양한 사업방식을 제공한다. 수용은 권리를 사용한다는 의미이다. 토지에 대해 협의를 통하여 매수하거나 공익사업을 위한 토지등의 취득 및 보상에 관한 법률에 따라 수용하여 시행하는 방식이다. 수용 동의요건은 공공사업 시행자일 경우 동의요건 없으나 민간사업시행자는 토지면적 2/3 이상, 소유자 및 토지소유자 총수의 1/2 이상의 동의가 필요하다.

환지는 교환한다는 의미로, 구역 내 토지의 소유권과 소유권 이외의 권리를 소유한 채 사업시행 후 사업시행 전의 위치 또는 다른 위치에 토지의 권리면적을 이전하는 방식으로 사업대상지의 지가가 인근 다른지역에 비하여 현저히 높아질 경우 적용하는 방식이다. 환지 동의요건은 토지면적 2/3 이상, 소유자와 토지소유자 총수의 1/2 이상의 동의가 필요하다.

혼용은 환지와 수용을 결합한 방식으로, 사업대상구역이 부분적으로 환지가 필요하거나 수용방식이 필요한 경우에 적용 가능하다.

3) 사업시행주체

공공, 민간, 토지소유자, 공동출자법인 등 폭넓은 사업시행자 참여 가능하며, 중앙정부의 개입 없이 지자체의 자율성이 부여되어 사업의 자율성이 보장된다.

4) 도시개발사업과 타 사업과의 차이점

구분	도시개발사업	택지개발사업	도시정비사업
관련법	도시개발법	택지개발촉진법	도시및주거환경정비법
사업목적	다양한 용도 및 기능의 단지나 시가지 조성	특별법의 지위로서 주택공급을 목적으로 도시 외곽의 신도시개발에 적용	주거지 정비가 목적 (재개발, 재건축 등)
상위계획	도시기본계획	주택종합계획	정비기본계획
사업방식	수용, 환지, 혼용 방식 중 선택	수용방식	관리처분
시행자	공공,민간,민관 공동 등 다양한 사업시행 가능	공공사업자만 시행 가능 (민간 공동시행은 허용)	민간(조합) 위주의 시행

03 도시개발사업 개발계획의 내용

- 도시개발구역의 명칭·위치 및 면적
- 도시개발구역의 지정 목적과 도시개발사업의 시행 기간
- 도시개발구역을 둘 이상의 사업시행지구로 분할 하거나 서로 떨어진 둘 이상의 지역을 하나의 구역으로 결합하여 도시개발사업을 시행하는 경우에는 그 분할이나 결합에 관한 사항
- 도시개발사업의 시행자에 관한 사항
- 도시개발사업의 시행방식
- 인구수용계획
- 토지이용계획
- 원형지로 공급될 대상 토지 및 개발 방향
- 교통처리계획
- 환경보전계획
- 보건의료시설 및 복지시설의 설치계획

- 도로, 상하수도 등 주요 기반시설의 설치계획
- 재원조달계획
- 도시개발구역 밖의 지역에 기반시설을 설치하여야 하는 경우에는 그 시설의 설치에 필요한 비용의 부담 계획
- 수용 또는 사용의 대상이 되는 토지·건축물 또는 토지에 정착한 물건과 이에 관한 소유권 외의 권리, 광업권, 어업권, 물의 사용에 관한 권리가 있는 경우에는 그 세부목록 등

04 도시개발구역의 구역계 설정

- 용도지역, 지구, 구역 및 타법에 의한 경계등 지구 경계를 명확히 할 수 있는 요인 고려
- 도시계획시설사업의 구역경계를 고려
- 하천, 구거, 옹벽, 절개지, 급경사지 등 지형·지세를 고려
- 기타 토지이용상황, 토양 및 지질, 자연경관, 환경적·생태적 요소 및 재해위험 요인 고려
- 지구경계를 명확히 할 수 있는 요인 고려

SECTION 03 도시개발사업의 시행

01 도시개발사업의 시행자 및 제안 주체

1) 도시개발사업의 시행자

- 국가나 지방자치단체
- 공공기관(한국토지주택공사, 한국수자원공사, 한국농어촌공사, 한국관광공사, 한국철도공사 등)
- 정부출연기관(한국철도시설공단, 제주국제자유도시개발센터)
- 「지방공기업법」에 따른 지방공사
- 도시개발구역의 토지소유자(국공유지를 제외한 토지면적의 3분의 2 이상을 소유한 자)
- 과밀억제권역에서 수도권 외의 지역으로 이전하는 법인(자격제한)
- 「주택법」 제9조에 따라 등록한 자 중 도시개발사업을 시행할 능력이 있다고 인정되는 자(자격제한)
- 「건설산업기본법」에 따른 토목공사업 또는 토목건축공사업의 면허를 받는 등 개발계획에 맞게 도시개발사업을 시행할 능력이 있다고 인정되는 자(자격제한)
- 「부동산투자회사법」에 따라 설립된 자기관리부동산투자회사 또는 위탁관리투자회사(자격제한)
- 상기에 해당하는 자 중 둘 이상이 도시개발사업을 시행할 목적으로 출자하여 설립한 법인

2) 도시개발사업의 제안

제안자는 시행자 전부 가능하며 토지소유자 또는 조합 등 민간의 시행자는 토지면적 2/3 이상 소유자(지상권자 포함) 동의가 필요하다. 제안접수자 및 결과 통보는 시장·군수·구청장이 하며, 제안 내용의 수용 여부를 3개월 이내에 제안자에게 통보해야 한다.

02 도시개발사업의 시행방식

1) 수용 또는 사용방식(전면매수방식, 공영개발방식)

수용 또는 사용방식은 사업시행자가 토지 및 지상물에 대한 권리를 전부 매수하는 획일적인 방식이다. 사업시행 전 지가가 저렴하고 기존 건물이 적은 지역에 공공용지 확보가 용이하며, 토지매각이 가능하다. 사업시행은 용이하나 막대한 비용이 소요된다.

2) 환지방식(구획정리방식)

환지방식은 사업 후 개발 토지 중 사업에 소요된 비용과 공공용지를 제외한 토지를 당초의 토지소유자에게 되돌려주는 방식이다. 사업시행 전 지가가 높고

[그림 13-1] 환지방식

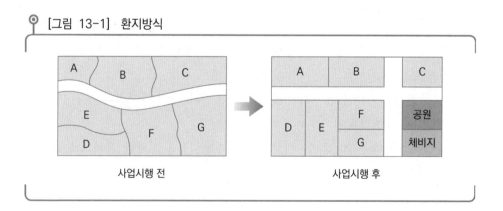

기존 양호건물이 산재 되어 있으며 개발이익이 토지소유자에게 환원이 된다. 이 방식은 개발재원이 부족한 경우 적용되고 균등한 혜택이 부여되나 권리조정이 어렵다.

> **환지방식의 이해**
>
> - 환지(還紙)란 토지를 바꾸거나 토지를 팔고 대토를 얻는 것을 의미하는 것으로 땅을 가져가서 예쁘게 정비하고 다시 소유권자에게 돌려주는 것이다.
> - 새로운 토지이용의 배치를 통해 기존에 없던 도로도 생기고 기존 농경지 위에 주택용지나 상업용지가 생기게 되는데, 이 과정에서 개발사업시행자는 땅을 돈으로 사오는 수용방식이나 다시 땅으로 돌려주는 환지방식에서 사업방식을 채택하게 된다.
> - 환지방식으로 사업을 추진할 경우에 환지계획을 수립하게 되는데, 한정된 규모의 토지에 도로 등 기반시설을 설치하기 때문에 기존 토지소유자에게 돌아가는 토지면적이 줄어들 수 밖에 없다. 이를 감어율이라고 하며, 감보율이 적용된다고 하더라도 기존 토지용도(농지)에서 대지와 건축이 용이한 토지로 바뀌게 되고 용적률이 상승함으로써 토지가치가 상승한다. 따라서 감보율에 의한 토지면적 축소는 정당한 보상을 받는 것이다.
> - 환지방식에 의한 사업방식은 토지를 통하여 사업비를 마련하고 감보율을 적용한 토지를 환지해줌으로써 토지소유자에게 토지를 다시 돌려주어 사업비를 최소화하고 새로운 도시개발을 유도한다는 점에서 재원이 부족한 민간 개발시행자인 조합 측에서 시행할 수 있는 효율적 개발방식이다.

용어의 정의
- 환지: 대상 토지의 위치, 지목, 면적, 이용도, 기타 여러 사항을 고려하여 사업시행 후 소유주에게 재배분하는 택지를 의미함
- ※ 감보율: 도로, 공원, 학교부지 등 공용부지를 확보하고 공사비를 충당하기 위해 토지주의 일부 토지를 사업시행자에게 제공하는 비율(최고 50%를 넘을 수 없음)
- 보류지: 사업시행자가 사업에 필요한 경비를 충당하거나, 사업계획에서 정한 목적으로 사용 및 처분하기 위한 토지
- 체비지: 보류지 중에서 공공시설 설치 등을 위한 용지로 사용하기 위한 토지를 제외한 부분으로 사업시행자의 경비 충당을 위하여 매각 처분할 수 있는 토지를 말함(환지방식에 의한 도시개발사업의 경우 사업의 재원을 확보하기 위하여 사업시행자가 토지 소유자로부터 취득하여 처분할 수 있는 토지)

3) 혼용방식(전면매수와 환지방식의 절충식)

구역 분할방식은 수용·사용구역과 환지구역 경계를 명확히 설정하여 시행하는 방식이다. 환지구역 내 토지는 지목에 관계 없이 모두 환지 대상 토지이고, 종전 토지 중 과소토지는 환지로 지정하지 않고 금전으로 청산하며 이외의 구역은 수용·사용방식을 적용한다. 이때, 집단취락 등이 한곳에 집중된 경우 유리하다.

구역 미분할방식은 단어 그대로 구역을 분할하지 않는 혼용 방식으로 기본은 수용·사용방식이며, 환지 개념을 적용하는 방식이다. 이때, 취락 등이 산재 되어 있는 경우 유리하다. 주거용지 환지토지는 1가구 필지 기준, 660m² 이내로 공급하며 부담률은 사업시행자와 주민들의 협의 후 산정한다.

[표 13.2] 도시개발사업 시행방식별 비교표

구분	수용·사용 방식	환지방식	혼용방식
용지비	용지보상에 소요되는 비용이 가장 큼	주로 지장물 보상비, 과소필지의 매수비용	매수방식에 비해 다소 적음
간선시설비	가장 많음	가장 적음	매수방식과 동일
기반시설 확보	유리	불리	유리
투자 및 회수	• 초기 투자 과다 • 투자회수기간 장기화	• 초기 투자 적음 • 체비지 매각으로 회수 • 부담이 상대적으로 적음	매수방식과 유사
시행 기간	용지 일괄매수로 단기간 사업시행 완료	환지계획 시 주민동의, 민원 등으로 사업 기간 장기화	• 대부분 지역이 매수방식으로서 비교적 단기간 • 비환지 구역은 단계적으로 개발 가능
민원	• 개발반대 민원 많음 • 사업시행과정에서는 민원 적음	• 개발 민원 최소 • 사업시행과정 상 민원 많음	• 개발반대 민원 최소화 • 사업시행상 민원 상대적으로 적음
도시발전	적극적	소극적	적극적

03　환지예정지 지정

환지예정지의 지정 목적은 도시개발사업의 원활한 추진을 도모하기 위하여 권리관계를 조속히 안정시켜 권리자가 실제 상 환지처분이 행하여진 것과 같은 효과를 누릴 수 있게 하는 것이다. 지정대상은 사업시행자가 필요하다고 인정하는 경우, 사업시행 기간이 2년 이상인 경우로 토지소유자의 권리를 보호하고, 체비지를 처분하고자 하는 경우, 종전 토지에 임차권자 등이 있는 경우이다.

지정효과는 토지소유자 및 임차권자는 환지예정지에 종전과 동일한 권리를 행사할 수 있다. 하지만 종전 토지는 사용·수익 불가하다. 체비지를 환지예정지로 지정한 경우 도시개발사업 시행자는 도시개발사업비용을 충당하기 위해 사용·수익·처분 가능하다.

04　환지처분

환지처분의 개념은 사업시행자가 환지계획에 따라 도시개발사업구역 내 토지를 사업시행 전 토지상에 존재하던 임차권, 지상권 등 권리를 사업시행 후 환지에 위치나 면적을 확보하는 처분이다. 시기는 환지계획에 따라 도시개발사업 구역 전체에 대하여 공사가 완료될 때이다. 절차는 공람(14일) → 의견청취 → 공사완료보고서 제출 → 환지처분 시행 → 토지소유자 등에게 통지, 공고 → 14일 이내 등기 신청·촉탁의 순이다.

환지처분의 효과는 환지계획에 따라 정한 토지가 확정, 종전 토지상에 존재하던 권리는 소멸, 청산금 확정, 공공시설 국가·지자체 귀속, 체비지는 토지매수자가, 보류지는 환지계획에서 정한 자가 소유권을 획득한다.

> ## 환지방식에서 무조건 땅을 받을까요?

1. 동의에 따른 환지의 제외
   - 토지소유자가 신청하거나 동의하면 해당 토지의 전부 또는 일부에 대하여 환지를 정하지 아니할 수 있다. 즉 전부나 일부를 땅이 아닌 돈으로 받을 수 있다.
2. 환지를 받아야만 하는 경우
   - 토지소유자의 신청이 있다고 해서 모두 땅으로 받을 수 있는 것이 아님(법 제30조 제2항). 아래사항에 각 호에 하나에 해당되는 경우는 제외
   1) 환지 예정지를 지정하기 전에 사용하는 토지
   2) 환지계획인가에 따라 환지를 지정받기로 결정된 토지
   3) 종전과 같은 위치에 종전과 같은 용도로 환지를 계획하는 토지 등
3. 환지를 받지 못하는 경우
   - 개발사업시행자가 토지면적 규모를 조정할 특별한 필요가 있어 면적이 작은 토지는 환지대상에서 제외함(과소토지), 환지방식에 의하여 사업이 진행하는 경우에는 과소토지의 기준을 확인할 필요가 있음
   1) 과소토지의 기준
      - 건축법 시행령 제80조에서 정하는 면적에서 개발사업시행자가 규약, 정관 또는 시행규정으로 정하도록 규정되어 있으며, 이 경우 과소토지 여부의 판단은 권리면적을 기준으로 함(건축법 제80조에 의한 면적: 주거지역 60m², 상업지역 150m², 공업지역 150m², 녹지지역 200m² 등)
   2) 과소토지 적용 예외
      - 기존 건축물이 없는 경우(주거지역의 경우 150m² 이상 500m² 이하의 범위)
      - 환지로 지정할 토지의 필지수가 도시개발사업으로 조성되는 토지의 필지수보다 많은 경우 등)

05 토지 등의 수용 또는 사용

수용권자는 시행자이다. 단, 토지소유자·조합, 공동법인 등 민간 시행자는 토지면적의 2/3 이상 매입 및 토지소유자 총수의 1/2 이상의 동의가 필요하다. 토지 수용권 인정시점은 토지의 세목 고시일이다.

06 도시개발사업 조성 토지 공급방법 및 가격 산정

1) 공급방법

① 경쟁입찰: 도시개발사업 시행자는 조성토지 공급을 하려고 하는 경우에는 조성토지 등의 공급계획을 작성하여 지정권자에게 제출하여 시장, 군수, 구청장에게 승인을 받아아하며, 이때 토지의 공급의 기본 원칙은 경쟁 입찰로 공급한다.

② 추첨방식: 도시개발사업의 공급 토지에 대하여 기본적으로 경쟁입찰로 공급하나, 아래사항에 해당될 경우에는 추첨방식 적용한다. 국민주택규모 이하의 주택건설용지, 주택법에 따른 공공택지, 저렴한 토지공급을 위해 330m² 이하 단독주택용지, 공장용지이다.

③ 수의계약: 학교용지, 공공청사용지 등 공공용지, 협의매수에 응한 토지소유자에 대한 택지, 토지상환채권에 의하여 토지를 상환하는 경우, 복합적이고 입체적인 개발이 필요하여 공무에 따라 선정된 자에게 토지를 공급하는 경우 등은 수의계약을 한다.

2) 조성토지 가격 산정

① 감정평가 가격: 도시개발법으로 조성하는 토지는 감정평가가격이 기준이 된다.

② 감정평가 이하 가격: 도시개발사업으로 시행할 경우 시행자가 학교, 폐기물처리시설, 공공청사, 사회복지시설, 공장, 임대주택, 국민주택규모 이하의 공동주택, 호텔, 시장, 자동차정류장, 종합의료시설, 통신시설을 설치하기 위한 토지를 공급할 경우에는 감정평가한 가격 이하로 토지가격을 정할 수 있다.

③ 조성원가 이하 가격: 이주대책에 따라 해당자에게 이주택지 등을 공급하는 경우에는 도로, 급수시설, 배수시설 등 기타 공공시설 등 해당지역의 여건에 따라 설치하는 생활기본시설의 설치비를 차감한 조성원가 이하의 가격으로 토지가격을 정할 수 있다.

07 도시개발사업 절차도

　도시개발사업의 핵심 절차는 구역지정 → 실시계획 → 사업시행으로 이루어진다. 구역지정단계는 도시개발구역지정을 제안(민간 토지면적 2/3이상의 동의 등)하게 될 경우 군수·구청장은 도시개발구역 지정여부에 대한 주민 공람·공청회를 시행한 후 지정권자(시장)에게 도시개발구역 지정을 요청하게 되고 지정권자(시장)는 관계 행정기관(부서)와의 협의 및 도시계획위원회 심의를 통하여 도시개발구역을 지정하게 된다. 이때, 조합설립인가 및 개발계획 수립 포함한다.

　실시계획단계는 개발사업시행자 신청 및 지정이 이루어지고 실시계획(도시계획 상세내용 포함)을 제반 영향평가 협의를 통하여 수립하여, 실시계획인가를 신청하고 지정권자(시장)가 실시계획인가를 고시하게 된다. 사업시행단계는 토지의 수용방식/혼용/환지방식이 결정이 되면 사업시행방식에 의하여 환지계획을 수립하거나, 토지의 수용 및 사용을 하면서 사업을 시행하게 되고 환지처분 및 조성토지공급이 완료될 경우 사업을 준공하게 된다.

[표 13.3] 도시개발사업 상세 절차도

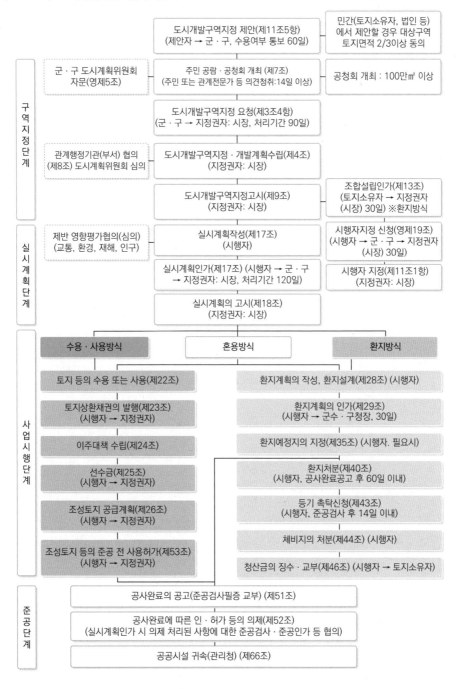

참고문헌

「도시 및 주거환경정비법」
「도시 및 주거환경정비법 시행령」
「도시저소득주민의 주거환경개선을 위한 임시조치법」
「도시재정비 촉진을 위한 특별법」
「산업입지 및 개발에 관한 법률」
「산업입지 및 개발에 관한 법률 시행령」
「주택건설촉진법」

 홈페이지

국토교통부 (www.molit.go.kr)
토지e음 (www.eum.go.kr)

도시정비사업

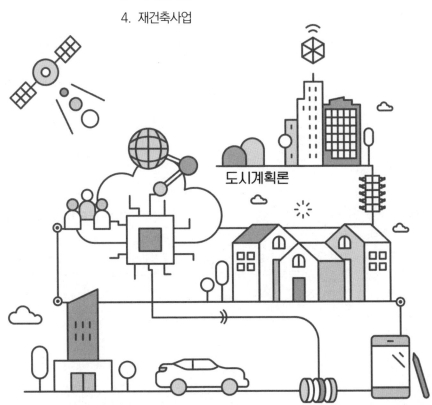

도시계획론

본 내용은 「국토의 계획 및 이용에 관한 법률」· 「도시 및 주거환경 정비법」· 「도시 및 주거환경 정비법 시행령」· 「도시저소득주민의 주거환경개선을 위한 임시조치법」· 「도시재정비 촉진을 위한 특별법」· 「주택건설촉진법」을 발췌하여 정리하였다.

SECTION 01 도시정비사업 개요

01 ▶ 도시정비 정의

　도시정비사업은 도시기능의 회복이 필요하거나 주거환경이 불량한 지역으로 계획적으로 정비하고 노후·불량 건축물을 효율적으로 개량하기 위한 사업을 말한다. 이를 통해 도시환경을 개선하고 주거생활의 질을 높이는 데 이바지함을 목적으로 한다. 도시기능회복이란 정비구역에서 기반시설을 정비하거나 주택 등 건축물을 개량하거나 건설하는 것을 말한다. 도시정비사업에는 주거환경개선사업, 재개발사업, 재건축사업이 있다.

　주거환경개선사업은 도시저소득 주민이 집단 거주하는 지역으로서 정비기반시설이 극히 열악하고 노후·불량건축물이 과도하게 밀집한 지역의 주거환경을 개선하는 것을 말한다. 또 단독주택 및 다세대주택이 밀집한 지역에서 정비기반시설과 공동이용시설 확충을 통하여 주거환경을 보전·정비·개량하기 위한 사업이다. 재개발사업이란 기반시설이 열악하고 노후·불량건축물이 밀집한 지역에서 주거환경을 개선하는 것을 말한다. 또 상업지역·공업지역 등에서 도시기능의 회복 및 상권 활성화 등을 위하여 도시환경을 개선하기 위한 사업이다. 재건축사업은 기반시설은 양호하나 노후·불량건축물에 해당하는 공동주택이 밀집한 지역에서 주거환경을 개선하기 위한 사업이다.

　도시정비사업의 법적 근거는 「도시 및 주거환경정비법 (약칭: 도시정비법)」이다. 1970년 이후 대량 공급된 주택들이 노후화됨에 따라 이들의 체계적이고 효율적인 정비가 필요해졌다. 종전 「도시재개발법」에 의한 재개발사업, 「주택건설촉진법」에 의한 재건축사업, 「도시저소득주민의 주거환경개선을 위한 임시초치법」에 의한 주거환경개선사업이 개별적으로 이루어져 제도적인 뒷받침이 부족했다. 이를 보완하고 일관성 있고 체계적이며 선계획 후개발의 원칙에 입각하여 「도시 및 주거환경정비법」이 제정되었다. 이에 따라 도시 및 주거환경을 개선하기 위하여 10년마다 기본방침을 정하고 5년마다 타당성을 검토하여 그 결과를 반영하고 있다.

노후 · 불량 건축물
① 건축물이 훼손되거나 일부가 멸실되어 붕괴, 그 밖의 안전사고의 우려가 있는 건축물
② 내진성능이 확보되지 아니한 건축물 중 중대한 기능적 결함 또는 부실 설계 · 시공으로 구조적 결함 등이 있는 건축물로서 대통령령으로 정하는 건축물
③ 다음의 요건을 모두 충족하는 건축물로서 대통령령으로 정하는 바에 따라 특별시 · 광역시 · 특별자치시 · 도 · 특별자치도 또는 인구 50만 이상 대도시의 조례로 정하는 건축물
　가, 주변 토지의 이용 상황 등에 비추어 주거환경이 불량한 곳에 위치할 것
　나. 건축물을 철거하고 새로운 건축물을 건설하는 경우 건설에 드는 비용과 비교하여 효용의 현저한 증가가 예상될 것
④ 도시미관을 저해하거나 노후화된 건축물로서 다음 대통령령으로 정하는 바에 따라 시 · 도 조례로 정하는 건축물
 • 급수 · 배수 · 오수 설비 등의 설비 또는 지붕 · 외벽 등 마감의 노후화나 손상으로 그 기능을 유지하기 곤란할 것으로 우려되는 건축물
 • 안전진단 결과 건축물의 내구성 · 내하력(耐荷力) 등이 기준에 미치지 못할 것으로 예상되어 구조 안전의 확보가 곤란할 것으로 우려되는 건축물
 • 지방자치단체의 조례로 정하는 면적에 미치지 못하거나 도시 · 군계획시설 등의 설치로 인하여 효용을 다할 수 없게 된 대지에 있는 건축물
 • 공장의 매연 · 소음 등으로 인하여 위해를 초래할 우려가 있는 지역에 있는 건축물
 • 준공일 기준으로 40년까지 사용하기 위하여 보수 · 보강하는 데 드는 비용이 철거 후 새로운 건축물을 건설하는 데 드는 비용보다 클 것으로 예상되는 건축물
 • 준공된 후 20년 이상 30년 이하의 범위에서 시 · 도조례로 정하는 기간이 지난 건축물
 • 도시 · 군기본계획의 경관에 관한 사항에 어긋나는 건축물

정비기반시설
도로 · 상하수도 · 구거 · 공원 · 공용주차장 · 공동구, 그 밖에 주민의 생활에 필요한 열 · 가스 등의 공급시설로서 대통령령으로 정하는 시설을 말한다. 대통령령으로 정하는 시설은

녹지 · 하천 · 공동묘지 · 광장 · 소방용수시설 · 비상대피시설 · 가스공급시설 · 지역난방시설
과 시장 · 군수 등이 관리하는 시설

공동이용시설
주민이 공동으로 사용하는 놀이터 · 마을회관 · 공동작업장, 그 밖에 대통령령으로 정하는
시설을 말한다. 대통령령으로 정하는 시설은 공동으로 사용하는 구판장 · 세탁장 · 화장실
· 수도, 탁아소 · 어린이집 · 경로당 등 노유자 시설, 유사한 용도의 시설로 시 · 도조례로
정하는 시설

02 기본계획 수립절차 및 내용

도시 · 주거환경정비기본계획의 수립권자는 특별시장 · 광역시장 · 특별자치시
장 · 특별자치도지사 또는 인구 50만 명 이상의 대도시 시장이다. 수립권자는 관
할 구역에 대하여 도시 · 주거환경정비기본계획을 수립하거나 변경하는 경우에는
14일 이상 주민에게 공람하여 의견을 듣고 타당한 것은 반영한다. 공람과 함께
지방의회에도 의견을 들어야 한다. 지방의회는 60일 이내에 의견을 제시하며, 기
한 내 의견제시가 없으면 이의가 없는 것으로 본다. 수립권자는 관계 행정기관장
과 협의한 후 지방도시계획위원회의 심의를 거쳐 기본계획을 수립 또는 변경하
고, 이를 지방자치단체의 공보에 고시하고 일반인이 열람할 수 있도록 한다.

대도시 시장이 아닌 시장은 기본계획을 수립하거나 변경하려면 도지사의 승
인을 받아야 한다. 도지사가 이를 승인하려면 관계 행정기관장과 협의한 후 지
방도시계획위원회의 심의를 거쳐야 한다. 다만 대통령으로 정하는 경미한 변경
의 경우에는 도지사의 승인을 받지 아니할 수 있다.

도시 · 주거환경정비 기본계획은 다음의 사항이 포함되어야 한다.
① 정비사업의 기본방향
② 정비사업의 계획기간

③ 인구·건축물·토지이용·정비기반시설·지형 및 환경 등의 현황

④ 주거지 관리계획

⑤ 토지이용계획·정비기반시설계획·공동이용시설설치계획 및 교통계획

⑥ 녹지·조경·에너지공급·폐기물처리 등에 관한 환경계획

⑦ 사회복지시설 및 주민문화시설 등의 설치계획

⑧ 도시의 광역적 재정비를 위한 기본방향

⑨ 정비구역으로 지정할 예정인 구역(정비예정구역)의 개략적 범위

⑩ 단계별 정비사업 추진계획

⑪ 건폐율·용적률 등에 관한 건축물의 밀도계획

⑫ 세입에 대한 주거안정대책

⑬ 그 밖에 주거환경 등을 개선하기 위하여 필요한 사항으로서 도시·군계획과 연계된 도시·주거환경정비의 기본방향과 목표, 도심기능의 활성화 및 도심공동화 방지 방안, 역사적 유물 및 전통건축물의 보존계획, 정비사업의 유형별 공공 및 민간부문의 역할, 정비사업의 시행을 위하여 필요한 재원조달에 관한 사항

03 정비구역 지정 및 입안

정비구역이란 정비사업을 계획적으로 시행하기 위하여 지정·고시된 구역을 말한다. 정비구역의 지정권자는 특별시장·광역시장·특별자치시장·특별자치도지사·시장 또는 군수(광역시의 군수는 제외)이다. 이들은 기본계획에 적합한 범위에서 노후·불량건축물이 밀집하는 등 요건에 해당하는 구역에 대하여 지방도시계획위원회의 심의를 거쳐 정비구역을 지정한다. 자치구의 구청장 또는 광역시의 군수는 정비계획을 입안하여 특별시장·광역시장에게 정비구역 지정을 신청할 수 있다. 천재지변 등 불가피한 사유로 긴급하게 정비사업을 시행할 필요가 있다고 인정할 때는 기본계획을 수립하거나 변경하지 아니하고 정비구역을 지정할 수 있다.

특별시장·광역시장·특별자치시장·특별자치도지사·시장·군수·자치구의 구청장은 정비구역 지정을 위하여 정비계획을 입안할 수 있다. 이 경우 주민공람과 함께 지방의회의 의견을 들어야 하며, 지방의회는 60일 이내에 의견을 제시하고, 의견제시가 없으면 이의가 없는 것으로 본다. 정비구역을 지정하거나 정비계획을 결정하여 지방자치단체의 공보에 고시되면 그 효력은 지구단위계획구역 및 지구단위계획으로 결정·고시된 것으로 본다.

정비구역의 지정권자는 정비사업의 효율적인 추진 또는 도시의 경관보호를 위하여 필요하다고 인정하는 경우에는 다음의 방법에 따라 정비구역을 지정할 수 있다. 하나의 정비구역을 둘 이상의 정비구역으로 분할할 수 있고, 서로 인접한 정비구역을 하나의 정비구역으로 통합할 수 있다. 서로 연접하지 아니한 둘 이상의 구역은 하나의 정비구역으로 결합한다. 이처럼 정비구역을 분할·통합, 또는 서로 떨어진 구역을 하나의 정비구역으로 지정하려는 경우 그 시행방법과 절차에 관한 세부사항은 시·도조례로 정한다.

정비계획에는 다음의 사항이 포함되어야 한다, ① 정비사업의 명칭 ② 정비구역 및 그 면적 ③ 도시·군계획시설의 설치에 관한 계획 ④ 공동이용시설 설치계획 ⑤ 건축물의 주용도·건폐율·용적률·높이에 관한 계획 ⑥ 환경보전 및 재난방지에 관한 계획 ⑦ 정비구역 주변의 교육환경 보호에 관한 계획 ⑧ 세입자 주거대책 ⑨ 정비사업시행 예정시기 ⑩ 정비사업을 통하여 공공지원민간임대주택을 공급하거나 주택임대관리업자에게 임대할 목적으로 주택을 위탁하려는 경우에는 임대관리 위탁주택이 차지하는 비율이 20% 이상, 임대기간이 8년 이상으로 범위로 한정한다. ⑪ 그 밖에 정비사업의 시행을 위하여 필요한 사항으로서 대통령령으로 정하는 사항이다.

04　정비구역의 해제

정비구역의 지정권자는 다음의 어느 하나에 해당하는 경우에는 정비구역 등을 해제하여야 한다.

① 정비예정구역에 대하여 기본계획에서 정한 정비구역 지정 예정일부터 3년이 되는 날까지 특별자치시장, 특별자치도지사, 시장 또는 군수가 정비구역을 지정하지 아니하거나 구청장 등이 정비구역의 지정을 신청하지 아니하는 경우

② 재개발사업·재건축사업이 다음의 어느 하나에 해당하는 경우이다. 토지등소유자가 정비구역으로 지정·고시된 날부터 2년이 되는 날까지 조합설립추진위원회의 승인을 신청하지 아니하는 경우, 토지등소유자가 정비구역으로 지정·고시된 날부터 3년이 되는 날까지 조합설립인가를 신청하지 아니하는 경우, 추진위원회가 추진위원회 승인일부터 2년이 되는 날까지 조합설립인가를 신청하지 아니하는 경우, 조합이 조합설립인가를 받은 날부터 3년이 되는 날까지 사업시행계획인가를 신청하지 아니하는 경우

③ 토지등소유자가 시행하는 재개발사업으로서 토지등소유자가 정비구역으로 지정·고시된 날부터 5년이 되는 날까지 사업시행계획인가를 신청하지 아니하는 경우

정비구역의 지정권자는 다음의 어느 하나에 해당하는 경우 지방도시계획위원회의 심의를 거쳐 정비구역등을 해제할 수 있다. 구체적인 기준 등에 필요한 사항은 시·도조례로 정한다.

① 정비사업의 시행으로 토지등소유자에게 과도한 부담이 발생할 것으로 예상되는 경우

② 정비구역등의 추진 상황으로 보아 지정 목적을 달성할 수 없다고 인정되는 경우

③ 토지등소유자의 100분의 30 이상이 정비구역등의 해제를 요청하는 경우

④ 주거환경개선사업의 정비구역이 지정·고시된 날부터 10년 이상 지나고, 추진 상황으로 보아 지정 목적을 달성할 수 없다고 인정되는 경우로서 토지등소유자의 과반수가 정비구역의 해제에 동의하는 경우

⑤ 추진위원회 구성 또는 조합 설립에 동의한 토지등소유자의 2분의 1 이상 3분의 2 이하의 범위에서 시·도조례로 정하는 비율 이상의 동의로 정비구역의 해제를 요청하는 경우

⑥ 추진위원회가 구성되거나 조합이 설립된 정비구역에서 토지등소유자 과반수의 동의로 정비구역의 해제를 요청하는 경우

주거환경개선사업

01 지정요건

① 1985년 6월 30일 이전에 건축된 건축물로서 법률 제3533호「특정건축물 정리에 관한 특별조치법」 제2조의 규정에 의한 무허가 건축물 또는 위법시공건축물로서 노후·불량건축물이 밀집되어 있어 주거지로서의 기능을 다하지 못하거나 도시의 미관을 현저히 훼손하고 있는 지역

② 「개발제한구역의 지정 및 관리에 관한 특별조치법」에 의한 개발제한구역으로서 그 구역지정 이전에 건축된 노후·불량건축물의 수가 당해 정비구역 안의 건축물 수의 50퍼센트 이상인 지역

③ 주택재개발사업을 위한 정비구역안의 토지면적의 50퍼센트 이상의 소유자와 토지 또는 건축물을 소유하고 있는 자의 50퍼센트 이상이 각각 주택재개발사업의 시행을 원하지 아니하는 지역

④ 철거민이 50세대 이상 규모로 정착한 지역이거나 인구가 과도하게 밀집되어 있고 기반시설의 정비가 불량하여 주거환경이 열악하고 그 개선이 시급한 지역

⑤ 정비기반시설이 현저히 부족하여 재해발생 시 피난 및 구조 활동이 곤란한 지역

⑥ 건축대지로서 효용을 다할 수 없는 과소필지 등이 과다하게 분포된 지역으로서 건축행위 제한 등으로 주거환경이 열악하여 그 개선이 시급한 지역

⑦ 「국토의 계획 및 이용에 관한 법률」 제37조 제1항 제5호에 따른 방재지구로서 주거환경개선사업이 필요한 지역

⑧ 단독주택 및 다세대주택 등이 밀집한 지역으로서 주거환경의 보전·정비
·개량이 필요한 지역

⑨ 법 제20조 및 제21조에 따라 해제된 정비구역 및 정비예정구역

⑩ 기존 단독주택 재건축사업 또는 재개발사업을 위한 정비구역 및 정비예
정구역의 토지 등 소유자의 50% 이상이 주거환경개선사업으로의 전환에
동의하는 지역

⑪ 「도시재정비 촉진을 위한 특별법」 제2조 제6호에 따른 존치지역 및 같은
법 제7조 제2항에 따라 재정비촉진지구가 해제된 지역

02 사업시행자

① 스스로 개량방식에 따른 방법으로 시행하는 주거환경개선사업은 시장·
군수 등이 직접 시행하되, 토지주택공사 등을 사업시행자로 지정하여 시
행하게 하려는 경우에는 공람공고일 현재 토지 등 소유자의 과반수의 동
의를 받아야 한다.

② 수용방식, 환지방식, 관리처분방식의 방법으로 시행하는 주거환경개선사
업은 시장·군수 등이 직접 시행하거나 다음에서 정한 자에게 시행하게
할 수 있다.

가. 시장·군수 등이 다음의 어느 하나에 해당하는 자를 사업시행자로 지
정하는 경우

㉠ 토지주택공사 등

㉡ 주거환경개선사업을 시행하기 위하여 국가, 지방자치단체, 토지주
택공사 등 또는 「공공기관의 운영에 관한 법률」에 따른 공공기관
이 총지분의 100분의 50을 초과하는 출자로 설립한 법인

나. 시장·군수 등이 가.에 해당하는 자와 다음의 어느 하나에 해당하는
자를 공동시행자로 지정하는 경우

㉠ 「건설산업기본법」에 따른 건설업자

        ⓛ 「주택법」에 따라 건설업자로 보는 등록사업자

③ 시장·군수 등은 천재지변, 그 밖의 불가피한 사유로 건축물이 붕괴할 우려가 있어 긴급히 정비사업을 시행할 필요가 있다고 인정하는 경우에는 토지 등 소유자 및 세입자의 동의 없이 자신이 직접 시행하거나 토지주택공사 등을 사업시행자로 지정하여 시행하게 할 수 있다. 이 경우 시장·군수 등은 지체없이 토지 등 소유자에게 긴급한 정비사업의 사유·방법 및 시기 등을 통보하여야 한다.

03 사업시행방법

주거환경개선사업은 다음의 어느 하나에 해당하는 방법 또는 이를 혼용하는 방법으로 한다.

① 사업시행자가 정비구역에서 정비기반시설 및 공동이용시설을 새로 설치하거나 확대하고 토지 등 소유자가 스스로 주택을 보전·정비하거나 개량하는 방법(스스로 개량방식)

② 사업시행자가 정비구역의 전부 또는 일부를 수용하여 주택을 건설한 후 토지 등 소유자에게 우선 공급하거나 대지를 토지 등 소유자 또는 토지 등 소유자 외의 자에게 공급하는 방법(수용방식)

③ 사업시행자가 환지로 공급하는 방법(환지방식)

④ 사업시행자가 정비구역에서 인가받은 관리처분계획에 따라 주택 및 부대시설·복리시설을 건설하여 공급하는 방법(관리처분방식)

04 사업수행 절차도

[그림 14-1] 사업수행 절차도

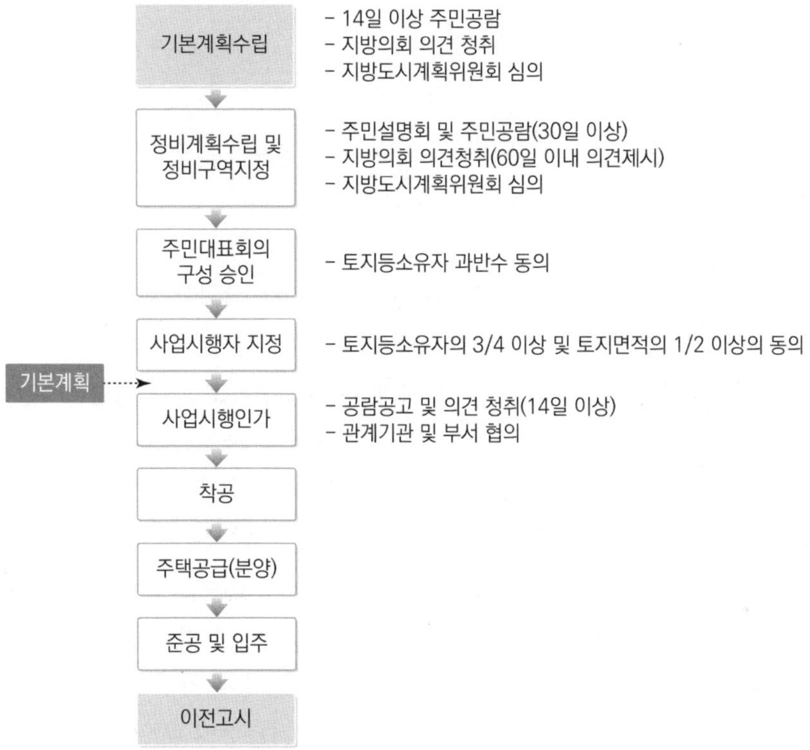

기본계획수립	– 14일 이상 주민공람 – 지방의회 의견 청취 – 지방도시계획위원회 심의
정비계획수립 및 정비구역지정	– 주민설명회 및 주민공람(30일 이상) – 지방의회 의견청취(60일 이내 의견제시) – 지방도시계획위원회 심의
주민대표회의 구성 승인	– 토지등소유자 과반수 동의
사업시행자 지정	– 토지등소유자의 3/4 이상 및 토지면적의 1/2 이상의 동의
사업시행인가	– 공람공고 및 의견 청취(14일 이상) – 관계기관 및 부서 협의
착공	
주택공급(분양)	
준공 및 입주	
이전고시	

기본계획

자료: DL건설 홈페이지.

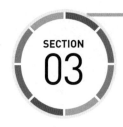

재개발사업

01 지정요건

노후·불량 건축물의 수가 전체 건축물의 수의 3분의 2이상인 지역으로서 다음의 어느 하나에 해당하는 지역에 대하여 입안한다.

① 정비기반시설의 정비에 따라 토지가 대지로서의 효용을 다할 수 없게 되거나 과소토지로 되어 도시의 환경이 현저히 불량하게 될 우려가 있는 지역

② 건축물이 노후·불량하여 그 기능을 다할 수 없거나 건축물이 과도하게 밀집되어 있어 그 구역안의 토지의 합리적인 이용과 가치의 증진을 도모하기 곤란한 지역

③ 철거민이 50세대 이상 규모로 정착한 지역이거나 인구가 과도하게 밀집되어 있고 기반시설의 정비가 불량하여 주거환경이 열악하고 그 개선이 시급한 지역

④ 정비기반시설이 현저히 부족하여 재해발생시 피난 및 구조 활동이 곤란한 지역

⑤ 공장의 매연·소음 등으로 인접지역에 보건위생상 위해를 초래할 우려가 있는 공업지역 또는 「산업집적활성화 및 공장설립에 관한 법률」에 따른 도시형공장이나 공해발생 정도가 낮은 업종으로 전환하려는 공업지역

⑥ 역세권 등 양호한 기반시설을 갖추고 있어 대중교통 이용이 용이한 지역으로서 「주택법」 제20조에 따라 토지의 고도이용과 건축물의 복합개발을 통한 주택 건설·공급이 필요한 지역

02 ▶ 사업시행자

조합이 시행하거나 조합이 조합원 과반수의 동의를 얻어 시장, 군수, 주택공사 등 건설산업기본법 제9조의 규정에 의한 건설업자, 「주택법」제12조 제1항의 규정에 의하여 건설업자로 보는 등록사업자 또는 「자본시장과 금융투자업에 관한 법률」에 따른 신탁업자와 「국유재산의 현물출자에 관한 법률 시행령」 제2조 제27호의 규정에 의한 주식회사 한국감정원과 공동으로 시행할 수 있다.

03 ▶ 사업시행방법

정비구역에서 인가받은 관리처분계획에 따라 건축물을 건설하여 공급하거나 환지로 공급하는 방법으로 한다.

04

사업수행절차도

[그림 14-2] 사업수행 절차도

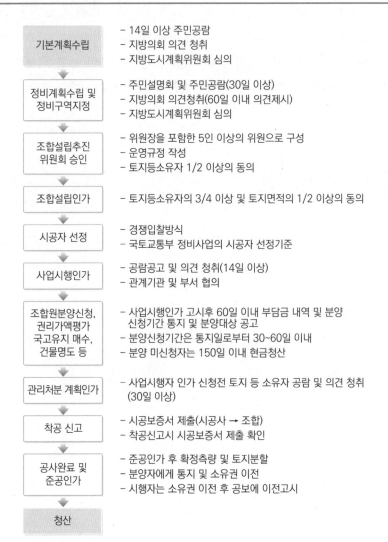

기본계획수립	- 14일 이상 주민공람 - 지방의회 의견 청취 - 지방도시계획위원회 심의
정비계획수립 및 정비구역지정	- 주민설명회 및 주민공람(30일 이상) - 지방의회 의견청취(60일 이내 의견제시) - 지방도시계획위원회 심의
조합설립추진 위원회 승인	- 위원장을 포함한 5인 이상의 위원으로 구성 - 운영규정 작성 - 토지등소유자 1/2 이상의 동의
조합설립인가	- 토지등소유자의 3/4 이상 및 토지면적의 1/2 이상의 동의
시공자 선정	- 경쟁입찰방식 - 국토교통부 정비사업의 시공자 선정기준
사업시행인가	- 공람공고 및 의견 청취(14일 이상) - 관계기관 및 부서 협의
조합원분양신청, 권리가액평가 국고유지 매수, 건물명도 등	- 사업시행인가 고시후 60일 이내 부담금 내역 및 분양 신청기간 통지 및 분양대상 공고 - 분양신청기간은 통지일로부터 30~60일 이내 - 분양 미신청자는 150일 이내 현금청산
관리처분 계획인가	- 사업시행자 인가 신청전 토지 등 소유자 공람 및 의견 청취 (30일 이상)
착공 신고	- 시공보증서 제출(시공사 → 조합) - 착공신고시 시공보증서 제출 확인
공사완료 및 준공인가	- 준공인가 후 확정측량 및 토지분할 - 분양자에게 통지 및 소유권 이전 - 시행자는 소유권 이전 후 공보에 이전고시
청산	

자료: 대림건설 홈페이지

재건축사업

01 지정요건

① 기존의 공동주택을 재건축 하고자 하는 경우에는 다음의 1에 해당하는 지역
- 건축물의 일부가 멸실되어 붕괴 그 밖의 안전사고의 우려가 있는 지역
- 재해 등이 발생할 경우 위해의 우려가 있어 신속히 정비사업을 추진할 필요가 있는 지역
- 노후·불량건축물로서 기존 세대수가 200세대 이상이거나 그 부지면적이 1만m² 이상인 지역
- 셋 이상의「건축법 시행령」별표 1 제2호 가목에 따른 아파트 또는 같은 호 나목에 따른 연립주택이 밀집되어 있는 지역으로서 제20조에 다른 안전진단 실시결과 3분의 2 이상의 주택 및 주택단지가 재건축 판정을 받은 지역으로서 시·도 조례로 정하는 면적 이상인 지역

② 기존의 단독주택(나대지 및 단독주택이 아닌 건축물을 일부 포함할 수 있다)을 재건축하고자 하는 경우에는 단독주택 200호 이상 또는 그 부지면적이 1만제곱미터 이상인 지역으로서 다음에 해당하는 지역. 다만, 부지면적이 5천 제곱미터 이상인 지역으로서 시·도 조례로 따로 정하는 지역은 다음에 해당하지 아니하더라도 정비계획을 수립할 수 있다.
- 당해 지역의 주변에 도로 등 정비기반시설이 충분히 갖추어져 있어 당해 지역을 개발하더라도 인근지역에 정비기반시설을 추가로 설치할 필요가 없는 것. 다만, 추가로 설치할 필요가 있는 정비기반시설을 정비사업 시행자가 부담하여 설치하는 경우에는 그러하지 아니하다.

– 노후·불량건축물이 당해 지역 안에 있는 건축물 수의 3분의 2이상 이거나, 노후·불량건축물이 당해 지역 안에 있는 건축물의 2분의 1이상으로서 준공 후 15년 이상이 경과한 다세대주택 및 다가구 주택이 당해 지역안에 있는 건축물 수의 10분의 3 이상일 것

02 사업시행자

조합이 시행하거나 조합이 조합원 과반수의 동의를 얻어 시장·군수 또는 주택공사 등과 공동으로 이를 시행할 수 있다.

03 사업시행방법

정비구역에서 인가받은 관리처분계획에 따라 주택, 부대시설·복리시설 및 오피스텔을 건설하여 공급하는 방법으로 한다. 다만, 주택단지에 있지 아니하는 건축물의 경우에는 지형여건·주변의 환경으로 보아 사업시행상 불가피한 경우로서 정비구역으로 보는 사업에 한정한다.

단, 오피스텔을 건설하는 공급하는 경우에는 「국토의 계획 및 이용에 관한 법률」에 따른 준주거지역 및 상업지역에서만 건설할 수 있다. 이 경우 오피스텔의 연면적은 전체 건축물 연면적의 100분의 30이하 이어야 한다(재건축사업의 경우에는 환지방식은 없음).

04 사업시행 절차도

[그림 14-3] 사업수행 절차도

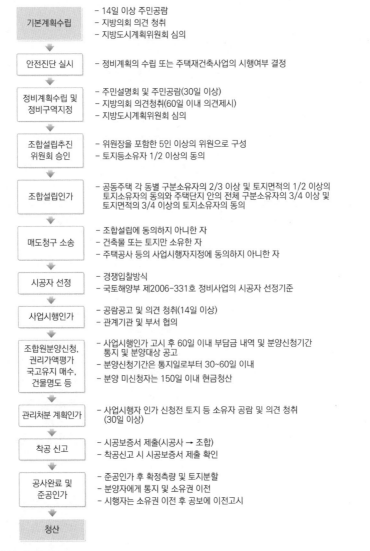

기본계획수립	– 14일 이상 주민공람 – 지방의회 의견 청취 – 지방도시계획위원회 심의
안전진단 실시	– 정비계획의 수립 또는 주택재건축사업의 시행여부 결정
정비계획수립 및 정비구역지정	– 주민설명회 및 주민공람(30일 이상) – 지방의회 의견청취(60일 이내 의견제시) – 지방도시계획위원회 심의
조합설립추진 위원회 승인	– 위원장을 포함한 5인 이상의 위원으로 구성 – 토지등소유자 1/2 이상의 동의
조합설립인가	– 공동주택 각 동별 구분소유자의 2/3 이상 및 토지면적의 1/2 이상의 토지소유자의 동의와 주택단지 안의 전체 구분소유자의 3/4 이상 및 토지면적의 3/4 이상의 토지소유자의 동의
매도청구 소송	– 조합설립에 동의하지 아니한 자 – 건축물 또는 토지만 소유한 자 – 주택공사 등의 사업시행자지정에 동의하지 아니한 자
시공자 선정	– 경쟁입찰방식 – 국토해양부 제2006-331호 정비사업의 시공자 선정기준
사업시행인가	– 공람공고 및 의견 청취(14일 이상) – 관계기관 및 부서 협의
조합원분양신청, 권리가액평가 국고유지 매수, 건물명도 등	– 사업시행인가 고시 후 60일 이내 부담금 내역 및 분양신청기간 통지 및 분양대상 공고 – 분양신청기간은 통지일로부터 30~60일 이내 – 분양 미신청자는 150일 이내 현금청산
관리처분 계획인가	– 사업시행자 인가 신청전 토지 등 소유자 공람 및 의견 청취 (30일 이상)
착공 신고	– 시공보증서 제출(시공사 → 조합) – 착공신고 시 시공보증서 제출 확인
공사완료 및 준공인가	– 준공인가 후 확정측량 및 토지분할 – 분양자에게 통지 및 소유권 이전 – 시행자는 소유권 이전 후 공보에 이전고시
청산	

자료: DL건설 홈페이지.

SECTION 04 재건축사업   421

[표 14.1] 정비사업의 제도 비교(요약)

구분		주거환경개선사업	주택재개발사업	주택재건축사업
대상 지역		도시저소득주민이 집단으로 거주하는 지역으로서 정비기반시설이 극히 열악하고 노후·불량건축물이 과도하게 밀집한 지역	정비기반 시설이 열악하고 노후·불량건축물이 밀집한 지역	정비기반시설은 양호하나 노후·불량건축물이 밀집한 지역
사업 방식		스스로개량방식	관리처분방식	관리처분방식
		수용방식, 환지공급방식	환지공급방식	
		관리처분방식	-	
주민 동의		구역지정: 입안권자	추진위원회: 토지등소유자 과반수	추진위원회: 토지등소유자 과반수
		시행자선정: 토지 또는 건축물 소유자 또는 지상권자의 2/3 이상 및 세입자 과반수(세입자 세대수가 토지등소유자의 1/2 이하일 경우 세입자 동의는 제외)	조합: 토지등소유자 3/4 이상 및 토지면적 1/2 이상의 토지소유자 동의	조합: 동별 구분소유자 2/3 이상 및 토지면적 1/2 이상의 토지소유자 동의, 단지전체 구분소유자 3/4 이상 및 토지면적 3/4 이상의 토지소유자 동의
안전 진단		-	-	시장·군수가 정비계획수립 또는 주택재건축 시행여부결정을 위해 공동주택을 대상으로 실시
				정비계획 수립시기가 도래한 때
				정비계획입안 제안전에 토지등소유자의 1/10 이상 동의를 얻어 실시 요청
				정비구역이 아닌 구역에서 추진위원회 구성신청전에 토지등소유자 1/10 이상 동의를 얻어 실시 요청
				정비예정구역을 지정하지 아니한 지역에서 토지등소유자 1/10 이상 동의를 얻어 요청
				내진성능이 확보되지 아니한 건축물 중 중대한 기능적 결함 또는 구조적 결함 등이 있는 건축물 소유자로서 토지등

구분	주거환경개선사업	주택재개발사업	주택재건축사업
조합원 자격	–	토지 또는 건축물 소유자 또는 그 지상권자	소유자 1/10 이상 동의를 얻어 실시 요청 건축물 및 그 부속토지의 소유자로서 조합설립에 동의한 자
사업 시행자	시장·군수가 직접시행 토지주택공사 등을 지정·시행, 시장·군수 등의 공동시행 지정(건설업자 등)	조합 시장·군수, 주택공사 등, 건설업자, 등록사업자, 신탁업자, 주식회사 한국감정원 등과 공동시행 (이 경우 조합원 과반수 동의 필요)	조합 시장·군수, 주택공사등과 공동시행(이 경우 조합원 과반수의 동의 필요)
시공자 선정	경쟁입찰 방식	조합설립인가 후 선정 (경쟁입찰)	조합설립인가 후 선정 (경쟁입찰)
주택 공급	1세대 1주택	1세대 1주택	1세대 1주택 수도권 과밀억제권역 외 지역은 소유주택 수만큼 공급
주택의 규모 및 건설 비율	국민주택규모(85m^2 이하)가 전체세대수의 90% 이하 공공임대주택: 전체세대수의 30% 이하로 하되, 주거전용면적이 40m^2 이하인 공공임대주택이 전체 공공임대주택 세대수의 100분의 50 이하일 것	국민주택규모(85m^2 이하)가 전체세대수의 80% 이하 임대주택: 전체세대수의 15% 이하 주거전용면적이 40m^2 이하인 임대주택이 전체 임대주택 세대수의 100분의 40 이하일 것	국민주택규모(85m^2 이하)가 전체세대수의 60% 이하
세입자 대책	임대주택 등 임시거주시설 설치 주택자금의 융자알선	임대주택 등 임시거주시설 설치 주택자금의 융자알선	소유자와 세입자간 협의하여 자율적인 이주대책 수립
미 동의자	수용	수용	매도청구

참고문헌 ─────────────────────────

「국토의 계획 및 이용에 관한 법률」
「도시 및 주거환경정비법」
「도시 및 주거환경정비법 시행령」
「도시저소득주민의 주거환경개선을 위한 임시조치법」
「도시재정비 촉진을 위한 특별법」
「주택건설촉진법」
메가북 편집부, 『도시재개발, 재건축사업』, 메가북, 2020.

🌐 **홈페이지** ─────────────────────────

DL건설 (www.dlconstruction.co.kr)
토지e음 (www.eum.go.kr)

스마트도시와
도시성장관리

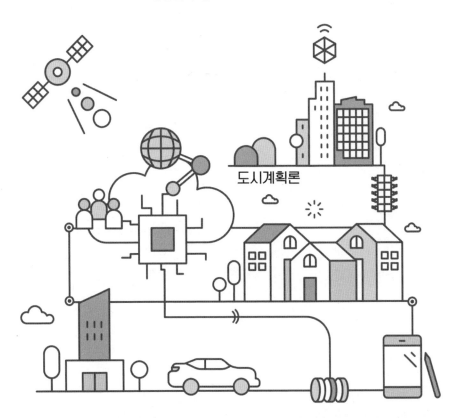

도시계획론

본 내용은 「스마트도시 조성 및 산업진흥 등에 관한 법률」·「성장관리방안수립지침」을 발췌하여 정리하였다.

SECTION 01 스마트도시의 이해

01 스마트도시의 개념

도시화가 심화되면서 교통체증, 자원부족 등의 도시문제가 증가하고 있다. 이러한 도시문제를 해결하기 위해 도시의 ICT, 빅데이터 등 신기술을 접목하여 도시 인프라를 효율적으로 활용함으로써 도시문제를 해결하고자 하는 접근 방

[그림 15-1] 스마트도시의 주요 기능

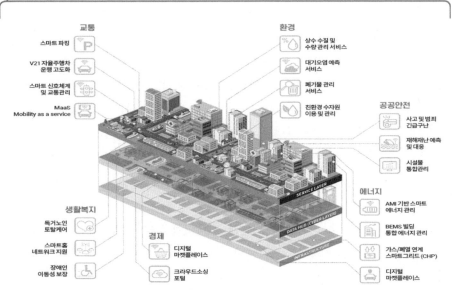

자료: 국토교통부 홈페이지, 정책리뷰, 2019.

식이 주목받고 있다. 스마트도시란 도시의 경쟁력과 삶의 질 향상을 위하여 건설·정보통신기술 등을 융·복합하여 건설된 도시기반시설을 바탕으로 다양한 도시서비스를 제공하는 지속가능한 도시를 말한다.

스마트도시는 도시에 정보통신기술을 접목하여 시민에게 필요한 정보를 신속하게 제공하여 보다 질 높은 생활을 영위할 수 있도록 도움을 주고자 하는 데 목적이 있다. 스마트도시서비스는 스마트도시기반시설 등을 통하여 행정·교통·복지·환경·방재 등 도시의 주요 기능별 정보를 수집한 후 그 정보 또는 이를 서로 연계하여 제공하는 서비스이다.

02 도시 성장 단계별 스마트도시

1) 신규개발 단계

(1) 국가 시범도시 신규 조성

국가 시범도시를 플랫폼으로 다양한 미래기술이 접목될 수 있도록 지능형인프라, 융합 신산업 서비스 등을 적극 반영한다. 도시에 구현할 수 있는 핵심기술 중 5년 내 개발이 가능하며 결과를 민간에서 활용할 수 있는 실증형 R&D를 접목하여 4차 산업혁명 기술을 개발하고 확산시킨다.

분야별로 단절되어 있는 도시 데이터를 상호 연계하여 빅데이터로 통합·관리 하기 위한 데이터 허브 모델을 구현하여 데이터 기반 스마트도시를 운영한다. 또한 도시 데이터를 기업, 시민 등이 쉽게 활용하도록 개방형 운영체계를 구축해 창의적인 수요자 맞춤형 신규 솔루션이 개발되도록 유도해 신산업을 창출한다.

도시계획 초기부터 민간참여를 확대하고 민관공동 사업을 추진해 혁신 생태계를 조성한다. 이를 통해 도시개발 전 단계에 팀 챌린지, 리빙랩 등을 활용하여 시민이 필요로 하는 다양한 콘텐츠를 발굴·반영하도록 한다.

(2) 혁신도시 등 신도시 중심의 지역 거점

혁신도시 이전기관의 특성을 살려 스마트도시 선도모델을 조성한다. 종합에너지관리 시스템 선도도입, 유휴부지 태양광발전소 구축, 에너지·교통·환경·방범 데이터 통합관리 등을 추진하는 에너지 모델과 대중교통·주차·화물배송·신호체계 등 교통문제 해결을 위한 신기술을 시범적용하는 교통 모델이 있다. 또한 공공조성 신도시에 스마트시티를 적극 도입한다.

2) 도시운영 단계

(1) 기존도시의 스마트화

도시운영 단계에 있는 기존도시는 스마트도시 확산모델을 조성한다. 스마트도시 확산모델에는 도시의 각종 정보가 원활하게 생산·관리·공유되는 기술을 통해 서비스 솔루션이 구현되는 환경을 조성하는 데이터 허브모델, 지자체가 지역 특성과 연계한 특화계획을 수립할 수 있도록 지원하는 테마형 특화단지, 스마트도시사업에 민간기업의 적극적인 참여를 유도하고 지자체·시민의 수요를 반영한 정책사업을 도입하도록 하는 스마트시티 챌린지 사업 등이 있다.

3) 노후·쇠퇴 단계

(1) 스마트시티형 도시재생 추진

노후·쇠퇴 단계에 있는 도시의 경우 스마트시티형 도시재생을 위한 지원을 확대한다. 저비용－고효율의 스마트시티형 도시재생 사업지를 매년 5곳 선정하고 지자체가 필요에 따라 선택·적용할 수 있도록 스마트도시를 대표하는 분야별 주요 서비스에 대해 사업비 및 컨설팅을 지원한다.

(2) 주민주도의 도시재생 추진

도시재생 주민협의체를 기반으로 민간, 지역 전문가 등이 참여하는 스마트 거버넌스를 구축해 지역문제를 도출하고, 수요·지역특성·예산을 고려해 도시서비스 수준을 결정한다. 또한 이러한 데이터에 기반한 시민참여로 도시문제를 해결하는 리빙랩을 도입하여 스타트업, 중소기업의 혁신솔루션을 실증하는 시험환경을 조성한다.

02 스마트도시의 제도

01 스마트도시종합계획

국토교통부장관은 스마트도시의 효율적인 조성 및 관리·운영을 위하여 5년 단위로 스마트도시종합계획을 수립한다. 여기에 포함되는 내용은 스마트도시의 실현을 위한 현황 및 여건 분석, 스마트도시의 이념과 기본방향, 스마트도시의 단계별 추진전략, 스마트도시건설 등을 위한 관련 법·제도의 정비, 스마트도시 건설사업 추진체계, 국가와 지방자치단체 간 및 중앙행정기관별 역할 분담, 스마트도시기반시설의 구축 및 관리·운영과 관련 기준의 마련, 스마트도시 기술의 기준, 개인정보 보호와 스마트도시기반시설 보호, 스마트도시건설 등에 필요한 재원의 조달 및 운영, 국가시범도시의 지정·운영 등이다.

02 스마트도시건설사업

사업시행자는 스마트도시건설사업의 실시계획을 수립하여야 한다. 실시계획에는 사업의 명칭 및 범위, 사업의 목적 및 기본방향, 사업시행자, 사업의 시행기간, 사업의 시행방법, 연도별 투자계획, 스마트도시기반시설의 조성 및 관리·운영, 스마트도시서비스의 제공, 스마트도시기술을 포함된다.

03 스마트도시산업

스마트도시산업이란 스마트도시기술과 스마트도시기반시설, 스마트도시서비스 등을 활용하여 경제적 또는 사회적 부가가치를 창출하는 산업을 말한다. 스마트도시 특화단지는 국토교통부장관은 스마트도시의 조성, 관리·운영, 스마트도시서비스의 활성화 및 스마트도시산업의 지원을 촉진하기 위하여 관계 중앙행정기관의 장 및 지방자치단체의 장과 협의하여 스마트도시 특화단지를 지정할 수 있다. 스마트도시의 인증은 국토교통부장관은 스마트도시의 수준 향상 및 산업 활성화를 촉진하기 위하여 스마트도시, 스마트도시기반시설, 스마트도시 관련 서비스에 관하여 인증을 할 수 있다.

국가시범도시란 지능형 도시관리 및 혁신산업의 육성을 위하여 스마트도시서비스 및 스마트도시기술을 도시공간에 접목한 도시이다. 국가시범도시는 스마트도시서비스 및 스마트도시기술의 개발과 육성을 지원하고, 선도적 스마트도시를 구현하기 위하여 지정할 수 있다. 국가시범도시는 인접지역의 스마트도시산업과 연계하여 지역의 혁신성장 거점으로 성장할 가능성이 높은 지역, 스마트도시서비스 및 스마트도시기술의 연구개발이나 스마트도시기반시설의 설치 여건이 양호할 것으로 예상되는 지역, 국가 또는 관할 지방자치단체가 스마트도시산업 육성을 지원하기 용이한 지역을 대상으로 한다.

국가시범도시로 지정이 되면 스마트도시건설사업으로 조성되는 토지·건축물, 공작물 등을 수의계약으로 공급할 수 있다. 또한, 자율주행자동차 운행, 무인비행장치, 소프트웨어사업, 자가전기통신설비 사용 등의 특례가 적용된다. 국가시범도시의 전부 또는 일부 지역을 대상으로 혁신성장을 지원하고 민간투자를 활성화하기 위하여 '혁신성장진흥구역'으로 지정할 수 있다. 혁신성장진흥구역이란 스마트도시서비스 및 스마트도시기술의 융·복합을 활성화함으로써 스마트도시산업의 창업을 지원하고 투자를 촉진하기 위하여 지정하는 구역을 의미한다.

1) 국가스마트도시위원회

스마트도시에 관련되는 사항을 심의하기 위하여 국토교통부장관 소속으로 스마트도시위원회를 둔다. 심의 내용은 종합계획, 국가가 시행하는 스마트도시 건설사업, 중앙행정기관의 장과 지방자치단체의 장 간의 의견 조정, 스마트도시 활성화를 위한 정부의 지원사항, 스마트도시서비스 활성화를 위한 분야별 정보시스템의 연계 · 통합, 국가시범도시의 지정 · 해제 및 범위의 변경, 혁신성장진흥 구역의 지정 · 변경 또는 해제 등을 다룬다.

2) 국가시범도시지원단

국가시범도시의 지정 · 운영과 효율적인 개발 등을 지원하기 위하여 국토교통부 소속으로 국가시범도시지원단을 설치한다. 즉 국가시범도시의 지정 · 운영 · 개발, 국가시범도시 조성을 위한 협력체계를 구축하는 데 지원한다.

3) 스마트도시사업협의회

스마트도시건설사업 등을 추진하려는 지방자치단체의 장은 사업 추진을 위한 사항을 협의하기 위하여 스마트도시사업협의회를 구성 · 운영하여야 한다. 협의회는 실시계획, 스마트도시기반시설의 관리 · 운영 및 재정확보 방안, 스마트도시기반시설의 인수인계 등을 논의한다.

4) 스마트도시협회

스마트도시사업자 등은 스마트도시의 건전한 발전과 공동이익을 도모하기 위하여 스마트도시협회를 설립할 수 있다.

세종시

세종시 5-1 생활권은 인공지능·데이터·블록체인을 기반으로 시민의 일상을 바꾸는 스마트시티 조성을 목표로 모빌리티, 헬스케어, 교육, 에너지·환경 등 7대 서비스 구현에 최적화된 공간계획을 마련하였다. 특히 최적화된 모빌리티 서비스를 제공할 수 있도록 도시 공간구조부터 새롭게 계획해 자율주행·공유 기반의 첨단 교통수단 전용도로와 개인 소유차량 진입제한 구역 등이 실현될 예정이다. 이와 더불어 스마트 횡단보도나 스쿨존 안전서비스 등 보행자를 위한 요소도 공간구상에 반영하고 도시 내 개인소유 자동차 수를 3분의 1 수준으로 점차 감소시켜 자동차 중심이 아닌 사람 중심의 걷기 좋은 도시를 만들 계획이다.

세종 시민의 생명과 안전을 선제적이고 신속하게 대응하기 위한 헬스케어도 핵심 서비스로 제공된다. 응급상황 발생 시 스마트 호출과 응급용 드론 활용, 응급센터까지 최적경로 안내, 화상연결을 통한 응급차에서 병원으로의 환자정보 전달 등으로 골든타임을 확보하고 환자 생존율을 높이는 데 기여한다. 개별 병원이 네트워크로 연결되어 축적된 개인 건강데이터를 활용한 맞춤형 의료, 환자 상태에 따른 최적병원 연계로 편리한 의료서비스를 제공함으로써 도시 전체가 확장된 병원으로의 역할을 하게 된다. 이외에도 세종시는 혁신요소별로 수집되는 개인 데이터를 안전하게 관리하기 위한 블록체인이 서비스 전반에 접목되며, 인공지능으로 도시를 운영하는 세계 최초 스마트시티를 목표로 조성된다.

[그림 15-2] 세종 스마트시티 핵심공간 구성 계획

자료: 국토교통부 외, 2019, 세종 스마트시티 국가 시범도시 시행계.

부산 에코델타시

부산 에코델타시티는 부산의 급격한 고령화나 일자리 감소 등 도시문제를 해결하기 위하여 로봇 및 물 관리 관련 신산업 육성을 중점적으로 추진한다. 에코델라시티는 생활 전반에서 로봇과 함께 호흡하며 시민의 삶을 더 효율적이고 안전하게 만드는 도시를 지향하게 된다. 웨어러블 로봇, 주차 로봇, 물류이송 로봇, 의료로봇 재활센터 등을 도입하여 시민들이 일상생활에서 다양한 로봇 서비스를 경험할 수 있도록 할 계획이다. 이를 위해 로봇통합관제센터와 로봇 지원센터를 설치하고 로봇에 최적화된 인프라와 서비스 시험 환경을 제공하여 기업의 자유로운 개발과 사업화를 지원할 계획이다.

또한 부산 에코델라시티에는 도시 내 물순환 전 과정에 첨단 스마트 물 관리 기술·서비스를 적용하여 기후변화에 대응하는 한국형 물 특화 도시모델을 구축할 계획이다. 세부 과제로는 고정밀 소형 강우레이더 등을 포함해 관련 인프라를 상시 관리하는 통합관리시스템 구축, 110천m^2의 국내 최대 규모 에코필터링 및 물 순환 공원 조성으로 하천수질 개선, 스마트 정수장 시범사업, 100% 물 재이용 시스템 구축 등을 들 수 있다. 공간구성과 관련해서는 증강현실을 포함하여 4차 산업혁명 관련 신산업 육성을 위해 5대 혁신 클러스터를 조성할 계획이다.

[그림 15-3] 부산 에코델타시 핵심공간 구성 계획

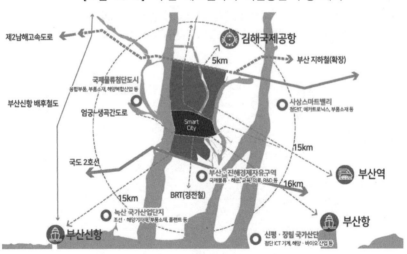

위치도

조감도
(자료: 부산광역시)

성장관리 방안

01 성장관리의 목적과 성격

성장관리지역은 지역특성, 개발여건 등을 고려하여 계획적 개발 및 관리를 통한 난개발 방지를 목적으로 성장관리방안을 수립하기 위하여 설정한 지역이다. 성장관리방안은 개별압력이 높아 무질서한 개발이 우려되는 지역 등을 대상으로 해당 지자체 장이 자율적으로 수립하는 계획이고, 미래의 개발행위를 예측하여 이에 대한 계획적 개발 및 관리방향을 제시하는 유도적 성격의 계획이다.

성장관리지역의 설정기준은 ① 개발수요가 많아 무질서한 개발이 진행되고 있거나 진행될 것으로 예상되는 지역, ② 주변의 토지이용이나 교통요건 변화 등으로 향후 시가화가 예상되는 지역, ③ 주변지역과 연계하여 체계적인 관리가 필요한 지역, ④ 「토지이용규제 기본법」 제2조 제1호에 따른 지역·지구 등의 변경으로 토지이용에 대한 행위제한이 완화되는 지역, ⑤ 그 밖에 ①부터 ④까지에 준하는 지역으로서 도시·군계획조례로 정하는 지역에 설정한다.

성장관리지역의 범위 설정은 해당 지역의 최근 6개월 또는 1년간 개발행위허가 건수가 직전 동기대비 20% 이상 증가한 지역, 해당 지역의 최근 1년간 인구증가율 및 지가변동률이 해당 시·군·구의 최근 1년간 인구증가율 및 지가변동률 보다 20% 이상 높은 지역을 고려할 수 있다. 성장관리지역 지정 규모는 난개발을 방지하고 계획적인 개발을 유도할 수 있는 규모 이상으로 지정한다. 단 계획관리지역이 포함되는 경우 3만㎡ 이상의 규모로 한다. 성장관리지역 경계는 성장관리방안의 목적달성과 효율적 관리를 위하여 가능한 정형화된 지역으로 설정하고, 도로와 하천 그 밖에 특색 있는 지형지물을 이용하는 등 경계선이 분명하게 구분되도록 한다.

02 성장관리방안 수립기준

성장관리방안의 일반원칙은 다음 사항 중 제1호와 제2호를 포함한 둘 이상으로 한다. 여기에 포함되는 사항은 도로·공원 등 기반시설의 배치와 규모에 관한 사항, 건축물의 용도제한·건축물의 건폐율 또는 용적률, 건축물의 배치·형태·색채·높이, 환경관리계획 및 경관계획, 그 밖에 난개발을 방지하고 계획적 개발을 유도하기 위해 필요한 사항으로써 도시·군계획조례가 정하는 사항이다.

성장관리방안은 도시·군 기본계획 및 도시·군 관리계획의 내용에 부합하도록 수립한다. 또한 지역현황 및 개발여건, 성장잠재력 등을 고려하고 쾌적하고 편리한 환경조성을 위하여 환경친화적으로 수립한다. 주민의견을 충분히 수렴하기 위해서 토지소유자 등 이해당사자를 포함한 지역민을 대상으로 설문조사·주민설명회 등을 실시할 수 있고, 수립권자는 주민이 참여하는 합리적인 방안이 수립되도록 한다. 입안권자는 성장관리방안 작성 시 도시계획, 건축, 경관, 토목, 조경, 교통 등 필요한 분야의 전문가에게 협력을 받을 수 있다.

성장관리방안 수립내용에는 기반시설계획 등 꼭 필요한 사항만을 가능한 수립내용을 간소화하여, 토지소유자 또는 이해관계인이 개발행위 등 경제활동에 미치는 영향이 최소화되도록 한다.

03 기반시설계획

기반시설계획은 향후 예상되는 당해 지역의 상주·상근인구 및 이용인구를 참작한다. 성장관리지역에 설치하는 도로 등의 시설은 향후 주변지역의 성장방향과 성장가능성을 고려한다. 도로, 상하수도 등의 용량은 건축물의 용도, 인구 증가율, 개발행위 증가율 등을 참작하여 설정한다.

04 건축물의 용도

　주변지역의 토지이용 및 건축물 현황 등을 고려하여 당해 지역에 적합한 용도의 건축물이 입지되도록 한다. 건축물의 용도는 권장용도, 허용용도, 불허용도 등으로 설정할 수 있다. 주요 간선도로변에 무질서한 건축물의 난립으로 가로의 경관 및 미관이 훼손되지 않도록 하며, 용도의 무원칙한 혼재가 발생하지 않도록 한다. 주거 및 교육환경을 보호할 필요가 있는 경우에는 일반숙박시설 및 위락시설의 용도를 제한하거나 녹지 등 완충시설을 계획할 수 있다. 또한 지역여건 상 상호 상충되는 용도의 입지가 필요한 경우에는 완충기능을 할 수 있는 오픈스페이스 및 완충공간 등을 계획하여 장래 발생될 소음, 환경, 안전 등의 문제점을 예방토록 한다.

05 건축물의 건폐율 및 용적률

　성장관리방안 수립 시 건폐율은 계획관리지역에서는 50% 이하, 자연녹지지역 및 생산관리지역에서는 30% 이하로 적용하고 용적률은 계획관리지역에서 125% 이하로 적용한다.

06 건축물의 배치·형태·색채·높이

　건축물의 배치·형태·색채·높이는 주변경관 및 자연환경과의 조화, 조망권, 건축물의 미관 등을 위하여 고려되어야 할 기본요소로서 권장사항으로 계획할 수 있다. 건축물의 옥상부분은 주변지역의 환경 및 경관 등을 고려하여 지붕양식 및 색채 등을 권장할 수 있다.

07 환경관리계획

환경관리계획 시 구릉지 등에서는 절토를 최소화하고 절토면이 드러나지 않도록 하여 전체적으로 양호한 경관을 유지하고, 습지나 야생동식물의 서식처 등은 개발행위로 인하여 환경에 큰 영향이 가해질 수 있는 지역이므로 이를 보존하는 방안을 검토한다. 또한 환경오염방지를 위하여 대기오염원이 되는 생산활동은 주거지 안에서 일어나지 않도록 검토한다. 차도와 주거지 사이에 방음벽을 설치하는 경우에는 소음원에 가깝게 설치하여야 하며, 가급적 자연지형이나 수목을 이용하도록 유도한다.

08 경관계획

경관계획은 자연생태계와 자연경관을 최대한 보전하는 것을 원칙으로 하고, 역사·문화적 자산을 경관관리 시 우선적으로 고려한다. 해당 지역 또는 인근 지역 간의 산림·녹지·하천·해안 등 자연경관의 연속성이 보호되도록 유도하고, 하천·도로·해변·녹지 등의 경관축을 보호하여 해당지역 전체의 주요 경관이 상호 조화를 이루도록 유도한다. 건축물 건축, 공작물 설치 등의 경우 주변경관과 조화를 이루도록 하여야 하며, 주변경관에 대한 조망권이 침해되지 않도록 유도한다.

참고문헌 ───────────────────────────────

관계부처합동, 「제5차 국가환경종합계획」, 2020.

김용국, 지속가능한 스마트시티 구현을 위한 도시설계 전략, 건축공간연구원, 2019.

김정훈·조춘만 2008, "유비쿼터스 시대를 대비한 U−City계획체계 정립방안", 국토정
　　책 , Brief 199호, pp.1−8.

송유미, 스마트도시 서비스의 지속가능한 관리 운영을 위한 비즈니스모델 연구, 건축
　　공간연구원, 2020.

이성훈·이동우 2012, "스마트 융합: 그린시티 동향 및 미래", 디지털융복합연구, 제10
　　권, 제8호, pp.233−237.

이승일, 스마트 도시계획, 커뮤니케이션북스, 2019.

한국건설기술연구원, 스마트그린시티 조성 마스터플랜 수립 최종보고서, 행정중심복
　　합도시건설청, 2018.

 홈페이지 ───────────────────────────────

국토교통부 (www.molit.go.kr).

부산 에코델타 스마트시티 (busan.ecodelta−smartcity.kr)

세종특별자치시 (www.sejong.go.kr)

INDEX 색인

ㄴ

ㅇ

편저자 약력

변병설

서울대학교 환경대학원 도시계획학 석사
미국 University of Pennsylvania 도시계획학 박사
현 인하대학교 행정학과 교수 / 대학원 도시계획과 학과장
현 인하대학교 정책대학원 원장
현 인천학회 부회장
현 대한민국건강도시학술위원회 위원장
현 환경부 그린시티 총괄책임자
전 대한국토도시계획학회 도시환경위원회 위원장
전 서울특별시, 인천광역시 도시계획위원회 위원
전 한국환경정책학회 회장

정경연

인하대학교 대학원 도시계획학 박사
현 인하대학교 정책대학원 초빙교수
현 세종사이버대학교 부동산자산경영학과 강사
전 환경부 그린뉴딜 도시 물순환전문가 정책포럼 위원
전 환경부 그린시티 평가위원
전 국토교통부 도시대상 평가위원
전 사단법인 정통풍수지리학회 이사장

도시계획론

초판발행	2021년 8월 25일
중판발행	2023년 8월 25일
엮은이	변병설 · 정경연
펴낸이	안종만 · 안상준
편 집	양수정
기획/마케팅	손준호
표지디자인	BENSTORY
제 작	고철민 · 조영환
펴낸곳	(주) **박영사**
	서울특별시 금천구 가산디지털2로 53, 210호(가산동, 한라시그마밸리)
	등록 1959. 3. 11. 제300-1959-1호(倫)
전 화	02)733-6771
f a x	02)736-4818
e-mail	pys@pybook.co.kr
homepage	www.pybook.co.kr
ISBN	979-11-303-1378-8 93350

정 가   25,000원